KB102726

놀이의 심리학

놀이의 심리학

― 잠재성을 일깨우는 놀이치료

2023년 12월 29일 처음 펴냄

지은이 | 정병호
펴낸이 | 김영호
펴낸곳 | 도서출판 동연
등 록 | 제1-1383호(1992년 6월 12일)
주 소 | 서울시 마포구 월드컵로 163-3
전 화 | (02) 335-2630
팩 스 | (02) 335-2640
이메일 | yh4321@gmail.com
인스타그램 | https://www.instagram.com/dongyeon_press

ISBN 978-89-6447-968-1 93180

놀이의 심리학

잠재성을 일깨우는 놀이치료

| 정병호 지음 |

동연

머 리 말

드넓은 푸른 들판에서 해맑은 미소를 지으며 뛰어노는 아이를 상상해 보라. 그 무한대의 놀이의 세계에 몰입된 아이의 이미지는 현실 세계의 한계를 느끼며 살아가는 성인들에게 내면세계의 저장고에 잠자고 있던 잠재성과 원시적 충동을 일깨운다.

우리는 놀이라는 단어를 일상에서 흔하게 듣고 말하지만, 그것이 의미하는 게 무엇인지에 대해 깊이 생각하지 않는다. 그러나 놀이는 우리의 삶과 밀접하게 연관되어 있고 삶의 전반적인 영역과 연결되어 있다. 놀이의 확장된 형태를 문화라고 부른다. 한 개인은 이 문화의 영향을 받으며 삶의 의미와 가치를 찾아가게 되고 미래의 방향성을 결정하게 된다.

놀이는 주관 세계와 객관 세계 사이에 존재하는 갈등과 혼란을 넘어 중간 세계의 지점에서 자신의 생생한 모습을 만나는 아름다운 순간이다. 그러기에 놀이를 이해하는 것은 우리 삶을 깊이 있고 폭넓게 바라보도록 도와준다. 또한 풍요한 개인적 삶과 공동체적인 삶의 조화를 이룰 수 있는 확장된 세계로 이끌어 준다.

심리학 분야에 많은 거장이 있지만, 그 가운데 강한 영향력을 미치는 학자 중 한 분이 도널드 위니컷이다. 위니컷은 우리에게 한 개인이 가장 자신일 수 있는 순간이 놀이하는 순간이라고 소개한다. 그의 말대로 사람들은 놀이하는 가운데 신명 나고 몰두하며, 창조적일 수 있고 자발적일 수 있다. 우리는 입체적이고 풍요로운 심리학적 언어와 지식을 통해 놀이하며 살아가는 자유롭고 창조적인 삶을 기대할 수 있다. 다른 수많은 이가 이러한 현실 세계의 한계를 넘어서는 통찰을 제공하며 심리학적 자산들을 축적하는 데 공헌해 왔지만, 그중 위니컷은 흥미로우나 볼 수는 없는 인간의 내면세계를 현실보다 더 박진감 넘치는 무의식 세계를 통해 설명한다.

나는 무난하게 주위의 기대에 맞추어 순응하며 살아가는 학창 시절을 보냈다. 그러다 성인이 되어 심리학을 연구하며 큰 변화를 겪었다. 바로 놀이하는 순간에 발견한 자신의 생생하고 신명 나는 모습을 따라 살아가는 삶으로 방향을 전환한 것이다. 자신의 본질적인 모습을 만나는 경험은 감명 깊은 순간이었다. 더 나아가 주관적인 자기만의 세계에서 정지한 것이 아니라 거칠고 드넓게 펼쳐져 있는 현실 세계로 자신의 본모습을 가지고 확장되어 나오는 순간에는 가슴이 벅찼다.

나는 지난 25년간 심리학 영역에서 임상가로 살아오며 누렸고, 앞으로도 지속적으로 펼쳐질 놀이하는 삶을 나누고자 이 책을 쓰기 시작했다. 나는 한국에서 위니컷이 설명한 놀이의 이해에 관한 깊은 심리학적 통찰에 매력을 느껴 미국으로 유학을 떠났다. 공부를 마치고 임상심리학자로 캘리포니아 시스키유 카운티 정신과(Siskiyou County Behavioral Health) 등 다양한 임상 현장을 거쳤다. 그리고 2014년에 16년 동안의 길었던 미국 생활을 정리하고 한국으로 돌아왔다.

유학 생활은 주기적으로 막막했고, 캘리포니아 시스키유 카운티 정신과에서 심리학자로 일할 때도 한 치 앞을 내다보기 어려웠다. 정신증을 앓고 있는 내담자들과 자살을 시도했던 내담자들을 대상으로 응급실에서 심리를 평가해야 했던 임상 현장은 소용돌이의 한복판이었다. 이럴 때 나에게 놀이의 경험이 없었다면 지금 이 자리에 있지 못했을 것이다.

삶의 고난을 경험할 때 도피하여 정체된 어느 지점에 머물며 한 개인을 피폐해지게 만드는 게 중독이라면, 놀이는 오히려 그 어려움을 뚫고 현실 세계로 확장하게 만든다. 내가 한국으로 귀국 후 교단에 처음 서게 되었을 때 가장 먼저 강의하기로 선택한 과목은 놀이치료였다. 이 강좌에 위니컷이 말한 놀이를 통해 경험하게 된 자기 확장의 순간들을 담아냈다. 쉴 새 없이 바쁘게 흘러가는 일상에서도 놀이가 있는 삶은 여유롭고 행복하다는 확신 때문이었다.

나는 한국에서 놀이하는 삶의 연속선상에서 살아가고 있다. 놀이에 대한 지식과 경험을 이론을 통해 알아갈 수 있는 놀이치료 수업을 하며 느꼈던 것은 심리치료 경험과 심리학의 전문지식을 가지고 있지 않은 분들에게 놀이란 너무나 낯선 분야였다는 것이다. 학생들은 처음에 내 수업에 들어와 위니컷의 『놀이와 현실』이라는 책을 공부하며 "놀이치료라 해서 노는 줄 알고 왔는데 공부만 디다 많이 시키네요!"라고 불평했다. 학생들의 의견에 공감한다. 나는 이 책을 통해 위니컷의 어려운 용어들을 쉬운 일상의 언어로 설명하여 놀이 관련 전문지식을 쉽게 이해할 수 있도록 도우며, 자신들의 삶을 통해 놀이를 경험하게 하고 더 나아가 놀이가 되지 않는 이들을 놀이의 장으로 초대하고자 한다.

항상 이론과 임상 사이의 괴리는 존재하기에 처음 심리치료 영역에 관심을 두는 분들이 이론서에 쓰여 있는 내용을 이해하기란 쉽지 않다. 임상의 세계는 놀이라는 연속성에서 이해할 수 있다. 놀이의 세계는 대부분의 내담자가 의식하지 못하면서도 매일 경험하고 있는 원초적 감정, 기억 그리고 풍부한 무의식적 환상들을 만나는 영역이다. 나는 이 세계만큼 흥미로운 영역을 아직 발견하지 못했다.

나는 이 책을 통해 심장이 요동치도록 설레는, 그러나 때론 가슴이 서늘해지도록 불안이 가득하기도 하고 마음이 아리도록 아프기도 한 임상 현장과 이를 설명하는 이론서의 괴리를 가능한 한 일상의 언어로 더 많은 이에게 소개하고 설명하고자 한다. 이 책의 초반부에서는 위니컷을 좋아해서 심리학 분야에 뛰어들어 살아왔고 앞으로도 살아갈 나의 삶의 이야기를 담았다. 위니컷의 심리학적 통찰과 설명은 단지 심리학 영역 안에서만 한 개인을 설명한다기보다 삶이라는 소박하면서도 방대한 영역에 관한 전반적인 설명이다. 그렇기에 우리가 어디서부터 왔고 현재 어디에 있으며, 어디로 갈 것인가라는 거대한 주제에 답할 수 있는 좋은 길잡이가 될 수 있다.

위니컷이 말한 주관적 삶에서 자신의 본질적 모습을 발견하고 외부 현실에 드러내며 의미 있게 살아가는 것은 멋지게 보이지만, 이루기는 결코 쉽지 않다. 위니컷은 이러한 임상의 세계에서 만나게 되는 개인의 주관적 삶과 외부 현실의 역동적인 관계를 이해할 수 있는 통찰을 우리에게 선물하며 우리를 잘 알려지지 않은 깊고 방대한 무의식의 세계로 인도한다. 한편 위니컷의 시각으로 너무 많은 일이 벌어져 우리가 임상 세계를 다 이해하기에는 벅찬 면이 있다. 이 책은 그런 분들을 위한 안내서 역할을 할 것이다. 위니컷에게 관심 있는 분들, 놀이에 대한 전문적인 영역에 흥미가 있는 분들 그리고 삶을 놀이하는 장으로 만들고 싶은 분들에게 이 책이 도움이 되기를 바란다.

내가 이 자리까지 오는 데 참으로 많은 이에게 도움을 받았다는 것을 고백하며 그 소중한 은혜와 만남에 감사의 마음을 전한다.

이 책을 쓰며 가장 먼저, 학문적 토대를 마련해 주시고 제자들에게 마음껏 임상의 세계를 연구하고 탐험할 수 있는 치유상담대학원대학교라는 학문의 장을 한국 사회에 마련해 주신 정태기 이사상님과 박성자 이사님께 감사를 드린다. 또한 내가 한국에 와서 세운 서울놀이치료연구소와 한국놀이임상심리사협회의 모든 회원에게도 부족한 리더를 믿고 지금까지 함께해 주신 것에 감사를 전한다.

나의 길을 마음껏 걸어가도록 응원해 주시고 도움을 주신 어머니, 가족을 위해 힘든 경제적 책임을 오랜 시간 동안 감당해 주었던 형, 좀 더 가까이 계셨으면 좋았을 아버지 그리고 힘든 시간 가운데 함께했던 형제자매들과 강인한 남성상으로 함께해 주신 작은 아버지에게 감사를 드린다. 어려운 유학 생활 중 긴 시간 동안 장학금을 보내 주신 이중표 목사님과 미국에 계속 남을지 한국으로 귀국할지 고민할 때 한국으로 돌아올 것을 권면해 주신 조성헌 총장님께 감사를 드린다. 한국 정착에 도움을 준 한준 선배, 처음 출간하는 책의 편집에 도움 주신 고혜경 교수님, 소중한 학문적 피드백을 주신 정푸름 교수님과 대상관계를 소개해 주신 이재훈 교수님, 갚을지 알 수 없었던 학자금 융자에 흔쾌히 콜 사인을 해주신 캘리포니아에 계신 장모세 교우와 김태우 교우 그리고 시카고의 한국진 집사님과 김영진 집사님, 또한 삶의 중요한 순간에 도움을 주신 윤교희 목사님과 성낙인 교무처장님께 감사의 말씀을 드린다.

마지막으로 성인이 되어 긴 유학 생활과 미국에서의 직장생활 후 한국으로 귀국해 부천의 보증금 300만 원에 월세 25만 원 집에서 시작해 지금까지 함께해 온 지극히 성실한 아내 안도희에게 깊은 감사의 마음을 전한다.

2023년 가을
정병호

차 례

꽃의 향기는 바람에 날려 흩어지지만, 임상가의 향기는 현실의 벽을 넘어 누군가의 무의식의 세계로 도달하며 내담자가 알고 싶어 하는 자신을 발견하는 과정을 돕는다. 그러기에 임상가로 살아가는 것은 직업 이상의 커다란 상징적 의미가 있다. 임상을 동경하던 나는 임상의 바다 한가운데서 많은 내담자를 만나며 위니컷의 이론을 강의하는 순간이 늘 행복했다. 한 개인에 대해 지극히 깊은 관심을 두고 그가 누구인지를 살펴보는 것이 심리학의 시작점이다. 그렇기에 이 책은 나의 개인적인 이야기에서 시작하여 위니컷의 이론 연구와 다양한 임상 장면에서 알아야 할 내용 그리고 단기 및 장기 임상 사례 연구로 확장하며 구성되어 있다.

이 책의 1장은 "외부 세계를 향하여"라는 주제로 내가 임상심리학자가 되는 과정에서 겪었던 내면세계와 외부 현실과의 갈등과 긴장 사이에서 소통했던 과정을 묘사하였다. 위니컷이 전해 주는 한 개인의 삶이 주관적 세계에서 객관적 세계로 확장되어 나가는 모습을 내가 심리학 분야에서 새롭게 시작하고 점진적으로 소망했던 지점에 도달하는 과정을 통해 바라보고자 했다. 놀이하는 삶은 멀리 있는 것이 아닌 모두의 일상 가운데 성취될 수 있다. 그렇기에 독자들이 자신의 꿈과 현실 세계 사이에서 놀이하는 삶을 어떻게 확장해 갈 것인가를 생각해 볼 수 있도록 내 삶에서 경험했던 놀이를 소개하였다.

이 장에서는 처음 심리학을 접했던 신학대학원 시절과 미국에서의 유학 생활을 거쳐 캘리포니아 시스키유 카운티 정신과 심리학자가 되며 겪었던 주관적 경험을 다뤘다. 현실의 높은 벽들이 즐비했던 객관적 세계와 소통하며 주관적 세계를 거쳐 중간 영역과 놀이의 영역으로 그리고 현실 세계로 확장하는 나의 내면세계의 여정을 담아냈다.

2장은 "위니컷을 통한 임상 세계의 이해"라는 주제로 다양한 일들이 발생하고 때론 이해하기 힘들어 해석하기 힘든 임상의 다양한 측면들에 관하여 기술하였다.

300여 개가 넘는 수많은 심리학 이론이 있다. 이 이론들은 복잡하고도 섬세한 인간 정신의 이해를 돕기 위해 심리치료 분야에 처음 입문하는 사람들에게 저마다 독특한 관점에서 이론적 체계를 알려준다. 이 가운데 위니컷의 이론은 친절하고 날카로운 심리학적 통찰을 제공하며 이를 통해 인간 정신의 다채로운 측면들을 이해할 수 있도록 도와준다. 이 장에서는 위니컷의 중간 대상과 놀이라는 주된 주제를 통해 임상과 삶의 세계를 어떻게 이해할 수 있는지에 대해 기술하였다. 인간의 정신세계는 개인들의 소중한 주관적 내용을 포함한다. 그중에 생생한 개인들의 삶의 이야기들이 있고 이를 이해하는 데서 위니컷의 이론이 갖는 의미들을 서술하였다. 위니컷이 말하는 놀이와 문화는 주관적 환상이나 내면세계의 밀폐된 어느 깊숙한 곳에서 경험되는 것이 아니다. 과거와 현재와 미래의 연속성이라는 긴 시간선 위에 존재하는 오늘의 현실 세계에서 발견되고 경험된다. 이러한 위니컷의 통찰은 삶의 전반에 영향을 미치는 심리학이라는 분야를 통해 다양하고 풍요로운 삶의 측면을 바라볼 수 있도록 우리를 인도한다.

3장에서는 "현실에서 만나는 임상 세계"라는 주제로 내가 미국의 국립정신병원, 캘리포니아주 정신과, 사립 상담센터, 학교 상담센터와 한국에서의 다양한 임상 현장에서 일했던 경험을 바탕으로 임상가로서 알아야 할 내용을 기술하였다. 미국에서 국가자격증을 가지고 있는 모든 상담사(Licensed Professional Clinical Counselor) 또는 심리학자(Clinical Psychologist)는 진단(Diagnosis)하고 심리치료를 제공하며 미국 사회의 정신건강이라는 측면에 지대한 공헌을 하고 있다. 그러나 한국의 현실은 그렇지 않기에 심리치료 영역이 협소하고 이것은 전반적인 임상 영역 분야의 전문성 부재로 연결된다.

이 장에서는 가장 심각한 진단으로 간주하는 조현병에서부터 반사회적 성격장애로 분류되는 내담자들의 특성과 치료적 예후들에 관해 설명한다. 이를 통해 아직 한국 심리치료 영역에서 만나기 힘든 내담자들에 대한 임상적 경험을 나누고자 한다. 한국에 귀국해 보니 임상에 대한 오해가 많다는 것을 절감했다. 이러한 오해를 지적하고 진실이 무엇인지 논의하면서, 그에 대한 있는 그대로의 모습을 설명할 것이다. 그리하여 아직 한국에서는 미지의 영역이지만 언젠가 임상가들이 도달해야 하는 전문 영역에 관해 묘사하고자 한다.

4장에서는 실제 임상 사례들을 기술하여 아직 상담에 대해 잘 알지 못하는 분들에게 심리치료가 어떻게 진행되는지에 대한 이해를 돕고자 하였다. 내면세계라는 영역은 미지의 신성한 영역이다. 아마 이 새로운 세계를 이해하는 첫걸음은 사례집을 읽어 보는 데서 시작될 수 있다. 이 책에서는 이론과 실제가 만나는 임상 영역 안에서 발생하는 생생한 이야기를 가능하면 있는 그대로 글로 옮겼다. 심리치료에 관해 관심이 있는 분들이 사례를 살펴봄으로써 임상 현장을 사실적으로 이해할 수 있도록 하기 위함이다.

항상 그렇지만 실제는 이론보다 더 다양하고 깊으며, 변칙적이고 예측이 어렵다. 그래서 임상의 세계는 신비롭고 경이롭다. 생생한 내담자의 이야기들을 글로 표현하며 심리치료실에서 느낄 수 있는 미세한 감정의 색깔들을 담아내는 것은 어려운 일이다. 그렇기에 심리치료가 어떻게 진행되고 내담자들은 무엇을 찾고 있는지에 대한 이해를 돕기 위해 녹음된 내용을 기초로 하여 본문을 작성했다. 오래전 기록들이지만 마치 어제 일처럼 생생한 내담자들의 이야기는 나에게 여전히 잔잔한 감동을 주었다. 내가 하는 일들에 다시 한번 감사하는 소중한 시간이었다.

임상 현장에서 내담자들이 자신의 잠재성을 발견하고 이를 주관적인 세계 안에서 멈추는 것이 아니라 방대한 현실 세계로 뛰쳐나와 확장해 가는 모습을 바라보는 것은 가슴 벅찬 일이다. 이 책을 통해 내가 느꼈던 그 순간의 감동을 독자들과 나눌 수 있기를 바라는 마음이다.

1장

· · ·

**외부 세계를
향하여**

심리학의 가장 커다란 특징 중 하나는 외부 세계에 관심을 두기보다 한 개인의 주관적 세계와 무의식 세계에 관해 관심을 둔다는 점이다. 나는 내담자가 처음 방문했을 때 "저는 당신이 하는 모든 말에 대한 윤리적인 판단을 하지 않습니다"라고 말해 준다. 심리치료는 한 개인에 대해 외부 사람들이 품은 기대가 무엇인지에 관심을 두기보다는 그 개인의 고유한 필요와 소망 그리고 잠재성에 대한 관심에서 시작한다. 이것은 타 학문보다 매우 매력적인 부분이다. 많은 심리학 관련 서적들이 주관적인 개인의 진실에 관련된 내용을 객관적인 학문의 틀로 연구한다. 하지만 우리는 방대한 심리학의 근원지인 개인적인 삶과 주관적인 무의식 세계로 눈을 돌릴 것이다. 주관적인 무의식 세계에 관한 자료는 셀 수 없이 방대하지만, 나는 그 주관적 세계에 관한 자료를 자신의 삶을 바라보는 데서 시작하고자 한다.

위니컷은 인간의 삶이 어느 한 곳에 멈추어 서 있는 것이 아니라 역동적인 상호관계 안에서 성숙하고 확장한다고 말한다. 이 상호관계의 시작은 나 아닌 다른 이가 존재한다는 이해와 허용을 기반으로 하며 이러한 과정이 발생하기 이전 그곳에는 지극히 주관적인 한 개인의 삶이 존재한다는 것을 가정한다. 개인에 관한 이러한 위니컷의 연구는 심리학 영역에서 우리가 어디에 관심을 둘 것인가에 대해 고민할 때 그 방향을 알려주는 귀한 지혜의 선물이다. 나는 종교 지도자로 살아온 삶을 뒤로 하고 임상심리학자의 길로 들어서는 과정에서 다른 사람들이 청소년 시기에 겪었을 자기 확장의 경험을 성인이 되어서 하게 되었다. 위니컷이 들려주는 통찰, 즉 우리가 주관적인 삶에서 출발하여 중간 영역을 지나 객관적인 세계에 이른다고 하는 통찰은 내 자신의 이러한 늦은 시기에 발생한 삶의 변화를 이해하고 수용하는 데 많은 도움을 주었다.

심리학을 알기 전 교회에서 성장하여 목회자의 길을 가던 나는 많은 한계를 느꼈다. 이상적 교회와 현실 교회 사이에는 커다란 괴리가 있고 이것을 이해하는 게 어렵다는 사실을 체험하였다. 그러나 심리학 영역에 들어서며 전에 관심 두지 않았던 깊고 심오한 내면세계에 눈을 뜨게 되었고 이를 통해 자신과 세상을 다른 방식으로 바라볼 수 있었다. 그것은 마치 제한된 현실 세계만을 바라보다 잠시 눈을 돌려 그동안 무심히 지나치기만 했던 정신세계를 바라보았을 때, 무한하고 방대한 또 다른 미지의 그러나 현실보다 더 실제적인 무의식 세계가 끊임없이 펼쳐질 때 경험하게 되는 경외감과 같았다. 나는 익숙한 신학적 관점이 아닌 심리학적인 통찰을 통해 나의 내면을 바라보며 때로는 끝을 알 수 없는 깊은 아픔을, 때로는 차고 넘치는 즐거움을 경험하였다. 마침내 1998년 늦은 봄 나는 심리학에 대한 흥미를 넘어 인간에 대한 더 많은 진실을 연구하고자 한국 생활을 과감히 정리하고 임상심리학자가 되기 위한 유학길에 올랐다. 이 새로운 도전은 예상보다 길고 힘든 시간이었다. 언어 장벽으로 인해 도저히 넘어서지 못할 상황이었음에도 포기하거나 멈출 수 없었다. 가장 커다란 이유는 나의 내면에서 올라오는 목소리를 들으면서 이전에 외부의 기대에 순응하며 살아온 삶이 덧없음을 알게 되었으며, 그로 인해 의미 있는 삶이 무엇인지 경험하게 되었기 때문이다. 위니컷의 말을 통해 이 경험을 설명하자면 '참 자기의 경험'이라는 말로 표현할 수 있을 것이다.

심리학적 관점으로 인간을 이해하기

나는 보수적 기독교 배경에서 성장하였고 후에 종교 지도자에 관한 관심을 더 깊이 두게 되어 신학교를 거쳐 신학대학원에서 신학적 관점을 배웠고 이를 바탕으로 세상을 바라보았다. 이러한 기독교적 관점으로만 세상을 바라보던 나에게 전혀 새로운 심리학적 시각으로 세계를 보고 인간을 보는 계기가 찾아왔다. 신학대학원에서 정태기 교수님이 가르치는 치유상담이라는 것을 처음으로 접하며 경직된 기독교 교리를 넘어선 부드럽고 인간적인 시각으로 사람을 바라보는 관점을 접하게 되었다. 또한, 대학원 3년 차에 대상관계 수업에서 처음 접하게 된 멜라니 클라인(Melanie Klein)이라는 학자의 이론을 배우게 된 수업에서 텅 빈 정신세계를 가지고 있을 것으로 생각했던 3개월 영아의 섬세한 내면세계에 관하여 들을 때 받은 신선한 충격은 지금도 잊히지 않는다. 어떻게 말하지 못하는 영아의 정신세계를 상세하고 구체적인 심리학적 용어로 설명할 수 있는지 그 당시에는 그저 신기하기만 했다.

멜라니 클라인에게 있어 영아의 정신세계는 비어 있는 것이 아닌 원시적 정신세계가 시작되고 환상을 대상에게 투사하고 수많은 내적 일이 발생하는 다채롭고 풍요로운 세계였다. 신학에서 인간 문제의 원인을 죄라는 지점에서 찾는다면 심리학은 인간 문제의 근원을 환경의 문제와 무의식의 영역에서 찾는다는 것이 신선한 충격이었다. 심리적으로 고통받는 사람은 비난받기보다 보살핌과 이해가 필요하고 공감을 받아야 하는 존재라는 사실이 무척 인간적이라는 생각이 들었다. 더 나아가 내담자를 바라보는 상담자의 따뜻한 공감과 이해를 통해 환경적 고통으로 죽은 화석처럼 묻혀버린 본질적인 자신의 모습을 볼 수 있게 돕는다는 것은 신선한 충격으로 다가왔다. 누군가의 문제를 멀리서 바라보며 방관하는 것이 아닌 도울 수 있는 구체적인 방법들이 있다는 심리학적 인간 이해는 내가 찾고 싶었던 인간에 대한 새로운 시각이었다. 심리학이 갖는 가장 커다란 매력은 인간의 잠재성과 내재된 가능성에 대한 존중이다. 인간이 어떤 순간 고통 받거나 무엇인가 심리적인 문제가 생겼을 때 그 잘못된 것을 수정하거나 도움을 줄 수 있는 구체적인 발달 단계가 있다는 사실을 이해한다는 것은 문제를 해결할 수 있는 방식을 발견하고 적용할 수 있다는 점에서 경이로운 충격이었다.

무엇보다 나는 이 심리학을 만나면서 스스로 알지 못했던 부분들을 이해하고 알게 된다는 점이 즐겁고 행복했다. 처음 이 책을 쓸 때 생각했던 제목은 '나도 나를 알지 못하고 죽을 뻔했다'였다. 아마 내가 심리학을 알지 못했다면 자신이 누구인지 모른 채 사라져 갔을지도 모른다. 심리학을 통해 자신의 삶을 돌아보는 것은 마치 파노라마처럼 펼쳐지는 슬프기도 하고 즐겁기도 한 여정이었다. 심리학만큼 내면세계의 풍요롭고 다채로운 소중한 부분을 찾고 회복하는 데 도움을 주는 학문은 없는 것 같다. 기억의 저장고에 있는 다양한 긍정적 또는 부정적인 내적 대상들과 관련된 감정 기억 그리고 환상들을 설명하는 대상

관계 수업을 들을 때 나는 미처 알지 못했던 인간에 대한 진실을 덤덤하게 담아낸 흑백필름 다큐멘터리를 보는 것처럼 짜릿한 놀라움을 느꼈다. 나는 아마도 그 순간 카를 융이 말한 가장 근본적인 형태를 상징하는 정신인 원형(archetype)을 잠시 만나고 경험했던 것 같다. 인간 이해의 깊은 본질을 바라볼 수 있었던 그 순간이 정말 생생하기에 지금도 잊을 수 없다. 그때 오랜 시간 동안 복잡해서 이해할 수 없었던 인간 이해의 실마리를 찾은 느낌이 들었다.

유학 생활 중의 놀이와 문화 경험

내가 임상심리학자(clinical psychologist)가 되기 위해 미국으로 건너가 처음 도착한 곳은 뉴욕이었다. 무엇이든지 상상할 수 있고 실행 가능한 내적 세계와 현실 원리가 지배하기에 좌절이 내정되어 있는 외부 세계 사이에는 긴장이 끊이지 않는다. 그러기에 내적 세계를 넘어 객관적 외부 세계로 나서는 여정은 누구에게나 쉽지 않은 도전이다. 다소 황당한 이야기지만, 나는 미국 유학을 떠났을 때 한국에서 영어가 충분치 않았으나 미국 현지에 도착하면 영어가 일상어인 사회 한가운데서 자연스럽게 영어로 듣고 말하는 게 가능할 줄 알았다. 그러나 이것이 망상에 가까운 전능 환상이라는 사실은 곧 알게 되었다. 1998년 5월 뉴욕의 어느 한 공항에 도착해 아내와 영어권 한복판에서 미국인들의 말들을 들었을 때 전혀 알아들을 수 없었다. 결국 내가 원했던 수준의 영어는 10년이란 긴 세월이 흐르며 수많은 사람의 도움으로 가능하게 되었다. 이 얼마나 엄청난 주관적 사고와 객관적 현실의 차이인가. 이러한 주관적 세계와 객관적 세계와의 갈등과 충돌, 괴리를 완화해 주는 것이 중간 현상과 놀이의 영역이다.

　나는 여러 좋은 학교에서 좋은 미국인 친구들을 만나 놀이하며 즐겁게 지낼 수 있었기에 생존하기 위해 미국 사회에서 살아내야 했던 긴장감과 압박감으로 가득한 현실과 언어 한계로 인해 경험했던 끝없는 좌절과 절망의 순간들을 지나올 수 있었다. 한동안 거의 매주 2명의 미국인 커플과 돌아가며 각자의 집에서 식사를 같이했는데 이때 나눈 대화와 평온하게 흘러갔던 시간은 유학 시절의 혹독한 냉기들을 녹아내리게 만들며 따스한 친밀감으로 가득 채워 주었다. 한국에서 성인으로 사회생활을 하다 미국으로 와서 기능하는 사회인이 아닌 미래를 준비하는 학생 신분으로 만났던 많은 친구는 어느 화창한 봄날의 기운처럼 소중한 기억들로 남아 있다. 아무래도 문화 차이가 있기에 관계에서의 기대감이 다른 부분이 있었다. 그럼에도 나는 개인주의 문화에서 살아가는 친구들과 만남을 통해 새롭고 낯선 세계를 이해하고 공감하며 확장되는 놀이의 경험을 하였다.

　개인주의에 기반한 미국인들의 삶은 집단주의 문화에 기반을 두고 살아가는 한국인들의 삶과 무척 다르다. 자신과 다른 문화권에서 그들의 삶을 배운다는 것은 놀이와 문화 영역의 커다란 확장을 의미한다. 이를 통해 또 다른 시각으로 나 아닌 제삼자를 이해할 수 있는 폭을 넓히게 된다. 한국에서는 직업의 귀천이 없다지만 현장의 노동자와 사무실에서 근무하는 고학력 노동자의 사회적 시각 차이가 존재한다. 미국에도 이런 점이 없지 않지만 한국보다는 훨씬 자유롭다. 수도관 고치는 노동자와 대학교수가 허물없이 대화하는 모습을 종종 볼 수 있다. 이러한 직업에 대한 격차보다는 개인에 대한 존중이 기반이 되는 개인주의 문화는 나에게 인간을 바라보는 시야를 넓힐 기회를 제공해 주었다. 집단주의 문화에서 성장한 사람의 시각으로 개인주의 사회를 바라보며 한편으로 거리감과 이질감을 느끼기도 했다. 그러나 그 익숙하지 않은 개인주의 문화 이면에는 모든 기회를 공평하게 개인들에게 부여하려는 인간적 측면과 그가 사회적으로 어떤 사람인지를 떠나 한 개인의 의견과 생각에 귀를 기울이려는 순수함이 있었다.

유학 생활의 예상치 못한 현실

심리학은 방대하고도 흥미진진하며, 놀라운 내면세계의 비밀을 알아가는 과정이다. 그렇기에 신기하고도 재미있다. 그러나 주관적 세계에서 발견된 보석같이 아름다운 내용을 객관적 세계로 가지고 나와 전문가로 외부 세계에 자신을 알리는 과정은 현실의 커다란 벽들을 넘어서야 하는 또 다른 길고 고된 과정이다. 이러한 지난한 과정을 통해야 심리학 분야가 기적을 일으키는 마술이 아니라는 것 그리고 모든 게 그냥 잘될 것이라 믿는 감상주의에서 벗어나 전문 영역이라 불릴 수 있는 자리에 도달할 수 있게 된다. 여기에 예외란 없다. 임상 영역에서 겪었던 혹독한 경험은 대부분 영어를 미국인처럼 충분히 하지 못했던 나의 한계로부터 왔다.

임상심리학자가 되는 과정에서 가장 어려웠던 부분은 심리검사 수업이었다. 이는 실제로 과정 중에 심리검사를 직접 시행하고 보고서를 써야 했기 때문이다. 당시에 홈스쿨이라 해서 직접 자녀를 교육하는 분들이 학교에 심리검사를 의뢰했는데, 나와 같은 대학원생들이 이를 수행했다. 심리검사 일정을 잡으려고 전화를 걸었더니 친절한 백인 중년 여성이 경쾌한 목소리로 전화를 받았다. 그런데 외국인 억양의 내 목소리를 들은 그분은 잠시 머뭇거리다가 "당신에게는 미안하지만,

발음을 이해하기 힘든 상황에서 아들을 검사받게 할 수는 없겠네요. 혹시 다른 분을 소개해 주실 수는 없나요?"라고 말했다. 그다음은 어떻게 전화를 끊었는지 기억할 수 없을 정도로 혼미했다. 교수님에게 이런 상황을 설명하기 위해 그의 연구실 앞에서 얼마나 서성였는지 모른다. 당연히 교수님은 기분이 좋아 보이지 않았고 다른 전화번호를 주셨다. 그것이 마지막 전화번호라는 생각이 들었다. 당시 기도라는 것을 아예 하지 않던 나였지만, 그때만큼은 도서관 정문 앞에 있던 주황색 공중전화 부스 옆에서 30분가량 간절히 기도했던 것 같다. 평생토록 그렇게 간절한 적은 없었던 듯싶게. 그러고는 전화를 걸었는데 다정한 백인 중년 여성 목소리가 들렸다. 내 소개를 했을 때 의외로 그분은 "우리는 학교에서 전화 오기를 무척 기다리고 있었습니다!"라는 말해 주었다. 평범한 그 한마디가 얼마나 감격스러웠는지……. 한숨을 돌리고는 일정을 잡아 심리검사를 수행하고 보고서를 작성했다.

다음으로 인상 깊고 선명하게 남아 있는 수업은 임상 실습이다. 임상 실습은 내담자를 배정받아 18회기를 모두 마쳐야 하고 만약 내담자가 일찍 종결하게 되면 학년 진급이 되지 않는다. 나는 20대 초반의 제니라는 여자 대학생 내담자를 배정받았는데 모든 상담 과정은 음성과 함께 비디오로 두 대의 카메라에 녹음되었다. 이렇게 하는 것이 합법적이지 않지만, 참여하는 대학생들은 심리 실험이라는 과목으로 서명하고 참여하며 대신에 학점 같은 것을 받는다. 카메라가 돌아갈 때 옆방에서는 동료 2명과 조교가 모든 상담 과정을 직접 모니터링했다. 그리고 매주 동료들과 함께 임상 실습 녹화한 자료를 가지고 교수님을 찾아가 지도를 받았다. 카메라가 켜진 상태로 상담을 진행하고 다른 이들이 그 상황을 지켜보는 일은 긴장을 유발한다. 첫날에 녹음된 장면을 보니 영어를 잘 들으려고 몸이 거의 내담자에게 쏠려 있는 내 모습이 안쓰러울 정도였다. 몇 회기가 지나서 제니는 갑자기 텍스트라는 단어를 1분에 20번 이상을 쏟아냈다. "내가 남자 친구한테 텍스트를 보냈고 그가 다시 텍스트를 보내 내가 다시 또 텍스트를 보냈지……"라는 문장을 계속해서 사용했다. 제니의 말도 빨랐지만, 나는 그 텍스트라는 단어를 교과서로 이해했기 때문에 도대체 무슨 말을 하는지 이해할 수 없었다. 속으로 '설마 저렇게 빨리 교과서를 주었다가 받았다 할 수 있나?'라는 궁금증이 있었지만 차마 그 말을 물어볼 수가 없었다. 2003년도에 휴대전화는 아직 미국에서 대중화되지 않았기에 나는 '문자를 보낸다'는 의미의 텍스트라는 말을 전혀 이해할 수 없었다. 어찌 되었든 제니는 18회기를 모두 출석했고 나는 힘겨웠지만 18회기를 마치는 데 성공했다. 학기가 끝나고 임상 실습 과목에서 통과 또는 과락(pass or fail)이라는 성적이 나와야 하는데 공란으로 되어 있었다.

책임자인 잔 박사를 찾아가서 물어보니 그는 "네가 좋은 학생이라는 건 알겠지만, 상담 중에 내담자가 하는 말을 다 이해하고 있다고 볼 수 없어. 따라서 아무런 점수를 줄 수 없어"라고 말했다. 나는 그의 말이 너무나 사실이어서 더는 아무 말도 하지 못하고 그 자리에서 물러났다. 제니가 말이 빨랐던 것도 있지만 그 당시 한 60% 정도의 말을 이해하며 상담했던 것 같다. 고민하다가 교감 선생님인 파이크 박사를 찾아갔다. 학기가 끝나기 전 나는 그녀와 존슨 박사를 한인 가게들이 있는 데로 모시고 가서 순두부를 대접했다. 미국에서 제자가 스승에게 음식을 사드리는 것은 흔치 않은 일이다. 두 분은 아주 좋아하셨고 맛있게 드셨던 것 같다. 파이크 박사에게 사정을 설명했더니 걱정하지 말라시며 잔 박사를 찾아가셨고 나는 그 뒤를 따라가 연구실 문 앞에서 두 분이 이야기가 끝날 때까지 기다리고 있었다. 순두부의 힘이었는지 아니면 파이크 박사가 나를 좋게 봐줘서였는지 그녀는 열심히 싸

위 주었는데 "병호 같은 학생이 통과하지 못하면 누가 그 과목을 통과하겠어!"라고 하시며 내 편을 들어 주셨다. 연구실 밖까지 쩌렁쩌렁 울리던 그녀의 목소리를 생각하면 지금도 감사하고 뭉클하다. 결국 나는 그 지옥 같았던 임상 실습을 통과할 수 있었다.

미국에서의 10년간의 긴 공부 과정에서 영어를 기반으로 하는 임상 과목들로 인해 위기는 계속되었지만, 마침내 대단원의 막을 내리게 되었다. 이 과정이 너무 힘들 때가 많아서 어떤 해에는 매주 한두 번은 캠퍼스 잔디밭에 앉아 전공을 바꿔야 할지를 고민했다. 특히 언어 장벽이 너무 높았고 그 장벽은 몇 달 만에 극복이 되는 것이 아니어서 더욱더 절망감이 컸다. 당시 고려했던 전공 중 하나가 목회 상담이었다. 그런데 그 과정을 마치면 예전처럼 교회에서만 사역해야 한다는 생각에 '그냥 안 되더라도 하고 싶은 것 하다 죽자!'라는 비장한 마음으로 다시 공부를 이어갔다. 돌이켜보면, 종교 지도자가 되는 과정에는 나의 의지도 일정 부분 반영되었지만, 어머니의 의지가 더 많이 작용했던 게 분명했다. 공부를 마치고 다시 교회 영역에서 전문직업을 갖는 것은 독립된 나의 존재로 살아가는 것을 멈추고 부모님이 설정해 놓은 세계로 회귀한다는 것을 의미했다. 이는 내 자신을 포기하는 것처럼 생각되었다.

위니컷이 현실원리를 '환멸'이라 표현했을 만큼 누구에게나 현실을 직면하기는 쉽지 않기에, 모두가 독립이라는 단어를 칭송한다. 하지만 정작 그 독립을 이뤄내기 위해 얼마나 많은 시간을 헌신해야 하는지에 대해 말하는 이들은 많지 않다. 내게는 부모의 이상화된 세계를 벗어나 자신의 독립적인 영역을 형성하고 살아가는 일이 가혹한 현실의 과정을 거쳐야 한다는 것을 경험했던 귀한 시간이었다. 자녀가 중심이 되는 부모의 세계와 현실의 냉혹한 장벽들 사이는 너무나 커다란 차이가 있다. 결국 한 개인이 주관적 세계를 지나 놀이의 중간 영역으로 그리고 마침내 현실의 영역으로 도달하는 과정은 순탄하지 않고 거칠지라도 그 결과는 아름답다.

학교 밖의 놀이와 현실

다사다난했던 심리학 관련 공부가 끝난 뒤에는 엄격하고 차가운 현실이 기다리고 있었다. 박사를 졸업하고 3개월이 지난 후 은행에서 학자금 융자를 갚으라는 통지서가 매월 날아오기 시작한 것이다. 위니컷은 중독과 놀이를 구분하는 관점 중의 하나로 놀이는 현실 세계로 확장해 나가는 것이고 중독은 어느 밀폐된 곳에 멈춰 정체된 것이라고 설명했다. 나에게도 유학 생활 10년간 보호된 캠퍼스에서 심리학을 공부했던 놀이 시간이 중독처럼 멈추어 선 것이 아닌 현실 세계로 뻗어 나가는 진정한 놀이였는가를 알아보는 시간이 찾아왔다. 냉엄한 현실이었지만, 짜릿한 긴장감과 함께 새로운 것을 시작할 때 느끼는 설레는 마음이 들었다.

미국은 심리치료가 보험과 연계되어 있고 한국과는 다르게 상담사 또는 임상심리학자들이 진단을 내릴 수 있는 사회이기에 임상의 세계는 다채롭고 풍요롭다. 인터넷을 통해 그 수많은 임상 현장을 찾아가며 지원서를 쓰기 시작했다. 정확히 세어 보지는 않았지만 아마 100군데 이상 지원서를 제출했던 것 같다. 미국에서 공부하며 내가 꼭 해보고 싶은 것이 있었다. 그것은 공부를 마치고 백인 사회에 들어가 임상심리학자로 전문 영역에 종사하는 것이었다. 그때는 그것이 그렇게 멋져 보이고 뭔가 대단히 있어 보였다. 그러나 그 길은 전혀 쉬운 길이 아니었다. 그중 개인이 운영하는 사립 심리센터는 서류심사조차 통과되지 않는 경우가 더 많아 연락이 거의 오지 않았다. 그러나 국가기관에서는 면접을 보러 오라는 편지가 와서 캘리포니아에 있는 거의 모든 교도소, 국립정신병원, 시 정신과에 가서 면접을 보았다. 면접 장소들이 대부분 5시간 이상 차를 타고 가야 하는 먼 거리에 있었기에 그 전날 도착해야 했다. 모텔에 묵을 돈이 없어 차에서 웅크리고 자고, 씻는 건 큰 쇼핑몰을 이용하고 면접장으로 향하고는 했다. 임상심리학자를 뽑는 교도소들은 대부분 인적이 드문 사막 지역에 있었다. 황량한 사막의 밤은 여름에는 무척 덥고 겨울에는 무척 추워 차 안에서 밤을 지새우기가 쉽지 않았다. 하지만 그야말로 어느 누군가의 말처럼 밤하늘의 별을 보며 이 광활한 미국 땅에 자리 잡을 곳을 찾을 수 있다는 생각에 힘든 줄 모르고 지냈던 것 같다. 그 시기, 한 개인이 주관적 세계에서 객관적 세계로 이행하는 과정은 커다란 모험일 뿐만 아니라 차가운 외부 현실을 뚫고 나가서 자신을 표현해야 하는 용기가 필요하다는 위니컷의 말을 떠올렸다.

어느 날은 5시간 정도 걸리는 곳에 있는 교도소에서 면접이 있어 새벽 3시경에 일어나 허겁지겁 옷을 입고 검은 구두를 신고 차를 타고 출발했다. 도착했을 때는 거의 아침 8시 가까이 되었는데 밝은 아침이 되어 신고 있는 신발을 보니, 왼쪽은 나의 검은 구두였으나 다른 한쪽은 컴컴한 새벽에 비슷해 보인 아내의 검은 구두였던 적도 있었다. 물품음란장애(Fetishistic Disorder)라는 도착증이 있는데 이것은 이성의 물건을 가지고 성적 환상을 느끼는 것이다. 아무래도 한쪽 발에 확연히 드러나는 여성 구두를 신고 면접장에 나타나는 것은 심각한 정서적 문제를 안고 있는 재소자들을 돕는 전문가로서 의심받을 수밖에 없는 상황이었다. 교도소들은 사막 한가운데 있어 주위에 가게가 없기에 달리 신발을 살 수 있는 곳도 없었다. 고민 끝에 양복바지를 최대한 아래로 내려 신발을 거의 보이지 않게 했다. 면접장에서 대기하고 있을 때는 발을 의자 밑으로 넣고 기다렸고, 면접장에 들어갈 때는 게걸음으로 왼쪽 발을 먼저 내딛고는 옆으로 걸어 들어갔다. 어색했을 상황이었는데 면접관들은 아무도 나의 신발을 보지 않았고 무사히 면접을 마칠 수가 있었다.

이렇게 멀리 면접을 보러 다니는 험한 길에 잠시 미국을 방문하신 어머니가 함께하신 적이 있다. 당신이 원하시는 목회자의 길을 가지 않고 임상심리학자라는 다른 길을 선택한 아들을 위해 새벽 2시에 출발하는 차에 몸을 싣고 먼 길을 동행하셔서 면접 보는 동안 차 안에서 기도해 주셨다. 교도소 앞은 30분마다 순찰을 했다. 그래서 나는 영어를 구사하지 못하는 어머니를 위해 아들의 면접을 함께 와서 대기하고 있다는 내용의 편지를 써서 미국 경찰관들이 차를 검문할 때 보여주시라고 말씀드려 놓았다. 1시간 뒤 면접이 끝나고 돌아왔을 때 환하게 웃어 주시는 어머니의 얼굴을 보며 절대적 보호가 필요할 때 충분한 돌봄을 해주셨던 헌신적인 모습을 성인이 되어 다시 보는 듯해서 큰 응원이 되었다.

많은 곳을 지원했으나 매번 떨어졌다. 한번은 면접 본 세 군데의 교도소에서 동시에 결과를 알리는 편지가 온 적이 있었다. 첫 번째 편지를 개봉했더니 아주 친절하게 여러 말을 하더니 결국 채용이 안 되었다는 내용이었고 두 번째와 세 번째 편지도 마찬가지였다. 나쁜 소식을 친절한 말로 조심스럽게 설명하는 것은 오히려 충격을 더하게 하는 것 같다. 유학생으로 10년 동안 아픈 적이 없었는데 이때 심하게 아파서 처음으로 병원에 갔다.

미국에서 다른 분야는 대부분 개방되어 있지만, 국가에서 운영하는 상담 분야는 대체로 백인들이 주로 근무하는 것 같다. 아무래도 문화 기반으로 이루어지는 분야이니 그럴 수도 있겠다고 생각했지만, 나에게는 무척 절망스러운 시간이었다. 그때 "해도 안 되나?"라는 우울감에 빠져들었다. 그럼에도 일주일을 앓고는 다시 새로운 곳을 찾아 이력서를 제출했다. 그다음부터는 백인들과 비교했을 때 무엇이 강점인지 생각해 보다가 내가 한국 사람인 것이 가장 큰 경쟁력이라는 생각이 들었고 그때부터 가는 곳마다 면접을 마치고는 "저에게 5분만 주세요"(please give me 5 minutes)라고 부탁했다.

백인들은 일단 기회를 준다. 기회를 받으면 먼저 "저는 한국 사람입니다"(I am a Korean)라고 운을 떼고는 한국인으로서 가지고 있는 장점들을 이야기했다. 우선 집단주의 문화에서 성장하여 개인주의 사회 안에 들어와 정규 과정을 마치고 두 문화의 장점들을 모두 이해하고 활용할 수 있다는 등등을 역설했다.

아무도 내 말을 진지하게 듣지 않았지만, 마침내 진지하게 들어준 샤론 셰퍼드(Sharon Shepard)라는 임상가를 캘리포니아 시스키유 카운티 정신과에서 만나게 되었다. 그녀가 동양적 정서와 선교에 관심이 많았다는 것을 나중에 알게 되었다. 면접이 끝나고 집으로 돌아가는 길에 샤론으로부터 전화를 받고 내가 임상심리학자로 합격했다는 말을 전해 들었다. 살던 곳에서 거의 1,000km 떨어진 곳이라 차를 타고 내려오는 오후쯤 연락을 받은 것 같다. 100번 이상 떨어지면 합격했다는 말이 잘 믿어지지 않는다. 그래서 나는 합격 사실을 편지로 보내 달라고 부탁했고, 정말로 일주일 뒤 합격 통지서를 받았다.

몬터규에서의 놀이

그 당시에 아내는 LA 근교에 있는 학교에서 박사학위를 시작했기에, 나는 일을 하기 위해 혼자서 모든 짐을 차에 싣고 북캘리포니아로 떠났다. 처음 도착한 곳은 슈퍼바이저 샤론이 소개한 몬터규(Montague)라는 조그마한 마을이었다. 1,000km가 넘는 거리를 12시간 정도 운전해서 갔다. 중간에 배가 고파 사 먹었던 햄버거가 허기를 달래 주기는 했으나 밥과 김치를 먹고 싶은 마음까지 사라지게 할 수는 없었다. 저녁 늦게 도착해서 숙소에서 전기밥솥에 지어 먹은 밥과 김치 맛이 아직도 입가에 남아 있을 정도로 맛있었다. 다음날 늦게 일어나 마을을 거닐었다. 조용하고 전형적인 시골 마을을 생각 없이 어슬렁거리며 걷고 있었는데 갑자기 깜짝 놀랐다. 내가 서 있는 마을이 어린 시절 난곡동 판자촌에서 토요명화를 볼 때 호기심을 자극했던 미국의 오래된 크고 무뚝뚝한 마을 건물들이 즐비하게 늘어선 곳이었다. 그 순간, 마치 70년대와 80년대의 피할 수 없는 가난과 문화적 소외를 경험했던 한 소년에게 놀이의 확장이라는 문화를 통해 표현된 영상 속의 환상 세계 한가운데를 실제로 걷는 듯한, 그래서 환상의 세계가 현실이 되는 듯한 착각이 들었다.

그 시절에 누군가 쓰던 흑백 TV를 우리 집에 주었는데 썩 좋은 상태가 아니어서 제대로 작동하지 않았다. TV는 틀어도 먹통이 되어 감감무소식일 때가 많았다. 어떤 때는 아주 조심스럽게 TV에게 부탁하는 마음으로 스위치를 켜기도 하고 몇 번 해도 안 되면 짜증이 나서 손으로 쾅쾅 치기도 했다. 지금처럼 물질적으로 풍요롭지 못하고 대다수가 어렵게 살던 때이기는 했지만 우리 집은 특히 더 가난하여 비가 올 때마다 오래된 운동화로 스며드는 차가운 빗물을 느껴야 했다. 그럴 때마다 어린 시절이지만 아주 불쾌했는데, 요즈음 비가 올 때마다 새지 않는 뽀송뽀송한 운동화를 신고 밖에 나가 걸을 때면 그 시절의 자신을 추억하며 만나기도 한다.

내가 초등학교 6학년 때까지 살았던 난곡동 판자촌에 있던 집을 잊을 수가 없다. 8평도 되지 않을 듯한 좁은 집이었는데 방 2개와 다락방 하나, 조그마한 부엌 하나와 화장실이 전부였다. 다락방에는 어머니가 어디서 구해 오셨는지 과학적 지식을 흥미로운 만화 형태로 만든 20여 권의 서적이 있었다. 나는 그 책들을 보기 위해 그 좁은 다락에 올라갔고 책을 보며 그곳에 있던 누룽지를 혼자 와작와작 씹어 먹었기도 했다. 나름 즐거운 기억이다. 그러나 그 집에는 우울하고 힘들었던 기억들이 더 많다. 그 당시 많은 사람이 어려웠겠지만 우리 가족은 경제적, 심리적 빈곤 상태에 놓여 있었다. 나는 성인이 되어서도 어린 시절의 기억과 감정을 고스란히 간직하고 있는 그 집을 1년에 한 번 정도는 혼자 찾아가곤 했다. 그 집 앞에만 서면 심장이 쿵쾅쿵쾅 뛰었다. 온몸이 당시의 감정들과 사건들이 버무려진 기억들에 민감하게 반응했던 것이다.

나는 초등학교 6학년이 되는 해에 형과 함께 새벽에 신문을 배달했다. 새벽 3시가 되면 집에서 신문사까지 걸어갔는데 길은 어둡고 을씨년스러웠으며 매우 추었다. 지금도 어머니가 사시는 난곡동에 가게 되면 가끔 신문을 돌렸던 오래된 낡은 집들을 들러 본다. 지금이야 구도시로 보잘것없는 퇴색한 건물들이지만 당시에는 판자촌에서 볼 수 없었던 번듯한 양옥집들이었는데 그 집들을 보며 지날 때면 제 몸통만큼 커다란 신문지 뭉치를 옆에 끼고 새벽을 가르던 그 시절의 기억이 떠오른다. 사는 곳은 난곡동 판자촌이었는데 어머니가 반포에 있는 한신교회에 다니게 되어서 나도 그곳을 중학교 2학년 때부터 나가게 되었다. 당시의 판자촌과 강남의 문화를 동시에 경험하며 받은 문화 충격은 사춘기 청소년에게 이루 말할 수 없이 혼란스러운 것이었다. 나는 경제적 어려움으로 인해 신진공고 자동차과에 입학했는데 공고에 다니는 가난한 친구들의 문화와 강남의 한 교회에서 만나는 친구들의 문화적 격차가 너무 커서 혼란스러웠던 시기였다.

그러나 잘 작동되지 않는 골동품 같은 TV를 통해 시청한 토요명화는 모든 현실의 깨어지지 않는 단단한 벽 너머 존재하는 광활하고 무궁무진한 세계를 보여주었다. 그 당시 압도당했던 현실로 인해 바라볼 수 없었던 상상과 꿈의 내면세계를 영화라는 거대한 창을 통해 만나는 순간은 설레고 경이로웠다. 30여 년이 흐른 뒤 TV 화면을 통해서만 꿈을 꾸듯이 보았던 할리우드 영화 세팅장 같은 고풍스러운 시골 마을 한가운데를 상쾌한 아침에 일어나 걸어가는 경험은 새삼스럽고 신기했다. 다가갈 수 없어 꿈과 같은 영화를 통해 내면세계의 다양한 모습을 바라보았던 아련했던 어린 시절을 뒤로하고 캘리포니아 북쪽에 있는 몬터규라는 작은 마을 한가운데 현실 세계의 땅을 발로 딛고 홀로 건물 하나하나를 바라보며 주위를 살펴보는 순간들은 신기하기도 하고 즐겁기도 했다. 위니컷이 말한 '개인의 연속성'이란 시간이 흘러도 변함없이 지각되는 자신의 모습을 의미한다. 어린 시절 영화를 통해 상상으로만 참여할 수 있었던 불확실한 환상의 세계를 걸어 들어가 굳게 잠겼던 오래된 녹슨 문을 열고 성인이 된 현재의 시점으로 걸어 나오는 느낌이었다. 어디선가 카우보이가 뛰쳐나올 것 같은 오래된 조용한 미국 시골 마을 한가운데를 걷는 것은 얼떨떨하면서도 기분 좋은 순간이었다.

이러한 정지된 것 같은 시간 속에서 아주 어린 시절 판자촌에서 시작해서 좌충우돌하며 살아온 40대 중반의 성인이 된 나는 두 발로 땅을 딛고 서 있는 내 모습에 미소 지으며 새로운 곳에서의 첫날을 그렇게 시작했다. 위니컷의 말대로 주관적 세계에서 놀이와 문화의 세계로 그리고 마침내 현실의 세계로 확장된다는 것은 판자촌의 조그마한 집에서 볼 수 있었던 화면을 통해서만 가능할 것 같았지만, 나는 그 순간 공간적 제약을 넘어 현실의 세계에서 그것을 잠시 경험했던 것 같다. 주관적 세계와 내면세계에 좋고 아름다운 것이 없는 사람이 있겠는가. 그러나 그곳에 멈추어 서 있지 않고 그것을 가지고 중간 영역으로 그리고 현실 세계로 가지고 나오는 것은 또 다른 불안을 증폭하기에, 쉽게 발길을 내딛기 힘들기는 하다. 그러나 다양한 형태의 모습 가운데 자신의 내면적 잠재성을 가지고 현실로 나아오는 것은 의미 있는 일이며 상상의 세계를 거친 현실의 세계에서 경험하는 것은 누구에게나 소중한 모험이다.

시스키유 카운티 정신과에서의 놀이와 현실

나는 학생 신분으로 10여 년 동안 한 번도 보험증을 가져보지 못했다. 그래서 첫 출근 때 반짝반짝 빛나는 보험증을 밝은 형광등 불빛 아래서 바라봤을 때의 감동을 지금도 찡하도록 기억하고 있다(유학생들은 아파서도 안 되는데 그것은 돈이 없기 때문이다). 그 당시 아내는 LA 근교에서 박사 과정을 시작했기에 나는 홀로 새로운 일자리가 있는 캘리포니아 북쪽 시스키유 카운티에서 지내야 했다. 이 글을 읽으시는 분 중 시스키유 카운티라는 말을 들은 분들은 드물 것이다. 남캘리포니아주와 오리건 주가 한창 개발되던 시기에 그 중간에 있는 시스키유 카운티는 사람들의 발길이 거의 닿지 않아 발전되지 못했다. 그곳은 캘리포니아 가장 북쪽에 있는 마지막 지역이고 내가 근무했던 도시는 와이리카(Yreka)였는데 한국처럼 사계절이 뚜렷해서 겨울은 무척 춥고 여름은 몹시 더운 곳이다. 이곳은 백인이 91%가 넘는 전형적인 백인 마을이었고 한국 사람은 나 혼자였다. 첫 6개월 정도는 기대했던 대로 전문가로서 백인 사회에서 대접받으며 기분 좋게 지냈다. 유학생으로 심리치료 영역에서 미국인들을 만났을 때와 다르게 전문가로 그들을 만났을 때 그 차이가 너무 커서 처음에는 당황스러운 적도 많았다.

공부할 때 애너하임에 있는 에머리 초등학교 상담사로 1년 정도 일했던 적이 있는데 상담실은 학교 한쪽 구석에 먼지가 쌓여 있는 창고 같은 곳이었다. 선생님들과 교직원들이 그곳이 있는지 없는지도 모르는 척박한 곳에서 아이들에게 놀이치료를 제공하며 지낸 적이 있다. 그러나 시스키유 카운티에서 환경이 확 바뀌었다. 번듯한 개인 사무실은 물론 친절하게 매일 일정을 알려주시는 사무원이 계셨고 가끔 방문하는 초중고 학교의 교장 선생님들과 담임선생님들이 직접 심리적 어려움이 있는 학생들을 설명해 주며 심리적 지원이 필요한 부분을 함께 진지하게 논의했다. 무엇보다도 그들은 나의 전문적 소견을 경청하고 행정적 지원을 아낌없이 해주었다. 학교 방문 때 양복을 입고 찾아갔는데 초등학교든 중·고등학교든 지나가던 학생들이 멈추어서 호기심에 찬 눈빛으로 나를 바라보았다. 아마 양복 입고 학교를 찾아오는 동양인을 처음 보는 듯했다. 나는 그들에게 웃으며 손을 흔들어 인사했다. 격세지감이라는 말이 실감 날 정도로 다른 환경에서 일하게 되었다. 그곳은 도시와 다른 시골 지역이라 임상심리학자가 소수밖에 없는 곳이어서 사람들이 매우 친절해 대해 주었고 무엇보다 모두가 백인이었던 시스키유 카운티 정신과에 하나뿐인 동양인으로 일하는 나에게 동료들 그리고 주위의 사람들은 많은 배려와 관심을 보여주었다.

이런 작업 환경에서 나는 실수를 많이 했다. 한번은 품행장애 진단을 받은 청소년 손자의 폭력성을 염려하는 노부부에게 나는 그들이 손자의 행동적 문제를 완화하는 데 도움을 줄 방법을 설명하고 있었다. 시간이 흐를수록 그 백인 노부부의 목과 몸이 나에게 조금씩 기우는 것을 보고 속으로 '이 사람들이 나를 이렇게까지 존경하나'라고 생각했다. 그러나 잠시 후 할아버지가 나에게 조심스럽게 "Excuse sir, I cannot understand what you are taking about"(실례지만 당신이 무슨 말을 하는지 이해할 수 없네요)라고 말했다. 이 두 분은 악센트가 있는 동양인과 이야기하셨던 적이 없어 도무지 내 발음이 잘 이해가 되지 않아 최대한 자신들의 목과 몸을 나에게 기울여 좀 더 잘 들으려 하셨다는 것이다. 그 말을 듣고 나는 얼굴이 화끈거렸다. 당시에는 잘 몰랐지만 지금 생각하면 그때 함께 일했던 미국인 친구들과 동료들이 보여 준 배려가 얼마나 컸던지를 체감하며 깊은 감사를 하게 된다. 아무래도 백인 문화를 잘 몰라 실수를 많이 했을 텐데 그들은 나를 받아 주고 이해해 주고 도와주었다. 그 당시에는 매일 콧노래를 부르며 직장으로 출근하고 일했으며, 신이 나서 힘든지도 모르고 열심히 했던 시기여서 시스키유 정신과에서는 아무도 맡지 않으려는 가장 심각한 만성적 케이스들을 내가 맡겠다고 자원해서 심리치료를 진행한 적이 많았다. 나는 주로 심리검사, 만성적이고 심각한 아동 청소년들을 위한 개인 상담, 수퍼비전 등의 업무를 수행했다.

낯선 이방 땅에서 느끼는 향수

나는 할 수 있는 것 이상의 임상적 역할을 수행해야 하는 시스키유 카운티 정신과에서 일하는 것이 힘들면서도 그곳에서 일하는 것이 무척 좋았다. 임상의 자리에 오기 위해 10년이란 긴 시간을 기다려 왔기에 더욱 벅차올랐고, 이론이 아닌 임상의 세계는 훨씬 다이내믹하고 매력적이었다. 이전에도 여러 상담센터에서 임상 경험을 해보았지만, 이전에 경험하지 못한 가장 지속적이고 만성적인 심리적 어려움이 있는 내담자들을 만날 수 있다는 점에서 다양하고 깊은 임상 경험과 지식을 많이 배울 수 있는 장소였다. 시스키유 카운티 정신과에서 일하며 가장 좋았던 것은 경제적 여유가 없는 이들, 특히 아동들에게 회기에 구애받지 않고 그들이 필요한 만큼 심리치료를 제공할 수 있다는 것이었다. 많은 연구 결과가 밝혀내는 것처럼 경제적 어려움과 심리적 어려움은 따로 떨어져 있다기보다 오히려 공존하는 경우가 많다. 한국에서는 때로 심리치료가 절대적으로 필요한 사람들이 있으나 경제적 여유가 없어 도움을 받지 못하는 경우들이 종종 있다면 미국에서는 필요한 도움을 경제적 상태와 상관없이 제공받을 수 있는 심리지원 공공서비스 분야가 잘 발달해 있다.

그러나 시간이 지나갈수록 삶은 생기를 잃어 가고 힘들어지기 시작했다. 아무리 원하는 일을 할 수 있더라도 한국인의 감성을 지닌 이들이 부재한 백인 중심의 낯선 정서와 문화의 한복판에서 삶을 나눌 수 있는 대상의 부재는 시간이 흐를수록 무거운 우울감으로 다가왔다. 당시 나는 한 달에 2번가량 비행기를 타고 가 1박 2일 정도 아내와 만났던 것 같다. 샌디에이고에 있는 팔로마 메디컬 센터(Paloma Medical Center)에서 인턴십을 하고 있던 아내를 만났을 때 느낀 평안함은 와이리카에서 보낸 시간과는 또 다른 좋은 기억으로 남아 있다. 아내를 만나고 일터로 돌아오는 월요일 샌디에이고 국제공항에서 첫 비행기를 타기 위해 새벽 4시에 시간을 맞춰 놓은 알람 소리를 듣는 것은 위니컷이 말한 현실의 환멸 경험처럼 아주 불쾌한 순간이었다. 그때 힘들었던 점은 한국 사람과 한국어로 이야기할 수 있는 시간이 거의 없다는 것이었다. 한국말 가운데는 잔잔하게 때론 강력하게 묻어 나오는 진한 감성과 정서가 있다. 그러나 영어로 의사소통하면서 친밀한 한국적 정서에서 멀어져 가며 마음 한구석이 점진적으로 황폐해져 갔다. 나는 갈수록 정서적으로 힘들어졌지만 일을 그만둘 수가 없었는데 공부하느라 진 빚에다가 아내가 박사 공부를 하고 있었기 때문이다. 역시 사회직으로 무거운 책임을 질 때 비자발적이지만 사람은 성장하며 성숙해 나가는 것 같다.

어느 달에는 일이 바빠서 거의 외부로 나갈 수 없는 때도 있고 비행기를 타지 못해 아내를 보러 가지 못하는 경우도 생겼다. 한번은 한국말이 너무 하고 싶어 인터넷으로 주위의 한인교회를 찾아봤다. 시스키유 카운티에서 150Km 정도 떨어진 레딩(Redding)이라는 도시에 한인 200여 명이 이민 와서 살고 계셨고, 그곳에 한인교회가 있었다. 나는 11시 예배에 맞춰 그 주소로 찾아갔으나 그 교회가 이사하고 난 뒤라 그 건물에는 아무도 보이지 않았다. 그 황망함은 말로 표현하기 어려웠다. 근처에 있는 카페에 가서 열심히 몇 시간을 인터넷으로 다시 찾아서 결국 저녁 7시에야 근처로 이사한 교회의 담임 목사님과 전화 연락이 되었다. 70세가량 되시는 인품 좋으신 목사님이셨는데 우리는 카페에서 만나 세대 차이가 있음에도 아주 재미있게 다양한 주제로 이야기 나누었다. 깨가 쏟아진다는 말을 그 목사님과 한국말로 대화를 나누면서 처음 느껴 본 것 같다. 영어로 표현되지 않는 정서적 부분들을 한국말로 정감 있게 소통하며 나눈 대화는 지금도 생생하게 즐거운 기억으로 남아 있다. 한국에서 행복한 것 중 하나는 모국어인 한국말로 마음껏 말하고 쓰고 듣는다는 점이다. 너무 흔해 감상할 수조차 없는 일상의 것들이 빠져 있는 삶을 살아가는 것은 고통스럽다. 자신이 속한 문화에 살면서 같은 정서를 공유하고 자연스럽게 감정을 주고받으며 살 수 있는 것은 커다란 축복이다.

캘리포니아에 있는 샤스타(Shasta) 산은 아름다웠다. 그러나 그곳에서 혼자 지내면서 심정적으로 아름답다는 생각이 든 적은 많지 않다. 그러다 신기하게도 그곳을 떠날 때쯤 되니 아름다운 산하가 마음속에 들어왔다. 나는 일요일 오후 혼자 겨울 산을 허벅지까지 차오르는 눈을 헤치며 올라간 적이 있다. 사람을 구경할 수 없는 산속 길 어디선가 몰아치는 강한 바람이 뺨과 온몸을 뒤흔들어 놓고 귀를 들쑤셔놓고 간다. '휘이잉' 하는 소리는 가끔 영화에서 들었던 바람 소리보다 훨씬 강렬하고 내가 그곳에 홀로 있다는 자각을 하게 만들었다. 언젠가 읽었던 바람 소리를 친구 삼아 자연을 걸었다는 낭만적인 시가 다 거짓말 같다는 생각이 잠시 들었다. 실제로 경험하는 혼자됨의 외로움과 동반된 뼛속 깊이 파고드는 우울감을 견디기 쉽지 않았다.

대자연에서의 회복

여러 가지 크고 작은 심리적 어려움이 있었지만, 가장 큰 위기는 3년이 지난 어느 가을에 찾아왔다. 그 무렵 부서 변동이 있었는데 아동 부서(Children's System of Care)에서 성인 부서(Adult's System of Care)로 옮기는 과정이 나에게는 쉽지 않았다. 또한 아동국에서 아동 청소년 내담자들만 만나다가 성인국에서 지속적이고 만성적인 정신적 문제를 지닌 성인 내담자를 만나게 되었는데 이것은 큰 심리적 부담으로 다가왔다. 18세에 품행장애(Conduct Disorder) 진단을 받은 내담자의 심리를 치료하는 것은 쉬운 일이 아니다. 하지만 그들에게는 아직 성격장애로 진단할 수 있는 지독히 정형화된 성격 패턴을 찾기 어렵고, 아직 거칠지만 순수함이라는 게 묻어난다. 그러나 성인들의 심리적 어려움과 동반된 성격장애로 특정 지을 수 있는 방어적 특성들과 만성적 중독 문제를 심리치료를 통해 돕는 일은 심리치료사에게 전문성뿐만 아니라 강한 내적 견고성을 요구한다. 특히 아동 청소년기에 발견되는 경우가 드문 조현병 또는 양극성 장애와 경계선 성격장애를 지닌 성인 내담자들을 많이 만나게 되었는데, 이들을 돕기 위해서는 심리치료사들이 더 많은 시간을 들여 헌신해야 한다. 이러한 내담자들은 지속적인 심리지원 서비스를 받아도 호전되지 않아 종결이라는 말이 의미가 없다. 게다가 대기하는 내담자들이 길게 늘어서 있어 종종 압도당할 때가 있다.

부서를 변경하고 얼마 지니지 않은 어느 날이었다. 나는 오전 10시경에 슈퍼바이저를 찾아가 오늘 몸이 좋지 않아 집으로 돌아가야 할 것 같다고 말했다. 그때까지 그런 적이 없었기에 그녀는 즉시 나에게 집으로 가서 쉬라고 말해 주었다. 나는 곧바로 집으로 가지 않고 목재소로 찾아가 나무와 드릴, 못 그리고 경첩들을 샀다. 그리고 집으로 돌아와 그 당시 타고 다니던 캠리라는 소형 자동차를 미니 캠핑카로 개조하기 시작했다. 정오에 시작한 작업은 늦은 저녁쯤에 완성되었는데 마치 실성한 사람처럼 개조 작업에 매달렸다. 고립된 곳에서 살아남고 희망을 찾기 위해 외부 현실과 연결해 줄 무엇인가를 찾고자 하는 절박한 심정으로 소형 캠핑카를 만든 것이었다. 우선 조수석 의자를 떼어내고 치수를 잰 다음 그곳에 나무를 잘라 침대를 만들어 뒤쪽 의자까지 이어지게 했고 길이가 약간 모자라 뒤쪽 등받이를 제거하고 트렁크 공간을 활용해 잠자리를 완성할 수 있었다. 그런 뒤 아무도 없는 컴컴한 빈방을 뒤로하고 곧바로 짐을 싸 다음 날부터 일이 끝나면 산으로 달려갔다. 그곳은 정말 아름다웠는데 호수와 산, 폭포와 아담한 오솔길로 가득한 마을 그 자체가 캠프장이었다. 물론 일을 마치고 산으로 차를 타고 들어가도 그곳에서 반기는 사람은 없었지만, 새와 곤충들이 자신들의 소리를 내며 나를 반기는 듯했고 푸른 나무와 진한 녹색의 풀들 그리고 맑은 솔향을 풍기는 큰 소나무들이 쇠약해진 나의 의식을 넉넉하게 품어 주고 위로하는 듯했다. 잠자기 위해 누우면 바로 자동차 앞 유리를 통해 밤하늘을 바라볼 수 있었는데 차창 밖으로 보이는 별들은 금방이라도 떨어져 내릴 듯이 아름답고 찬란했다.

내가 그 당시 만났던 내담자들은 심각한 정신병리로 인해 일상의 생활로부터 퇴행해 살아가는 분들이었다. 그들은 우울감과 불안감 그리고 더 나아가 현실로부터 극단의 철수 상태에서 갖게 되는 환청과 환각을 겪는 분들이었다. 어느 정도 시간이 흐른 뒤, 나는 그들의 의식적, 무의식적 혼돈을 받아내는 것이 무척 힘들었다. 그중 한 가지는 자살을 의도하거나 실제로 시도한 사람들에 대해 자살의 심각성 정도를 평가하고 그중 고위험군을 선별해 정신병원에 입원시키는 일이었다. 물론 이 일은 내가 의무적으로 해야 하는 일은 아니었다. 그러나 미국도 공무원 월급이 그리 많지 않아 주로 주말이나 밤에 이루어지는 이 심리평가는 많은 부수입을 가져왔고, 이것이 당시의 어려운 경제 사정에 많이 도움이 되었다.

그러던 어느 날 60대 초반의 조현병이 있는 백인 남성이 응급실에 스스로 찾아왔다. 그는 매일 두문불출 그가 묵고 있던 모텔에서 TV만 보며 지냈다. 그러다 갑자기 그날 화장실 변기의 사기로 된 뚜껑을 깨서 조각난 날카로운 부분으로 자신의 왼쪽 손목을 그어 자살을 시도했다. 피를 많이 흘렸음에도 죽지 않자, 병원을 찾아온 것이었다. 그가 나에게 물었다 "Do you think I need to go to the mental hospital?"(당신은 내가 정신병원에 가야 한다고 생각하나요?). 정신적으로도 육체적으로도 극도로 쇠약해져 있던 나는 이 질문에 그를 그저 멍하니 쳐다보았다. 그 당시 너무 힘들어 스스로가 정신병원에 가서 좀 쉬고 싶은 생각이 들었고 어쩌면 그곳에 가야 할 사람은 나 자신인 것 같았기 때문이다.

사방이 막힌 듯한 갑갑함에 갇혀 있다가 샤스타산의 아름다운 자연으로 들어가는 순간부터, 한계에 봉착했던 내 이성은 활동하기를 멈추고 잘 알 수 없었던 본질적인 무엇이 숨겨져 있는 깊은 무의식의 세계와 대화를 시작했던 것 같다.

놀이치료를 심리치료에 적용했던 대상관계 심리학자인 위니컷은 중간 영역과 중간 대상이라는 말로 아기의 첫 번째 소유물에 관해 설명한다. 아기는 엄마를 상징하는 그 어떤 것을 선택하는데, 그것은 담요나 곰 인형 같은 부드러운 종류일 수 있다. 첫 번째 소유물이 지니는 가치는 자신이 선택한 최초의 소유물이라는 의미이고 이때부터 아기는 엄마로부터의 첫 번째 독립으로 향하는 여정을 시작한다. 엄마들이 아기가 힘들어할 때 이 중간 대상을 아기에게 준다면 그는 스스로 위안을 갖거나 평온해질 수 있고 쉴 수 있다. 이 중간 영역과 중간 대상은 아기의 내적 실제와 외적 삶 모두에 공헌하며, 두 다른 세계와의 갈등을 완화하고 쉼의 자리로써 개인들에게 생생한 삶의 풍요로움을 제공한다. 나는 샤스타산의 깊은 품에서 평화롭고 아름다운 자연이 초대한, 아무것도 요구받지 않는 쉼의 자리를 경험했다. 동시에 각박한 현실에서 살아남기 위해 삶을 쥐어짜듯 기능해야만 했던 나는 그 깊고 광대한 숲속 한가운데서 한계를 모르고 뛰놀던 어린 시절의 창조적 모습과 만났다.

내가 어린 시절 살았던 난곡동 판자촌의 뒷산은 관악산의 줄기가 병풍처럼 펼쳐져 있었다. 눈이 오는 겨울이면 썰매를 들고 관악산 줄기의 가장 높은 곳으로 동네 친구들과 함께 올라가 꼭대기에서부터 아무도 다니지 않아 하얀 눈으로 뒤덮인 가파른 산길을 따라 두 시간 정도 신나게 달려 내려왔다. 여름이면 간단한 도시락을 가지고 산속 깊은 곳으로 달려가 물놀이와 전쟁놀이를 했다. 이처럼 샤스타산에 머물 때는 기능할 필요 없이 나 자신으로 있을 수 있었고, 그 순간 깊은 곳에 숨어 있던 나의 본질적인 모습을 재발견하고 만날 수 있었다. 이 깊은 샤스타산의 원시적 숲 한가운데는 중간 영역을 경험하는 장으로 그리고 그것의 확장인 놀이의 영역으로 그리고 마침내 외부 세계로 나아갈 수 있는 중요한 삶의 이정표가 되어 주었다.

나는 샤스타산에서 거의 두 달을 보냈다. 매일 일이 끝나면 간단히 사무실에서 저녁을 먹고 미니 캠핑카를 타고 산으로 향해 밤을 보냈다. 새벽에 일어나 헬스장으로 가서 운동과 샤워 후 근처 식당에서 아침 식사를 하고 곧바로 직장으로 출근했다. 샤스타산은 나에게 감당하기 힘든 현실의 압박과 책임감에서 벗어나 창조적이며 원시적이고 생동감 넘치는 본질적 잠재성을 경험했던 성지와 같은 놀이의 장이었다. 그곳에서 그동안 바라보지 못했던 무의식의 깊은 곳을 보며 아픔과 희열을 함께 느꼈다. 내가 나중에 좀 더 건강해졌을 때 그곳을 다시 찾아가서 힘겨웠던 때를 생각하며 하루 머물려 했는데 잠을 청할 수가 없었다. 그곳은 사실 야생 곰이 사는 위험한 지역이었을 뿐만 아니라 위험한 총을 든 사람이 나타날 수도 있었기 때문이다. 너무 힘들 때 사람의 이성은 멈춰버리고 무엇이 위험한지 위험하지 않은지를 분간할 수 없게 되는 것 같다.

내면의 잠재성을 현실에서 바라보고 성취하기

　나는 미국 유학을 떠날 때부터 임상심리학자가 되는 것을 목표로 삼았다. 너무나 당연하게 생각했던 이 꿈은 상상하지 못했던 여러 어려움에 봉착하며 좌절할 때가 잦았다. 시카고에 있는 한 대학 도서관에서 유학 초기에 임상심리학자가 되는 방법을 소개하는 책을 읽었을 때 과연 내가 고급 통계학과 심리검사 같은 모든 필수과목과 임상 시간을 마칠 수 있을지 걱정이 됐다. 캘리포니아 기준 임상심리학자 자격증에는 박사학위와 3,000시간의 슈퍼비전을 받은 임상 시간 그리고 국가고시 1차와 2차 시험 통과가 필요했다. 나는 유학생치고는 영어를 잘하는 편이 아니었는데 요구되는 영어 수준은 너무나 높아 무척 고전했다. 한창 학업을 할 때 영어를 따라가지 못하자 어떤 교수님들은 전공필수과목인데도 자신의 수업에 들어오지 못하게 하기도 했다. 한국 사람이 '노'(No)라고 말하는 것과 백인 교수님들이 '노'라고 말하는 것은 큰 차이가 있는데, 한번 '노'라고 말하면 정말 그것은 논의해볼 수 있는 것이 아닌 최종적인 통보에 가깝다. 그때 나는 "아니 전공필수인데 듣지 말라고 하면 어떻게 하라고……" 하며 투덜대다 그 교수님들의 연구실까지 찾아갔다. 연구실 그 앞에서 한참을 서성이다 용기를 내 노크하고 들어가 부족할지라도 열심히 하겠다고 말하며 그들을 설득했다. 그렇게 단호한 교수님들도 직접 찾아가 열심히 하겠다고 말하는 나를 더 막지는 않았다.

　이러한 일들이 다반사로 일어나자, 임상심리학자가 되기 위해 불가능해 보이는 현실의 한계를 무릅쓰고 앞만 보고 달려가던 나는 크게 좌절할 수밖에 없었다. 그럴 때면 학교 앞 정원에 앉아 가끔 아내에게 전화해서 상황을 설명하며 "내가 할 수 있을까?"라고 풀죽은 목소리로 물어볼 때마다 그녀는 "당신, 잘할 수 있어!"라는 대답으로 매번 응원해 주었다. 그때 만약 아내가 "힘든데 딴 길을 알아보지"라고 말했다면 상황이 워낙 힘들어 다른 길을 찾았을 수도 있겠다는 생각이 든다. 학교는 이래저래 졸업했지만, 임상심리학자 자격증이 있는 사람 밑에 가서 임상 3,000시간을 채울 수 있는 곳을 찾는 것도 어려웠다. 그럼에도 임상 시간을 채울 수 있었던 것은 심리학을 공부하며 발견한 나의 본질적 모습에 대한 놀라운 즐거움 때문이다. 더 나아가 이러한 놀이에 가까운 영역에서 얻는 행복을 심리학자라는 전문직업으로 연결하고 싶은 소망이 있었기 때문이다. 또한, 대단히 불투명하고 한 치 앞을 예상할 수 없었던 시기에도 일관되게 하나의 길로 인도하셨던 신의 도우심이 있었다.

도나(Dona)라는 임상가와 시스키유 카운티에서 친하게 지냈는데 언젠가 그녀는 만약 자기 집에 불이 난다면 꼭 들고 나갈 중요한 것으로 자신의 슈퍼바이저에게 싸인 받은 3,000시간의 서류 뭉치라고 말한 적이 있다. 나는 그녀의 말을 듣고 함께 웃기는 했지만, 그 말 가운데는 비장함이 담겨 있었다. 그 긴 시간의 수련 과정을 거쳐 받은 원본 서류에는 한 개인의 땀과 고뇌가 녹아 있어 어떤 자료보다 당사자들에게는 중요하다. 나도 아직 그 서류들을 잘 보관하고 있다. 이후 나는 자격증 시험을 치게 되었고, 마침내 2010년 12월에 1차와 2차 시험에 모두 합격했다. 한국을 떠나면서 미국에서 임상심리학자 자격증을 따는 데는 7년이면 충분하리라 예상했는데, 11년 6개월이 지나고 나서야 겨우 받은 것이다.

최종 시험을 본 지역은 새크라멘토였다. 그곳에서 2차 시험을 본 후 합격증을 받아 내가 살고 있던 와이리카로 이동하다 저녁 6시경에 5번 고속도로 휴게소 중 한 곳에 내려 잠시 쉬고 있었다. 그때 저녁을 찬란하게 비추던 지평선 위의 아름다운 노을을 바라보는데, 지금까지 겪었던 수많은 일이 주마등처럼 스치며 지나가는 느낌을 받았다. 위니컷은 사람들이 가지고 있는 잠재성이 아무리 아름답고 휘황찬란하다고 할지라도 그것이 외부 현실로 나오지 못할 때의 허망함과 의미 없음에 대해 설명한다. 정말 아슬아슬했던 순간들이 많았지만, 그 시간을 뒤로하고 원하는 자리에 서게 되었을 때 나는 더는 자신에게 요구하지 않는 사람이 되는 경험을 한 것 같다. 아마 그 시기에, 판자촌에서 살던 청소년 시절 부촌에 있는 한신교회를 다니면서 느꼈던 열등감은 해소된 것이 아닌가 한다.

나는 불가능해 보이는 지점에서 시작해 긴 시간을 보낸 뒤 심리학 영역에서 자신이 원하는 자리에 갔기 때문에, 대부분 사람도 원한다면 임상 전문가가 될 수 있으리라 믿는다. 위니컷은 주관적 세계에서 중간 영역으로 그리고 객관적 세계로 확장하며 마침내 자신을 발견해 나가는 과정에 대해 안내한다. 이러한 확장 경험은 사람마다 다를 수 있는데, 누군가 자신의 화분에 꽃 한 송이를 정성스럽게 심으며 흙으로부터 전해 오는 촉감을 즐긴다면 이것도 자신의 확장 중 하나이다. 임상의 자리는 내담자들이 자신의 주관적 세계에서 객관적 세계로 이동할 수 있게 하는 중간 영역의 자리이며 놀이의 자리이다. 그래서 임상 자체가 지니는 신성함과 고귀함이 있는 것 같다. 내담자들이 자신을 발견하고 잠재성을 외부 현실로 가지고 나가 마침내 표출하며 살아가는 모습을 목격하는 것은 아름답고 짜릿하다.

한국에서도 놀이는 계속된다

미국에서 내가 경험했던 이러한 일들은 한국으로 귀국 후 여러 영역에 많은 영향을 주었다. 극도로 정서와 정신이 고갈되었을 때 샤스타산에서 놀이의 경험을 할 수 없었다면 나는 아마 이 자리에 없었을 것이다. 가끔 나는 놀이치료를 가르치는 수업 시간에 학생들에게 "저는 놀이치료를 백 살까지, 그러니까 죽을 때까지 할 생각입니다. 함께 하시면 어떨까요?"라고 말한다. 이 말은 사실인데 길지 않은 삶 가운데서 가장 힘든 순간에 놀이의 확장을 경험하고 이를 통해 주관적 세계에 폐쇄된 채 살아가는 것이 아닌 거친 외부 세계로의 확장을 경험했기 때문이다. 이러한 놀이하는 역동적인 삶을 나는 한국에서 다시 경험하고 있다.

놀이는 한 개인에게 있어 다양한 무의식과 의식의 세계를 연결해 준다. 한 개인의 본질적인 모습들이 주관적 세계에 머무는 것이 아니라 객관적 세계로 확장되어 나오는 순간, 그 개인은 가장 자신일 수 있고 가장 신명 나며, 시간 가는 줄 모르게 삶을 영위할 수 있다. 16년간의 긴 미국 생활을 마치고 귀국을 하기로 결정하는 것은 쉽지 않았다. 당시 시카고에서 함께 공부하고 한국에 먼저 와 계신 분의 설득이 아니었으면 다시 돌아올 생각을 하지 못했을 것이다. 미국의 심리학적 기반에 익숙한 내가 한국에서 무엇을 할 수 있을까 하는 두려움이 컸다. 그러나 미국 사회에서 쌓았던 모든 것을 내려놓아도 한국에 들어와 사는 것이 더 중요하다고 생각했고, 무엇보다 아내가 한국에 들어오고 싶어 했다. 백인이 주류를 이루는 사회에 살면서, 자신이 익숙한 한국 문화 안에 사는 게 소중하다는 사실을 깨달으며 나는 한국에 돌아왔다.

내가 미국에서 가장 두려웠던 것은 가족이 없는 낯선 이방인의 땅에서 일만 하다가 그곳에 죽어 묻히는 일이었다. 전문가가 되어 우리나라에 돌아와 가장 즐거운 일은 모국어인 한국말로 말하고 쓰고 이해하는 것인데 이것 자체가 놀이인 듯하다. 미국에서 영어를 계속할 때는 영혼이 탈탈 털려 허공으로 날아가는 듯한 헛헛한 감정이 들었다. 영어로 말하기 전에 먼저 생각을 하게 되는데 그로 인해 감성적인 부분을 전달하는 것이 쉽지 않았다. 그러나 한국어로 소통할 때 모국어에 담겨 있는 영혼의 울림이 울려 퍼지기에 쉽게 공감하고 이해할 수 있으며, 훨씬 많은 영역에서 마음으로 소통할 수 있다. 이러한 모국어 소통은 내면세계의 풍요로움과 연결된다. 또한 한국적인 정서의 깊은 저장고에서 퍼져 나오는 아름다운 감성들과 접촉되어 삶에 감사하는 마음이 절로 들게 한다.

한국에 돌아왔을 때 나는 심리치료센터를 만들 계획을 세우고 있었다. 하지만 한국의 임상심리학 영역에 관한 상황을 알지 못해 쉽지 않았다. 그러다가 예상치 못하게 교수가 되었다. 미국에서 공부하며 한 번도 교수가 되리라 생각해 본 적이 없었고 임상심리학자로서 임상 현장을 동경하며 평생 임상가로 살아가리라 생각했었다. 그러나 어쩌다 교수가 되어 신선한 학문이라는 놀이의 세계와 방대한 임상 세계라는 두 개의 장을 만나게 되었다. 교수가 된 첫해에는 가르친 경험이 없었기에 학생과 교수가 누구인지 구분되지 않는 이상한 상황이 연출되는 경우가 많았고 강의하는 것도 무척 서툴렀다. 어리숙한 교수 강의를 성실하게 들어 준 학생들에게 이 지면을 통해 감사를 드린다.

가르치는 새로운 분야는 나에게 임상을 통해 경험한 심리적 내용물을 이론적으로 정립할 값진 기회가 되었다. 임상가들은 무엇이 내담자들에게 어떻게 영향을 주는지 경험적으로 잘 알지만, 이론적으로 설명하지는 못한다. 임상과 이론 사이에는 항상 차이가 있으나 이 둘은 모두 심리치료를 이해하고 발전시키는 데 필요한 중요한 요소이다. 교수로서 임상에서 발생하는 것을 이론적으로 설명하는 건 무척 힘들고 어려운 과정이다. 하지만 누군가를 가르치는 이 새로운 영역은 나를 더 넓고 방대한 지적인 세계로 인도했다. 또한 이를 통해 지식의 저장고에 가득한 소중하고 심오한 심리학적 지식과 학자들의 깊은 통찰을 접할 수 있는 경험을 하게 되었다. 동시에 좋은 동료 교수님들을 통해 알지 못했던 다른 분야의 전문성을 배우는 것도 즐거운 순간이었다. 나의 마음은 여전히 학생인 듯한데 동료 교수들을 보며 스스로가 교수인 것을 깨닫게 된다.

한국에 와서 미국에서의 임상 경험을 이론으로 설명하는 과정을 배우는 학문의 세계에서 나는 또 다른 놀이의 역동적인 확장을 경험한다. 논문을 계속 쓰는 과정이 어려웠지만, 내가 하는 임상을 이론적으로 설명해 내는 과정은 주관적인 임상 자료들을 객관적인 심리학 이론을 통해 설명한다는 의미에서 새로운 현실 세계와의 대화이며 확장의 경험이다. 가장 감명 깊었던 순간은 2015년 봄 스승의 날에 학생들이 불러 준 〈스승의 은혜〉를 들었을 때이다. 학생들이 그 노래를 불러 줄 때 처음에는 얼떨떨하다가 너무 감격스러워 눈물이 났다. 아직 스승이라는 자리로 확장할 만큼 성숙하지 않은 나를 스승으로 불러 주는 분들이 있다는 것은 감사한 일이다.

2장

위니컷을 통한
임상 세계의 이해

나는 25년간 심리학의 길을 걸어오며 그 매력에 푹 빠져 있다. 3개월 된 영아의 경이로운 정신세계를 알게 된 신학대학원 시절부터 뉴욕시에 도착해 새로운 도전을 시작했던 설렘의 순간과 지금까지, 나는 이 심리학 세계에서 전문가로 살아가는 것을 꿈꾸어 왔으며 지금도 이 꿈같은 현실의 한가운데서 살고 있다. 위니컷은 심리학의 학문적 범위를 넘어 실제적인 임상이라는 심리치료의 영역으로 우리를 안내하고 임상의 세계를 어떻게 바라보고 이해할 것인가에 대해 알려준다. 그가 담담하게 써 내려간 심리학적 통찰은 우리가 직면하고 있는 삶에 관한 깊은 통찰을 제공할 뿐만 아니라 다이내믹한 임상 세계에서 벌어지는 현상들을 이해하는 데도 도움이 된다. 우리는 주관적 세계를 넘어 객관적 세계로 확장해 나갈 때 두꺼운 장벽들을 직면하게 된다. 위니컷은 『놀이와 현실』이라는 책에서 중간 영역, 주관 세계 그리고 현실 세계의 이해를 우리에게 전해 주는데 그의 심리학적 통찰들은 현실의 장벽들을 넘어 한 개인의 잠재성을 성취해 나가는 과정을 보여준다.

위니컷의 이론은 심리학의 범주에만 멈추지 않고 우리의 일상을 해석하고 이해하는 데 커다란 공헌을 하며, 우리의 삶에 대한 입체적인 시각을 제공한다. 그는 우리의 삶의 영역을 단순하게 주관적 세계와 외부 현실이라는 두 개 세계로만 한정하지 않는다. 그는 그 두 세계의 중간 영역 즉 놀이의 영역이 있다는 것을 임상과 이론을 통해 설명해 준다. 이 놀이 영역에서 한 개인은 연속성을 가지고 존재하며 이 연속성을 통해 우리가 어디에서 왔고 지금은 어디에 있는지 그리고 우리는 어디를 향해 가는지에 대한 종합적인 통찰을 제공한다. 위니컷이 언급한 과거와 현재와 미래를 연결하는 연속성이라는 주제는 우리가 하나의 불꽃처럼 사라져 가는 존재가 아니라 인류가 걸어가는 영원한 시간의 한 점을 차지하고 있다는 의미심장한 이야기를 전해 준다. 한국과 미국에서 시작된 심리학 영역에서의 긴 여정 동안 위니컷이 말하는 연속성을 나의 주관적 삶에서 중간 영역으로 그리고 객관적 세계에서 발견할 수 있는 것은 큰 기쁨이었다.

이 장에서는 나는 꿈꾸던 임상심리학자가 되어 전문 영역에서 일하며 위니컷의 중간 영역에 관한 이해가 어떻게 구체적으로 내담자를 이해하는 데 도움을 주는지 소개할 것이다. 이 중간 영역이라는 개념은 많은 사람이 일상에서 너무 흔히 사용하기에 무심히 흘려버리는 '놀이'의 의미를 이해할 수 있도록 도와준다. 중간 영역이라는 위니컷의 독특한 심리학적 통찰은 임상 세계에서 발생하는 수많은 심리적 내용물을 이해할 수 있는 하나의 이론적 임상적 창문을 제공한다. 우리는 이 작은 창문을 통해 다채롭고 깊은 임상의 세계를 바라볼 수 있고, 이해하며 공감할 수 있다.

놀이하는 우울한 소년

내가 캘리포니아 애너하임에 있는 패밀리 세이버 센터(Family Savor Center)에서 일할 때다. 그곳에 아시아계 초등학교 5학년 남자아이가 부모님과 함께 찾아왔다. 처음 그 소년을 보았을 때 눈 밑에 어두운 그림자가 확연히 드러나 있어서 그가 얼마나 우울한지 상징적으로 보여주었다. 나는 그에게 통상적으로 임상 면접에서 묻는 환청·환각과 관련된 질문을 하였다. 그 소년에게 "혼자 있을 때 남들이 보지 못하는 것을 보거나 듣지 못하는 것을 듣는 경우가 있나요?"라고 묻자, 그는 잠시 생각하더니 혼자 있을 때 학교에서 누군가 잘 알 수 없는 성인 남성이 자신을 쳐다본다고 대답했다. 그 시기에 그가 조기 조현병 증상(Early Schizophrenia Symptoms)을 가지고 있었는지 아니면 주요우울장애(Major Depressive Disorder)와 동반하는 환각 증상을 가지고 있었는지는 불분명했다. 하지만 나는 그 소년의 부모님에게 상태의 심각성을 전달했고 놀이치료를 시작했다(후에 그의 환각 증상은 주요우울장애로 인해 발생한 것으로 나타났고 진단명은 Major Depressive Disorder with Psychotic Symptom으로 변경되었다). 그는 한창 즐겁고 신나게 놀아야 하는 아동기에 놀지 못하는 우울한 소년이었다. 그래서 친구도 없었고 주로 홀로 시간을 소모하며 지내고 있었다. 그의 우울은 아마도 부모가 말한 대로 두 살쯤에 경험했던 갑작스러운 1년간의 분리에서 시작된 것으로 보였다. 경제적인 이유로 그의 부모는 다른 나라로 가서 1년간 체류했고 그때 그는 할머니 집에 맡겨졌다. 유년기 발달 과정에서 주요 대상(부모)을 상실하는 것은 커다란 심리적 외상이며 이는 다양한 종류의 심각한 심리 증상을 유발한다. 자그마한 놀이치료실에서 나는 그 소년을 놀이의 장으로 초대했다. 처음 그는 어떤 놀이를 해도 그의 켕하고 초점 잃은 눈은 바닥을 무심히 내려다보았고 얼굴에는 생기가 없었다. 놀이에 참여한다기보다는 자신과 관련 없는 제삼자의 일인 듯 무심하게 그 자리에 유령처럼 앉아 있었다. 그의 신체는 심리치료실 안에 있었지만, 그의 정신은 마치 그곳을 벗어나 알 수 없는 어느 곳인가를 떠도는 듯했다.

시간이 지나며 서서히 그는 저조하고 침울한 주관적 세계에서 중간 영역인 놀이의 장으로 나아왔으며, 그때쯤 그의 조그맣고 허스키한 목소리가 커지기 시작했다. 이 시기에 그의 부모는 이전에 전혀 요구하는 것이 없던 소년이 심리치료 과정에서 퇴행하며 무자비하게 이것저것 요구하자 깜짝 놀라서 언제까지 그의 요구를 들어주어야 하는지 물어보기도 했다. 그렇게 8개월의 시간이 흐른 뒤 그의 눈 밑에 진하게 나타났던 다크서클은 사라졌고 초점을 잃었던 눈은 초롱초롱해졌으며, 친구들과도 차차 어울리기 시작했다. 내담자의 상태가 진전되고 안정화되면 심리치료를 종결한다. 심리치료를 마치는 시점에 그 소년은 더는 그늘진 곳에서 서성이던 외톨이가 아니었다. 그는 관계의 중심으로 들어가 다른 이들과 소통하고 삶을 나누며 놀이할 수 있는 적극적인 아동이 되었다.

그는 정신증적 증상을 동반한 심각한 주요우울장애를 앓고 있었으나 심리치료를 통해 자신의 놀이 영역을 회복하고 다른 이들과 공감하며 현실 원리가 지배하는 객관적 세계로 확장해 도달했다. 우울감이 사라졌을 때 그는 학교 모퉁이에서 항상 자신을 쳐다보던 성인 남성을 더는 보지 않게 되었다. 낯설고 두려웠던 외부 현실을 상징적으로 드러내는 학교에서 그 소년은 무의식 안에 있던 공포의 나쁜 내적 대상이었던 성인 남성을 환각으로 본 것이다. 항상 차가운 눈초리로 소년을 주시했던 환각 속의 성인은 놀이 영역으로 나오려는 소년을 다시 침울한 주관적 세계 어디론가 후퇴하여 머물게 했다.

그러나 그 소년이 주관적 세계를 넘어 중간 영역인 놀이의 장으로 나오면서 우울감이 점진적으로 사라짐과 동시에 그의 내면세계에 자리 잡았던 나쁜 대상의 이미지는 그의 주관적 세계에서 자기 공간을 잃어버리고 사라져 갔다. 이로써 그는 타인과 공유하며 소통할 수 있는 놀이 영역으로 나올 수 있었고 그의 부모님과 멀리서만 바라보는 의미 없는 관계가 아닌 친밀한 관계를 형성할 수 있게 되었다. 그렇기에 그가 과거에 착한 아이로 부모에게 아무것도 요구할 수 없는 방치된 관계에 머물렀다면 심리치료 과정을 거쳐 회복되며 부모님을 신뢰할 수 있게 되었고, 부모님에게 당당히 자신이 필요한 것을 요구할 수 있는 관계로 발전해 갔다. 또한 그의 내면세계에 있던 나쁜 대상은 그 자신의 변화와 더불어 부모님 편에서의 적극적인 수용과 이해를 통해 좋은 대상으로 바뀌어 갔다. 소년에게는 여동생이 있었는데 그녀는 이전까지 부모님의 모든 사랑과 관심을 독차지하고 있었다. 반면 소년은 관심과 사랑받기를 원했으나 그의 퉁명스러운 의사 표현과 관계에서의 철수가 오히려 사람들을 그로부터 밀어내고 있었다. 그러나 그의 부모님이 진심으로 그 소년에게 관심을 두게 되고 심리적 외상들과 동반되었던 그의 우울감을 공감하며 적극적으로 돌보기 시작했을 때 그의 내면에 변화가 야기됐다.

이 소년의 심리치료 과정은 다양한 이론적 근거를 통해 설명할 수 있다. 그중 위니컷의 놀이에 대한 통찰은 우리에게 큰 도움을 준다. 긴 시간 동안 방치되었던 소년의 우울은 시간이 지날수록 심각해졌으며 그의 내면세계에서 만나고 있던 무의식적 환상 속에 존재했던 공포의 내적 대상을 외부 현실로 지각할 만큼 그의 현실 감각은 심히 훼손되어 있었다. 이렇게 우울했던 소년은 놀이의 중간 영역으로 기지개를 켜고 서서히 나와 자신의 훼손된 내면적 대상들은 회복해 나갔다. 놀이 가운데 그는 자신의 충동을 느끼고 발산할 수 있었으며, 가두어 두었던 본질적인 자기 모습을 드러내고 안전하고 자유로운 심리치료 공간에서 호흡하며 압도당했던 공포의 현실 세계로 자신을 확장할 수 있었다. 위니컷의 놀이에 대한 통찰을 통해 이 소년의 주관적 세계와 놀이의 중간 영역 그리고 외부 세계로 향했던 확장의 여정을 이해할 수 있다. 잠재적 공간인 놀이의 영역에서 그는 우울감과 공포감을 넘어 자신의 본질적인 모습을 만나고 회복할 수 있었다. 항상 변화와 회복은 모두를 놀라게 하는데, 심리치료 이후 활기차고 생생한 모습을 회복한 그 소년은 처음 봤을 때의 우울했던 모습과 완전히 다르기 때문이다.

임상의 세계는 매우 역동적이고 진솔한 내담자들의 무의식 세계로 향하는 흥미로운 여행이다. 이러한 여행을 어떻게 해야 할지 어디서 시작해야 할지에 대한 많은 이론이 존재하는데 그중 위니컷의 중간 현상과 중간 대상에 대한 이해는 아직 미지의 세계인 무의식에 관련된 영역을 알아 가는 데 좋은 가이드라인이 되어 준다. 대체로 내담자들이 심리치료 과정을 신뢰하기 시작하면서 자신의 주관적 세계에 대한 수많은 내용뿐 아니라 꿈과 무의식과 관련된 환상들을 말하기 시작한다. 어떤 때는 너무 많은 정보를 전해 주는 내담자의 내면세계를 어떻게 해석해야 할지 난감할 때도 있다. 위니컷이 전해 주는 그의 인간 정신에 대한 이해는 우리에게 이러한 복잡한 임상 세계를 이해하는 데 많은 도움을 준다.

그의 이론을 처음 대하는 분들에게는 다소 난해할 수 있다. 하지만 만약 임상 경험을 충분히 하며 위니컷이 설명하는 내용을 읽어 내려가면 그가 하는 말을 이해하기가 훨씬 더 쉬울 것이다. 그가 설명하는 이론적 언어들은 책 속에 갇혀 있지 않고 살아 생생하게 움직이는 임상 언어이기에 그의 심리학 세계를 처음 접하는 사람들에게 당황스러울 수 있다. 그러나 그의 이론은 지적인 이해뿐만 아니라 경험을 요구하기에 시간이 지나면서 그가 한 말의 깊은 의미들을 되새겨 볼 때 더 잘 이해할 수 있다.

우울하고 불안한 사람들은 놀이가 되지 않는다. 심리치료의 장은 이러한 이들을 놀이의 장으로 초대하는 것일 수 있다. 고통스러운 기억과 아픔이 있는 내면세계에는 원시적 충동과 파괴성이 있으며 이러한 원초적인 정신 내적 요소들은 창조성과 자율성과 관련이 있다. 사람들이 이러한 내면세계의 요소들과 만날 때 지루함은 서서히 사라지고 설레는 마음으로 자신의 삶을 신선하게 바라보고 경험하게 되며, 현실의 답답한 한계들은 받아들일 만한 일상으로 경험하는 순간들을 맞이하게 된다. 이때 사람들은 절망이 아닌 새로운 가능성을 만나고 그것을 찾아 나선다.

코칭이란, 경험이 있는 사람이 자신의 지식과 통찰력을 바탕으로 누군가 경험 없는 이들을 인도하는 것이라면, 심리치료는 내담자 안에 있는 내면세계에서 자신을 발견하고 외부 현실과 소통하는 것을 돕는 일이다. 이렇게 또 다른 공간에서 발견되는 내면세계와 외부 현실은 서로를 풍성하게 도우며 한 개인의 삶을 확장시킨다. 우리가 사는 시대는 대체로 외부 세계를 보는 것에 익숙하지만 위니컷이 친절하게 안내하는 내면세계에 대한 이해와 통찰은 개인들의 삶을 다양하고 풍요롭게 만드는 데 공헌한다.

내면세계에 대한 위니컷의 관심

위니컷은 소아과 의사로서 많은 아동의 신체적 문제들을 살펴볼 기회가 있었다. 그는 의학적 시각으로 내담자들을 보는 것은 한계가 있다고 말하며 정신분석은 생체심리학이 끝나는 곳에서 시작한다는 말을 남겼다. 혀누르개 게임이라는 주제로 위니컷이 천식과 발작 증상으로 찾아온 생후 7개월 된 유아를 관찰한 내용은 흥미롭다(Madeleine & Wallbridge, 1981). 그는 유아가 병원 탁자 위에 앉아 있는 동안 바로 옆에 있는 혀누르개를 보며 흥미를 느끼고 잡기를 주저하는 동안 천식이 발생했음을 관찰했다. 유아가 손을 혀누르개에 대고 자기 몸과 환경을 조정하고자 할 때 천식을 일으켰는데 이것은 숨 내쉬기에 대한 무의식적 조정을 포함하고 있다고 위니컷은 말한다. 그는 유아가 지닌 발작과 불안에 대하여 설명한다. 심리 요소가 신체 증상으로 나타나는 것은 임상에서 흔히 발견된다. 예를 들어 누군가 불면증으로 고통받을 때 대부분은 이러한 신체적 문제로 의사의 도움을 받는다. 이것은 적절하며 사람들은 의학적 전문성의 도움을 통해 이러한 문제들을 해결한다. 하지만 이러한 불면증 뒤에 있는 개인의 심리적 고통에 대해서는 그다지 관심을 두지 않는 경우가 많다. 대체로 불면증 뒤에 있는 불안들이 감소할 때 이러한 불면 증상도 완화되는 경우를 임상에서는 종종 목격한다.

심리학적 통찰을 통해 외부로 나타나는 증상 뒤에는 무한한 무의식의 세계 즉 내면세계가 있음을 알게 된다. 이러한 세계를 보고 접근하는 과정은 경이롭다. 이러한 내면세계에 대해 위니컷은 구체적인 언어를 통해 우리에게 전한다. 사람들은 삶을 살아가며 다양한 문제들에 직면할 때 그 해결법을 외부에서만 찾는 경우가 있다. 외부적으로 문제를 해결하는 것이 어느 정도 도움을 주는 것은 사실이지만 내면세계의 문제들을 외면하면 본질적인 원인은 해결되지 않은 것이다. 역설적으로 사람들이 찾는 자신에 대한 답은 외부 세계가 아닌 내면세계에 있음을 종종 보게 된다.

40여 년간 의사로 많은 사람에게 도움을 주었던 정미연 박사가 은퇴한 뒤에 심리치료실을 찾았다. 그녀는 헌신적으로 충실하게 일하며 병원에서 오랜 시간 동안 있었기에 많은 이가 그녀를 근면하고 열정적이고 전문적인 의사로 기억한다. 그러나 그녀의 개인적 삶은 외부의 삶만큼 행복하지는 않았고 여기에는 남편과의 좋지 않은 관계가 오래 전부터 문제가 되었다. 정 박사의 남편 또한 고위 공직자로서 오랫동안 전문 분야에서 일하고 은퇴했기에 외부에 알려진 그의 모습은 성실하고 전문성을 지닌 사람이었다. 하지만 그녀에게는 외부의 평가와는 정반대의 사람이었다. 회기가 어느 정도 흐르고 어느 날 그녀는 꿈을 가지고 상담하러 왔다.

정 박사는 꿈 이야기 전에 현재 살고 있는 그녀의 집에 대하여 설명했다. 그녀의 정원에는 커다란 나무가 있고 그 뒤에는 잡다한 풀들을 모아 놓은 쓰레기장 같은 뜰이 있는데 여름이면 그곳에서 고약한 냄새가 나곤 했다. 정 박사의 남편은 그 나무를 잘라버리기를 원했으나 그녀는 반대해 왔다. 꿈에 그녀가 그 커다란 나무 뒤쪽으로 우연히 가보니, 냄새 나는 쓰레기 더미들이 있을 것이라 예상했던 그곳이 푸른 잔디로 덮여 있었고 그 끝에는 열매가 7~8개 정도 달린 조그마한 감나무가 한 그루 서 있었다. 그 한가운데 커다란 탁자가 놓여 있었으며 그곳에 앞치마를 두른 나이 드신 여성분이 5~6세 정도 되어 보이는 어린 소녀와 놀고 있었다.

이 꿈은 정 박사가 자신의 내면세계를 바라보기 시작하면서 자신의 깊은 무의식을 만나는 장면이다. 그녀는 그동안 자신의 내면세계를 마치 나무 뒤의 뜰처럼 냄새가 나기에 접근하기 어려운 곳이라 여기며 오랫동안 멀리했다. 그러나 꿈속에서 그녀가 그 나무 뒤를 가보았을 때 그곳에는 아름다운 잔디가 깔린 쉴 수 있는 놀이 공간이 있었다. 정 박사는 잔디밭 중앙에서 어린 소녀와 놀고 있던 나이 드신 여성분을 이전의 꿈들에서 가끔 보았다고 말했다. 그녀는 이전 꿈에 자신이 미로에서 길을 잃고 헤맬 때 앞치마를 두른 그 여성분이 자기 손을 잡고 미로에서 빠져나갈 수 있는 문으로 안내했던 장면을 기억했다. 그렇다면 그 여성분은 누구일까? 정 박사는 자신이 아주 어렸을 때(약 30개월경에) 집에서 김장하느라 바쁘신 어머니를 뒤로 하고 집 밖을 걷다가 너무 멀리 나와서 집을 잃어버렸고 경찰서에서 그녀를 보호하게 되었던 일이 있다고 말했다. 김장 중이던 어머니는 수소문 끝에 한나절이 지나고 나서야 어린 딸이 경찰서에 있다는 소식을 듣고 앞치마도 벗지 못한 채 득달같이 찾아왔다. 정 박사는 이러한 상세한 내용을 어머니에게 성장해서 전해 들었을 뿐 기억하지 못하지만, 경찰서에서 어머니가 김장할 때 두른 그 앞치마를 입고 자신을 안으셨던 장면을 기억하고 있었다.

꿈속에서 나이 드신 여성분은 정 박사의 어머니이며 그 어린 소녀는 정 박사 자신이다. 꿈속의 소녀 나이 때쯤에 그녀는 4~5년 정도 크게 아파 그 시기 대부분의 날들을 누워서 보냈다고 한다. 그녀가 어린 시절 절대적으로 누군가를 필요로 했던 시기에 어머니는 그녀 곁에 함께 있었으며 앞으로 어떻게 살아가야 하는지 길을 찾고 있는 중년의 그녀에게 다시 나타났다. 그녀는 20대 초반에 돌아가신 아버지에 대한 상실의 아픔을 애도하는 데서 자유롭지 않았고, 아버지처럼 자신을 돌봐 줄 것이라 의지했던 남편은 그녀의 마음에서 먼 거리에 있었다.

이 꿈은 정 박사가 자신의 삶을 되돌아보고 앞으로의 삶을 어떻게 살아야 하는지에 대한 방향을 전해 준다. 그녀가 향해야 할 곳은 지속적으로 실망을 안겨 주는 외부의 남편이 아닌 자신의 내면세계이다. 그곳에서 자신이 돌봐야 할 모습들을 그리고 자신을 지켜 주었기에 내사된 어머니를 만나야 한다.

임상의 세계에서 중간 현상의 위치

위니컷은 『놀이와 현실』(*Playing and Reality*, 1989)에서 중간 현상과 중간 대상에 대해 탁월한 설명을 하며, 우리를 둘러싼 외부 현실과 한 개인의 주관적 세계와의 관계에서 발생하는 갈등과 차이를 어떻게 이해할 것인가 하는 주제에 대해 새로운 단서를 준다. 사람들은 흔히 이 세계를 주관적 세계와 객관적 세계로 정의하지만 위니컷은 거기에 더해 제3의 세계가 있다고 말한다. 다시 말해 우리의 피부가 둘러싼 내적 세계에서 발생하는 다양한 역동이 있다면 한 개인의 주관적 세계 밖에 존재하는 현실 원리가 기본이 되는 객관 세계가 있다. 여기에 내면세계와 객관적 세계 사이에 중간 영역이 있으며, 이 고유한 영역은 문화 영역에 속하는 놀이의 확장으로서의 문화 경험을 통해 나타난다. 위니컷은 이 중간 영역, 즉 놀이와 문화의 영역이 주관적 세계와 객관적 세계 사이에서 발생할 수 있는 갈등과 모순을 완충해 주기도 하고 보완해 주기도 한다고 말한다.

이러한 위니컷의 이론은 나에게 인간과 인간이 속한 사회를 바라보는 새로운 시각 그리고 모든 사람이 관계 맺고 살아가는 모습들을 더 깊이 바라보는 시각을 갖도록 도움을 주었다. 내담자들은 자신의 특별한 아픔의 주제들과 아직 발견하지 못한 자신의 진정한 모습들을 알고 싶어 하기에 심리치료를 받으러 온다. 그 심리치료의 장은 커다란 슬픔, 알 수 없는 분노, 불안, 공포, 절망, 희망, 희열, 쾌감과 같은 다양한 감정과 수많은 기억 그리고 꿈들이 살아 숨 쉬는 곳이다. 이곳에서 사람들은 신비하게도 길고 힘들지라도 그 과정을 견디고 회복하며, 찾고 싶은 자신을 발견하고 두려워하던 현실로 확장되어 나간다.

이 치료의 장은 중간 영역으로 모든 이에게 공헌하고 아직 펼치지 못한 가자의 모습들을 찾는 데 도움을 주며, 끔찍했던 기억들에 접근할 수 있는 안전한 공간을 제공해 준다. 또한 심리치료를 통해 달라진 내담자들의 변화된 모습은 그들을 만나는 모든 이에게 영향을 준다. 이렇게 새로운 삶의 빛을 발견하고 경험한 이들은 치료의 장을 확장하며 문화의 세계로 뛰어든다. 고립되고 밀봉되고 폐쇄된 곳에 갇혀 살아가던 이들은 수천 명이나 수만 명이 아닌 수백만 혹은 수천만 명 이상, 더 나아가 수억 명의 사람이 공유하는 놀이의 거대한 확장을 의미하는 문화에 참여하게 된다. 이분법으로 분류하는 내부와 외부의 단순한 시각을 넘어 제3의 중간 영역 공간인 놀이의 세계와 문화의 세계는 우리의 삶을 풍요롭게 확장해 준다. 위니컷은 우리 삶에 생기를 불어 넣어 주고 가장 자신일 수 있게 하며, 창조적이고 자발적이고 신명 나는 모습을 만나게 되는 잠재적 공간인 놀이와 문화의 세계가 무엇인지 이해하는 데서 우리에게 커다란 밝은 빛을 제공한다.

다음은 공무원으로 일하며 심리치료를 받았던 30대 초반 내담자의 꿈을 소개하고자 한다.

"교회 수련회를 갔는데… 수련회가 끝나고 집에 가야 해서 짐을 다 싸고 버스를 타고 가려는데 좌석이 거의 다 찼어요. 뻴리 자리를 맡아야 한다고 생각해서 짐은 밖에다 두고 버스에 올라갔는데 이미 앞좌석이 다 차 있어 뒤쪽 구석 좌석만 남았어요. 차 밖에 두었던 짐을 가지고 오려고 자리에 물병을 놓아 내 자리처럼 표시만 해놓고 버스에서 내렸어요. 그러나 짐을 못 찾아서 찾으려 계속 걸으며 길을 헤매다 보니 길가에 굉장히 오래된 중세 시대 숙박 시설 같은, 호텔도 아니고 좋은 관광지 같은 그런 데가 나왔어요. 멀리 박물관 같은 것도 보였는데 저는 볼 수 없었지요. 짐을 찾고 버스에 타야 해서 이런 것들을 보지 못해 나중에 다시 와서 봤으면 좋겠다고 생각했어요. 그런 뒤에 돌아가며 '다시 올 수는 있나?'라고 말하며 짐도 못 찾고 버스도 못 타는 꿈을 꿨어요."

이 꿈을 이야기한 후 내담자는 다른 꿈을 곧바로 이야기하기 시작했다.

"갑자기 이 얘기를 하면서 가방 얘기를 하다 보니까 제가 남편이랑 같이 해외여행을 갔는데 짐을 부쳐야 하는 곳에서 몹시 화가 나서 짐을 발로 차 계단 밑으로 짐이 떨어져 버렸어요. 그러자 밑에 있는 남편이 제 짐을 찾으러 갔는데 그 떨어진 짐을 찾지 못하자 남편한테 화가 나서 씩씩거리는 꿈을 꿨어요."

이 내담자는 오랫동안 자신을 비난하며 발생하는 문제를 해결하기 위해 자신에게 희생을 강요하며 지내왔다. 이러한 방식은 심각한 심리적 불안과 우울을 동반했을 뿐만 아니라 신체적 쇠약함에 이르는 일도 생기곤 했다. 심리치료가 진행되며 내담자는 서서히 자신을 비판하는 목소리들을 외부로 돌리기 시작했고 관계 안에서 다소 불분명했던 자신의 목소리를 더 분명하게 내기 시작했다. 그러나 이러한 모습은 현실에서 경험되는 다양한 좌절과 절망을 주변 사람들에게 거칠게 투사하는 방식을 표출하기도 하였다. 꿈에서 내담자는 버스에 승차했으나 앞에서 자리를 찾지 못했고 뒤에서 찾았다. 그러나 그녀는 짐을 밖에 두고 와서 하차하여 짐을 찾았으나 짐은 사라졌다. 이는 내담자가 짐으로 표현되는 자신의 중요한 심리적 내용물들을 방치하고 있으며 앉아야 할 자리에 본질적인 자연스러운 모습으로 있지 못하고 혼란 가운데 자신의 부재를 경험하고 있다는 것을 의미한다. 이후에 내담자의 두 번째 꿈과 관련해서 자신의 짐을 발로 차버리고 찾아오라 하지만 찾지 못하는 남편에게 심하게 화를 내는 장면이 나온다. 내담자는 전에 피해자의 자리에서 주로 있었기에 자신에게는 원초적으로 잔인할 수 있고 대단히 파괴적이며 공격적인 모습이 전혀 없는 것으로 알고 있었다. 그러나 그 이면에 억압되어 있던 감당하기 어려운 너무나 강력한 원시적이고 파괴적이며 충동적인 측면을 피동적 모습으로 방어해 왔다.

심리치료가 진행되며 이러한 공격적 측면들이 서서히 드러나기 시작했고 이는 꿈을 통해 그리고 자신이 관계하는 사람들 가운데 드러나기 시작했다. 내담자는 이러한 다소 거칠고 잔인하며 증오하는 자기 모습을 두려워하고 회피했는데, 실제로 몇몇 갈등 상황에서 신체화 증상으로 인해 심하게 앓은 적이 있었다. 이러한 다소 생소한 능동적이며 충동적이고 공격적인 모습을 보는 것은 내담자에게 낯선 모습일 수 있다. 하지만 자신의 생생하고 신선한 새로운 출발을 시작하는 시점이기도 하다. 그녀는 이 강력한 충동이라고 하는 부분을 자기 것으로 가져오기 시작했다. 나는 내담자가 꿈에서 짐을 찾으며 스치듯이 지나

간, 가보고 싶지만 가보지 못한 중세의 건물에 관하여 물어보았다. 내
담자는 그 순간 심리치료실 바닥에 깔린 양탄자의 무늬를 보며 "여기
에 이거예요! 중세 건물로 들어가는 문 모양과 닮은 것 같아요. 이거랑
비슷한 느낌이고… 그 만화 같은, 곧바로 다른 세계로 들어가는 박물
관 문 같은 거요!" 내담자는 심리치료를 받으며 멀리서 흐릿하게 바라
보고 들어가고 싶어 하지만 아직 발견되기를 기다리고 있는 내면세계
안에 있는 자기 모습들에 관하여 이야기했다. 무의식의 세계로 열린
심리치료실 중앙 바닥에 깔린 양탄자 무늬를 내담자는 무심코 바라보
며 어느 짧은 순간에 무의식 속에 있던 자신의 잠재성과 만날 수 있었
을 것이다. 꿈에 멀리서 바라보았던 심리치료실 바닥 양탄자 무늬의
그 문은 그녀가 아직 도달하지 못한, 그러나 그녀가 도달하고 싶어 하
는 잠재성으로 연결되는 입구이다. 내담자는 자기 부재로 인한 텅 빈
경험을 하는 것에 대한 방어로 바쁜 일상을 보내며 미처 접근하지 못
하고 있던 자신의 내면세계로 인도하는 박물관 문을 꿈에서 바라본 것
이다. 그곳에서 내담자는 폐쇄되거나 연결이 끊겼던 자신의 무의식 세
계와 다시 연결되고 숨겨진 자신의 본모습을 발견한다. 내담자가 불안
과 부재의 공허함 너머에 존재하는, 발견되기를 기다리는 자기 모습을
잠시나마 바라보지만 꿈에서 바쁘게 다른 곳을 향해 발걸음을 재촉하
는 모습에서 아쉬움이 진하게 묻어난다. 내담자가 놀이의 공간인 심리
치료 시간에는 이러한 자신의 깊은 내면세계의 답답하고 익숙한 방식
을 벗어나 있다. 이렇게 그녀가 자신의 생생하고 숨겨진 잠재성을 바
라보는 장면을 목격하는 것은 경이롭고 신비한 순간이다.

　심리치료는 내담자들에게 무한한 놀이의 공간이다. 심리치료란 새
로운 가능성을 경험할 수 있는 중간 영역으로 초대하는 것이다. 사람
들은 우호적이지 않은 환경에 압도되거나 헌신적 보살핌으로 포장되

는 미화된 양육 환경에서 순응을 강요당할 때 자기 모습을 드러낼 수 없고 끊임없이 외부의 요구에 응답해야 하는 상황에 놓이게 된다. 그러나 심리치료 공간에서 내담자들은 어떠한 외부의 요구에도 귀 기울일 필요 없이 내면의 목소리에 관심을 가질 수 있다. 이곳에서 사람들은 자신의 본질적인 모습을 바라보고 경험하고 만나게 된다. 이러한 오염되지 않고 강요되지 않은 심리치료 영역은 놀이의 영역이며 중간 영역이다. 사람들은 그곳에서 자신의 본모습을 만나고 자신을 위한 새로운 삶의 선택을 시작하며, 대인관계에서 피상적이고 수동적인 자리에 머물지 않고 능동적이고 자신의 속도에 맞게 누군가와 함께하는 삶을 즐기기 시작한다. 이러한 임상의 중간 영역에서 바라보는 내담자들은 발견되기를 기다리는 자기의 모습을 찾아 떠나는 탐험가처럼 생생하고 역동적이다.

중간 영역의 역설과 문화의 이해

심리치료 공간은 위니컷이 말하는 중간 영역이라 부를 수 있는 놀이의 공간이다. 이곳에서 내담자들은 자신의 잠재성과 접촉하기도 하고 내면 깊숙이 숨겨져 있던 증오를 만나며 몸서리치기도 한다. 단순히 내면세계와 외부 현실로 구분되는 2차원적인 공간이 아닌 내부 세계와 외부 세계의 중간 영역을 포함하는 입체적 공간인 이 심리치료 과정을 이해하기 위해서는 중간 영역의 심리학적 의미를 이해하는 것이 중요하다. 중간 영역이라는 무한한 공간은 내담자들이 삶의 다양성을 경험하고 생생함을 느끼며, 삶의 소중함을 경험하는 영역이기에 이에 관한 연구와 고찰은 내담자를 이해하고 심오한 인간 정신을 이해하는 데 커다란 도움을 준다. 위니컷은 중간 영역에서 벌어지는 구체적인 현상을 설명하는 언어로 중간 대상이라는 말을 사용하였다.

아기들은 제삼자에게는 아무런 의미도 없는 물건인 곰 인형 또는 담요와 같은 부드러운 대상을 대체로 중간 대상으로 선택한다. 흔히 말하는 애착 대상이라고 불리는 이 중간 대상들은 엄마를 상징한다는 점에서 아기들에게 중요하다. 위니컷은 이러한 측면에서 아기가 사람이 아닌 담요나 곰 인형을 대상으로 사용하기에 역설이 받아들여지고 존중되어야 한다고 말한다. 아기가 아닌 관찰하는 제삼자가 볼 때 중간 대상으로 선택된 곰 인형은 특별한 의미가 없는 대량 생산된 수많은 인형 중의 하나일 뿐이다. 그러나 아기에게는 그 곰 인형이 자신의 엄마를 대체하는 특별한 가치와 의미가 있는 유일한 대상이라는 사실은 역설 그 자체이다. 엄마의 품에서 독립하는 발달 단계에 엄마를 상징하는 이 중간 대상에게 아기들은 자신들의 사랑과 증오 같은 원시적 형태의 감정들을 표출한다. 위니컷은 『놀이와 현실』에서 누군가 아기에게 "이 중간 대상이 외부 세계에 속한 것이니 아니면 내부 세계에 속한 것이니"라고 질문하는 것은 어리석은 짓이라고 말하는데 그 이유는 이 중간 대상은 외부도 내부도 아닌 중간 영역에 속하기 때문이다. 이 중간 대상이 외부와 내부 모두에게 속하지 않은 중간 영역에 존재한다는 것은 역설을 통해서만 이해할 수 있다. 위니컷은 중간 대상에 대한 역설의 거부는 통전적인 모습으로 전체적인 한 인간을 바라보는 것이 아니라 지적인 방어를 통해 회피하며 파편화되고 분리된 정신의 조각들만을 바라보는 것이라 말한다. 역설의 상실은 한 개인이 이 역설을 바탕으로 볼 수 있고 경험하고 공감할 수 있는 수많은 풍요로운 문화와 단절되며 폐쇄될 수밖에 없음을 뜻한다. 문화는 역설을 바탕으로 과거와 현재와 미래가 연결된 깊고 넓은 인간 삶 속의 다양한 모습으로 드러나는 내적·외적 환상들을 담고 있다. 이러한 문화에 공감하며 우리는 고립되지 않고 연속성을 가지며 내적 세계와 외적 세계에서 발생하는 갈등과 불안을 서로 소통하게 한다. 이 다른 두 세계가 놀이의 확장인 문화 영역을 통해 서로 돕고 풍요로워진다는 것은 놀라운 진실이다.

　나는 미국에서 지내면서 잘 정돈된 길들, 집집마다 깔린 푸른 잔디에 물을 주는 스프링클러 소리가 들려오는 여유로운 오후, 넓고 아름다운 집들 그리고 친절한 사람들 등 많은 것이 좋아 보이는 그 세계에서 감동하기보다는 무엇인가 연결되지 않는 듯한 느낌이 들었다. 역설적으로 나는 오히려 그 당시 한국을 그리워하며 한국 영화에 나오는 판자촌 동네의 꼬불꼬불하고 좁은 길들, 행상인들이 가득 메운 시장 바닥, 투박하게 대화하는 사람들, 다닥다닥 숨 쉴 틈 없이 붙어 있는 상점들과 집들에서 정겨움과 감동을 느꼈다. 그러한 곳에 오래전에 나 자신이 있었고 더 오래전에는 친구들과 이웃들 그리고 부모님들이 있었다. 그 이전에 있던 전 시대의 사람들이 지녔던 풍요로운 감정과 기억의 저수지로 연결되고 그것을 통해 현재의 시간으로 확장되며, 연속성을 가진 미래를 볼 수 있는 순간을 만나게 된다. 이러한 과정은 역설이 아니고서는 받아들일 수 없는 문화의 영역이며 우리 삶의 생생함과 관련된 부분이다. 이 중간 영역은 외부와 내부에 속하지 않고 구체적이며 친근하게 문화와 놀이의 영역으로 우리 삶에 존재한다.

　또한 이 중간 영역이 이차원적인 단순한 삶의 굴레에서 벗어나 풍요롭고 다채로운 무한대의 세계로 인도한다는 사실은 현실 세계에서 지속적인 한계를 느끼는 우리에게는 역설 그 자체이다. 무의식을 다루는 심리치료에서 어디로 가고 있는지 지금은 어디에 있는지를 알 수 없을 때 중간 영역에서 경험되는 자신을 발견하는 것은 불확실한 순간들에 연속성과 접촉할 수 있는 소중한 삶의 기초가 된다. 이러한 중간 영역의 경험을 통해 심리치료사들은 굴곡진 개인사로 인해 내담자가 황폐해진 혼돈의 정신세계 한가운데 놓여 있을 때 그들의 삶을 판단하는 사람이 아닌, 함께 공감하며 그 혼돈을 견디어 주는 사람이 될 수 있다. 그렇기에 위니컷이 전해 주는 중간 영역과 중간 대상을 통해 문화 경험의 영역으로 확장해 외부 세계에 도달하는 것은 우리에게 중요한 의미를 지닌다.

중간 현상은 언제 어떻게 시작하는가

위니컷은 이 중간 현상을 설명하며 유아의 발달 단계에 관심을 둔다. 심리학을 처음 접하시는 분들은 유아기, 아동기, 청소년기 그리고 성인기에 이르는 연관성에 대해서 그다지 관심을 두지 않는다. 혹시 갖더라도 그 연관성의 최소 관계에 대해서만 관심을 두는 것 같다. 그러나 의외로 한 개인을 관찰하면 이 모든 것이 분리되지 않고 연결되어 있음을 알 수 있다. 어린 시절과 성인기의 연관성을 생각해 볼 때 다양한 가능성이 있지만, 무엇보다 이 두 시기가 한 개인의 자아의식을 형성하는 데 긴밀하게 상호 연관이 있다는 것은 분명하다. 어떤 이들은 이 두 시기가 절대적 연관성이 있다고 하고, 또 다른 이들은 어린 시절의 영향보다는 성장하면서 다양한 변화를 겪는다고 말하는 이들도 있다. 나는 지난 25년간 수많은 수련과 임상 경험을 해보며 위니컷이 왜 어린 시절에 관심을 두고 있었는지 그 중요성을 알게 되었다. 연속성이라는 측면에서 성인들은 크든 작든 자신의 어린 시절과 연관되어 있으며 그로 인해 영향을 받는다. 무엇보다 과거는 현재에도 반복되는데, 긍정적이든 부정적이든 사람들은 예외 없이 이전에 발생한 일들에 의해 다양한 방식으로 영향을 받는다. 그럼 위니컷이 말한 초기 단계에서의 유아가 경험하는 정신세계로의 여행을 시작해 보자.

위니컷은 『놀이와 현실』에서 아기들이 관심을 두기 시작하는 다양한 종류의 구체적 유형물들에 관해 설명한다. 유아들의 첫 소유물은 대체로 부드러운 종류인 담요 또는 베개일 수 있으며 곰 인형일 수도 있다. 유아들은 자주 주먹을 입으로 가져다 넣는 행동을 한다. 관심을 두고 애착을 형성하는 대상물들은 아기들에게 특별한 의미가 있다. 위니컷은 중간 대상이라 부를 수 있는 담요 또는 다른 대상들은 아기를 보살피고 양육하는 부분 대상을 상징한다고 말한다. 아기는 지치고 아프고 힘들 때 엄마의 가슴에서 위로받고 평온을 되찾는다. 또한 엄마의 눈을 바라보며 정신의 세계에 서서히 눈뜨기 시작하는 순수하고 맑은 눈빛으로 엄마와 감정을 공유한다. 엄마의 젖가슴은 아기의 쉼터이고 안식처이며, 가장 기본적인 음식을 제공받는 소중한 보살핌의 자리이다. 중간 대상은 이 엄마의 젖가슴을 상징하기에 아기에게 커다란 의미가 있다. 더 중요한 것은 이 중간 대상이 엄마의 젖가슴을 상징하는 것은 자명한 사실이지만, 동시에 실제로 아기가 소유해서 안기도 하고 던져버릴 수도 있는 실제적 경험을 할 수 있다는 것이다. 이 실제성은 담요가 엄마의 젖가슴은 아니지만 엄마의 젖가슴을 대신한다는 상징적 의미가 있다는 점이 중요하다. 이것은 아기에게 커다란 성취이다.

아기가 중간 대상을 사용한다는 것은 아기가 환상과 실제 사이의 차이를 알고 있고 내적 대상과 외적 대상 사이의 차이를 이해하며, 더 나아가 일차적 창조성과 지각 사이를 분명히 구분할 수 있다는 것이다. 위니컷은 이러한 중간 현상이 발생하는 시기를 4개월에서 12개월 사이에 나타나는 현상으로 설명하는데 이것은 놀라운 사실이다. 유아가 어른의 시각으로 보면 아무것도 없는 백지상태 같은 초기의 성장 시기에 내적 대상과 외부 대상을 구분할 수 있으며 손을 뻗어 엄마의 젖가슴을 상징하는 첫 소유물인 중간 대상을 선택한다는 것은 발달 단계에서 중요한 진보를 의미한다. 엄마의 품은 아기가 쉴 수 있고 장난칠 수 있으며, 먹을 수 있고 배설할 수 있으며, 심지어 증오를 표출할 수 있는 삶에 필요한 심리적·육체적 영역의 모든 것을 받을 수 있는 이상적인 공간이다.

아기 관점에서 완벽에 가까운 이러한 엄마의 품에 영원히 안주하고 있을 것 같지만 이곳에 머물지 않는다. 시간이 흐르며 아기는 엄마의 품에서 나와 안방의 바닥을 기어다니기 시작하고 거실로 옮겨가 흥미로운 다양한 물건들을 입으로 가져간다. 호기심 가득한 아기의 눈에 들어오는 모든 일상의 물건을 아기는 손을 뻗어 접촉하고 입으로 물기도 하고 내팽개치기도 한다. 물론 아기만이 시간의 흐름에 따라 외부 세계에 관심을 드러내며 흥미롭게 탐험하고 대범하게 성장해 가는 것은 아니다. 엄마도 서서히 자신의 일상으로 복귀하기 시작한다. 아기에게 모든 것을 제공하는 엄마의 반응속도 또한 시간이 지나면서 조금씩 늦어지기도 하며 자신의 삶에 더 관심과 시간을 갖기 시작한다. 이러한 엄마의 바뀌는 모습을 아기는 엄마가 배신한 것처럼 느끼게 되지만 아기에게만 몰두했던 엄마는 서서히 자신의 삶에 시간을 할애하기도 하고 때로 어떤 엄마들은 직장으로 복귀해서 자기 일을 다시 시작하기도 한다. 이런 면에서 아기와 엄마 모두 함께 변화를 경험하며 서로의 필요에 의해 정체되거나 머무르지 않고 각자 삶의 여정을 향해 나아간다.

이 중간 대상은 유아들에게 특별한 의미가 있다. 위니컷(Madeleine & Wallbridge, 1981)은 유아들이 중간 대상을 사랑스럽게 온몸으로 비비기도 하고 때로는 파괴적으로 잔인하게 발로 짓밟기도 하며 강렬한 애증의 감정을 표현한다고 말한다. 유아의 원초적인 사랑과 공격성에서 뿜어져 나오는 파괴성으로부터 중간 대상은 살아남게 된다. 이 대상은 자체의 부드러운 특성으로 유아에게 따스함을 주고 함께 있다는 살아 있음과 친밀감을 나타내며 무엇인가를 할 수 있는 것으로 경험된다. 이러한 중간 대상은 유아에 의해서가 아니면 결코 변해서는 안 된다. 때론 더러워진 중간 대상을 깨끗하게 세탁한다면 이것은 유아에게는 문제가 될 수 있다. 성인의 관점에서 이 대상은 외부에 존재하는 것이지만 아기의 시각에서는 내부에 있는 것도 아니다. 이 중간 대상은 유아가 서서히 흥미를 잃어 가며 다락방 어딘가에 또는 지하실 어딘가에 처박힐 운명이다. 즉 중간 대상은 내면세계로 들어가 사라지는 것도 아니고 이것에 대한 강렬한 감정들이 억압되는 것도 아니다. 또한 망각이 되거나 애도를 받지도 못한다. 마침내 이 중간 대상은 의미를 상실하는데 그것은 중간 현상이 확산하기 때문이다. 이 확산의 의미는 아동들이 놀이의 세계로 진입한다는 것을 뜻한다. 그곳에서 아동들은 나 아닌 누군가와 함께 있으며 자신일 수 있는 심리적 공간의 발견과 삶의 나눔이 무엇인지에 대해 경험해 나간다.

내담자들은 중간 영역인 심리치료실에 잠시 머물다 간다. 물론 이 머물다 가는 시간은 누군가에게는 3개월일 수도 있고 또 다른 분들에게는 5년 또는 10년 이상 걸릴 수도 있다. 이 심리치료 공간은 놀이와 현실이 공존하는 영역이고 현실을 담당하는 것은 주로 심리치료사의 역할일 것이다. 이 영역에서 사람들은 자유롭게 자신의 무의식 세계를 탐험하고 경험하며 자기를 발견해 가기 시작한다. 심리치료 공간, 즉 중간 영역이라 불릴 수 있는 이 장소에서 사람들은 원색적이고 원시적인 감정과 충동을 표현한다. 이러한 강렬하기에 담아내지 못했던 무의식의 측면들을 내담자가 수용하고 통합하게 될 때 그들은 이 자리를 떠날 때가 온다. 심리치료사들은 그들이 만나는 내담자들이 심리치료 공간을 떠나 그들이 원하는 세계로 달려가기를 기대하는 마음으로 그곳에 존재한다. 중간 영역이라 불리는 이 공간은 영원히 밀봉된 공간이 아닌 무의식 세계와 현실 세계 모두에게 열린 공간이다.

위니컷(Winnicott, 1989)이 중간 대상을 뒤로하고 놀이로의 확장을 거쳐 현실 세계로 걸어가는 유아의 모습을 우리에게 설명해 주는 부분은 내담자들이 이 심리치료 공간에 계속해서 머무는 것이 아니라 그들이 언젠가 독립해서 떠나간다는 것을 말해 준다. 심리치료사들 또한 내담자들이 심리치료의 긴 시간을 끝내고 자신들이 원하는 삶을 선택해서 더 넓은 세계로 떠나기를 바란다. 나는 독립을 성취해 내고 자신의 삶을 향해 자유롭게 내달리는 내담자들의 모습을 볼 때 아름답다고 종종 생각한다. 이때가 올 때 헤어짐이라는 아쉬움이 있기는 하지만 누군가 자기 모습을 회복하고 더 나아가 현실 세계에서 원하는 삶을 살아가는 모습을 보는 것은 행복한 일이다.

놀이하는 삶 – 종교 생활에 대한 새로운 시각

위니컷은 『놀이와 현실』이라는 책에서 우리에게 놀이에 대해 친절하게 설명한다. 만약 그가 우리에게 놀이만을 이야기했다면 그의 책은 어린 시절 고착된 어느 심리학자가 쓴 중독적 성향의 책으로 폄하되며 읽히지 않았을 것이다. 그는 한 개인이 주관적 세계에서부터 중간 영역 그리고 놀이 영역으로 확장되어 가는 과정 그리고 어느 한 곳의 영역에 멈추지 않고 순환되는 모습을 건강한 삶으로 여겼다. 성인임에도 외부로 확장되지 못하고 아동처럼 어느 지점에 멈춘 삶은 우울과 불안으로 고통받게 된다. 북캘리포니아에서 만난 톰이라는 30대 초반의 백인 내담자는 자신이 좋아하고 원하는 것을 할 때마다 느꼈던 좌절을 절망스럽게 이야기했다. 그래서 그는 이러한 절망을 다시는 느끼고 싶지 않아 좋아하는 것을 선택하지 않겠다고 결심했다. 이 내담자는 자기 삶에서 주인공이 되기보다는 주변인으로 살아가며 심리적·경제적으로 독립하지 못한 채 어느 곳에도 정착하지 못하고 있었다. 이처럼 외부 세계로 향하는 발걸음이 멈춘 삶은 비극적이다.

누구에게나 혹독한 외부 현실로 향하는 발걸음이 가벼울 수만은 없기에 여러 종교를 믿는 이들이 신앙을 통해 거대한 현실의 벽을 뛰어넘는 초월적 신비 경험을 하는 순간은 매우 중요하다. 이때 사람들은 현실에서 오는 긴장감을 뒤로하고 아무것도 바뀌지 않는 두려웠던 외부 세계로 다시 힘차게 나간다. 위니컷은 종교를 절대적 위치에 놓여 있는 숭배해야 할 영역으로 받아들이지 않고 다양한 무한대의 놀이가 펼쳐지는 중간 영역의 하나로 보았다. 그가 이해하고 있는 종교에 대한 설명을 절대적 신을 믿는 신앙인이 듣는다면 불편할 수 있을 것이다. 그러나 위니컷이 종교를 중간 영역과 놀이 영역으로 보는 시각은 경직될 수 있는 교리적 신앙의 측면을 다시 바라보게 도움을 준다.

50대 초반의 초등학교 교사인 미영은 한 교회에 30여 년간 성실하게 신앙생활을 하였다. 20대 초반에 시골에서 올라와 낯선 서울 생활을 시작한 그녀에게 교회는 제2의 고향이자 자신의 안식처와 같은 소중한 역할을 했다. 그녀는 새벽부터 시작하는 모든 공식 예배에 참석하며 헌신적으로 교회 활동을 해오고 있었다. 그러나 최근에 미영은 교회에서 갈등을 심하게 느끼며 어려움을 겪고 있었고 다른 개인적인 일로 인해 심리치료를 받기 시작했다. 그녀가 가장 이해하기 어려웠던 짐은 같은 교회에 출석하는 양극성 장애 진단을 받은 교인이 약산의 문제를 일으키자 출교시킨 사건이었다. 그녀의 관점에서 심리적 문제가 있는 사람이 보살핌을 받아야 하는 대상임에도 방출된 것을 이해할 수가 없었다.

그러던 어느 날 미영이 심리치료실에 꿈을 가지고 상담을 왔다. 꿈에 그녀는 커다란 배를 타고 거대한 대양을 가로질러 가고 있었다. 그 배에는 많은 교인이 함께했고 선장은 그녀가 다니는 교회의 목회자였다. 미영은 배에 타고 있던 사람 중 슬프게 울고 있는 한 젊은 여성을 바라보며 마음이 아팠다. 마침내 배는 육지에 도달했지만, 선장인 목회자와 장로들이 육지에는 아무것도 볼 것이 없다며 아무도 내리지 말라는 지침을 선포했다. 그러나 그녀는 이러한 지침을 어기고 거대한 배를 뒤로 한 채 홀로 육지로 향하며 꿈에서 깼다.

나는 이 꿈을 미영과 함께 해석했다. 그녀는 큰 배는 그녀가 다니는 교회를 상징하고 교회에서 만난 젊은 여성은 어린 시절 서울에 올라와 힘들어했던 자신일 것 같다고 말했다. 한 개인에 대한 이해보다는 교리와 관리를 위해 운영되는 교회 모습을 보며 부조리하다고 느끼면서도 그곳에 익숙했기에 순응했던 그녀는 마침내 교회로 상징되는 배를 떠난다. 물론 그녀가 실제로 교회를 그만둔 것은 아니고 여전히 주일 예배에는 참석하지만, 그녀는 경직된 교리보다는 영성에 더 관심을 두고 있으며 사람들을 이해하는 데 더 초점이 가 있다. 미영이 교리로부터 자유로워진 순간 그녀는 이전에 보지 못했던 신세계를 만났다. 그곳은 부성적 행동을 중시하지 않고 모성적 돌봄과 존재가 중심이 되는 새로운 세계이다. 위니컷이 우리에게 전해 준 중간 영역에서 무한대로 펼쳐지는 놀이 영역에 대한 신앙적 경험은 교리의 높은 담벼락으로 인해 바라보지 못했던 인간의 아름다움을 보게 해준 것이다. 그것은 한 인간에 대한 단정적 판단보다는 앞으로 펼쳐질 잠재성에 더 관심을 두기 시작하는 것이다. 또한 죄라고 단정 지어진 심판을 받아야 하는 주제들에 대해 보살피고 공감하는 마음으로 다가서야 한다는 변하지 않는 진실에 가까이 가게 된 것이다.

종교가 절대적 진리라면 사람들을 자유롭게 살아가도록 도와야 함에도 오히려 사람들을 가두게 되는 경우가 있다. 위니컷은 중간 영역으로서의 성만찬을 이해하며 떡과 포도주를 마시는 초월적 경험을 무한대로 펼쳐지는 놀이 영역의 하나로 묘사한다. 여기에서 위니컷은 심오한 종교 체험의 순간을 구조화된 심리적인 영역 안에서 이해하고 받아들이려 하는 한계를 노출한다. 이러한 종교적 경험은 위니컷이 설명하고자 하는 심리학적 범위를 벗어난 중간 영역 이상의 신비한 경험일 수 있다. 그러나 그의 이러한 종교에 대한 접근은 경직될 수 있는 신앙생활을 일상에서 함께 누군가와 나누며 생생하게 살아가는 삶이 무엇인가에 대해 우리의 이해를 확장하는 데 공헌한다. 보수적인 신앙이 가지고 있는 안정감과 지속성이라는 장점이 있다. 하지만 또 다른 극단에 있는 진실은 가장 인간적인 것이 신과 가장 가까운 신앙적인 모습일 수 있다는 것이다. 이러한 다른 신앙에 대한 신선한 시각을 위니컷은 우리에게 제공한다.

위니컷이 정의한 심리치료

위니컷은 심리치료란 놀이가 되지 않는 내담자를 놀이 공간으로 초대하는 것이라 말했다. 심리치료에서 변화와 회복이라는 말을 떠올릴 때 우리는 무의식 영역에서 발생하는 경이로운 세계에 관심을 두게 된다. 가장 흔한 예로 사람들이 선택하는 직업과 배우자, 종교적 성향 등을 살펴보면 그 이면에는 누구나 항상 피할 수 없는 무의식적 동기가 있다. 옆에 가깝게 있는 사람들과 함께하고 있는 이유가 궁금하다면, 우리 자신의 내면세계를 바라보면 그 이유를 찾을 수 있다. 이러한 무의식을 만나고 경험하며 알 수 있는 공간 중 하나는 심리치료의 순간이다. 사람들이 중요하다고 믿는 가치관 또는 종교적 신념들이 무색해지도록 원색적이고 강렬하며 파괴적일 수 있다. 따라서 자신들의 가장 본질적인 충동과 창조적 모습들을 만나고 경험할 수 있는 곳 가운데 하나가 바로 심리치료 영역이다. 이곳에 도달하면 주위 환경에서 기대했던 모습으로 살아온 익숙한 자기 모습 또는 기능적으로 역할을 충실하게 해왔기에 생존할 수 있는 모습들이 흐릿해지고 더 이상 중요하지 않게 된다. 이러한 곳에 도달할 때 내담자들은 통곡하기도 하고 고통과 분노로 소리를 지르기도 한다. 어떤 경우는 폭풍처럼 몰아치는 격정적 과정을 거치고 난 뒤 외부 환경의 기대와는 무관한 이 소중한 영역에서 발견된 살아 있는 자신의 생생한 모습에 놀라고 감격스러워하기도 한다. 이곳에서는 일상의 삶에 따라다니는 외부 환경의 틀에 박힌 규칙이나 기대치가 존재하지 않는다. 단지 있다면 내담자 자신에의해 규정지어지고 평가된 본질적 모습만이 중요하게 여겨진다. 사람들은 이러한 자신의 시간이 처음 시작하는 공간에서 "나는 누구인가?"라는 질문을 한다. 바로 이러한 순간에 사람들은 지긋지긋하게 운명처럼 고질적으로 따라다니는 피할 수 없었던 방어적 성격 너머의 자신을 만나게 된다. 이곳은 때론 무서울 만큼의 자유가 주어지기도 하지만 본질적인 최초의 자신을 만나는 의미 있는 생동감 넘치는 자리이다. 이러한 순간 내담자들은 새로운 느낌으로 자신을 경험하고 발견한다. 이것이 심리치료 교과서에서 말하는 임상 현장에서 발생하는 변화 또는 회복을 목격하는 순간이기에 아름답고 신명 나는 순간이기도 하다.

30여 년간의 긴 시간 동안 지속성 우울장애의 범주에 들어가는 우울로 인해 매일 회색의 우울한 아침을 맞이하고 온종일 침울한 기분으로 살아왔던 한 백인 남성이 있었다. 자신의 주관적 세계에 매몰되어 확장되지 못하고 우울 속에 갇혀 지내던 이 내담자는 술을 통해 잿빛 색깔의 침울한 삶을 생기 있게 만들려 노력해 왔으나 계속해서 실패했다. 이 술은 내담자에게 놀이할 수 없는 무능력한 상태에서 놀이가 아닌 가짜 놀이를 시도하는 하나의 방식이었다. 긴 분석을 기치며 그는 자신이 술을 통해 외면해 왔던 내면세계를 조금씩 이해하기 시작했다. 그 과정은 고통스러웠지만 그곳에서는 진정한 자기가 있음을 발견하며 아주 조금씩 자신의 잃어버린 모습을 회복했다. 그러던 어느 날 그토록 진저리를 쳤던 우울한 시간들이 먼 추억처럼 느껴지고 아침을 맞이하는 것이 더는 고통스럽지 않은 순간이 찾아왔다. 변화와 회복은 긴 시간을 요구하지만 찾아올 때는 이렇게 어느 날 갑자기 조용히 찾아온다. 내담자는 그 이후 하루를 시작하는 것이 또 다른 참을 수 없는 지루함을 맞이하는 순간이 아닌 설렘이 있는 마음으로 경험하기 시작했다. 이러한 해결되지 않을 것 같은 압도적 우울감이 사라지는 순간을 내담자와 심리치료사가 함께 경험하고 만나는 과정은 즐거움을 넘어서 경외감마저 느껴진다. 멈출 것 같지 않은 긴 우울감이 사라지는 그 순간은 오랫동안 기다렸던 시간이었음에도 막상 닥치게 되면 너무 갑작스럽다는 느낌이 든다. 놀이할 수 없었던 내담자가 삶에서 놀이하게 되는 모습은 아름답다.

내담자에 의해 원시적 정신세계가 여과 없이 직설적으로 표현되는 이러한 과정을 함께 공감하고 이해하며, 그 자리에 존재하며 경험하는 것은 무척 우울하고 고통스러우며, 불안하고 두려운 일이다. 하지만 이를 통해 회복되고 자신을 위한 선택을 하며 살아가게 되는 내담자를 바라보는 것은 기쁨을 넘어 삶의 신비함으로 다가온다. 이러한 원시적 정신세계를 가장 잘 이해했던 심리학자 중 한 사람이 위니컷이다. 그의 언어는 쉬운 언어로 정제되어 있지 않으며 일관되지 않고 거칠다. 그러나 그는 임상 현장에서 발생하는 사실들을 화려한 미사여구를 사용하지 않고 여과 없이 덤덤히 표현하는 성실함과 진실함이 묻어 있는 투박한 언어로 기술한다. 이 익숙지 않고 낯선 그러나 사람들에게 새로운 생기와 활력을 불어넣을 뿐만 아니라 '나는 나이다'라고 말할 수 있는 용기를 경험케 해주는 과정을 위니컷은 우리에게 친절하게 설명해 준다.

사례를 통한 임상 이해

위니컷은 사례를 통해 자신의 이론을 이해할 수 있도록 설명한다. 그러나 그는 사례를 보편화하는 것의 위험성에 관해서도 설명하는데 이것은 아주 솔직하고 의미 있는 망설임이다. 많은 경우에 이론서들이 자신들의 이론에 맞추기 위한 사례들을 인위적으로 한 방향으로 해석하거나 꿰어맞추는 경우가 있는데 이러한 시도들은 임상이라고 하는 다양한 일이 발생하는 현장을 단순화하고 일방적으로 하나의 의도된 사실에 꿰어맞추려는 시도이다. 심리치료에 찾아오는 내담자들은 각자의 특별한 이야기가 있고, 살아온 배경이 있으며, 그로 인한 자신만의 독특한 정신세계를 지니고 있다. 이러한 이들의 정신 구조를 이론적으로 보편화해서 설명할 수 있기는 하지만 설명할 수 없는 부분이 더 많다.

계속 찾아오는 내담자도 세션마다 같은 사람임에도 다를 때가 있다. 이러한 풍요로운 개인들의 다양성을 보편화한 이론으로 설명한다는 것은 깊은 인간 정신세계를 단순화하는 커다란 오류로 볼 수 있을 것이다. 어느 누군가 이야기한 "흐르는 강물은 같은 강물이 아니다"라는 말이 의미하는 말처럼 같은 사람도 연속성이 있음에도 거기에는 또 다른 새로운 측면들이 있는데, 이러한 것은 한 개인의 정신세계가 깊고 넓으며 존중받을 만한 것이라는 생각을 하게 만든다. 심리치료는 이러한 다양하고 다채로운 측면들을 발견하고 경험하며 자기화하는 과정으로 볼 수 있다. 물론 이러한 과정이 쉽게 일어나는 것은 아니다. 내담자들은 그들의 삶의 반복되고 벗어나지 못하는 방어 구조에 갇혀 지내다 무엇인가 새로운 시도를 하고자 심리치료 공간으로 찾아온다.

새로운 변화는 무한대의 놀이의 영역, 곧 중간 영역으로 존재하는 심리치료 공간에서 발생한다. 이 무한한 공간에서 내담자들은 조심스럽게 자신들을 찾기 시작하며, 발견되기를 기다리는 특별하고 유일하며 개성 있는 우주에 단 하나만 존재하는 자신을 발견해 간다. 놀이 영역과 중간 영역을 무한대로 펼쳐지는 것으로 이해한 위니컷의 통찰은 놀라운 것이다. 그래서 위니컷이 보편적이면서 무한한 다양성을 지닌 중간 현상이라는 것을 사례를 통해 조심스럽게 설명하며 접근하는 모습은 존경할 만하고 임상가로서 배워야 할 부분이다. 때론 인간 정신 구조를 단순화해서 설명하는 이론들이 있는데 그러한 이론들에 매력을 느끼고 공부하는 사람들은 위니컷이 말한 무한대의 놀이 영역에 대해 한번 생각해 볼 필요가 있다.

살아 있는 내담자는 많은 것을 심리치료사에게 알려준다. 다양한 정신병리 문제가 글로 표현되어 있어 그 내용을 배울 수 있지만 생생한 임상 현장에서 만나는 내담자들을 통해 더 많은 것을 배울 수 있다.

임상가들은 이론 교육을 통해서 배우는 것보다는 심리치료 공간에서 만나는 내담자들을 통해 깊은 심리학적 이해의 확장에 도달할 수 있다. 심리치료 분야에 관심 있고 전문가가 되고 싶으신 분들에게 드리고 싶은 말씀은 가장 힘든 심리적 어려움이 있는 내담자분들을 맡아서 하는 것이 전문적 식견과 임상의 깊이를 알 수 있는 지름길이라는 것이다. 지속적이고 만성적인 심리적 어려움이 있는 각 연령대의 내담자들이 겪고 있는 내면세계의 혼돈과 고통을 이해하고 공감하며 심리치료 공간에서 길을 찾는 것은 아주 힘들면서도 매력적인 과정이다. 심각한 심리적 문제로 힘들어하는 내담자들을 단기간에 고칠 수 있다고 설명하는 분들이 간혹 있는데, 이는 망상에 가깝다고 생각하면 될 것이다. 아마 그들 삶의 어느 작은 부분을 도울 수 있다는 말을 역설적으로 새로운 시작을 할 수 있다는 의미에서 단기간의 효과를 말씀하시는 분들이 있을 수는 있겠다. 내담자의 내면세계를 이해하고 회복을 돕는 과정은 책을 통해서도 약간의 통찰과 방향들을 이해할 수 있지만, 실제 임상 현장에서 만나는 내담자들을 통해 더 깊고 넓은 심리학적 치료 과정을 이해할 수 있다.

정신분석을 비판하는 많은 견해가 있는데, 그중 현재에 초점을 맞추기보다는 어린 시절에 관련된 내용을 강조한다는 점이 있다. 때로 나는 외부에서도 위니컷 이론을 강연하는데 그의 어린 시절 유아 아동이 겪는 환경의 상태가 청소년기와 성인기에 어떻게 영향을 주는가라는 상세한 설명을 할 때 격하게 항의하며 따지는 분들이 있다. 이런 분들 가운데는 어린 시절에 커다란 외상을 경험하신 분들이 있는 것 같다. 이러한 의견은 어느 정도 맞기도 하고 틀리기도 한다. 내담자에게 처음부터 어린 시절의 기억을 질문하고 그 내용과 현재의 문제를 준비되지 않은 내담자에게 억지로 연결해 설명하려는 시도는 임상 경험이 부재한 사람들이 흔히 저지르는 중대한 실수이다. 현재는 항상 과거와 연결되어 있고, 그 과거를 군이 구조화된 질문을 통해 내담자에게 억지로 설명할 이유는 없다. 모두가 아는 사실이지만 과거의 일들은 현재에 끊임없이 어느 부분에서 자연스럽게 되풀이되며 드러난다. 임상 현장에서는 과거와 현재와 미래가 내담자가 준비된 만큼 연결고리를 찾게 되는데, 내담자들이 갈망하는 삶의 방향을 현재와 미래에서 새롭게 찾아가는 과정을 돕는 것이 심리치료사의 역할이다.

원가족을 떠나 독립을 향하여

위니컷은 친절하게 어떻게 한 개인이 주관적 세계의 내용을 중간 영역을 거쳐 현실 세계로 표출하며 살아가는가를 설명한다. 누구나 개인의 주관적 세계에 아름다운 것들이 있다. 그러나 그 아름다운 것이 주관적 세계에만 머물러 있기보다는 중간 영역을 거쳐 현실 세계로 확장하는 것이 훨씬 더 빛나고 아름다워 보인다. 이러한 확장의 의미는 여러 영역이 있지만 한 개인이 관련된 가족관계에서 나타난다. 개인에게 긍정적이거나 부정적인 영향을 가장 많이 주는 관계는 원가족일 수 있다. 그러나 누군가 이러한 주관적 세계의 많은 부분을 차지하고 개인의 주관적 정신세계의 방대한 영역에 영향을 주는 원가족 관계에서 떠나지 못하고 멈추어 서 있을 때 그의 현재 삶은 독립된 자신만의 삶이 아닌 다수가 개입되는 복잡한 삶의 형태가 될 것이다. 물론 가장 많은 지지와 친밀감을 느끼는 정서적 저장고가 원가족 내에 있지만, 독립을 향하여 자신들의 여정을 떠나 삶을 살아가는 사람들에게 이 원가족으로부터의 떠남은 일정 정도 필요하다. 이러한 원가족을 떠나지 못하는 사람들이 갖게 되는 가장 커다란 갈등은 한국 사회에서 고부간의 갈등으로 나타난다. 이것을 해결할 수 있는 길은 원가족 간의 관계에 머물기보다는 자신이 새로 구성한 가족들과 독립된 삶을 향해 나아가는 것이다.

소영은 중년 여성으로 원가족에서 발생한 심리적 외상으로 오랫동안 고통을 받고 있었다. 그녀의 최초 기억은 다섯 살 때 시골집 툇마루 끝에 앉아 세 살과 한 살 동생들을 양팔로 꼭 붙들고 늦은 저녁에 돌아오시는 엄마를 기다린 것이었다. 농사를 지으셨던 부모님들이 늦게까지 일하시다 돌아오기를 기다리는 어린 소녀는 동생들을 돌봐 줄 엄마가 빨리 오시기를 기대하기도 했지만 무자비하게 고함과 쌍욕을 퍼부어 대는 엄마가 오는 것이 두려워 오지 않기를 바라는 양가적인 마음도 가지고 있었다. 소영은 행여나 동생들이 툇마루에서 떨어질까 꼭 붙잡고 엄마를 기다렸던 시기에 마음의 상처를 많이 받았다. 그녀는 항상 엄마의 폭력적인 행동으로부터 동생들을 지켜야 한다고 마음먹고는 어린 시절과 청소년 시절 그리고 성인이 되어서까지 이러한 보호자 역할을 하며 지냈다. 후에 막내 남동생이 자살하고 아버지마저 자살을 한 가족의 깊은 아픔들과 참혹한 기억들은 그녀가 가지고 있던 원가족의 깊은 고통과 아픔들로 남아 있다. 성인이 되었음에도 엄마의 전화나 메시지가 오면 그녀는 잠시 몸의 반응이 멈추고 어떻게 해야 할지 모르는 상황에 노출되었다. 그녀는 여전히 엄마가 있는 원가족에게서 벗어나지 못하고 현재 그녀가 속한 자기 가족에게로 온전히 속하지도 못한 채 지속하는 불안, 공포, 절망 그리고 무력감 가운데 지내고 있었다.

다음의 모래 그림에 소영은 자신의 심리적 상태를 그대로 표현했다. 〈그림 1〉은 전체적으로 반으로 나뉘어 있는데 왼쪽은 내담자의 원

그림 1. 자신의 심리 상태가 그대로 표현된 모래 그림

가족을 나타내며 오른쪽은 결혼해서 이룬 현재의 가족을 상징한다. 왼쪽 밑에는 동생들이 이불을 덮고 자고 있으며 그쪽을 향해 다가오는 거대한 육식 공룡에 맞서 고슴도치가 버티고 서 있다. 그 공룡은 포악했던 엄마를 상징적으로 표현하며 그 앞에 서 있는 고슴도치는 동생들을 지키기 위해 노심초사했고 지금도 그러한 마음을 멈출 수 없는 자신을 나타낸다. 아이들이 잠자고 있는 모습 아래로 소와 하얀 강아지가 모래에 반쯤 묻혀 있는데 이는 자살한 아버지와 막내 남동생을 상징적으로 표현했다(소: 아버지, 강아지: 남동생). 그 하얀 강아지 앞쪽에 놓여 있는 젖가슴을 그녀는 처음에 자신의 여성성을 상징한다고 말했으나 나중에 무자비하고 폭압적이기에 다른 이들을 전혀 돌볼 여유가 없었으나 항상 자녀들에게 따뜻한 밥을 챙겨 주었던 엄마의 관심과 사랑을 나타낸다고 말하였다. 어두운 어린 시절 엄마를 고통의 원인으로만 생각했던 소영은 긴 시간 동안 증오했기에 엄마가 자신을 돌보았던 모습이 있었다는 사실을 받아들이는 것이 혼란스러웠다. 그러나 그녀에게 엄마의 돌봄이 있었다는 사실을 받아들이는 그 지점은 오랜 세월 동안 짓눌려 왔던 고통의 자리에서 회복의 영역으로 나아가는 시작점

이었다. 그렇기에 엄마의 젓가슴은 자기 삶의 자리를 찾아 원가족을 떠나는 돌다리 바로 앞에 놓여 있다.

모래 상자 왼쪽에 있는 소영의 원가족과 현재 가족들이 있는 오른쪽은 돌다리로 연결되어 있다. 떠나지 못할 것 같이 융합되었던 원가족을 떠나 자기 가족을 이룬 것은 그녀 자신이며 이는 커다란 성취이다. 젓가슴 바로 밑에 반쯤 묻혀 있는 가오리가 있는데 이것을 그녀는 자신을 지지하는 무의식의 힘이라는 말로 표현했다. 가혹한 환경 가운데 그녀는 살아남았고 자신의 가정을 이루며 독립을 향해 가고 있는데 이것은 아무도 파괴할 수 없었던 그녀의 원초적인 충동을 상징적으로 보여준다. 모래 상자 왼쪽 위에 있는 침대에 한 아기가 앉아 있다. 소영은 평소 무기력함을 느낄 때 침대에 누워 있는데 쉬고 있는 그녀는 성인이지만, 이때 그녀는 세 살 정도 되는 아동의 모습으로 퇴행에 있고 이는 멈추어 버린 어린 시절의 어느 시점을 상징적으로 나타낸다. 왼쪽 구석 나무 뒤쪽에는 똥이 놓여 있는데 이는 오랫동안 감추어진 그녀의 수치심과 불안감이다. 왼쪽 원가족의 삶과 오른쪽 현재의 삶은 갈라져 있으나 검은 돌다리로 연결되어 있다. 원가족 넘어 존재하는 그녀의 삶에는 연꽃이 피어 있다. 그 꽃은 돌다리 넘어 찾아오는 소영을 맞이하며 고통스러운 시간 속에서 소멸하지 않고 살아남아 자신의 삶을 묵묵히 견뎌온 그녀를 나타낸다. 모래 상자 오른쪽에 있는 그녀의 삶에는 위험 요소가 있지 않고 평화로우며 나무와 집과 전화가 있다. 그러나 그녀는 불안과 공포들이 있는 원가족이 있는 영역으로부터 영향을 여전히 받고 있으며 현재의 삶보다는 원가족과 있었던 시간과 관련된 감정과 기억의 소용돌이를 벗어나지 못할 때가 있다.

〈그림 2〉는 소영이 자신의 어두웠던 원가족을 떠나 현재의 가족으로 돌아가는 장면을 나타낸다. 모래 상자 아래쪽에 있는 영역은 원가

그림 2. 어두웠던 원가족을 떠나
현재의 가족으로 돌아가고 있다.

족과 있는 영역이고 검은 돌다리 넘어 커다란 영역은 그녀의 현재 가
족이 기다리고 있는 삶인데, 이전 모래 그림에서 나타난 원가족이 있
던 부분은 상대적으로 협소해졌으며 현재의 삶이 펼쳐지는 위쪽은 방
대하게 확장되었다. 이는 그녀가 원가족과 엉켜 있던 부정적 정서로부
터 자유로워지며 자신의 삶을 찾아가는 아름다운 여정을 보여준다. 모
래 상자 밑쪽 왼쪽에 있는 똥이 여전히 숨겨져 있으며 나무 오른쪽에
있는 선물과 앞치마들은 그녀가 혹독한 가정환경에서 살아남기 위해
친절과 헌신이라는 이름으로 순응하며 자신이기를 포기하고 '착한 아
이'라는 말로 포장한 채 살아왔던 삶을 상징적으로 나타낸다. 소영은
이제 순응하는 삶을 되풀이하지 않고 과거에 내려놓으며, 과감하게 돌
다리를 넘어 코끼리를 타고 자신이 원하는 자리로 돌아가고 있다. 떠

나는 그녀를 배웅하는 고슴도치는 어린 시절 두려운 엄마로부터 동생들을 지키려 고군분투했던 자신을 나타내는데 떠나가는 그녀의 모습을 애처롭게 모래 상자 아래쪽 나무 밑에서 바라보고 있다(사진에서는 보이지 않지만 소나무 밑에 있음). 그녀는 이 고슴도치를 보며 잠시 돌아갈까 망설인다. 필름처럼 스쳐 지나가는 어린 시절의 기억과 감정 그리고 애환들이 그녀를 막아서 다시 발걸음을 돌려 원가족이 있는 모래 상자 아래쪽으로 달려가려 했으나 이내 그녀는 가던 길을 떠난다. 〈그림 1〉에 나타난 침대 위에 앉아 있던 어린 아동은 이제는 무기력하게 갇혀 있지 않고 육중하고 튼튼한 코끼리의 등에 앉아 자신의 가족을 향해 걸어간다. 이제는 누구도 그녀의 길을 막을 수 없다. 모래 상자 위쪽 중앙에 있는 황소는 남편을 상징하고 오른쪽에 있는 소녀는 딸을 그리고 왼쪽에 있는 하마는 아들을 나타낸다. 그녀는 집에서 재택근무를 하는 아들을 볼 때 막냇동생의 죽음이 지속해서 떠오르기에 문이 닫혀 있는 그의 방을 볼 때마다 불길한 마음에 시달려야 했다. 그러나 막상 그 아들을 상징적으로 나타낸 동물이 튼튼한 하마인 것에 놀라며 자신이 지니고 있던 심리적 외상을 아들에게 투사했음을 회상한다. 아들은 남동생과 다르며 나름대로 자신의 삶을 헤쳐 나가며 잘 지내고 있다는 사실에 그녀는 안도한다. 그 하마 뒤에 있는 책상과 책은 그녀가 앞으로 공부하고 싶은 심리학 서적들을 나타낸다. 그녀는 자신을 이해하도록 돕고 고통으로부터 자유로운 세상으로 인도하는 데 공헌해 온 심리학의 세계를 동경하며 더 깊은 자신의 무의식 세계를 발견하고자 하는 소망이 있다. 소영은 이제 막 현재 가족을 찾아 떠나는 발걸음을 재촉하여 돌다리를 넘어 그녀가 살아가기를 기원하는 현재의 삶으로 진입하고 있으나 여전히 그녀와 가족들 간의 거리는 멀다. 그럼에도 그녀는 외상적 원가족 안에 사로잡혀 있어 참여하기 힘들었던 과거를 떠나 지금 그녀가 함께하고 있는 가족들을 향해 나아가고 있다.

위니컷이 우리에게 전해 주는 한 개인이 부모 곁을 떠나 독립하는 긴 삶의 여정 이야기를 통해 소영이 어떻게 서서히 주관적 세계의 원천인 원가족으로부터 확장되어 현재의 가족에 이르고 있는지 이해할 수 있다. 원가족의 테두리를 벗어나지 못하는 개인에게 삶의 다양성이라는 측면에서의 확장은 불가능하다. 한 개인의 기원이 되는 원가족은 정신세계의 커다란 안전기지 역할을 하는 영역이 있기에 소중하지만, 거기에 머물지 않고 성인으로서 이룬 가족들의 세계로 이동하는 것은 독립이라는 측면에서 중요한 성취 중 하나이다. 오랜 시간 동안 숙제처럼 가지고 있던 소영의 이 여정은 중년의 시기에 서서히 도착 지점에 접근하며 막을 내리고 있다. 이제 그녀는 남편과 자녀들과 함께 온전한 사랑을 나누고 소통하며, 자신의 잠재성을 현실 세계에 가지고 나아가 이루어 내는 새로운 도전을 꿈꾸고 있다.

참 자기와 거짓 자기

위니컷은 참 자기와 거짓 자기라는 표현을 사용하며 사람들이 진실된 자신을 펼치며 객관적 세계에서 즐겁게 살아가는 모습과 이와는 대조되게 외부 환경이 원하는 방식으로 순응하며 생기 없이 살아가는 병리적인 모습을 우리에게 알려준다. 참 자기란 누군가의 본래 자신이 지닌 진정한 모습이라 할 수 있다. 사람들은 어떻게 살아가는 것이 의미 있고 아름다운 삶인가 하는 질문을 하고 그에 대한 답을 찾는다. 여기에 대한 답변은 오히려 아주 단순한데, 누군가가 참된 자신의 모습으로 살아가는 것이 가장 가치 있는 일이라고 말할 수 있겠다. 오직 이 세상에 하나뿐인 자신의 참 자기의 모습으로 살아가는 사람의 모습은 그가 속한 공동체에서 자신만이 가지고 있는 독특성을 전체성에 나타내며 공동체 전체를 풍요롭고 다양하게 만드는 데 공헌할 뿐 아니라 자신 됨을 즐기며 살아가게 된다. 누군가 진실한 자기의 모습으로 살아갈 때, 우리는 세상에서 비교할 수 없는 아름다운 사람을 마주하게 된다. 사람들은 스스로 자기 모습으로 살아갈 때 가장 아름다운데 그것은 그가 이 세상에 오직 하나뿐인 소중한 존재이기 때문이다. 우리는 자신의 범주를 넘어 공동체에 공헌하는 사람들을 찬양한다. 그러나 자기 자신으로 살아가지 못하는 사람이 하는 공헌은 진실이 결핍되었거나 아름답게 미화되었을 가능성이 크다. 자신의 모습으로 살아가는 사람들은 그들이 지닌 다양한 모습을 건강한 방식으로 사회에 드러내며 자신이 속한 공동체를 풍요롭게 만든다.

위니컷은 이러한 참 자기와 거짓 자기의 시작을 유아기와 아동기에서 찾는다(Madeleine & Wallbridge, 1981). 그들이 자신의 본질적인 모습을 드러냈을 때 환경(대체로 엄마)이 그들을 받아 준다면 그들은 자기 모습을 자연스럽게 드러내며 표현하고 소통한다. 그러나 환경이 그들을 받아들여 주지 않고 거절할 때 그들은 눈치를 보고 환경이 원하는 방식에 순응한다. 이렇게 순응하는 아기들과 아동들은 문제를 일으키지 않지만, 그들의 내면세계는 외부 세계와 소통하며 경험되는 다양한 색채들로 풍요로워지는 것이 아니라 심각한 결핍을 경험하게 된다. 그들은 평온해 보이나 그들의 마음은 멍들어 가고 결국 공허해진다.

한국 사회는 이러한 순응하는 모습을 장려하고 자신의 독특한 개성을 드러내는 이들에게 불편감을 적나라하게 표현한다. 대체로 통일성이 개인적인 성향보다 우선시되는 경향이 있다. 이러한 환경에서 주관적이고 개인적 모습이 드러나는 것에 부정적일 때가 많다. 공동체의 풍요로움이 획일화된 방향과 색으로 채워진다면 그 공동체는 경직되고 숨 쉴 수 없이 밀폐된다. 그리하여 현실과 동떨어진 공상 속에서나 존재하는 죽음의 장소가 되어 갈 수 있다. 그러나 개인의 독특성들이 존중받는 공동체는 모든 개인이 지니는 각자의 개성들로 인해 다채롭고 풍부해진다.

불안과 사회 부적응의 문제로 찾아온 20대 초반 청년의 고민 중 하나가 일방적인 것을 강요하는 사회적 흐름에서 자신의 독특한 모습을 어떻게 소통할 것인가 하는 것이었다. 그는 초등학교, 중학교 그리고 고등학교에서 자신이 가지고 있는 생각들을 드러낼 때마다 갈등과 거절을 경험하였고 결국 고등학교 1학년 때 학교를 그만두었다. 이 청년이 가지고 있는 관계에서의 미성숙이 불러일으킨 파국적인 결말의 측면이 있었다. 하지만 이는 독특한 한 개인의 성향을 존중하기보다 다수의 통일성을 지향하는 한국 사회가 지닌 어두운 측면의 문제이기도 하다.

심리치료 공간은 특별히 개인이 가지고 있는 독특한 모습에 관심을 두고 그것이 무엇인지에 대해 질문하고 찾아가는 과정을 도와준다. 교육이 외부에서 기대하는 것이 무엇인가를 설명한다면 심리치료는 외부 환경이 요구하는 것보다 '그 개인이 누구인가?'라는 질문에서 시작한다. 순응하지 않고 자신의 모습을 드러내며 본질적인 자신만의 의견을 가지고 살아가는 것은 한국 사회에서 쉽지 않다. 그럼에도 이 청년은 서서히 자기 모습을 받아들이고 더 나아가 다른 이들과 소통할 수 있고 함께 삶을 즐기는 모습으로 바뀌어 갔다. 역설적이게도 자신의 본질적인 모습을 받아들일수록 타인에 대한 수용의 폭도 깊고 넓어진다. 심리치료를 통해 이 청년이 알게 된 것은 타인이 경쟁 대상이 아닌 함께 돕고 살아가야 하는 소중한 사람들이라는 사실이었다. 그는 자신을 발견하고 알아가며 마침내 누군가를 공감하고 이해할 수 있는 성숙에 이를 수 있었다. 그는 고등학교 검정고시에 합격했고 직장을 잡아 일을 시작하며 어려움이 있었지만, 주위의 사람들과 소통하며 살아간다. 이와 대조적으로 순응하는 사람들은 살짝 짓는 미소 뒤의 내면세계가 타인에 대한 질투와 경쟁심으로 불타오를 수 있다. 하지만 그 끝은 자신의 존재 부재로 인한 허망함에 빠지고 만다.

위니컷은 보편성을 기준으로 수많은 사람이 함께 살아가는 사회에서 개인들이 지닌 독특한 모습들을 어떻게 펼치며 살아가야 하는지 친절하게 알려준다(Madeleine & Wallbridge, 1981). 그는 사람들이 참 자기의 모습을 알고 이해할수록 누군가의 다른 모습들에 대해서 인정하고 바라볼 수 있는 심리적 여유를 가질 수 있다고 말한다. 개인들의 참 자기에 대한 이해는 자신에 대해 넓고 깊은 통찰을 통해 얻어질 수 있다. 이는 보편성의 영역에서 만나게 되는 타인에 대한 존중과 연결되고 이를 통해 우리는 균형을 이루며 함께 살아가는 방법들을 서로에게 배울 수 있다.

40대 초반의 젊은 여성 내담자가 찾아왔다. 어떤 이들이 심각한 대인관계의 문제라든가 우울과 불안 증상의 완화를 위해 상담을 하러 온다면, 이 내담자는 그러한 드러난 심리적 문제를 해결하기 위한 것이 아닌 자신을 더 알기 위해 심리치료 공간으로 들어왔다. 아버지가 나름대로 열심히 일하며 사셨고 어머니가 성실히 집안을 돌보던 가정에서 자란 그녀는 평범한 어린 시절과 청소년 시절 그리고 성인기를 보내고 있었다. 어머니는 어린 시절의 그녀를 동생을 잘 돌보고 어른들의 말을 잘 듣는 착한 아이로 기억하고 있었다. 내담자의 편에서 보면 어머니는 그녀에게 관심을 덜 두었으며 학업 성적이 우수하고 요구하는 것이 많았던 동생에게 더 많은 관심이 있었다. 그러나 요즈음 어머니는 그녀가 그동안 하지 않았던 자기주장을 종종 하는 것에 불편함을 표시하며 "너 변했어?"라고 말씀하신다. 하지만 내담자가 변한 것이 아니라 어머니는 딸을 잘 모르고 계셨다. 원래 그녀는 어린 시절부터 자신의 의견을 말하고 싶었지만, 자신의 목소리를 경청해 주지 않는 환경으로 인해 입을 닫고 산 것이었다. 심리치료 과정을 통해 내담자는 자기 내면의 목소리가 환경에서 요구하는 것들보다 더 소중하다는 것을 점진적으로 알게 되었으며 좀 더 자신의 본질적인 모습에 관심을 두게 되었다.

아래 모래 그림 3은 내담자가 1년이 지난 뒤 만든 것이다. 모래 상자 중앙 조금 아래 작은 소녀가 토토와 함께 바위산 앞에 서서 모래 상자 위쪽에 있는 바위산에서 내려오는 폭포를 경이로운 모습으로 바라보고 있다(물이 내려오는 것을 표현하기 어려워 그녀는 말로 그 장면을 설명했다). 내담자는 소녀가 바라보는 폭포를 설명하며 웅장한 나이아가라 폭포에서 떨어지는 만큼의 어마어마한 물이 쏟아지고 있다고 언급했다. 그 폭포가 내려오고 있는 바위산 주위에 조개들과 꽃들, 보석들과 나무들이 퍼져 있다. 이 모든 것은 그녀가 아직 바라보지 못했던 그녀의 내면세계에 있는 아름다운 잠재성과 여성성을 상징적으로 나타낸다. 모래 상자 중앙 오른쪽에는 수녀 세 명이 악기를 연주하며 끊임없이 떨어지고 있는 폭포를 바라보고 있는 소녀를 위해 연주하고 있다. 이 수녀들은 내담자 정신의 가장 깊은 곳에 있는 종교성에 대한 표현이며 이러한 승화된 종교에 대한 관심은 외부를 바라보며 살아왔던 자기 내면을 바라보고 있는 광경이다. 그녀는 이제는 초롱초롱한 눈빛으로 내면세계에서 발견한 폭포로 상징되는 자신의 본질적이고 원초적

그림 3

인 강렬함과 웅장함에 감동하고 있으며 동경하는 마음으로 바라보고 있다. 그녀는 외부로 향했던 시선을 자신에게로 돌리고 발견하게 된 자신의 아름다운 모습을 기뻐하며 악기를 연주하고 있다. 지금 그녀는 외부에서 찾지 못했던 자신의 내면세계에 있는 참 자기의 모습을 경이롭게 바라보고 있다. 이러한 그녀 자신의 참 자기 모습에 대한 이해와 통찰은 그녀가 살아가고 있는 일상에 다양한 방식으로 영향을 준다. 그녀는 어린 딸에게 한국 사회에서 일반적으로 요구하는 구조화된 학습의 환경을 제공함으로 창조적인 측면을 말살하는 죽은 교육의 장으로 자녀들을 몰아넣는 주변의 대부분 부모의 모습에도 흔들리지 않고, 최소한의 구조화를 통해 딸이 자신의 참 자기의 모습을 자유롭게 찾아가는 최적화된 환경을 제공하고 있다. 남편과의 관계에서도 이전에는 자제했던 자신의 목소리와 감정을 자주 건강한 방식으로 소통하며 소모적이고 갈등적 관계의 틀 안에 갇혀 있지 않고 자연스럽게 친밀감을 즐기며 살아간다.

참 자기로 살아간다는 게 항상 꽃길만을 보장하는 건 아닐 것이다. 자신의 목소리를 듣고 본질적인 모습에 충실히 살아가는 것은 용기가 필요하고 자신과 타인에 대한 신뢰를 요구한다. 거짓된 모습으로 살아가는 사람들이 허망함과 무가치함의 늪에서 벗어나지 못하는 것은 누군가 자신의 모습을 찾아줄 것이라는 달콤한 유혹에서 빠져나오지 못하기 때문이다. 병리적 의존이 자기 존재를 타인을 통해 확인하려 하는 것이라면 건강한 상대적 의존은 자신의 모습으로 살아가며 서로가 필요한 부분들을 협조하며 살아가는 것이다. 이러한 의존의 문제는 대체로 한 살 이전에 해결해야 할 문제이지만 누군가에게는 평생 풀어야 할 짐으로 남아 있다. 심리치료는 이러한 건강한 방식의 상대적 의존을 통해 서로를 돕는 성숙의 길로 가는 데 도움을 줄 수 있다.

충동, 파괴성, 공격성 그리고 창조성

어떤 이들이 창조적으로 살아가며 인생은 살 만한 충분한 가치가 있다고 고백하며 일상을 주도적으로 헤쳐 나간다면 또 다른 이들은 창조적 삶에 대한 의심을 버리지 못하고 지지부진하게 피동적으로 자신들의 삶을 받아들이며 지루한 일상을 보내기도 한다. 그러기에 우리는 삶에서 생명의 원천이 되는 창조성이라는 말에 열광하게 된다. 위니컷은 『놀이와 현실』에서 이 창조성의 근원에 대한 논의에서 멜라니 클라인(Melanie Klein, 1882-1960)의 초기 아기 삶에서부터 시작되는 공격 충동과 파괴 충동에 대한 연구에 주목한다. 클라인은 아기의 파괴성에 대해 말하였고 촉진적 환경에서 아기가 사랑 충동과 파괴 충동의 융합을 이루어 가는 것을 건강의 징표로 보았다. 그러나 위니컷은 이러한 클라인의 연구는 창조성의 근본적인 주제에 접근하는 데에 한계가 있다고 말한다. 그는 클라인과 프로이트가 주장한 파괴 본능이 죽음 본능이라고 규정한 것은 피할 수 없는 원죄의 원리를 다시 내세우는 것이기에 창조성과는 거리가 먼 것이라 말한다. 위니컷은 파괴성을 원죄로, 아담 이후 모든 인간이 짊어져야 할 무거운 짐과 같은 죽음 본능으로 여기지 않았으며 오히려 중립적인 것으로 생각했다.

이 파괴 충동이 사랑 충동과 융합한다는 의미는 아기를 돌보는 엄마가 원초적인 아기의 파괴적 모습을 인간적인 방식으로 보살피며 사랑 충동과 연합하도록 돕는 것이다. 아기의 발달 과정을 바라보는 것은 아기만의 관점이 아닌 돌보는 환경이라는 측면이 있다는 점을 위니컷은 강조한다(위니컷, 1989). 프로이트가 본능적인 영역을 강조했다면 위니컷은 여기서 또 다른 요소, 즉 아기가 자라는 환경적 요소가 있음을 강조한다. 위니컷은 우리는 아기가 여기 있다고 말하지만, 그 아기 옆에 엄마(주양육자가 꼭 엄마일 필요는 없으며 아기의 양육을 책임지는 보모나 다른 친척들이 감당할 수도 있다)가 있다고 말하지 않는 이유는 엄마가 없다면 아기는 생존할 수 없기 때문이라고 주장한다. 안전한 환경은 아기들이 성장하며 건강한 방식으로 주관적 세계를 거쳐 중간 영역을 지나 객관적 세계인 사회에 참여하는 과정을 돕는다. 이와는 극단에 범죄자들처럼 파괴 충동이 사회에서 용납하기 어려운 방식으로 무자비하게 방출되는 경우도 존재한다.

위니컷은 창조성의 근원인 파괴성과 공격성이 우리에게 부정적 이미지로 남아 있는 영역이 있음에도 폭넓은 새로운 시각으로 재조명해 바라볼 것을 제안한다. 우리 사회에서 성취하는 삶을 살아가는 사람이 자신의 공격성을 건강한 방식으로 사용하지 않고 그 자리에 오른 이는 아무도 없을 것이다. 성취라는 말은 우리 사회가 규정하는 성공적인 삶을 살아가는 소수의 엘리트 그룹만을 가리키는 것이 아니며 평범한 삶을 살아가면서도 창조적 방식으로 자율성을 발휘하며 자신들의 의미 있는 삶을 펼치며 살아간다는 것을 뜻한다. 성인의 삶에서 이러한 파괴적 충동과 공격성에 대한 이해는 다른 방식으로 일상을 살아가는 한 개인의 모습을 바라보게 하며 돌아보지 못한 자기 모습에 관심을 갖게 한다.

심리치료를 받고 있던 어떤 중년의 내담자는 어느 날 자신의 꿈을 가지고 상담을 왔다. 꿈에서 그는 자신이 관리인으로 잘 지키고 있는 동물원의 동물 두 마리가 우리를 부수고 탈출하는 일이 벌어지자 당황스러워한다. 이런 일은 수십 년 동안 발생하지 않았기에 어떻게 대처해야 할지 매우 당황하는데, 갑자기 걸려 온 전화를 받아 보니 그 동물원의 최고 책임자가 동물원이 잘 운영되고 있는지 확인하기 위해 곧 오겠다고 말한다. 이에 그는 황급히 트럭을 타고 탈출한 그 두 마리 동물을 찾아 나서지만 찾을 수 있을지에 대한 확신이 없어 무척 불안해하다가 꿈에서 깼다고 한다. 이 꿈은 이 중년 내담자에게 어떤 메시지를 주고 있을까? 이 내담자는 한 회사를 20여 년간 다니며 남편으로서, 사회인으로서 성실하고 책임 있게 살아왔다. 그러나 동시에 그는 동물원의 동물들을 우리에 가두듯이 자신의 본능적이고 충동적인 모습들을 철창에 가두며 지내왔다. 그러나 중년의 시기가 되자 그가 통제해 왔던 자신의 본능적인 모습을 더는 통제할 수 없게 되며 일상에서 무력감을 느끼고 있었다.

이 중년의 내담자는 창조적 삶에 대한 그리움이 있으며 그것이 무엇인지 찾고 있었지만 어떻게 찾아야 할지 알 수 없기에 무력감을 느낀다. 우리에 갇혀 있던 동물들이 탈출한 꿈은 그의 충동적이고 본능적인 부분이 이미 자신이 통제하고 있는 안전하다고 생각하는 철창을 떠났으며, 자신의 의식이 상상할 수 없는 새로운 창조적 삶을 찾아 이미 떠나고 있다는 것을 알려준다. 창조적 삶이란 외부의 위대한 어떤 것을 따라 한다고 성취할 수 있는 게 아니다. 자기 내면에서 전해지는 파괴성과 공격성을 수용하고 받아들이며, 일상의 삶에서 발산하며 살아갈 때 얻어지는 성취의 결과이다.

행동함과 존재함(Doing or Being) — 심리치료에 대한 이해 확장

위니컷은 『놀이와 현실』에서 아기가 성장 과정에서 자아가 조직화하며 순수한 여성적 요소의 대상관계라고 할 수 있는, 모든 경험 중 가장 단순하지만 중요한 존재의 경험을 하게 된다고 말한다. 이후 아기는 이와는 대조적인 남성적인 요소의 대상관계라고 할 수 있는 행동이 중요시되는 경험을 하게 된다. 위니컷은 모성적 요소인 존재가 먼저이고 이후 부성적 요소인 행동이 그다음을 따른다고 말한다. 현대 사회는 존재 자체보다 무엇인가 구체적인 결과를 만들어 낼 수 있는 행동에 더 많은 가치를 부여한다. 그러나 행동은 존재 다음 찾아오는 것이기에 우리는 존재에 대한 영역에 먼저 관심을 가져야 한다.

심리치료는 존재함에 더 관심을 두고 있는 분야이기에 아직 자신을 외부 세계에 드러내지 못하는 이들에게 자신을 발견할 수 있도록 충분히 긴 시간 동안 기다리려 주기에 모성적 공간에 가깝다. 내향성이 강한 내담자들은 심리치료 시간 동안 몇 마디 하는 것이 전부인데 대체로 심리치료실 밖에서 만나는 사람들은 이들에게 마치 폭격기가 무차별 폭격을 하듯이 의미 없는 조언들을 쏟아낸다. 그러나 그들은 하고 싶은 말이 너무 많으나 기다려 주는 사람들이 없기에 침묵할 뿐이다.

중간 영역의 놀이 공간으로 초대되었을 때 그들은 역설적이게도 텅 빈 무관심의 영역처럼 보이는 침묵의 순간에 숨겨져 있던 자신의 충동을 만나고 표출한다. 물론 존재의 경험을 하는 침묵의 순간은 사람에 따라 다르기에 긴 기다림을 요구한다. 고강도의 훈련을 통과하고 인격의 성숙을 성취한 심리치료사라면 존재를 경험하는 이런 순간이 소중한 것을 알기에 충분히 기다려 줄 수 있다.

내성적인 성향의 20대 청년은 오랫동안 혼자만의 세계에서 지내며 소통하지 않고 살아왔기에 심리치료 공간에서 초기에 거의 말을 하지 않고 어색한 침묵의 시간을 보냈다. 그의 침묵은 불안정한 현실 세계를 살아가는 견고하고 익숙한 방식이어서 과연 말하는 것을 기반으로 하는 심리치료라는 것이 그에게 도움이 될 것인지 의심이 들 정도였다. 그러나 그는 몇 회기가 흐른 뒤 그 무거운 침묵을 깨고 힘들었던 시기의 삶과 꿈에 대해 이야기하기 시작했다.

그는 꿈에 에버랜드에 가서 놀이공원을 구경했고 불꽃놀이를 보았다고 말했다. 하지만 잠시 뒤 그는 말을 정정해서 꿈에서 본 불꽃놀이는 직접 바라본 것이 아닌 사진을 통해서였고 그 사진을 보며 아쉬움을 느꼈다고 말했다. 이 청년은 살아오며 단지 몇 가지의 즐거운 추억이 있었다. 그중 꿈에 바라본 불꽃놀이 사진은 초등학교 때 친한 친구와 천진난만하게 놀던 소중한 기억과 중학교 시절 형과 함께 서울에 올라와 어느 마켓에서 게임기를 사고 용산으로 향하는 전철을 타고 가던 중 창밖으로 하늘 위에 불꽃이 아름답게 퍼지는 것을 바라보았던 기억과 연결되어 있다. 초기 심리치료 공간에서는 그가 무엇을 원하고 어떤 삶을 살고 싶어 하는지 알 수 없었다. 그러나 그는 무의식의 창문인 꿈을 통해 불꽃놀이처럼 즐거웠던 기억들을 만나며 현재의 침울한 삶에서 벗어나 활기를 회복하고 싶어 한다. 초기에 자신에 대해 말하기 힘들었던 것은 그가 할 말이 너무 많아 어디서부터 해야 할지 알수 없었기 때문이다. 외부 현실이 말 없는 그에게 침범적으로 수많은 대안을 제시한다면 심리치료 공간은 그가 존재를 경험하고 발견할 때까지 기다린다. 이 기다림은 기능을 중시하지 않기에 답답하고 비효율적으로 비칠 수 있다. 하지만 주관적 세계 너머의 객관적 현실로 나아가는 것이 즐거운 과정이 아닌 커다란 장벽으로 느껴지는 이들에게는 중요하다. 이러한 기다림은 무엇인가를 해야 하는 행동의 문제가 아닌 존재와 관련된 주제이다. 놀이, 중간 영역 그리고 심리치료라는 단어들이 함축하고 있는 것은 무엇인가를 하는 행동과 관련 있어 보이지만 본질적으로 존재와 깊이 연관되어 있다.

예술가가 아닌 평범한 사람들의 삶 속에서 발견되는 창조성

위니컷의 이론은 임상 영역을 이해하고 연구하는 것 이상의 깊은 통찰을 평범한 일상을 살아가는 우리에게 전해 준다. 그는 예술을 일반인들이 멀리서 감상만 할 수 있는 영역으로 구분하지 않는다. 그는 예술이 일상 가운데 살아가는 대다수 사람의 삶에 존재한다고 설명한다. 그의 이론은 정신분석적 측면에서 내담자들의 정신세계를 날카로우면서도 따스한 시각으로 설명하며 우리의 이해를 돕는다. 동시에 평범한 일상을 살아가는 사람들의 삶을 어떻게 이해하고 공감할 수 있는지에 대해 다양한 방식의 깊이 있는 통찰을 제공한다. 진실이라는 것이 인류의 거장들이 서술한 책들이나 예술작품들에만 있는 것이 아니라 한 개인의 평범한 삶에도 존재한다는 위니컷의 이야기는 진리란 멀리 있는 것이 아니라 가까이 있다는 속담을 다시 기억하게 만든다. 그의 예리한 심리학적 통찰은 일상 가운데 감추어졌던 인간의 정신 구조에서 그림자가 드리워진 강렬하고 어두운 부분들을 밝게 비춰 주고 보여주며, 있는 모습 그대로 투명하게 우리가 바라볼 수 있게 도움을 준다. 주위의 기대에 부응하며 사는 것이 익숙한 한국 문화 속에서 살아가는 분들에게 이 책이 위니컷이 제시하는 다른 방식으로 자신의 삶을 보는 기회가 되기를 바란다. 다른 방식이란 주위 사람들의 기대치를 바라보는 것이 아니라 자신의 내면세계를 바라보는 것이다. 우리는 끊임없이 외부 현실의 영향을 받으며 살아가긴 하나, 각 개인의 본질적인 창조성과 자유는 외부에 있지 않다. 건강한 개인들은 자신들의 내면세계에 존재하는 이러한 소중하고 본질적인 강렬한 모습들을 자연스럽게 외부 현실에 드러내며 그가 속한 공동체의 삶을 즐긴다. 이런한 개인의 내면세계가 외부 현실에 드러나는 순간은 가장 아름다운 순간일 수 있다.

60대 초반의 은퇴를 앞두고 있던 중년의 심리치료사가 자신의 무의식에 대해 관심을 두고 분석을 시작하였다. 그녀는 현재 삶에서 겪는 특별한 어려움이 있지는 않다고 말했고 자녀 두 명은 출가해서 안정으로 생활하고 있으며 자신도 남편과 평온하게 지낸다고 말했다. 오랜 세월 동안 일을 해온 현재의 직장에서도 그녀는 전문성을 인정받으며 도움이 필요한 사람들에게 도움을 주고 있었다. 그러나 그녀는 완숙하고 정돈된 현재의 삶과 달리 꿈에서는 유달리 아기와 관련된 주제들이 많이 등장했다. 이러한 꿈이 당황스럽기는 했지만, 그녀에게는 잊힌 새로운 자기 모습을 바라볼 수 있는 내면세계의 자료가 되었다. 안정적으로 살아가고 있는 내담자의 현재 삶을 비추어 보면 아기의 출현은 다소 의아한 모습이기는 하지만 외적으로 보이는 성숙한 그녀의 모습과 대조적인 아직 미숙할 수 있는 내면의 불균형을 상징적으로 보여주었다.

내담자의 여러 꿈 중에 그녀에게 가장 많은 영향을 준 하나를 소개한다. 어느 날 그녀는 꿈에 자신의 친구들과 김장을 하는 모임에 참석했고 그곳에서 김장을 다 만든 뒤 자신의 결혼식 영상을 보며 모두가 웃고 즐겁게 지내는 시간을 가졌다. 그런 후 그녀는 오래전부터 알고 지낸 친구의 일곱 살 된 자녀를 만나게 되었는데 그 아이는 전혀 그녀를 알아보지 못했다. 그녀는 무척 섭섭하고 당황스러운 마음으로 꿈에서 깨어났다. 이 꿈과 관련해서 내담자는 20대 초반에 사귀었던 첫 번째 애인과 보냈던 시절을 떠올렸다. 그녀의 첫사랑은 그림을 그리는 예술가였는데 다소 기행적이고 돌출적인 행동을 하여 그녀를 당혹스럽게 할 때가 종종 있었다. 하지만 그녀 또한 예술적인 섬세한 측면이 있어서 대체로 마음이 맞아 즐겁게 지냈었다. 그가 군대에 갔을 때 그녀는 그와 결별하고 경제적 어려움이 있던 시기에 안정적인 교사 직업을 가지고 있던 현재의 남편을 만나서 결혼했다. 그녀는 긴 세월 동안 자녀들을 키우며 평안한 결혼생활에 충실하며 살아왔으나 삶에 무언가 구멍이 난 듯한 느낌이 한구석에 항상 있었다. 그녀의 남편은 기계를 좋아해서 조작하고 만들며 여가를 보내는데 섬세하게 사물을 바라보고 민감하게 느끼며 살아가는 그녀는 남편과 자신이 원하는 방식의 대화를 하는 것이 잘되지 않았다.

나는 그녀의 꿈에 나타난 아동은 그녀가 지니고 있던 아직 충분히 발견되었거나 발달하지 않은 예술가적인 그녀의 내면적 측면을 상징한다는 말해 주었다. 그녀의 독특하고 섬세하며, 창조적이고 자유롭고 신명 나는 예술가적인 측면은 현재의 무난하고 안정적으로 살아가고 있는 자신을 전혀 알아보지 못하고 있다. 그녀는 꿈에서 아동으로 표현된 자유롭고 창조적인 모습과 만났으나 그 모습은 현재의 자신을 낯설어하며 타인처럼 알아보지 못하고 있는데 이에 대해 그녀는 굉장히 서운한 마음을 품고 있다. 이러한 해석은 그녀에게 새롭고 신선한 통찰을 가능하게 했는데 자신이 오랫동안 품고 있던 하나의 의구심을 풀어낼 수 있었다. 그녀가 가끔 느꼈던 자신의 삶에 구멍이 난 듯한 부분이 무엇인지 바라보게 된 것이다. 이러한 잊힌 내면세계에 있던 자신을 재발견하여 기능적으로는 아무 문제가 없으나 심리적으로 비이 있는 자신을 발견하고 이해하며, 현재의 삶을 새로운 시각으로 바라보게 되었다. 자신을 알아보지 못하고 있는 꿈속 아동의 모습을 통해 그녀는 잊힌 자신의 모습을 연결할 수 있었고 자신이 충분히 이해할 수 없었던 삶의 허전함으로 자리했던 영역을 담아내기 시작했다.

이러한 삶의 새로운 통찰을 통해 역설적이게도 그동안 지루하게 느꼈던 남편과의 관계가 소중하게 다가오기 시작했다. 그녀의 텅 빈 내면세계를 채울 사람은 남편이나 다른 사람이 아닌 자기 자신이었다. 스스로 자신을 충분히 알아가고 채워나가면서 그녀는 다른 이들과의 관계에서 독립적이면서도 상호 의사소통하는 관계를 즐길 수 있게 되었다. 아무도 한 개인에게 빚진 사람은 없기에 비어 있고 공허한 삶을 채워줄 수 있는 자는 세상에 존재하지 않는다. 그렇기에 자신의 창조적 모습을 발견하고 보살피며, 더 나아가 회복하게 될 때 주위에 있는 사람의 소중함을 알게 된다. 이후 그녀는 전통 무용을 배우며 자신 속에 감추어져 있던 예술적인 측면을 만나고 있다. 이러한 내면세계에 대한 소중한 통찰은 삶을 통합적이고 입체적으로 바라볼 수 있게 도움을 주기에 삶을 다채롭게 만든다.

위니컷은 위대한 예술 분야의 거장들이 지닌 창조성에 대한 찬사에 멈추지 않고 평범한 일상을 살아가는 개인들에게서 발견할 수 있는 창조성의 소중함에 대해 알려준다. 우리가 예술작품을 보고 감동하는 것은 유아기의 어느 때인가에 가졌던 원시적 정신기제와 역동을 그 작품들을 통해 발견하고 만나는 순간이기도 하다. 위니컷의 말대로 예술가들은 대부분이 잊고 지나쳐 온 정신의 천지창조 같은 시기의 초기에 머물러 있는 부분이 있기에 강렬한 정신적 내용물을 예술작품을 통해 우리에게 전해 준다. 그러나 성인이 되어서 이러한 원초적 정신과 연결되어 살아가는 그들의 삶이 평온하지 않을 수도 있다. 대부분은 이 잊힌 그러나 삶 속에 존재하는 창조성을 일상을 통해 만나며 삶의 생생함을 현실의 한계 너머 문화의 영역으로 가져와 즐기고 다른 이들과 함께 나눈다. 성숙한 창조성의 경험은 전능감을 넘어선 자신을 발견하고 공동체 안에서 나누며 함께 살아가는 것이다. 일상을 살아가는 창조적 개인은 우주에서 유일한 존재이다. 그렇기에 한 사람이 자신의 모습으로 살아가는 것은 그 자체로 아름답고 감동을 주는 이야기이다.

이런 의미에서 삶과 가장 밀접한 관계를 맺고 있는 학문 중 하나를 뽑으라면 나는 서슴없이 심리학이라고 말한다. 특히 위니컷이 설명했던 내면세계와 현실 세계와의 관계는 전문 영역에 종사하는 심리학자의 범주를 뛰어넘어 일상의 소소한 삶을 풍요롭고 생기 있게 바라보는 시각을 제시한다. 이 점이 그의 가장 큰 학문적 공헌일 것이다. 개인의 본질적 모습보다는 사회적으로 요구되는 기대를 성취할 것을 강요하는 경직된 한국 사회, 숨쉬기도 힘든 경쟁 사회에서 자신의 진정한 모습을 드러내며 살아가기는 쉽지 않은 일이다. 이러한 사회에서 창조성을 발견하게 되는 놀이와 문화를 통해 자신의 모습을 회복하고 새로운 삶의 생동감과 본질적인 모습을 되찾으며, 외부의 평가 때문에 즐거워하는 것이 아니라 자신이 스스로 선택하며 살아가는 것은 아름답고 행복한 삶이다.

가정을 넘어 다양한 곳에서 발생하는 놀이 경험

가정(家庭)은 아동들에게 부모로부터 이상적인 보살핌을 받고 놀이를 하며 자신의 정체성을 발전시켜 나갈 수 있는 장소이다. 그러나 때론 아동과 청소년들의 발달 과정에 가장 이상적이어야 하는 가정에서 불행하게도 가장 원시적이고 파괴적인 경험을 하게 되는 경우들이 있다. 이러한 극단의 경우에 사회적 안전망은 박탈을 경험한 이들에게 제2의 안전한 장소와 대상들을 제공한다. 이러한 안전망에는 친척, 학교, 종교 단체 등을 들 수 있겠다.

간혹 내담자 중에는 너무나 참혹한 어린 시절을 겪어서 어떻게 지금까지 이 사람이 살아올 수 있었을까 하고 신기하게 여겨지는 분들이 있다. 그런 분들을 만나면 일탈하지 않고 건강한 방식으로 자신의 삶을 살아가는 것 자체로 존경스럽다. 그렇게 황폐한 환경에서도 자신의 모습을 잃지 않고 살아온 분들에게는 공통된 특징이 있다. 바로 어딘가에서 가정에서 만나지 못했던 좋은 대상을 찾을 수 있었고 동시에 자신들의 놀이 영역이 있었다는 것이다. 그 놀이의 장은 가정이 가장 이상적이겠지만 그렇지 못할 때 동네 친구들과 함께 뛰놀던 공터나 산이나 바다일 수도 있고 또는 학교 친구들과 선생님들이 있는 교실이나 학교일 수도 있으며 교회의 친구들과 선생님들이 있는 교회 학교일 수도 있다.

안정감과 신뢰감이 없는 가정은 아동들에게 참혹한 일이지만 어떤 아동들은 가정이 아닌 학교에서 친구들과 좋은 우정을 쌓고 학교 선생님으로부터 신뢰 관계를 경험하며 상실했던 대상의 결핍을 채워간다. 또한 요즈음 교회가 많은 비판을 받기도 하지만 의외로 많은 사람이 가정에서 어린 시절 받지 못했던 의미 있는 관계들을 주일학교 선생님이나 목회자에게서 경험하는 사례들이 있다. 교회의 존재 목적 중 하나는 가정이 파괴된 아동들이 따뜻하고 건강한 성인 대상들을 만나고 경험하는 중요한 심리적 자원의 저장소일 수 있다는 점이다. 이렇게 사람들은 삶 가운데 다양한 방식으로 놀이를 경험하고 놀이의 확장으로서 객관적인 현실 세계에 도달한다. 이렇게 박차고 나와 현실 세계로 들어온 아동들과 청소년들은 현실의 한계 상황에 압도당하지 않고 오히려 소통하며 자신의 잠재성을 발휘하며 살아간다. 이러한 놀이의 확장인 문화 영역에서의 신명 나는 경험은 과거가 아닌 현재의 일상에서 현재 벌어질 수 있는 일이며 성인의 삶 가운데 지속해서 발생한다.

가정을 넘어선 놀이의 공간은 우리 사회의 다양한 곳에 존재한다. 내 또래의 많은 사람이 그랬겠지만, 나는 어린 시절 무척 가난하여 간혹 쌀이 떨어질 때가 있었다. 그럴 때 어머니는 다른 곳이 아닌 교회에 가서 철야 예배를 드리셨다. 어머니는 막내였던 나를 철야하실 때 가끔 데리고 가셨는데 어머니의 이러한 모습을 보는 것이 답답할 때도 있었다. 그 당시에 어머니를 보며 '돈이 없으면 나가서 벌어야지 왜 교회 가서 기도할까?'라고 생각했던 것이다. 그 어려운 시기에 의지할 곳 없는 어머니에게 교회는 현실과 동떨어지지 않으면서 자기 자신일 수 있었던 놀이터였다. 그곳에서 그녀는 자신의 무한한 종교성과 만나며 다시 절망적인 현실로 걸어 나오실 수 있었다. 나에게도 어린 시절 교회는 창조적 놀이터여서 건강한 친구와 성인들을 만나며 부재했던 대상들을 내사할 수 있었던 소중한 곳이었다. 가난했던 시절에 여름방학 때 새벽 예배에 참석하면 마실 수 있었던 주스 한 사발과 크리스마스 때면 그 당시엔 구경하기 힘들었던 도넛을 몇 개 넣은 종이봉투를 건네받았을 때의 설렘은 거의 모든 것이 결핍되었던 시절에 충만한 경험으로 남아 있다. 청소년 시절에 매해 가을에 개최되었던 문학의 밤이라는 교회 행사에서 나는 목회자들의 반대에도 불구하고 극구 밴드를 만들어 연주했다. 1980년대 초중반의 보수적인 한국교회에서 밴드 음악의 파격적인 소리를 받아들이지 않을 때 나는 파괴적인 충동을 웅장한 베이스 기타 소리를 통해 발산했다. 그 당시 나는 베이스 기타를 연주했는데 거대한 앰프에서 뿜어져 나오며 무대를 묵직하게 뒤흔들고 딛고 있는 다리에 강한 진동을 전해 주는 베이스 소리는 생생하게 쿵쾅거리는 심장 소리 같아서 존재에 대한 의심과 혼돈 가운데 혼란스러워하던 청소년 시절에 자신의 존재를 경험할 수 있는 소중한 순간이었다. 이 시절 교회는 소중한 놀이의 공간이었으며 문화의 영역으로 종교의 영역 안에 청소년들의 원초적인 심리적 충동들과 무의식적 환상을 건강한 방식으로 발산할 수 있는 드넓은 공간이었다.

우리 사회의 학원 수는 기하급수적으로 늘어나서 넘쳐나지만, 청소년들을 정서적으로 포용해 줄 수 있는 가정 이외의 공간은 협소하다. 좋은 대학 또는 전공이 미래의 행복을 전적으로 보장해 줄 수 없음에도 모든 이의 관심이 한곳으로만 향해 있는 것은, 다양성을 파괴하는 성인들의 일방적 폭력의 한 종류일 수 있다. 어떤 가정이든 크고 작은 어려움이 한 가지 이상은 있기에 그곳에서 자라는 청소년들은 가정을 넘어선 쉼의 공간과 관계가 필요하다. 그들은 쉼의 공간에서 자기에게 결핍된 또 다른 자기를 재발견하고 확장해 나갈 수 있다. 대부분 고등학교 3학년을 마친 청소년들이 종교를 떠나는 현재의 경향성에 대해서도 종교계에 있는 분들은 심각하게 고민해 보아야 한다. 그들에게 종교는 더는 문화의 확장을 경험할 수 있는 무한대의 놀이 공간이 아닌 밀폐된 채 교리에 억압되는 공간일 수도 있다.

임상에서 내담자들이 찾는 대상은 누구인가?

내담자들이 귀한 시간을 내서 심리치료에 참여하며 찾는 대상이 있다. 대체로 그들은 화이트 투사(white projection)를 통해 자신의 좋은 본질적 요소들을 심리치료사들에게서 찾는다. 심리치료 공간에서는 투사하는 내담자와 이를 받아들이는 심리치료사 사이에 많은 일이 벌어진다. 심리치료사는 내담자에게 자애로운 부모로, 때론 혹독하고 고통을 주었던 나쁜 부모로 투사 받는다. 물론 많은 경우에 화이트 투사라는 긍정적 투사를 많이 받지만, 누군가 이러한 투사만 받고 단기 이상의 중기 심리치료를 종료했다면 그 과정을 의심해 볼 필요가 있다. 이런 경우에 세 가지를 추측해 볼 수 있는데 첫 번째는 내담자가 자신의 부정적 전이를 할 만큼 충분히 준비되지 않아 후퇴했을 가능성이 있다. 두 번째는 심리치료사의 자기애적 성향으로 인해 내담자에게 긍정적 투사만 할 것을 강요하고 이에 내담자가 순응했을 가능성이다. 세 번째가 가장 복잡할 수 있는데, 자기 내면세계의 부정적 측면을 억압하는 방식으로 내담자를 대하는 심리치료사들이 이 경우에 해당한다. 이들은 대체로 선한 모습으로 내담자들에게 비칠 수 있고 많은 경우 주위의 사람들에게 칭찬받는 전문가일 수 있다. 하지만 그들은 아직 자신의 강렬할 수 있고 잔인할 수 있는 무의식 세계에 있는 다양한 부분들을 통합하지 못한 어린아이 같은 비겁한 사람들이다. 이런 전문가들은 내담자들에게 부정적으로 투사하는 것을 죄책감이 들게 만듦으로써 긍정적인 부분만 투사하고 부정적인 부분은 포기하게 하는 경우가 많다.

위니컷은『놀이와 현실』에서 심리치료 공간에서 내담자가 찾는 사람이 누구인지 설명하기 위해 "아기는 엄마의 얼굴을 보며 누구의 얼굴을 보는가?"라는 질문을 던지고 그 아기는 자신의 얼굴을 본다고 대답한다. 위니컷의 이 말은 아기들이 찾고 있는 대상이 누구인지에 대한 간접적인 답을 찾을 수 있다. 건강한 엄마는 아기가 웃을 때 함께 웃어 주기도 하고 짜증을 낼 때 달래 주며, 불안을 경감해 주기도 한다. 그러나 엄마가 우울할 때 아기의 얼굴을 반영하기는 어렵다. 결국 이런 경우에 아기는 엄마의 얼굴을 보며 자신의 얼굴을 보기보다는 엄마의 우울한 얼굴을 본다. 내담자들은 자신을 반영해 주며 공감해 줄 수 있는 대상을 찾는다. 그들이 심리치료사들을 찾아오기에 외부대상 가운데 누군가를 찾는 것처럼 보일 수 있지만, 그들이 찾는 것은 바로 자기 자신이다.

요즈음은 단기 상담의 형태가 대세이기에 상담사들이 주도적으로 심리치료 과정을 이끌어 가는 경우가 많다. 심리치료사들에게 전문가적 시각과 의견을 기대하는 내담자들의 요구가 있기에 자신들이 지닌 전문적인 역할에 충실하려는 마음을 어느 정도 이해할 수는 있다. 그러나 일방적인 전문가 중심의 심리치료 과정은 오히려 내담자들이 자신의 모습을 찾는 일을 방해하는 오류에 빠질 수 있다. 심리치료사들의 역할이 여러 가지지만 그중 중요한 것은 반영해 주고 공감해 주는 일이다. 사람들은 가끔 심리치료사의 날카롭고 지적인 해석이 내담자들의 회복과 변화에 결정적 도움을 준다고 생각하는 경향이 있다. 이말이 어느 정도 사실이긴 하지만 이러한 해석도 공감과 반영 없이 한다면 그것은 침범이 될 수 있다. 준비가 되어 있지 않은 내담자들에게 무자비하게 쏟아내는 배려 없는 해석은 오히려 또 다른 방어의 벽을 높이는 역효과를 만들어 낼 소지가 많이 있다. 해석이 필요할 때가 있지만 대체로 신뢰할 수 있고 안정적인 치료 환경을 만들면 내담자들은 자신들의 내면세계에 대한 통찰을 스스로 잘해 나간다. 결국 내담자가 심리치료사의 얼굴을 바라보며 만나야 할 대상은 지적이고 뛰어나며 명석한 심리치료사의 얼굴이 아닌 심리치료사에게 반영된 그들 자신의 얼굴일 것이다.

위니컷은 당대에 소아과 의사로서 그리고 아동 정신분석가로서 많은 영향을 미치며 강연을 하였다(Madeleine & Wallbridge, 1981). 그의 세미나에는 다양한 주제가 있었지만 그 가운데 아동 관련 내용도 많았는데 한번은 '어떤 엄마가 아동에게 필요한가'라는 질문에 그는 충분히 좋은 보통의 엄마(good enough mother)라는 말을 해주었다. 이러한 그의 대답은 똑똑한 엄마가 아이들을 잘 키울 것이라고 기대하는 사람들을 당황하게 했을 수도 있다. 그러나 그는 대부분 평범하고 헌신적으로 아기를 돌보는 엄마들이 그들의 자녀를 잘 키울 수 있다고 말했다. 다는 아니겠지만 똑똑한 엄마들이 범하는 실수 중 하나는 너무 어린 시기에 영재교육 프로그램에 어린 아동들을 참여시키는 것이다. 영재교육이 모두 부정적일 수는 없겠지만 어린 아동들에게 놀이를 통한 풍요로운 상징의 세계를 경험하고 그 가운데 자신을 발견하는 소중한 과정을 생략한 채 너무 이른 시기에 구조화된 교육 프로그램에서 순응하게 만드는 것은 무척 불행한 일이다.

놀이의 영역을 통해 아동들이 발견할 수 있는 자신의 본질적인 모습들을 만나는 것을 포기하게 만드는 것은 그들에게 커다란 희생을 강요하는 것이다. 장기적인 안목에서 보았을 때 영재교육에 참여한 아동들이 성인이 되었을 때 부정적인 영향을 더 많이 받을 가능성이 크다. 사람들은 창조성에 대해 열광하고 자신들의 자녀들이 창조적인 성인으로 성장하기를 바란다. 그러나 고도로 프로그램화되어 있는 영재교육 과정의 특성은 개인의 독특성이 중요하지 않고 지식이라는 단순한 정보들을 무작위로 받아들여야 하는 경우들이 많다.

이러한 비자율적 교육 환경에서 아동들이 자신들의 창조적인 측면을 발달시키기는 어렵다. 이것은 마치 영재교육을 통해 세상의 복잡한 모든 문제를 풀 수 있을 것으로 기대하는 것과 같은데 현실은 더 복잡하고 입체적이다. 교육보다 더 중요한 것은 아동에게 자신이 누구인지 발견하고 알아갈 수 있도록 공감해 주는 대상이 되어 주고 그들에게 무의식의 깊은 곳에서부터 흘러나오는 자기됨을 경험을 할 수 있는 놀이할 수 있는 시간과 공간을 제공하는 일이다. 이 무한대의 세계를 경험할 수 있는 놀이 가운데 아동들은 파괴성, 자율성, 창조성을 경험하게 되고 이를 통해 외부에서 기대하는 누군가가 아닌 자신이 기대하는 모습을 발견하고 성장한다. 그리고 현실 세계로의 확장을 의미하는 직업의 선택을 통해 창조적 삶을 살아가게 된다.

경쟁적인 한국 사회에서 나의 이러한 이야기는 현실적이지 않은 것으로 받아들여질 수도 있겠다. 그러나 외부의 구조화된 환경에 순응하기 전에 자신의 본질적인 창조적 모습을 소중히 여기고 경험하게 될 때 아동들은 세상의 중심이 자신이라는 사실을 알게 될 뿐만 아니라 독특한 특성이 있는 다른 이들의 소중함도 알게 된다.

성인이 되면 스스로 자신의 삶을 펼쳐나가야 하는 거친 현실 세계에서 강압적이고 일방적인 교육체계에서 자란 아동들보다는 자신의 자율성과 창조성을 발휘할 수 있었던 환경에서 자란 아동들이 창조적 삶에 가까이 가 있기에 자신이 원하는 삶을 살아갈 수 있다. 이렇게 살아갈 수 있는 건강한 사람들은 또한 자신이 속한 공동체를 자신만의 독특한 삶의 모습으로 공헌하며 풍요로운 삶을 함께 만들어 갈 수 있다.

자녀에게 너무 많은 관심이 있어 공감과 반영을 하기보다는 침범하는 상황이 있다면 또 다른 극단에는 개인주의 사회에서 주로 발생하는 반영해 줄 대상이 부재한 채 방임하는 경우가 있다. 나는 북캘리포니아 시스키유 카운티 청소년 감옥에서 자살 관련 신고가 들어오면 그곳으로 자살심리평가를 하러 가곤 하였다. 대부분 청소년이 신체적으로는 발달이 완성되어 몸은 이미 커다랄지라도 성인 재소자들보다 훨씬 안전하기에 대부분 단둘이 있어도 위험하지 않다. 덩치가 커다란 이들이 기다리는 사람이 있는데 그것은 그들의 엄마들이다. 그러나 대체로 그 엄마들은 찾아오지 못한다. 일주일에 한 번이라도 면회를 오면 좋을 텐데 바쁜 일상 때문인지 면회 횟수가 많지 않다. 반영해 주기를 기다려 왔으나 엄마의 부재 속에서 자신의 연속성을 상실한 그들의 상태는 비참했다. 그렇기에 그들은 원하지 않지만, 자신들을 통제해 주는 감옥을 자주 오게 되고 그들이 원하는 자리에 가는 것이 어렵다. 최소한 절반 이상이 품행장애로 진단받은 청소년들은 건강하고 새로운 방식의 삶을 찾는다기보다는 자신들의 문제들을 해결하지 못한 채 그대로 성인기로 진입하게 되며, 사회에 정착하지 못하고 고된 삶을 살아가게 된다.

수많은 아기를 관찰했던 위니컷은 아기들이 엄마를 바라보며 자신들의 얼굴을 바라보고 있다는 심리학적 통찰을 우리에게 전해 준다. 내담자들은 자신의 문제를 해결해 줄 대상을 찾아 심리치료사들을 찾아온다. 그러나 그들이 찾는 대상은 외부에 있지 않고 그동안 잃어버린 채 살아왔던 내면에 존재하며, 그 자신이 발견되고 회복되기를 원한다. 심리치료사는 내담자가 드러내는 심리적 문제들을 자신의 전문성으로 낱낱이 파헤치며 근원적인 심층의 문제들을 처리해 나가고 싶은 유혹을 받는다. 이러한 전문가로서 유혹에 직면할 때 위니컷의 심리학적인 통찰은 다시 우리에게 "아기는 엄마의 얼굴을 보며 누구의 얼굴을 보는가?"라는 질문을 떠오르게 한다. 내담자에게 필요한 심리치료사는 자신의 전문성을 뽐내는 영특한 전문가가 아닌 공감할 수 있는 보통의 헌신적이고 인간적인 사람들이다.

3장

:

**현실에서 만나는
임상의 세계**

신학교를 졸업하고 교회사역을 하며 지낼 때 나는 전문 심리치료사들을 선망의 눈으로 바라볼 때가 있었다. 누구나 쉽게 할 수 있는 일이 아닌 전문성을 바탕으로 한 개인의 신비한 내면세계를 바라보는 것이 고상해 보이기도 하고 우아해 보이기도 했다. 아마 이 책을 읽는 분들 가운데는 상담 영역에 관심 있어서 예전의 나와 비슷한 생각을 하는 분들도 있으리라 생각한다. 하지만 실제는 아주 다르다. 심리치료 과정이 순조롭게 진행되어 내담자가 자신을 재발견하고 자신이 진정으로 바라는 선택을 하는 모습을 바라보는 것은 아름답지만 그 과정은 길고도 대단히 처절할 수 있다.

60세가 넘은 내담자가 상담을 받으러 왔다. 그는 오랫동안 스스로를 억압하고 참아 왔다. 그가 이를 깨닫고 상실의 슬픔을 느끼며 눈물을 흘리는 그 순간은 진한 감정들과 연결되는 새로운 시작을 알리는 시간이기도 하지만 말로 표현하기 어려운 고통을 느끼는 시간이기도 하다. 이럴 때는 일상 중에 느껴보지 못하는 강렬한 감정과 충동이 원색적으로 드러나기도 한다. 슬픔과 공존하는 증오와 분노를 억압하며 살아왔던 상냥하고 친절한 사람들이 있는데 심리치료실에서 이들은 충분히 신뢰감과 안전감을 느낄 때 자신조차 낯선 거칠고 파괴적인 모습들을 드러내기도 한다. 나는 가끔 수업 시간에 학생들에게 "내담자들에게 욕먹을 자신 없는 사람들은 때려치우세요!"라고 말한다. 그만큼 심리학 영역에서 전문가가 되기를 꿈꾸는 이들이라면 마음을 단단히 하고 들어와야 한다.

코로나-19로 인해 화상으로 비대면 심리치료를 진행하는 경우들이 있다. 전에는 이것이 아주 소규모로 이루어졌다면 지금은 상당히 많은 내담자가 거리상, 안전상의 문제로 선호하는 방식이기도 하다. 한번은 인간관계에서 신뢰 문제로 고민해 오셨던 내담자가 화상을 통해 몇몇 관계에서 어려움을 표현하고 있었는데 상담이 거의 끝날 때가 되어 나에게 갑자기 버럭 화를 내었다. 그 순간 내담자는 모든 관계가 필요하지 않고 안전하지 않다는 것에 대해 말하며 격양되고 분노한 소리로 "목소리도 듣기 싫으니 아무 말도 하지 마세요!"라고 말했다. 내가 어떻게 대처해야 할지 몰라 잠시 멈칫하는 순간 손쓸 새 없이 내담자는 화면에서 사라졌다. 여기에서 내담자가 하고 싶은 말을 다른 말로 해보자면 "지금은 아무하고도 소통할 수 없어 너무 힘들어요"라는 말로 이해할 수 있을 것이다. 이런 격한 대화가 오가는 상황이 흔한 것은 아니지만 충분히 발생할 수 있다. 이러한 심리학적 이해는 심리치료사 쪽에서 내담자가 구겨 놓은 감정의 덩어리들을 소화한 후 회기가 종료되고 시간이 지난 다음에 가능하다. 이 과정은 쉽지 않고 다양한 방식으로 심리치료사가 영향을 받지만, 이 또한 감당해야 하는 일이다.

이처럼 심리적 본질들이 드러나는 임상 현장은 생생하게 살아 있다. 물론 표출하지 않고 방어하며 소파 깊숙이 자신을 숨기고 있는 내담자들도 있지만, 이와는 다르게 적극적으로 자신의 내면적 갈등을 외현화하며 복잡한 감정과 정서들을 표출하는 내담자들도 있다. 심리치료사는 종종 내담자들에게서 오는 간접적 방식의 파괴성을 견딘다는 의미에서 겉으로는 평온해 보이지만 실제로는 더 힘겨운 심리치료 과정에 참여한다. 이러한 내담자들과 있을 때 찾아오는 지루함은 다른 방식으로 표출되는 충동들을 담아낸다는 점에서 더욱 고도로 성숙한 상담자의 인격을 요구한다. 전반적으로 일방적인 하나의 관점에서 임상 현장을 설명할 수 없기에 다채롭고 강렬한 무의식의 내용이 드러나는 임상의 세계는 삶의 가장 흥미로운 영역일 수 있다. 이 장에서는 이러한 임상 세계를 이해하는 데 필요한 내용을 정리했다.

내담자들이 경험하는 증상들은 워낙 다양하다. 약간의 우울과 불안 수준의 내담자들로부터 누군가를 과격하게 공격하는 반사회적 성격 장애를 겪는 내담자들까지 그 스펙트럼이 굉장히 방대하다.

나는 심리학자로서 사립 상담센터, 국립정신병원, 학교 상담센터, 카운티 정신과 등의 다양한 임상 장소들에서 임상 경험을 쌓아 오며 여러 내담자 군을 만나 왔다. 예측할 수 없는 다양한 내담자들을 만날 때 전문가로서 알아야 할 필수적인 내용이 있는데, 이 장에서는 이러한 부분들에 대해서도 나누고자 한다. 나의 제한된 경험에서 도출된 내용이라 어떤 면에서는 치우쳐 있을 수 있다. 단지 임상 영역을 사랑하는 한 사람이 고군분투하며 살아온 삶의 연장선에서 풍부한 임상의 한 부분에 대한 진솔한 이야기로 이해해 주시기를 바란다.

임상 현장에서는 무엇이 벌어지고 있는가?

임상 현장은 화석처럼 고정되어 있지 않은 다채로운 영역이라 수많은 일이 발생할 수 있다. 내가 미국 임상 현장에서 겪은 여러 가지 어려운 경우 중 하나를 소개한다.

북캘리포니아의 작은 백인 마을에 심리학자로 부임해 온 지 몇 개월 정도 되었을 때의 일이다. 그 마을에 주도로가 있었는데 가끔 그 길이 막힐 때가 있었다. 창문을 열고 고개를 내밀어 앞을 바라보면 사슴 가족들이 줄을 지어 길을 건너가고 있는 평화로운 광경이 펼쳐진다. 아무도 경적을 울리지 않고 사슴들이 지나갈 때까지 조용히 차에서 대기한다. 가끔 아침에 집을 나서거나 주말에 마을 산책을 할 때 사슴들을 종종 만나는데 그들은 나를 한번 힐끗 보고는 자신들의 길을 묵묵히 간다. 이러한 광경을 보면 아마 누구라도 이런 곳에서 끔찍한 사건들이 일어나지 않으리라 확신할 것이다. 임상심리학자 시험을 보려면 임상 실습 시간이 필요했는데 나는 이때 필요한 실습 시간을 이 평화로운 도시에서 책상에 앉아 연필이나 돌리다가 채우고 나갈 것이라 기대했다.

두 달 정도 지났을 때 갑자기 아동보호국(Child Protect Service)에서 연락이 와서는 긴급하게 4세 여자 아동을 우리에게 맡기며 심리치료를 의뢰해 왔다. 사건의 경위는 이러하다. 여자아이의 부모는 전날에 여러 사람을 집으로 초청해 파티를 열었다. 그날 왔던 30대 초반의 백인 남성이 밤 12시경에 그 아이를 납치해서 산으로 끌고 가 성폭행을 하고 옆에 있던 구덩이에 산 채로 묻어버린 것이었다. 기절했던 아이는 몇 시간 뒤 정신을 차리고 묻혀 있던 구덩이의 흙을 파고 나와 울며 산을 헤맸고 새벽 4시경에 그곳을 지나던 등산객에 의해 구조되었다.

나는 이 사건을 대하며 상당히 충격을 받았다. 아니 이런 사건이 저개 발 빈곤 국가가 아닌 선진국이라는 미국에서 일어날 일인가 하는 생각 이 들었다. 그 아동이 도착했을 때 나도 잠시 다른 전문가들과 함께 만날 수 있었다. 초점을 잃은 눈빛과 창백한 얼굴 그리고 짧은 시간의 초기 임상 면접을 통해 알게 된 성인들에게 무분별한 애착을 보이며 그 소녀는 자신의 공포와 불안을 억누르고 있었다. 3년간 이 아동은 한 심리치료사에게 꾸준히 놀이치료를 받았다. 우울했던 이 소녀가 점 진적으로 생기 있게 자신의 느낌을 타인에게 과감히 전달하기도 하며 심리적으로 호전된 부분이 있었으나 불안의 문제는 여전히 그녀의 일 상을 방해하고 있었다. 사람들이 단기 상담 10회기를 이야기하는데 심각한 심리적 문제를 지닌 아동과 성인에게 단기 상담을 통해 무언가 할 수 있다고 믿는 사람은 망상가일 뿐이다. 아마 이 아동의 문제는 일정 부분 해결되었으나 또 다른 부분은 지속해서 씨름하며 풀어가야 할 평생의 숙제일 수 있다.

현실이 영화보다 더 영화 같다는 말이 있다. 임상에서 벌어지는 무 수한 개인들의 무의식적인 삶에 관한 내용은 그 어떤 영화와 비교할 수 없을 만큼 두렵기도 하고 심연을 가늠할 수 없을 만큼 슬프기도 하 며, 세상을 파괴하고도 속이 풀리지 않을 만큼의 분노들이 표출되기도 한다. 정교하게 다듬어진 문화의 영역 안에서 사람들은 적절한 매너를 갖추고 좋은 옷을 입고 알맞은 대화를 나누며 일상을 살아가는 가운데 평화를 느낀다. 임상의 세계는 그 평화의 세계 너머에 있는 각 개인의 무수한 무의식의 환상과 기억 그리고 감정이 규제 없이 표출된다는 의 미에서 자신의 상태에 상관없이 예절을 지켜야 하는 현실과는 사뭇 다 른 심리치료적 환경을 제공한다.

1년 정도 심리치료를 진행한 30대 초반의 한 여성 내담자와 회기가 끝난 뒤 나는 머리가 띵함을 느꼈고 그날 잠자는 게 어려울 정도로 혼란이 엄습했다. 그 내담자는 다음 회기에 찾아와서 지난 회기를 마친 뒤의 꿈을 보고했는데 그 내용은 이렇다. 내담자는 꿈에 어느 핵폭탄이 폭발해서 모든 것이 파괴된 도시를 멀리서 바라보다가 그 도시에 생존자가 있는지 확인하기 위해 홀로 들어간다. 그녀는 폐허가 된 도시를 하나하나 살피는 장면을 상세히 보고했다. 이 이야기를 들었을 때, 나는 이전 회기에 내가 느꼈던 강력한 감정들의 실체를 알게 되었다. 그것은 이 내담자가 투사적 동일시를 통해 가늠할 수 없을 정도의 폭발적인 분노를 나에게 집어넣은 무의식적 내용물이었다. 이러한 핵폭탄 같은 분노는 자신의 일방적인 요구와 지시를 항상 따를 것을 요구한 어머니, 존중 없이 무자비하고 거칠게 대했던 아버지 그리고 때로는 폭력을 행사했던 자매들과의 관계에서 생긴 오래된 감정의 찌꺼기에서 기인한 것일 수 있다. 동시에 성인으로 살아오며 무수히 느꼈던 거절감과 현실과 소통할 수 없는 자신의 무능함을 파괴하려는 무의식적 환상일 수도 있다.

이러한 원색적인 무의식적 환상이 발생하는 임상의 세계에서 심리치료는 사람들을 회복의 길로 인도하는 안전한 장이다. 물론 그 과정은 오랜 시간이 필요하고 예상했던 것보다 훨씬 더 많은 수의 무의식적 환상들을 점진적으로 해결해 나가야 한다. 위의 핵폭탄과 같은 무의식적 내용물을 투사적 동일시를 통해 나에게 쑤셔 넣었던 내담자는 몇 년이 지난 후 신기하게도 더는 투사적 동일시도 하지 않고 더 나아가서는 투사도 하지 않게 되었다. 그 내담자는 수년 동안 많은 이에 대한 부정적 투사를 하고 자신이 감당하기 힘든 모든 불안과 부정적 정서를 사람들에게 집어넣으며 회기의 시간을 대부분 소모했다. 이러한 상황에 비워진 개인이 존재하기는 하지만 평화는 존재하지 않는다.

투사를 멈추는 그 시점부터 진정한 의미에서 한 개인의 독립적인 삶이 시작될 수 있으며 자기 삶에 책임을 지게 된다. 이러한 과정은 너무나 긴 임상의 여정이지만 그 세계는 그래서 아름답고 신비하기도 하며 의미 있는 것이다.

내담자에게 배우기

때때로 나는 수업 시간에 학생들에게 "여러분의 스승은 가르치는 교수가 아니고 여러분이 만나게 될 내담자들입니다"라고 말한다. 많은 심리학 관련 서적이 심리치료 과정을 설명하고 내담자들이 지닌 이상심리학의 문제들을 기술하지만, 문자는 살아 있는 생생한 임상의 느낌과 경험을 다 담아내기에는 역부족이다. 교과서에는 전이, 투사, 내면세계, 무의식 등 다양한 용어가 나오는데 이는 글로 이해할 수 있는 것이 아니다. 임상을 통해 만나는 내담자들에게서 생생한 삶 가운데 경험하고 느끼는 그들의 이야기를 들으며 살아 있는 지식을 배울 수 있다.

나에게 가장 인상 깊었던 내담자들은 조현병 진단을 받은 분들이다. 자신들의 내면세계에서 발생하는 일들에 대해 그들이 전해 주는 내용은 외부 현실과 주관적 세계가 분리되지 않은 상태의 원시적 정신 영역에 관해 많은 정보를 제공해 준다. 마치 보통 사람들이 꿈에서 보게 되는 장면들을 그들은 일상에서 만나고 경험한다. 무의식 관련 연구 서적들이 말하는 원시적 정신기제들에 대한 설명이 있지만, 조현병 내담자에게서 듣는 원시적 정신세계에 대한 생생한 증언들은 아직 미지의 세계인 무의식 너머에 존재하여 알려지지 않은 정신세계의 측면들을 바라볼 수 있는 소중한 창을 제공해 준다. 한 조현병 내담자가 말했던, 누군가 자기 집 수돗물에 독약을 타서 자신을 죽게 만들려는 음모를 꾸미고 자신을 위협한다는 두려운 이야기는 불안증 내담자가 가지고 있는 신경증 계통의 공포와는 사뭇 다르지만, 무의식적 환상에 나타나는 생생한 내용을 전해 준다. 책에서는 조현병 내담자들이 거리 감이 있고 의사소통이 전혀 불가능한 내담자들로 설명하지만, 임상에서 만나는 그들에게는 인간적으로 소통할 수 있는 조그마한 섬 같은 영역이 있다. 이러한 내담자들을 통해 알게 되고 이해하게 된 임상의 세계는 새로운 방대한 무의식의 세계를 탐험하는 느낌이 든다.

나는 인간의 무의식에 대해 관심이 많다. 개인 분석을 받으며 내 무의식 안의 생생한 모습을 만나며 배울 수 있었고 교수님들의 강의와 서적들을 통해 무의식의 실체들에 대한 이해를 확장할 수 있었다. 그러나 이러한 무의식에 대한 이해는 한계가 있다. 무의식에 대해 가장 많이 알게 되는 순간은 임상의 시간을 통해 내담자들에게서 그들의 내면세계에 관한 이야기를 들을 때이다. 내담자들이 지닌 무의식적 환상과 꿈으로 표현되는 풍부한 내면세계에 관한 내용은 실로 감탄스럽다.

초등학교 4학년이던 재키라는 백인 소년이 있었는데, 그는 폭력적인 아버지 밑에서 자랐고 나중에 엄마와 함께 탈출하다시피 북캘리포니아 한 마을에 정착했다. 그는 전형적인 과잉행동장애 충동형의 증상들(ADHD: Attention Deficit Hyperactive Disorder, Impulsive Type)을 가지고 있었으며, 그로 인해 학교에서 학습과 친구 관계에 어려움이 많았다. 재키는 불안하고 충동적인 측면 때문에 심리치료실 안에 머무는 것이 거의 힘들었다. 감당하지 못할 만큼의 불안들은 그가 실내에 머무는 것이 거의 불가능할 정도로 매번 심각해져서 나는 결국 그를 데리고 밖으로 나가게 되었다. 만일 내담자와 함께 심리치료실 외부로 나갈 때 심리치료사는 실내에 머물지 못하는 이유에 대해 분명한 심리학적 설명을 할 수 있어야만 한다. 그렇지 못하다면 나중에 이런 문제로 법정 시비에 휘둘릴 수 있다. 회기 노트에 당시 상황과 아동 내담자의 모습에 대해 상세히 기록하는 것이 전문가로서 문제가 생길 때 자신을 보호할 수 있다. 이때 가장 최악의 설명은 아동이 나가는 것을 원해서 밖으로 나갔다고 하는 기록일 것이다.

재키는 밖으로 나가면 전쟁놀이하는 것을 좋아했다. 그는 낮은 포복으로 카운티 정신과 앞마당에 있는 나무숲을 낮은 자세로 걸어가며 나에게도 따라 해야 한다는 것을 강조했다. 그는 우리를 쫓아오는 적들이 있다는 걸 나에게 알리며 사방을 주시하기도 하고 조심스럽게 한 발 한 발 움직였다. 이럴 때 그가 다소 현실 감각을 잃어버린 것 같기도 하지만, 자신이 지닌 심각한 불안과 공포를 놀이를 통해 표현한다는 의미에서 이런 식의 놀이가 그에게 도움이 된다. 그의 놀이를 보면 그가 무서운 과거의 시간과 현재의 시간에서 어떻게 자기 삶을 갉아먹는 불안들과 사투를 벌이는지 알 수 있다. 그는 앞뜰에 있는 나무에서 뒤쪽에 있는 장소로 옮겨가며 놀이를 통해 자신의 무의식적 환상 가운데 있던 공포들을 만나기도 하고 싸우기도 하는 장면들을 표현했다. 재키는 구체적 공포의 대상이었던 폭력적인 아버지에게서 떠나 있었지만, 여전히 자유롭지 못했다. 그의 내면세계는 압도적 힘을 무자비하게 휘둘렀던 아버지에게 지배당하는 영역이 있었으며, 그는 이로부터 자신을 방어하기 위해 싸우고 있었다. 과잉행동장애로 진단받은 아동들이 많은 경우에 충동적인 행동을 보이며 외부로부터 지탄받는 경우들이 많다. 재키를 통해 나는 그들이 무의식적 환상에 있는 공포의 대상들에게서 오는 불안들로 인해 고통받고 있다는 사실을 알게 되었다. 이러한 사실을 책에서는 발견할 수 없다.

책에 나오듯이 내담자와 심리치료사 간의 섬광이 번득이는 통찰의 시간이 항상 있는 것은 아니다. 오히려 더 많은 시간은 침묵의 시간일 수 있다. 이런 침묵의 순간들에 내담자들은 다른 사람들에 의해 재단된 자신들의 모습을 뒤로하고 본질적인 자신의 창조성과 파괴성 그리고 충동성을 발견하며, 무엇인가 자신이 원하는 삶을 헤쳐 나가고자 하는 기대로 가득 찬다. 이 꿈꾸는 것 같은 시간을 통해 사람들은 실제로 이전에 하지 못했던 새로운 시도를 하기 시작한다. 위니컷은 『놀이와 헌신』에서 이것을 형태 없음의 영역(the area of formlessness)이라고 말하였는데 이 영역은 가능성과 실제 경험의 중간 위치를 의미한다. 이 영역에 도달하기 위해서는 많은 시간이 소요되며 의지로 도달할 수 있는 곳이라기보다는 내담자의 신뢰를 받아야만 경험할 수 있다. 이곳에서 내담자들은 자신이 필요한 만큼 그리고 원하는 만큼 머문다. 우울의 끝자락인 죽음 가까이 다가가는 내담자들의 어두운 얼굴에서 다시금 이 형태 없음의 영역에 도달했을 때 만나게 되는 새로운 희망의 미소를 보는 것은 신비한 경험이다.

이처럼 우리가 알고 있는 일상의 낯선 시간이 흘러감에도 생생하게 펼쳐지는 이 꿈꾸는 것과 같은 과정은 교과서에는 나오지 않는데, 문자로 기술된 내용은 이곳에서 발생하는 순간들을 다 담아낼 수 없기 때문이다. 심리치료사들은 이러한 순간들을 교과서가 아닌 내담자의 정신세계에서 배우고 경험한다. 이 형태 없음의 영역은 심리치료의 과정에서 글로 표현하기 어려운 가장 힘든 순간일 수 있으나 어찌 보면 가장 중요한 순간이다.

어느 정도 시간이 지나면 내담자들은 자신들이 사용하던 방어기제들을 내려놓고 심리치료사와의 신뢰를 바탕으로 이 형태 없음의 영역으로 들어온다. 이 형태 없음의 영역에서는 외부의 기대나 목표가 그다지 중요하지 않다. 이곳에서 내담자들은 애도하지 못했넌 상실들과 침범적으로 경험했던 심리적 외상들 앞에 얼어붙었던 기억과 감정들로 인해 멈추어버렸던 자신들을 뒤로하고 자신만의 새로운 방식으로 삶을 바라보기 시작한다. 이러한 시간에는 외부 현실에서 요구되는 당위성과 목표들이 중요하지 않고 내담자 자신의 시점에서 모든 것을 시작한다. 방어적 성격의 변화는 외부 껍데기가 중요하지 않고 본질적인 것이 나타나는 이 순간을 지나 발생한다. 이 지점을 지나서 회복을 넘어 자신의 모습을 창조적으로 드러내고 삶을 누리며 사는 내담자들의 모습은 아름답다. 이 모든 과정은 교과서가 아닌 내담자를 통해 배울 수 있다.

어떻게 심리치료 전문가가 될 것인가?

심리학이 잘 발달한 국가에서는 전문가가 되는 길이 정해져 있다. 대체로 이런 나라에서는 심리치료사 자격증을 국가가 관리하며 민간 기관에서 발행하는 모든 자격증을 그곳에서는 수료증(Certificate)이라 부른다. 아직 우리에게는 요원한 일이긴 하지만 이런 제도가 하루빨리 정착되어 심리치료가 한국 사회의 정신건강을 담당하는 커다란 전문적 영역이 되기를 바란다. 한국에서는 전문가가 되는 길이 워낙 다양해서 어떤 것이 맞느냐는 질문에 대한 답은 각자 개인의 몫으로 남아 있다. 여기에서 나는 심리치료 전문가가 되는 다양한 방법 중에 한국 사회에서 보편적인 길을 소개하고자 한다.

처음 심리치료 영역에 오시는 분들은 자신이 남의 이야기를 잘 듣기 때문에 이 분야에서 잘 적응할 수 있을 것이라 믿는 분들이 있다.

남의 말을 잘 듣는 것이 장점이기는 하지만 그것은 가장 기본적인 여러 요소 중 하나이며 더 중요한 것은 긴 수련 기간을 거쳐야 한다. 간혹 슈퍼비전 없이 임상 관련 일을 처음부터 하시는 분들이 있는데 이것은 자신뿐만 아니라 내담자에게도 매우 좋지 않다. 처음부터 잘하는 사람은 존재하지 않기 때문에 이러한 수련을 거치지 않고 심리치료 영역에서 내담자 앞에 서는 것은 내담자와 자신 모두에게 위험하다. 아무리 인품이 성숙한 사람이라도 훈련을 받지 않았다면 임상 영역에서 내담자에게 자신이 중요하다고 생각하는 삶의 가치관과 의미를 강요하지 않기는 어렵다. 대체로 심리치료 영역에서 처음 임상을 하는 분들은 내담자의 내면세계가 가장 중요하고 일반 대화보다 훨씬 느리게 대화가 진행됨에도 내담자의 상태와 상관없이 자신의 관점에서 하고 싶은 대로 내담자에게 말해버린다. 이 정도의 대화는 동네의 마음씨 좋은 아저씨나 아주머니에게 흔히 들을 수 있는 뻔한 조언에 불과하다. 심리치료 영역에서도 전문가 개인이 지진 삶의 의미와 가치들이 중요하기는 하지만 내담자에게 이러한 가치체계를 주입하려 한다면 그것은 심리치료가 아니라 멘토링에 가까울 수 있다. 나 또한 무수히 많은 수퍼바이저에게 수없이 많은 지도를 받았는데, 개인적으로는 그 시간들이 결코 즐겁지 않았지만 전문 임상가로 성장하기 위해서는 꼭 필요했다. 어떤 수퍼바이저가 하도 잔소리를 하기에 '저 사람 나한테 개인적인 감정이 있나?'라고 생각한 적도 있었다. 이 세상의 어떤 심리치료사도 슈퍼비전 없이 내담자를 잘 도와줄 수 없다. 수퍼비전을 통해 사람들은 임상 현장에서 중요한 것은 내담자가 찾고 있는 자신의 모습이며 그 이외는 아무리 선한 의도가 있더라도 중요하지 않다는 것을 배워간다.

임상에서 심리치료사의 세계관 또는 삶의 가치가 중요한 것은 맞지만 더 중요한 것은 내담자가 원하는 대상이 되어 그 자리에 앉아 있는 것이다. 이렇게 간단해 보이는 명제를 실제로 임상 현장에서 해내는 것은 어렵기에 긴 수련 기간이 필요하다. 자신이 원하는 이론과 임상을 한 전문가를 찾아가 최소 2년 이상의 슈퍼비전을 받으며 수련받기를 권고한다. 이 훈련 기간에 사람들은 자신이 원했던 이상적 심리치료사의 모습에서 벗어나게 된다. 슈퍼비전을 통해 심리치료사 자신이 원하거나 가치 있다고 믿어 의심치 않는 고정된 외부의 시각으로 내담자를 바라보는 것이 아니라 내담자의 내면세계로 들어가서 그들의 소리에 귀를 기울일 수 있게 된다. 심리치료사가 얼마만큼의 훈련을 받았는지는 내담자들이 더 잘 안다. 요즈음은 인터넷이 발달해서 젊은 사람들의 경우 많은 내용을 미리 알고 와서 내담자의 증상에 대해 심리치료사가 내담자보다 더 모르는 때도 있다. 심리치료는 진공 상태에서 발생하지 않고 현실 위에서 진행된다. 훈련을 받을 때 자신이 어느 정도의 위치에 있고 어디로 가고 있는지 알려주는 사람은 경험 있는 슈퍼바이저이다. 결국 사람들은 임상의 현장에서 자신이 배운 대로 하게 되어 있기에 적절한 슈퍼비전은 반드시 필요하다.

심리치료 전문가가 되기 위해 개인 분석을 최소 100회기 이상 받는 것이 좋다. 누군가 내담자 경험이 없으면서 다른 이들을 심리치료한다는 것은 심각하게 생각해 볼 문제이다. 나는 박사학위 과정 중 긴 시간 동안 개인 분석을 받은 때가 있었다. 드워트 박사님에게 받았는데 가장 어려울 때 그 시간을 통해 나의 내면세계에 존재하는 모습들을 만나기도 하고 상실에 대해 애도하기도 했던 소중한 순간이었다. 그 당시는 나의 경제 사정이 가장 나빴을 때라 신용카드로 17.5%의 이자를 내며 심리치료를 받았다. 힘들었던 주머니 상황을 고려하면 미친 짓 같기도 하지만 이러한 개인 분석 시간은 내가 임상을 하며 자신을 돌아보기도 하고 내담자의 심리적 어려움을 깊이 있게 바라보는 밑거름이 되었다. 지금도 고전적으로 보이며 정리되지 않은 드워트 박사님의 사무실 풍경과 그곳에서 그가 마시던 차와 책들의 독특했던 향기, 그 사무실을 찾아가던 순간들이 생생하게 떠오른다. 일찍 도착하면 그 사무실 주변을 걸으며 기다리다가 약속 시간이 되면 편안하지만 동시에 약간 긴장하며 심리치료실로 들어가곤 했다. 심리치료 공간은 일상과는 다른 특별한 장소인 듯했고 그곳에서 나는 멈추어 있던 내 모습들을 발견하고 아파하며 서서히 그 공간을 벗어나 외부 현실로 나아갔다. 심리치료사들이 분석을 받는 것은 자신을 위해서뿐만 아니라 자신이 돌보게 될 내담자들을 위해서도 중요한 과정이다. 내담자들이 심리치료실에 올 때 어떤 마음으로 오게 되는지 그리고 그들이 무엇을 기대하거나 찾고자 하는지는 자신이 직접 경험하지 않고는 알 수 없다.

가장 이상적인 심리치료사의 이론적 배경

누구나 자신이 수련받고 교육받아 온 방식이 최고라고 생각할 수 있다. 나에게 가장 이상적인 심리학의 조합에 관해 묻는다면 다음 같이 대답할 것이다. 우선 서두에서 이야기한 대로 위니컷이 대상관계라고 일컫는 이론을 중심으로 설명하는 중간 영역과 놀이에 대해 이해하는 것이고, 다음으로 카를 융이 말한 원형을 이해하는 것이며, 그 이론들을 바탕으로 임상심리학에서 말하는 진단과 심리평가를 할 수 있는 심리치료사가 가장 이상적이라 생각한다. 내가 좋아하는 위니컷을 비판하는 것은 쉬운 일이 아니지만, 그의 학문적 한계가 드러나는 부분에 대해 간략하게 설명하고자 한다. 위니컷이 융의 집단 무의식 개념을 수용하지 않은 점은 그의 한계인 것 같다. 융이 말한 원형과 관련된 집단 무의식 개념은 인간에 대한 깊은 정신 구조와 종교성에 대한 이해의 길로 인도한다.

융을 이해한다는 것은 깊은 무의식의 세계를 이해하는 것이고 이것은 사람의 가장 기본적인 종교적 성향에 대해 알 수 있는 길이기도 하다. 나는 메이홀 박사님에게 처음 융에 대해 배웠다. 그는 자랑삼아 자신의 분석가가 융에게 직접 분석을 받은 사람이어서 자신은 정통 융 분석가라고 말했다. 그래서 그런지 메이홀 박사님의 융에 대한 강의는 흥미롭고 재미있었는데, 서구 사회의 전형적인 방식이 아닌 동양적인 방식으로 사람의 정신에 대해 설명했다. 더 나아가 나는 박사학위 논문을 쓰며 융의 모래놀이 치료를 통한 과잉행동장애 아동의 심리치료에 관해 연구하며 융의 원형이론을 연구할 수 있었다. 이는 위니컷이 우리에게 전해 주는 개인 무의식 너머 인간 정신의 깊은 곳에 존재하는 집단 무의식에 대해 알 기회가 되었다. 위니컷이 풍요롭게 개인의 주관적 세계와 외부 현실을 중재하는 놀이의 영역을 설명하는 폭넓은 심리학적 통찰들이 우리에게 시사하는 바가 크지만, 종교 영역에 그는 그다지 호의적이지는 않다.

융의 종교에 관한 연구는 인간 이해의 가장 깊은 곳으로 우리를 인도하며 이를 통해 지식의 저장고에 보관된 초월적이고 신성한 인간 정신과의 만남을 도와준다. 심리학은 실험 가능한 언어로 구성되어 있는데 융은 이러한 태생적 한계를 자신의 심리학적 언어를 통해 신성한 종교 영역을 설명한다. 이러한 과정은 신비하고 아름답다. 마치 인간의 이성이 도달할 수 없는 광활하고 오묘한 종교 영역을 심리학의 언어를 통해 접근하는 것과 같은 느낌이다. 나는 개인적으로 융을 깊이 있게 연구하시는 분들을 존경한다. 그들에게는 인간에 대한 깊은 애정과 인간 정신에 대한 진한 진정성이 담겨 있다. 융은 이 종교적 경험이 없다면 사람들은 삶에서 의미를 잃어버린다고 말했다. 그는 종교가 인간을 이해하는 데 가장 중요한 요소라는 것을 알았고 이를 통해 인간 정신을 깊이 탐구했다. 융은 종교가 가장 초기의 가장 보편적인 인간의 마음 활동이었다고 믿었으며, 인간 심리구조 가운데 사회적이며 역사적 현상이라는 것을 통찰했다. 그는 종교가 인간의 역사에서 매우 중요한 부분이며 사람들의 종교성을 이해하는 것이 깊은 인간 정신을 이해하는 것이라 여겼다. 이러한 융의 깊이 있는 통찰은 종교라는 것을 단순하게 부정적 방어체계로 보려는 경향을 넘어서 심오한 인간 심리 내적 구조를 볼 수 있는 길로 안내한다. 융에게 인간에 대한 이해 없이 종교를 논의하는 것은 의미가 없다. 그렇기에 융은 심오한 종교에 관한 연구는 인간 정신세계에서 찾아야 한다고 말한다. 이 책에서 종교와 놀이의 영역에 대해 더 논의하지는 않겠지만 후반부에 나오는 임상 사례에서 자연스럽게 나타나는 부분이 있을 것이다.

마지막으로 임상심리학의 꽃은 심리검사인데 이것은 사람을 바라보는 새로운 관점을 제공한다. 우선 심리검사는 객관적인 검사와 주관적인 검사로 이루어지는데 모두 통계에 기반을 둔 개인의 심리적 성격, 방어 구조, 사고 형태, 인지 능력 등의 다양한 심리 영역에 대해 알아보는 것이다. 내가 한국에 와서 가장 커다란 충격을 받은 것은 국가가 이러한 심리검사 영역에 부분적으로만 관여하기에 검사 자격증의 유무와 상관없이 많은 이가 심리검사를 수행한다는 사실이었다. 미국에서는 심리검사 관련 자격증이 없는 사람이 심리검사를 하게 되면 징역형을 선고받는다. 이러한 엄격한 국가의 관리는 전문가와 비전문가를 구분하여 주고 심리학에 공헌하는 심리검사 영역은 존중되고 발전되어 간다. 물론 심리검사를 잘하는 사람이 심리치료를 잘한다고 결론 내리는 것은 엉터리 같은 말인데 심리치료를 잘하기 위해서는 긴 또 다른 훈련 과정을 거쳐야 하기 때문이다.

그러나 심리검사 자체가 대단한 것은 아니고 한 사람이 환경에 어떻게 대응하는가 정도를 알아낼 수 있는 심리적 내용을 상세히 기록한 보고서라 볼 수 있다. 그럼에도 이러한 과정을 검사를 통해 실시하고 보고서를 써 내려가는 것은 신뢰도라는 측면에서 중요하다. 한국에서 이 분야에 국가자격증이 있으므로 심리학 영역에 처음 진입하는 분들이 가능하면 이 자격을 가지고 있으면 대중에게 자신의 신뢰도에 대해 보여줄 수 있는 외적인 요소를 갖추게 될 것이다. 심리학이 전문 분야로 사회적으로 받아들여지는 나라들의 자격증 관리는 엄격하고 그러한 자격을 가지고 있는 전문가들에 대한 대중의 신뢰도는 높다. 한국에서 민간자격증이 많고 그 가운데 신뢰할 만한 학회들의 자격증이 있긴 하지만 국가에서 운영하는 검사 전문 자격증을 갖는다는 것은 전문가로서 대중들에게 자신을 보여줄 수 있는 하나의 영역이 될 수 있다.

나는 한국으로 돌아와 임상 현장에서 심리검사와 심리치료를 병행했는데, 가끔이지만 어떤 사회복지사들은 심리학 분야의 전문적 소견에 귀 기울이지 않는다는 것을 알게 되었다. 이럴 때 심리검사 결과 보고서를 기반으로 그들에게 내담자의 상태와 권고사항을 말해 줄 때 듣는 경우들이 있었다. 우리나라의 현재 상황은 심리치료 분야가 국민건강관리공단의 보험 적용이 될 만큼의 전문화가 이루어지기 전이기에 아직은 심리검사를 통한 다른 전문가들과의 대화가 설득력이 있는 것이 현실이다. 아동들과 청소년들이 성인에 비해 많은 심리종합검사를 받는데 부모들도 심리검사를 바탕으로 자녀들을 위한 권고사항을 전해 줄 때 임상 전문가의 소견을 훨씬 더 경청한다.

심리학의 이론에 대해 논할 때 한 가지 생각해 볼 것이 있다. 누군가가 심오한 정신분석 훈련을 많이 받았다고 그 사람이 임상에서 내담자에게 반드시 좋은 분석가로 도움을 줄 수 있다고 아무도 보증해 줄 수 없다는 사실이다. 역설적이게도 가장 단순한 인지행동을 기반으로 심리치료를 하는 이들 가운데도 효과적인 전문 심리치료사들로 내담자들에게 도움을 주는 사람이 있다는 사실은 놀라운 일이다. 미국에서 공부하던 시기에 스콧 박사라는 슈퍼바이저가 있었는데 이분 밑에서 나는 일 년 정도 수련을 받았다. 스콧 박사는 뼛속 깊이 인지행동을 기반으로 임상을 하는 분이어서 그분 밑에서 수련을 받는 것은 처음에는 아주 곤혹스러웠다. 내가 내담자의 무의식 세계에서 발생하는 갈등과 혼란에 대해 슈퍼비전 시간에 설명했을 때, 그는 "무의식은 어디에 있는가!"라며 쩌렁쩌렁한 목소리로 물었다. 그러나 신기한 것은 스콧 박사가 돌보는 내담자들의 증상이 완화되고 호전된다는 것이었다. 스콧 박사와의 만남을 계기로 나는 임상과 이론에 대해서 여러 가지 다르게 생각해 보게 되었다. 임상이라는 것은 이론보다는 심리치료사의 인격적 성숙이 더 중요시되는 것이 사실이다. 지금 생각해 보면 따스하고 공감적이며 친근한 스콧 박사의 성숙한 인간적 모습이 내담자들에게 심리적인 도움을 준 것 같다. 이러한 인격의 성숙에 대해 말하면 막연한 측면이 많은데 이러한 부분을 위해서는 개인 분석을 통해 자신을 통찰하고 성숙시키는 데 도움을 받을 수 있다.

심리학에서 심리검사의 역활

심리검사는 법정, 회사, 학교, 정신병원, 상담센터 등에서 다양하게 쓰일 만큼 활용도는 높다. 종합심리검사를 통해 수검자들의 심리 상태에 대한 다양한 측면들을 검사한 후 그 증상을 진단하고 중요한 결정을 해야 할 때 사용된다. 임상 현장에서 가장 많이 활용될 때는, 다른 전문가들에게 받은 내담자에 대한 통찰과 그들의 인지 능력과 심리적 측면들, 기능의 정도 등에 대한 상세한 정보를 통해 더 나은 심리치료를 제공하고자 할 때 필요하다. 일반상담센터 또는 나를 찾아오는 내담자들이 심리검사를 받으면 종합보고서라는 서류를 받게 되는데 마지막에 제언이라는 부분이 나온다. 이는 검사를 완료한 내담자의 검사 결과 보고서에 근거한 심리적 어려움을 완화하기 위한 구체적인 계획서이다. 제언에는 대부분 현재의 증상을 완화하고 수검자의 삶을 증진하기 위해 심리치료를 권고함이라는 표현을 쓰게 된다. 이런 측면에서 심리검사는 내담자들의 정신건강 증진을 위해 현재의 심리 상태를 평가하고 이를 심리학 영역에서 돕는 과정에서 가장 많이 사용된다.

심리검사에는 다양한 종류가 있지만 기본적인 검사를 제외한 중요한 검사 도구들에 대해 설명해 보고자 한다. 처음 한국에 도착한 나는 한국에서는 심리검사 붐이 일어나는 것에 놀란 적이 있다. 에니어그램과 MBTI 검사 등을 많이 사람들이 하고 있다는 사실은 그만큼 한국 사람들이 어떤 구체적 자료를 바탕으로 자신과 누군가의 심리 상태를 알아보는 것에 관심이 높다는 말이다. 그러나 심리검사의 전문 영역과 대중적으로 실시되고 있는 검사 영역은 다르다. 전문 심리검사 영역은 흥미 이상의 신뢰도와 타당도에 의해 검증된 자료들이어야 하고 수검자의 심리 상태에 관한 기술을 위해 선별된 검사 도구들을 사용해야 한다. 에니어그램과 MBTI 검사 등이 현재 한 개인이 외부 환경에 반응하는 정도를 흥미 있게 기술하는 부분은 어느 정도 맞는 측면이 있지만, 이런 검사들은 다양한 한 개인을 너무나 좁은 영역으로 규정하는 단점들이 있다. 에니어그램의 2번 유형의 사람이라는 말이 그 사람의 한 측면을 설명할 수는 있겠지만 그것이 개인의 다양성을 일방적인 좁은 규준 아래 제한해 버리는 문제점들이 발생한다. 물론 이런 문제들은 전반적인 심리검사 도구들의 문제이기는 하지만 대중적으로 흥미를 유발하고 재미있게 서로에 대해 이야기하는 것 이상의 의미를 부여하는 건 위험할 수 있다.

심리검사에서 인지검사(WAIS IV: 성인 지능검사, WISC V: 아동청소년 지능검사)는 가장 기본이 된다. 성인들은 보통 심리검사를 받으러 오면 인지검사를 받지 않겠다고 말하는 분들이 있다. 굳이 성인으로서 자신의 인지 능력에 대해 깊이 있게 알고 싶지 않은 마음이 들어서 그런 것 같지만 더 큰 이유는 구체적 인지기능 정도를 알게 되는 두려움 때문인 것 같다. 그러나 아동청소년들에게 이 인지검사는 중요하다. 어떤 아동이 학교에서 어려움을 겪을 때 그것이 정서적 문제로 인해 발생하는 문제라기보다는 인지기능 저하로 인한 학습 문제일 경우에 이 인지검사는 그 아동이 현재 직면하고 있는 어려움에 대한 중요한 정보를 제공해 준다. 어떤 아동이 IQ는 정상 범주에 속하나 심리적 문제(가장 흔하게 우울과 불안)로 인해 학교와 가정에서 어려움이 생겼을 경우 그 아동을 돕는 방법을 찾는 것과 인지적 한계를 지닌 아동을 돕기 위해 방법을 찾는 것은 다르다. 일차적으로 인지적 한계로 인해 발생하는 것이라면 이들은 특수교육의 도움을 받는 방법들에 대하여 살펴보아야 한다. 인지기능을 노력으로 증진할 수 있는 것으로 생각하는 분들이 있지만, 인지기능의 다양한 측면에서 어느 한 부분이 개선될 영역이 있을 가능성이 있긴 하지만 전반적으로 그 점수들의 커다란 변화를 기대하기는 어렵다. 노력으로 인지기능을 바꿀 수 있다고 말하는 분들은 성취도 검사(Achievement Test)를 두고 하는 이야기이다. 성취도 검사는 인지기능 검사와 비슷하지만, 노력으로 점수가 변화될 수 있다.

예를 들어 초등학교 1학년 학생이 선행학습을 통해 2학년 교과 과성을 완수하고 성취도 검사를 수행하면 그 점수는 비약적으로 높아질 수 있지만 인지기능 점수는 별반 달라지지 않는다. 인지기능 검사 결과를 받았을 때, 특히 그 점수가 매우 낮을 때 부모님들은 아동 또는 청소년 자녀들의 상태가 일시적인 어려움이 아닌 앞으로 지속해서 겪어야 하는 문제라는 사실에 충격에 휩싸이게 된다. 그럼에도 아동 또는 청소년 자녀들의 현재 상태를 알고 그들에게 필요한 적절한 도움을 찾아보는 데 인지검사는 하나의 좋은 도구이다.

MMPI-2는 전 세계적으로 가장 많이 사용되는 검사 도구이다. 이것은 간단하기는 하지만 수도 없이 많은 정보를 쏟아낸다. 신뢰도와 타당도, 임상척도, 임상소척도, 재구성임상척도, 성격병리 5요인, 내용척도, 내용소척도, 결정적 문항 등으로 구성된 검사 결과는 수검자에 대한 이해를 도와준다. 마음사랑연구소에서 판권을 가지고 이 검사 도구의 활용 자격을 규제하며 전문가들이 사용할 수 있도록 돕고 있다. MMPI-2를 임상에서 활용할 수 있는 길은 다양하게 열려 있다. 이 검사들에 대한 신뢰도와 타당도는 잘 정돈되어 있으며 그 사람이 너무 방어적이지 않다면 대체로 그들이 겪고 있는 심리적 문제들에 대해 잘 나타내 준다. 심리종합검사에서 아동들의 경우는 부모들의 MMPI 결과를 통해 그들이 어떻게 아동들을 양육하는지 이해하기 위해 활용되며 청소년들의 경우는 MMPI-A를 통해 그들의 심리적 어려움을 파악하는 데 도움을 준다. 그렇기에 가장 기본적인 검사 도구 중 하나이지만 이 검사의 한계들이 명확하기도 하다. 이 검사는 수검자 보고를 기반으로 진행되는 검사들이 필연적으로 가질 수밖에 없는 문제들을 그대로 드러낸다.

논쟁의 소지가 있기는 하지만 검사 중 가장 의미 있는 검사 도구는 로르샤흐(Rorschach) 검사이다. 하지만 이 로르샤흐 검사가 배우는 게 까다롭고 활용하는 데 많은 수련 시간이 필요하다는 문제가 있다. 그럼에도 이 로르샤흐 검사를 누군가 활용할 수 있다면 수검자들이 직면하고 있는 내적·외적 상태와 어려움을 알아볼 수 있다. MMPI를 통해 한 수검자의 모습을 기술하는 것은 다소 거리감이 느껴진다고 할 수 있으나 로르샤흐를 통해 같은 수검자를 이해하는 것은 훨씬 가까운 거리에서 상세히 그들의 여러 가지 정신적 영역을 이해하고 바라볼 수 있게 도와준다. 다른 검사 도구들과 다르게 로르샤흐 검사는 한 개인의 전반적인 정신적 기능 상태와 정서들에 대해 상세한 정보를 전해 주기에 한 수검자가 경험하고 있는 내적 심리 상태에 대해 알려준다. 가장 배우기 어려운 심리검사 도구임에도 가장 많은 심리적 내용을 알아보는 데 도움이 된다는 의미에서 로르샤흐 검사를 공부하면 좋으리라 생각한다.

이러한 심리검사 도구들을 자유롭게 사용하는 데는 최소 2년 정도의 수련이 필요하다. 이 긴 수련 시간에 참여하며 이 도구들을 사용하는 데 익숙해지려면 큰 노력이 필요하지만, 전문가로서 심리치료 영역에서 자신의 영역을 확장하는 데 큰 도움이 될 수 있다. 특이 아동청소년 분야에 일하게 될 사람들은 심리검사 영역에서 전문가가 될수록 훨씬 자신의 전문 역량을 넓혀 갈 수 있다. 검사에 대한 부정적인 측면들, 즉 무한한 한 개인을 유한한 검사 구조 안에 넣는다는 측면이 있음에도 이러한 검사의 한계를 인지하며 내담자를 위해 잘 활용한다면 많은 도움을 내담자들에게 줄 수 있다.

아동에게 심리치료 개입이 조기에 필요한 이유

나는 아동을 대상으로 임상심리학자가 될 것을 계획하고 미국 유학 길에 올랐다. 대상관계를 공부하며 어린 시절에 심리적 어려움이 있는 아동청소년들을 조기에 돕는 것에 관해 관심이 있었기 때문이다. 대체로 성격이라는 방어적 측면을 가지고 찾아오는 성인 내담자들의 심리적 어려움은 만성적인 경우들이 많으나 아동들의 심리 상태는 상대적으로 덜 심각하기에 치료 반응과 회복이 빠르다. 미국의 심리학 공부 체계가 어느 특정한 부분을 연구하기보다는 대체로 다양한 분야를 해야만 해서 아동청소년에 국한해서 하기는 어려웠지만 선택할 수 있을 때는 대부분 아동 쪽을 담당했다. 박사 과정 중에 캘리포니아 남부의 한 초등학교에서 1년간 심리치료사로 일한 적이 있다. 그곳에서 만난 자그마한 1학년 아이 켄을 사례로 들어보겠다.

켄은 백인들이 주로 사는 마을에 이사 온 멕시칸 소년이었다. 그는 새로운 학교에서 새로운 이웃들을 만나면서 심리적 긴장감이 있었던 것 같다. 켄의 어머니는 그를 심리치료실에 데려와서는 그의 왼쪽 머리 위에 탁구공만 한 크기에 머리카락이 하나도 없는 부분을 걱정스럽게 가리켰다. 그는 강박장애 스펙트럼 중의 하나인 머리 뽑기 장애라는 진단을 내려도 될 만큼 심각해 보였다. 켄이 새로운 곳에 적응하는 데 어려움이 있어 보였고 긴장과 불안으로 인해 극도의 스트레스를 경험할 때 왼쪽 머리카락을 자신도 모르게 무의식적으로 뽑아 온 것으로 보인다. 나는 3개월 정도 놀이치료 공간에서 켄에게 자신의 불안을 표현하고 만나는 과정을 돕는 여러 가지 종류의 치료적 접근을 했다. 그림 그리기, 모래놀이, 밖에 나가서 공차기 등의 놀이를 통해 그는 자연스럽게 긴장으로 잊고 지내던 건강한 자기 모습을 회복해 나갔다. 켄은 주관적 세계 안에서 낯설고 거친 새로운 학교의 현실 세계로 나가지 못하고 철수해 있었으나 놀이를 통해 자신의 숨겨졌던 본질적인 모습을 만날 수 있었고 이를 통해 신명남을 경험하고 자율성과 창조성을 서서히 회복해 나갔다. 이때쯤 그의 경직되었던 표정이 바뀌면서 미소를 띠기 시작했고 그의 긴장 정도도 서서히 사라지며 자연스러운 친구 관계도 형성해 갔다. 그러던 어느 날 나는 우연히 그의 왼쪽 머리가 빠졌던 부분을 바라보았는데 어느새 그곳은 알아볼 수 없을 만큼 머리가 수북이 자라 있었다. 대체로 아동기에 심리치료 개입은 빠른 진전과 회복을 할 수 있도록 도울 수 있다. 물론 만성적인 심리 문제들은 이 사례와는 달리 아동이라도 훨씬 많은 시간이 들어간다. 하지만 대체로 아동들의 심리치료를 통한 회복은 성인보다 훨씬 빠르기에 조기 개입은 필수적이다.

나는 심리학 자격증을 딴 뒤에 북캘리포니아 시 정신과 아동국 (Children's System of care)에서 일하게 되었다. 미국에서 일할 때 한번은 주 정부에서 공문이 내려온 적이 있다. 내용은 심각한 불안과 우울의 심리적 문제가 있는 초등학생들에게 좀 더 많은 심리지원 서비스를 제공하라는 공문이었다. 주 정부 차원에서 이루어진 심리적 문제와 신체화 증상으로 나타나는 건강 문제에 관한 연구에 따르면 어린 시절 심리적 어려움이 많았던 아동들이 청소년기와 성인기를 거쳐 사회 구성원이 되었을 때 겪는 심각한 건강 문제들이 많다는 것이었다. 이들이 50대가 되었을 때 건강하게 어린 시절을 보낸 다른 성인들과 비교했을 때 신체 건강에서 큰 차이가 났다. 어려움을 겪었던 아동이 성인이 되어 중년에 이르렀을 때 이들은 경제적·심리적 독립을 성취하는 데 어려움이 있었고 여러 가지 만성적인 성인병들을 앓게 되었다. 이 연구는 이 성인들이 당뇨병과 심장병 같은 심각한 의학적 문제들을 가지고 있기에 이들을 돕기 위해 믹대한 국가 재성이 소모된다는 내용을 보고하였다. 이런 데 투여되는 천문학적인 의학 예산에 비하며 심리치료 비용은 많은 돈이 들어가지 않는다.

문제를 내현화해서 행동으로 나타내기보다는 우울과 불안 증세로 힘들게 살아가는 사람들이 있다. 이와는 다른 방향으로 정신적 어려움을 밖으로 드러내는 행동 문제를 통해 어린 시절부터 외현화하는 양상의 행동 문제를 일으켜 반사회적인 사람들로 불리는 이들이 있다. 미국에서 한 재소자를 1년 동안 교도소에 수용하는 데 들어가는 비용은 한국 돈으로 2억 원가량 된다. 이런 사람들에게 어린 시절 조기 심리치료를 제공하는 것은 그들이 자신이 원하는 삶을 건강한 방식으로 살아가는 발달 과정을 도와줄 뿐 아니라 국가의 재정건전성을 이룩하는 데도 커다란 공헌을 할 수 있다. 한국에서도 재소자들을 1년 동안 관리하는 비용이 꽤 될 것이다. 그렇기에 초등학교 시절에 드러나는 만성적인 어려움으로 고통받는 이들에 대한 조기 심리지원 서비스가 필요하다.

심리적 문제로 스트레스에 노출된 아동들이 심리치료 개입을 통해 건강한 삶을 회복해 가는 것은 한국 사회가 가장 먼저 관심 가져야 할 분야이다. 마술은 사람들의 흥미를 끌며 한계가 있는 현실의 삶을 잠시 잊고 우리에게 전능적 환상의 향취를 잠시 느낄 수 있는 즐거운 시간을 제공한다. 그러나 이러한 마술이 실제로 현실 세계에서 일어나지는 않는 것처럼 어떤 심리적 어려움이 있는 아동이 저절로 회복되는 예는 없다. 다양한 정서적 지원과 공동체적 관심이 우리 사회의 주인이 될 아동들에게 요구되지만 그중 심리적 어려움을 겪는 아동들에게 조기 심리치료 개입이 꼭 필요하다.

임상에서 성인 내담자와 아동 내담자의 차이

심리적 영역에서 아동과 성인의 차이는 굉장히 큰데, 가장 큰 차이는 아동들은 대체로 거짓말을 하지 않는다는 것이다. 어쩌다 하기는 하지만 그들이 거짓말을 하고 있다는 것을 알아챌 만큼의 행동들이 뒤따르기에 임상가로서 그다지 거부감을 느끼지는 않는다. 아동들의 솔직함은 때론 매너라고 하는 문화적 양식의 세련된 양식으로 포장된 성인들의 세계와는 다른 원초적인 매력이 있다. 나는 아동들이 드러내는 긍정 또는 부정의 원색적이고 적나라한 솔직함을 좋아한다. 이에 반해 성인들은 정교하고 세련된 거짓말을 하기 때문에 어느 것이 진실인지 초기에는 알기 어렵다. 아동 내담자가 심리치료사를 신뢰하는 데는 가장 빠를 때는 10분 정도면 가능하고 불안이 심할 때는 3주 정도가 걸린다. 나는 심리치료실에서 아동들을 처음 만나면 "여기에 한 가지 규칙이 있는데 그것은 네 마음대로 하는 거야"라고 말해 준다. 대체로 아동들은 그것이 무엇을 의미하는지 이해하고 자신의 원시적인 모습들을 드러내며, 자기의 본모습을 찾아간다. 그러나 거친 현실 세계를 살아온 성인들은 누군가를 신뢰하는 데 많은 시간이 걸린다. 때론 이 신뢰를 얻는 데만 1년 이상이 걸리기도 한다.

아동이 심리치료 안에서 보여주는 진정성과 솔직함을 다음의 사례에서 살펴보려 한다. 캘리포니아 시 정신과에 한번은 30대 중반의 백인 부부가 법원 명령에 따라 다섯 살 먹은 귀여운 잭을 데리고 왔다. 몇 주 전 부부가 다투고 난 뒤 아내가 자녀 두 명을 데리고 집을 나가서 공원에 차를 주차하고 잠을 자고 있었는데 경찰이 검문했고 트렁크에서 마리화나가 발견되었다. 미국에서는 이런 문제가 발생하면 그에 따른 법적 조처가 내려지는데 잭의 심리적 안정을 위해 시 정신과에 의뢰해 심리치료를 받아야 한다는 법원 명령을 이행해야만 했나. 잭의 아버지는 문신을 하고 머리를 히피처럼 길게 묶은 범상치 않은 모습을 하고 있었다. 그러나 대기실에서 아동이 아버지와 자연스럽게 상호작용하는 것을 보며 이 아버지가 잭을 위해 평소에 잘해 주려 노력하고 있다는 걸 알 수 있었다. 잭은 약간의 과잉행동장애에서 드러난 충동적인 행동이 있기는 했지만, 진단할 만큼의 심각한 심리적 문제를 가지고 있지는 않아서 20회기의 상담을 진행했다. 회기가 진행되며 불안으로 야기되었을 것으로 추정되는 잭의 충동적 행동은 서서히 줄어들어 순조롭게 놀이치료가 진행되었다. 성인들은 언어로 자신의 내면세계에서 발생하는 다양한 감정과 기억을 표현한다면 아동들은 놀이를 통해 자신의 정신세계를 표출한다. 잭은 모래놀이를 통해 자신이 겪었던 불안과 공포들에 대하여 표현하며 단기간에 치료적 관계 안에 들어왔으며 마음껏 내면세계를 탐구하고 경험하고 표출했다. 후반기로 갈수록 잭의 웃음이 심리치료실을 가득 메웠으며 두려움 때문에 가까이 가지 못한 여러 충동을 느끼고 움츠렸던 자신을 찾아 나가는 모습을 볼 수 있었다. 마지막 날 아버지가 놀이치료 전 나를 만났다. 그는 오기 전날 잭이 거의 밤새 울었다는 이야기를 해주며 종결 회기를 잘 정리해 달라고 부탁했다. 덤덤하게 상담실로 들어오는 그를 볼 때 짠한 마음이 들었다. 짧았지만 함께했던 지난 시간을 생각하며 나는 종결 시간에 잭과 함께 잔잔한 아침의 평화로움과 이별의 슬픔이 합쳐진 듯한 시간을 보냈다. 아동들은 성격적 특질이 고정되지 않고 회복되는 과정도 성인보다는 빠르며, 신뢰 관계를 단기간에 형성하고 치료 동맹을 맺는다. 그리하여 자신의 잊힌 모습을 찾기도 하고 심리적 외상으로 인한 아픔들을 해결해 나간다.

성인들은 치료적 관계 안에 들어오는 과정이 아동과 다소 차이가 난다. 현실 세계를 살아가면서 더 많이 조심하며 자신들을 지켜내야 했기에 그런 것 같다. 2007년 미국에 금융위기가 찾아왔을 때 민간에는 이러한 경제적 문제가 심각하게 타격을 주었으나 정부 기관에는 2011쯤에야 그 여파가 미쳤다. 우선, 시 정신과 산하에 있는 사설 상담센터들이 문을 닫게 되었고 몇 달 뒤에는 정신과에서 일하는 공무원들도 감원하기 시작했다. 나는 공무원은 '철밥통'이라 생각했는데 경제적으로 어려워지자 여러 경로로 직원들을 감원하는 미국의 정책에 충격을 받았다. 새로 부임한 총책임자는 나를 선발한 아동국 책임자인 샤론을 그만두게 했고 다른 이들도 그다음 순서로 정리했다. 아동국에 있던 나에게는 성인국에 가라는 전근 조치가 내려졌다. 이는 다른 말로 하면 그만두라는 간접 메시지였다. 만약 그때 나에게 경제적 여유가 있었다면 뒤도 돌아보지 않고 그만두었을 것이다. 그런데 학자금 융자를 갚으려고 매달 지출해야 했고 아내가 박사학위 과정에서 한창 공부하고 있는 상황에서 어떻게 그만둘 수 있었겠는가. 성인들 대상으로 심리치료를 한다는 것이 내키지 않았지만, 며칠 고심 끝에 전근을 가기로 결정했다. 내가 옮겨가게 된 성인국은 샤스타산(Mt. Shasta)이라는 곳에 있었다. 그 건물 자체가 마음에 들지 않았다. 아동국에 있을 때 몇 번 방문한 적이 있는데 20여 년 전에 시에서 시체 보관소로 쓰던 건물을 인수해서 상담센터로 사용하고 있었다. 그곳에는 독특한 냄새가 났는데 시체를 지하에서 엘리베이터로 옮겨 닦았다고 하는 구석진 커다란 방에는 아직도 커다란 싱크대가 있었고 그곳에서 유독 심한 냄새가 났다. 가장 경악스러웠던 것은 약간 역겨운 듯한 냄새가 나는 그 넓은 방에서 점심을 먹는 직원들을 볼 때였다. 무슨 공포영화도 아니고 시체를 닦던 곳에서 밥을 먹는 이들이 기괴하고 이상해 보였다. 그 냄새는 아마 오래전 건물 보수 공사를 하며 벽에 새로운 회를 칠해서 나는 듯했다. 내가 그곳에 부임해 갈 때 방을 선택할 수 있었는데, 그 커다란 방에서 가장 먼 입구 쪽에서 지내게 해달라고 말했다. 우스운 점은 3개월 정도가 지나니 나도 그 독특한 냄새나는 큰 방에서 다른 직원들과 아무렇지도 않게 식사를 하게 된 것이다. 사람의 적응력은 무척 뛰어나다. 나는 그곳에서 본격적으로 성인 내담자들을 만나게 되었다.

나는 임상 현장에서 성인이 아동에 비해 거짓말을 많이 한다는 점을 부정적으로 보지는 않는다. 아주 가끔 수업 시간에 거짓말을 해본 적 없는 사람은 손을 들어보라면 자랑스럽게 손드시는 분이 있는데, 이분들을 MMPI-2라는 검사를 하면 대체로 L 척도가 매우 상승할 수 있는 사람들이다. 이들은 매우 정직하고 책임감이 있으며, 도덕적 결점이 없는 사람으로 보이고 싶어 한다. 거짓말의 정도 차이는 있겠지만 성인들의 일상에는 거짓이 어느 정도 묻어 있는 것이 사실이다. 아동 청소년만을 보아 왔던 내가 본격적으로 성인들을 내담자로 만났을 때의 충격은 다소 컸다.

가장 큰 충격은 DSM(Diagnostic and Statistical Manual: 진단 및 통계 편람)에 근거한 진단을 할 때 발생한다. 미국에서는 양극성 장애 I, 조현병, 또는 심각한 정신적 진단과 함께 일상을 영위할 수 없을 정도의 기능적인 영역이 훼손되어 있을 때 매달 한국 돈으로 거의 120만 원의 지원금을 받는다. 미국에서 40대가 넘어 특별한 전문성이 없고 재산이 많지 않은 사람들은 시간당 수입이 적은 허드렛일을 하게 되는데 이 한 달 월급이 120만 원보다는 많지만 그다지 높지도 않다. 그래서 시 정신과에 찾아와 의도적으로 심각한 정신질환이 있어 일하지 못한다고 호소하며 경제적 지원을 받으려는 사람들이 있다. 진단명 중 이들이 선호하는 것은 양극성 장애 I 또는 주요우울장애로 인한 일상생활의 불가능이다.

한번은 톰이라는 40대 중반의 중년 백인 남성이 양극성 장애 I로 인해 심리적 증상들을 호소하는 일이 있었다. 나는 그를 2시간 정도 만나 임상 면접을 진행했는데 그의 증상과 임상 관찰 사이에 커다란 차이가 있다는 것을 발견했다. 톰은 거의 DSM IV-TR(지금은 DSM 5로 개정되었다)에 기술되어 있는 내용을 외어 온 것 같았다. 슈퍼바이저와 이런 임상적 불일치를 논의했는데 그녀는 "당신은 혹시 그가 한 말이 다 진실이라고 믿는 것은 아니지?"라고 물어보았다. 주로 아동과 청소년만을 상대하다가 성인을 만나기 시작하며 받은 이 질문에 나는 적잖게 당황했다. 이러한 임상 면접이 끝났을 때 거짓말을 한 내담자들이 참지 못하고 꼭 물어보는 질문이 있다. 그들은 언제쯤 내가 사회복지국에 진단명과 함께 임상보고서를 제출할 것인지와 자신이 경제적 지원을 받을 수 있는지 물어본다. 이런 질문을 하는 사람들은 100% 가짜 내담자들이다. 실제로 조현병과 양극성 장애 I를 가지고 있는 내담자들은 톰이 나에게 물어본 금전적 보상 내용에 별 관심이 없다. 그들은 사회복지국에서 돈을 받는 것에 아무런 관심이 없기에 임상 면접이 끝나면 무덤덤하게 상담실을 나간다. 그들은 지극히 주관적인 환상 세계 가운데 살고 있어 정부 기관에서 대리인들을 세워 그들이 재정적 지원을 받을 수 있도록 돕는다.

조현병 내담자들은 안전한가?

내담자들이 심리치료를 받으러 와서 가장 많이 물어보는 질문이 있다. "제가 혹시 미친 것은 아닌가요?"라는 말이다. 이 질문을 하는 분들이 미쳤을 가능성은 제로에 가까운데, 정말 정신증이 있는 분들은 이런 질문을 하지 않는다. 그들은 자신이 살아가는 지극히 주관적인 세계가 객관적인 세계라고 믿고 살기 때문이다. 그들은 외계인을 만나고 자신을 도청하는 불특정 다수에 대해 끊임없이 경계하며, 어떻게 자신을 보호하며 살아야 하는지 고심한다. 달갑지 않은 환청이 그들의 일상을 사정없이 방해하지만, 그들은 때론 실제와 허상 사이를 분간하지 못하는 경우가 많다. 그들은 이러한 환청과 환각의 세계를 현실보다도 더 현장감 있게 다가오는 실제적 삶이라 믿는다. 자신이 혹시 미친 것은 아니냐고 질문하시는 분들의 말을 다른 말로 다시 표현해 본다면 "저는 아주 힘들고 어떻게 해야 할지 모르며 지독히 절망스럽습니다!"라고 말하는 것일 수 있다. 대부분 사람은 정도의 차이는 있겠으나 다른 이들의 시각으로 본다면 어느 정도 미친 것 같은 자신의 독특한 영역이 있다. 건강한 삶이라는 것은 그 미쳐 보이는 영역과 함께 살아가는 사람일 수 있다.

조현병이라고 일컫는 진단명은 '혼자 있을 때 남들이 듣지 못하고 보지 못하는 것을 보는 증상'이라고 정의할 수 있을 것이다. 신경증적인 증상(불안과 우울)을 겪는 내담자들이 가끔 자신에게 질문하는 '내가 혹시 미친 것은 아닌가?'라는 의구심 가운데는 현실감이 들어 있다. 그러나 조현병 진단을 받으신 분들은 이러한 현실감을 가지고 계시지 않는다. 내가 한국 사회에 와서 당황스러운 것 중의 하나는 조현병 내담자들에 대한 기괴하고 폭력적인 묘사이다. 보호와 지원이 절대적으로 필요한 조현병 내담자들의 증상을 자극적인 것을 원하는 대중들의 입맛에 맞춰 왜곡되게 보도하는 것 같다. 나는 주로 조현병 내담자들과 양극성 장애 스펙트럼이 있는 내담자들을 심리치료하는 과정에 개입하는 다양한 심리지원 서비스 사업에 참여했다. 결론부터 말하자면 그들이 정상적으로 불릴 수 있을 만큼의 심리적 문제가 없는 사람들보다 더 안전하다고 말해 주고 싶다. 그들이 드물게 폭력적일 수도 있지만 그것은 대부분 직계 가족에게 드러날 뿐이다. 그들의 이야기는 기괴하고 비현실적이기는 하지만 그들은 거짓말을 하지 못하고 다른 사람들을 이용하는 방법을 알지 못한다.

시 정신과에 한번은 켄터키 지역에 있던 윌리엄이라는 40대 초반 백인 남성이 찾아왔다. 스포츠머리에 표정 없는 얼굴을 하고 다소 오래돼 보이는 누렇게 변색된 낡은 옷을 입은 그는 자리에 조용히 앉았다. 내가 그에게 먼 곳을 여행해서 이곳까지 오게 된 이유를 물어보자, 그는 샤스타산에 있는 외계인들을 만나러 왔다고 답했다. 그 샤스타산은 고도가 높아서 날씨 변화가 심했고 가끔 우주선 같은 형태의 구름이 생겼는데 그것을 정말로 외계인들이 타고 내려오는 비행체라고 믿는 사람들이 있었다. 한 시간 정도 그와 함께 있었는데 그가 대답을 짧게 해서 실제로 그의 상세한 이야기를 듣는 것은 제한적이었다. 어느 날 윌리엄이 교도소에 갇혀 있다는 소식을 듣고 그를 찾아갔다. 내가 어떻게 된 일이냐고 묻자, 그는 갑자기 공기가 오염되어 숨쉬기가 곤란해져서 근처 응급실을 찾아가 산소호흡기와 산소통을 가지고 나왔다고 대답했다. 그때 놀란 간호사가 그를 경찰에 신고했고 그는 곧바로 감옥으로 보내졌다. 내가 그를 만났을 때 그는 나를 알아보는 듯했지만 무표정하게 바닥만 보고 있었다. 그는 남루한 러닝셔츠와 팬티만 입은 상태였고 나는 담당 경찰들에게 그가 겪고 있는 정신적 문제를 설명했다. 경찰들도 딱히 그를 더 가둘 이유를 찾지 못해 다음 날 감옥에서 내보냈다. 그 이후 아주 가끔 윌리엄을 거리에서 마주치기는 했지만, 그가 상담실로 찾아온 적은 없다.

토니라는 또 다른 50대 초반의 조현병 내담자가 심각한 자살 충동이 있어 그를 응급실에서 만났다. 그때 놀랐던 것은 그의 옆에 여자 친구라고 소개한 여성분이 있다는 것인데 조현병의 특성상 관계를 형성하고 지속하는 것은 흔치 않은 일이기 때문이다. 그는 자살 사고를 유발하는 지속적 환청 때문에 곧바로 정신병원으로 보내지게 되었다. 이럴 때는 특별한 일이 없는 한 72시간 이내에 지역의 시 정신과로 다시 이송되어 도움을 받도록 돕는다. 6개월 정도가 지난 뒤 그는 조현병 내담자들을 대상으로 하는 그룹 상담에 참여하고 있었는데 그의 표정은 매우 좋지 않았다. 내가 조용히 그를 불러 근황을 물었을 때 그는 격양된 소리로 그가 싫어하는 목소리가 지속해서 죽으라는 소리를 해서 나사못으로 자기 허벅지를 찔렀다고 말했다. 나는 곧바로 윌리엄이 심각한 상태임을 알고는 절차를 걸쳐 그를 정신병원으로 보내 주었다.

이러한 조현병 내담자들은 우리 사회가 경계해서 처단해야 하는 대상들이 아니라 돌봐야 할 사람들이다. 그들은 도움 없이 살아가는 것이 불가능한 경우가 많다. 대체로 이들을 돌보는 방법은 약물을 잘 먹고 있는지 살피는 것이고 만약 그룹 상담에 참여할 수 있다면 오게 하는 것이다. 그룹 상담이라 해서 자신들의 문제를 통찰하고 문제의 근원을 찾아갈 수 있는 사람들이 하는 형태는 아니다. 단순하지만 일상을 건강한 방식으로 보내는 것에 관해 집단에서 한 사람씩 돌아가며 이야기하고 치아를 잘 관리하기 위해 이빨을 닦고 있는지 확인하고 함께 간단한 점심을 만들어 먹는 일 정도다. 이러한 심리적 도움을 받는 조현병 내담자들은 정신병원 밖의 사회생활에 잘 적응할 수 있다.

한국 사회에 만연한 조현병에 대한 부정적 시각은 수정되어야 하며 그들을 함께 살아가는 사회 구성원들로서 수용하고 받아들이며, 지속해서 돌보는 사업들이 필요하다. 내가 한국에 와서 해보고 싶었던 것은 단순한 형태의 그룹 상담을 만들어 조현병자들을 돕는 일이었는데 이러한 영역이 심리학자에게는 열려 있지 않다. 병원이 아닌 외래 환자로 이들을 돌보는 것이 비용 면에서 훨씬 경제적인데 이러한 심리지원 사업에 책정된 예산은 없는 것 같다.

임상에서 진단하는 것이 중요한가?

나는 미국에서 임상심리학자로 일하며 내담자가 찾아왔을 때 임상 면접을 통해 그들이 가지고 있는 심리적 문제들을 진단명을 통해 명확히 하고 치료 계획을 세우는 것이 주된 업무 중 하나였다. 미국에는 석사 과정을 통과하고 받을 수 있는 자격증과 박사 과정을 통과하고 받을 수 있는 자격증 2개만 있다. 이 국가자격증들은 보험과 연동되어 있어 상담사 또는 임상심리학자가 되려는 이들은 이 자격증을 반드시 가지고 있어야 한다. 미국에서 이 자격증을 따려면 엄격한 임상 시간과 필수 이론 시험들을 이수하고 통과해야 하기에 사회 구성원들은 심리 전문가들을 존중한다. 한국에서 이 부분이 가장 아쉽다. 진단하지 못하는 사람들을 사회는 전문가로 받아들이지 않는다. 심리치료 분야에 종사하는 사람들이 진단할 수 없는 현실이 한국 사회가 아직 임상 분야를 전문 직종으로 받아들이지 않는다는 것으로 볼 수 있다.

진단이 가능해야 보험에 연계될 수 있고 그래야 다양한 임상 분야의 확대와 전문화가 가능해진다. 내가 미국에서 학교를 졸업하고 임상 분야 취업사이트를 찾아보니, 캘리포니아에서만 거의 9,000개 이상의 자리가 있었고 그 종류들 또한 셀 수 없을 정도로 다양했다. 그러나 한국에서 상담대학원을 졸업하고 갈 수 있는 곳은 몇몇 시의 도움으로 운영되는 특수한 곳을 제외하고는 대부분 개인이 비용을 내고 방문하

는 사립 상담센터들뿐이다. 이러한 결핍된 소수의 임상 장소만이 있는
이유는 아직 한국에는 심리학의 전문 인력이 고위험군으로 분리되는
심각한 내담자들을 치료하는 전문인으로 인정받지 못하고 있기 때문
이다. 임상의 장이 협소하다는 것은 심리치료 전공자들이 경험할 수
있는 임상의 폭이 제한된다는 것을 의미하며 이러한 환경에 있는 전반
적인 임상가들의 심리학적 경험과 통찰은 제한될 수밖에 없고 이러한
충분한 전문성이 부재한 임상가들을 외부에서 바라보는 시각 또한 부
정적일 수밖에 없다. 임상심리학을 전공한 소수의 분이 정신병원에서
수련받을 수 있기는 하지만 이분들조차 정신병원에서 진단할 때 정신
과 의사들의 슈퍼비전 아래서만 가능할 뿐 독립적으로 진단하는 것이
허용되지 않는다. 한국에서의 이러한 총체적 임상의 한계는 악순환을
불러온다.

물론 진단을 한다는 것은 사람을 전인적으로 바라보지 않고 병리적
으로 본다는 부정적 측면이 있기는 하다. 또한 심오한 인간의 정신세
계를 의학적 모델에 근거한 DSM 5라는 진단서를 가지고 정의하는 것
자체가 억측인 경우가 많은 것이 사실이다. 특히 DSM 5는 드러나는
각 진단명은 증상들을 토대로 분류했기에 실제 한 개인이 가지고 있는
증상 이면의 심리적 측면을 설명하기에는 역부족이다. 무한한 심리적
다양성을 지닌 개인에 대해 증상을 토대로 구축된 경직된 DSM 5에
근거하여 진단하는 것 자체가 갖는 한계는 분명하게 존재한다. DSM
5의 이러한 태생적 한계는 한 개인이 지닌 특정 진단의 원인이 무엇인
가에 대해서는 설명할 수 없다. 예를 들어 양극성 제1장애 진단을 받은
아동들이 있는데 그들의 심리적 측면을 살펴보면 그 진단이 정확하게
그 아동의 심리적 문제들에 접근하는 데에 도움을 주는지 한 번쯤 생
각해 보게 된다. 내가 임상에서 그런 아동 내담자들을 볼 때 그들이

가지고 있는 증상들이 DSM 5의 진단 기준의 어느 부분은 충족하지만, 더 많은 영역에서는 모호한 경우들이 있고 그렇다고 다른 진단명을 붙이기도 분명치 않은 경우들이 많았다.

DSM 5 진단 기준에 맞춰 100명의 주요우울장애 진단을 받은 사람들이 있다고 가정해 보자. 진단명이 같으면 이들이 지닌 공통점이 많으리라 생각하겠지만 오히려 100명의 내담자는 각각 다른 점이 훨씬 더 많다. 그러나 DSM 5가 가지는 한계들이 있는 것이 사실임에도 그 부정적 측면은 항상 기억하며 진단 권한이 있는 사람들이 주의해야 하는 부분이지 진단하는 것 자체를 포기할 일은 아니다. 보통 임상 현장에서 진단을 신뢰성 있게 할 수 있는 전문가가 되기 위해서는 3년 정도의 훈련 기간이 필요한데 이 기간에 문자로 표현된 진단 준거와 내담자들이 표현하는 다양한 증상들을 매칭시키고 임상적 판단에 근거한 진단을 정하는 것이 처음에는 쉽지 않다. 그러나 슈퍼비전을 받으며 진단을 내리는 임상적 업무를 하게 되면 이 일에 익숙해질 수 있다.

한국 사회에서 상담전문가로 불리는 분들조차 진단하는 것에 대해 대단히 부정적으로 보는 분들이 있는데, 이런 분들을 이해하기는 어렵다. 이는 임상 분야를 취미생활 정도보다 약간 수준 높은 세미프로페셔널의 영역에 묶어두고 전문 영역으로 발전시킬 마음이 없는 근시안적 형태이다. 심리치료는 현대 사회에 필수적인 요소이고 위기 상황은 누구에게나 오며, 어느 기관이 실시한 연구냐의 문제는 있지만 대체로 시민들의 10% 정도는 다양한 정신적 어려움을 겪고 있다. 도움이 필요한 이들은 있는데 이들을 도울 수 있는 전문가 집단에 대한 조직화가 이루어지지 않았다.

조현병 내담자들에게 임상가들이 그룹 상담을 하는 것이 보험을 통해 가능해지면 참여자들의 삶은 심리적으로 훨씬 안정될 가능성이 열리게 되고 자연스럽게 정신병원 입원 횟수를 줄일 수 있다. 보편적으로 조현병 내담자들은 대상에 대한 관계가 부재해서 심리치료에 관심이 없지만, 이들 중에는 고립된 삶을 선택하기보다는 누군가와 소통하는 최소한의 사회적 관계에 관심 있는 사람들이 있다. 이들을 삶의 아주 단순하지만, 중요한 부분들과 그들이 겪는 삶의 한계와 절망 또는 희망을 나눌 수 있는 치료적 장에 오게 하면 삶의 질이 달라질 것이다. 한국에는 이들을 위한 그룹 상담을 준비하려 해도 누군가가 개인적인 비용을 지출하는 방식 이외에는 심리치료 영역에 있는 전문가가 이들을 돕는 방법은 없다. 이러한 부분에 있어 공동체를 지향하는 한국 사회의 사회적 가치는 정상인들을 위한 가치일 뿐 정신적인 어려움을 가지고 있는 사람들에 대한 배려는 빠져 있는 것 같다.

상담대학원을 나온 석사 전공자들 또는 이 분야에서 박사학위를 받은 사람들이 매년 무수히 배출되지만, 한국 사회에 진출할 장소들은 아주 극히 제한되어 있다. 그래서 임상 분야는 다양성이 없어 좁고 깊이 있는 연구가 나오기 어려운 한계들이 있다. 한국 사회의 여러 분야가 세계 최고의 자리를 향해 감에도 심리치료 영역은 아직 발전되지 않고 있는 현실은 안타깝다. 이 책을 읽는 분들은 이러한 심리 전문가들이 진단의 권한을 갖는 것이 터무니없거나 부정적으로 사람을 병리화하는 것이 아니라, 심리치료의 임상 전문화를 위해 필요한 것이라는 점을 인지하셨으면 한다.

심리치료사들이 다른 전문 직업과 다른 점들

사회 구성원 중에 누군가 심각한 만성적 심리 문제를 겪는다면 많은 전문가들이 그들을 도우려 한다. 심각한 심리적 문제는 단일의 어려움이 아니라 복잡한 경제적·사회적 문제들도 동반한다. 실제적인 삶의 문제들을 돕는 분들은 사회복지사들이다. 이들은 심리적 문제로 인해 자신의 일상을 돌보지 못하는 내담자들의 삶의 질을 높이기 위한 전문적인 서비스를 제공해 준다. 또한 정신과 의사들은 약물을 통해 심각한 심리 문제를 가지고 있는 내담자들의 심리적 증상들을 완화해 일상의 삶을 영위해 나가는 것을 돕는다. 심각한 심리 문제와 동반되는 폭력의 문제는 경찰의 개입을 불러오는 경우가 있다. 반사회적 성격장애가 있는 사람이 있을 때 모두의 안전을 위해 경찰의 개입은 필수적이다. 심리치료 전문가가 심각한 심리적 문제가 있는 내담자를 만나게 되면 다른 전문가 직업군들과 함께 협조해서 내담자를 효과적으로 돕는 방법들을 의논하기도 한다.

"다른 전문가 집단과 비교해서 심리치료사들은 무엇이 다른가?"라는 질문을 이 분야에 들어오는 사람들은 한번쯤 고민해 보았으리라 생각한다. 사회복지사들은 먹을 게 없는 내담자들에게 쌀을 갖다주고 사진을 찍어 구체적으로 어떤 개입을 했는지 눈으로 보여준다. 그러나 심리치료사가 시각적으로 다른 전문가들에게 보여줄 수 있는 것은 회기 노트밖에 없다. 정신과 의사들은 약물을 통해 내담자들의 증상 완화를 돕는 데 이 효과가 즉각적인 경우가 많다. 한번은 과잉행동장애가 있는 아동이 놀이치료에 와서는 훨씬 안정된 모습으로 놀이를 하며 집중하는 것을 보고 이것이 치료적 효과인지 아니면 다른 영향 때문인지 생각해 본 적이 있다. 회기가 끝나고 부모님이 정신과 의사에게 아동을 데려가 진단을 받은 후 약물을 주기 시작했다고 말해 주었을 때 내담자의 갑작스러운 호전을 이해할 수 있었다. 약물 효과는 이처럼 즉각적으로 나타난다. 이에 반해 심리치료가 즉각적으로 무엇인가 바꿰게 하는 일은 거의 드물다. 심리학은 다른 전문 분야들에 비해 내담자들의 내면세계에 관심을 둔다. 심리치료 분야에서 일하는 전문가들에게는 내면세계 또는 무의식 세계가 너무나 당연하고 우리가 눈으로 보는 현실 세계보다 더 선명할 때가 많다. 하지만 대부분 사람에게는 보이지 않기에 자신들의 전문성을 증명해 내기가 어렵다.

만성적이고 심각한 심리적 문제들을 겪는 내담자들의 경제적 상황은 대체로 어려운데 경쟁적이고 갈등이 있는 사회생활의 측면들을 잘 견디어 내지 못하고 건강한 방식으로 당면하는 문제들을 해결하지 못하는 경우들이 많기 때문이다. 이들에 대한 심리치료적 접근은 다른 분야의 전문가들이 보여주는 외부 현실에서의 구체적 도움들과는 사뭇 다르며 진전 속도가 대체로 느린 편이다. 만약 심리치료사가 되기를 원하는 누군가가 분명하게 보일 수 있는 결과물들을 다른 분야의 전문가처럼 심리치료 영역에서 보여주는 것을 선호한다면 심리치료 영역에 들어오는 발걸음을 다른 분야로 돌리는 것이 더 나을 수 있다. 내가 함께 일했던 정신과 의사, 사회복지사, 경찰관 그리고 학교 교사, 언어치료사 등의 전문가들과 함께 회의할 때가 있었는데 이때 가장 구체적이지 않은 분야가 심리치료 영역인 것 같다. 한동안 나는 다른 분야 전문가들과 자신을 비교하며 '나는 내담자를 위해서 무엇을 하고 있는가?'라는 질문을 던지고 심각하게 고민한 적이 있다. 심리치료 영역은 확연히 눈에 보이는 영역을 남들에게 보일 수 있는 부분이 그다지 많지 않다. 그럼에도 내가 이 영역에 계속 남아 있는 것은 역설적이게도 보이지 않는 내면세계는 현실 세계만큼 중요하며 가장 필요한 분야 중 하나라는 확신이다. 소위 '일진'이라 불리는 청소년들을 심리치료에서 만나는 경험은 그들의 거침없는 침범적 행동으로 인해 그다지 유쾌하지 않고 심리치료 결과도 눈에 보일 만큼의 진전을 이루지 못하는 경우가 대부분이다. 심리치료를 종결한 후 몇 년이 지난 다음 그들에게 연락이 올 때가 있는데 이전에 심리치료를 받은 시간이 자신들에게 도움이 되었다는 사실을 이야기한다. 내 입장에서 보면 대화가 잘 이루어지지 않았던 심리치료 시간 가운데 그 청소년들의 내면세계에서 발생하는 것을 바라보기 힘들었던 모습이 몇 년 후 그들의 삶에 나타나는 변화를 바라보게 될 때 심리치료의 중요성을 다시 한번 생각하게 된다. 심리치료는 눈으로 볼 수 있는 내용물들을 누군가에게 보일 수 있는 분야는 아니지만, 인간 내면에 발생하는 중요한 한 부분을 담당하는 것이기에 나는 다른 어떤 분야보다 이 분야의 소중함을 경험하고 느낀다. 여러모로 다른 직업군에 비해 심리치료사가 가시적으로 보여줄 수 있는 것들은 제한된 부분이 너무 많다. 그럼에도 나는 다른 여러 직업 가운데 심리치료사가 좋은 직업이라 믿는다. 긴 시간이 지난 뒤에 내담자들이 변화하고 회복된 모습은 대체로 기대했던 것보다 더 강렬하고 아름답다.

심리치료와 약물치료

심리학의 영역에서 약물과 관련하여서는 깊이 논의해야 할 주제는 아니지만, 내담자들의 심각도에 따라 정신의학과에 가서 도움을 받아야 할 이들을 안내하는 것은 중요하고 필수적이다. 사설 심리센터에 찾아오는 분 중 심리적으로 심각한 증상을 겪는 내담자들 또는 특정 진단(조현병 또는 양극성 장애)을 받은 내담자들이 있는데 이들은 약물을 복용해야 하는 경우가 있다. 이러한 약물에 관련된 분야는 전문가인 정신과 의사들의 영역이므로 심리치료사들은 심리적 증상이 심각한 내담자들에게는 정신의학과로 간 것을 권고해야 한다. 보통 아동의 경우 심리검사를 통해 권고사항에 심각한 충동적 행동의 문제로 인해 지속적인 사회성의 어려움이 있는 이들에게도 정신의학과로 가서 전문가의 도움을 받도록 안내한다. 이러한 행동적 통제의 어려움이 있는 경우에는 대체로 학교에서 교사의 지시에 따르는 것이 불가능해 수업의 진행되지 않는다.

미국의 몇 개 주에서는 주어진 약물 훈련 수업과 임상 경험 및 자격증을 취득한 임상심리학자들에게 지정된 약물들(psychotropic medications)에 대해 약물 제조권을 부여한다. 캘리포니아 의회에서는 아직 이러한 법령이 시행되지 않았지만 많은 임상심리학자가 이 법안을 통과하려 하고 있다. 그러나 나는 이러한 법안이 통과되면 안 된다고 생각한다. 누군가 우울증을 완화할 수 있는 약물을 사용할 수 있는 자격을 갖고 있게 된다면 심각한 우울증으로 고통받고 있는 내담자를 만났을 때 심리치료와 약물치료 중 거의 모든 이가 약물치료를 선택할 것이기 때문이다. 왜냐하면 심리치료를 통한 우울증 완화라는 목표를 달성하는 것은 아주 느리고 힘든 과정이며 이러한 가운데 나타나는 대단히 부정적이며 고통스러운 정서를 감당하는 것보다는 약물을 사용하여 우울증 완화에 도움을 주는 편이 훨씬 빠르기 때문이다. 속도와 편리함이란 측면에서 심리치료는 약물치료를 따라갈 수 없다. 누군가 심각한 심리적 증상을 겪고 있을 때 약물의 선택은 개인의 선호도와 상관없이 필수적인 부분이다. 그럼에도 이러한 약물이 가지고 있는 부정적인 측면들이 공존한다.

어릴 적부터 비우호적인 양육 환경에서 성장하여 우울한 아동기와 청소년기를 보낸 40대 남성 성인을 예로 들어보자. 그는 최소한의 사회적 기능을 하며 침울하게 살아가며 우울증을 앓고 있다. 그런 상태의 성인에게 약물치료가 얼마나 도움이 될까? 이 사람이 갑자기 우울증 알약을 먹는다고 해서 긴 시간 동안 고통받아 온 우울 증상으로부터 자유로워지기는 어렵다. 40년이라는 고통스러운 시간을 약물로 갑자기 되돌리기는 어렵고 여전히 그 남성은 심리치료를 통한 도움이 필요하다. 심리치료는 시간이 걸리지만 이러한 이들에게 도움을 줄 수 있다. 그 과정은 내담자와 심리치료사 모두에게 쉽지 않으며 두 사람다 긴 심리치료 과정에서 살아남는다면 그 내담자는 서서히 회복될 수 있다.

물론 여기에는 단서가 있는데 누군가 자신을 통찰하는 것이 전혀되지 않는다면 그들에게 심리치료 자체는 무용지물이다. 심리치료는 내담자를 대신해서 그들의 문제를 해결해 주는 것이 아니라 내담자 자신이 심리적 어려움을 발견하고 해결하도록 도움을 주는 과정이기 때문이다. 우울증으로 인해 4년 동안 심리치료를 받아 온 한 여성은 지난회기들을 돌아보며 자신이 회복된 부분이 있으나 원하던 만큼의 결과에 미치지 못하자 나에게 도전적인 질문을 했다. "제 문제가 다 해결되지 않은 것은 제 상태가 심각하기 때문인가요, 아니면 당신의 전문성이 부족하기 때문인가요?" 그러면서 자신이 앞으로 더 심리치료의 영역에 머물 것인가 아니면 중지할 것인가를 고민스럽다고 말했다. 뜻밖에 이 회기에서 내담자는 그동안 방어해 왔던 고통스러운 자기 모습을 만나며 자신의 상실을 애도하는 시간을 가졌다. 이 내담자에게는 받아들이기 불가능했던 처참한 자신을 만나기 전 자신의 파괴적이고 공격적인 측면을 먼저 만나는 것이 필요했으며 내가 그것을 견딜 만큼의 충분한 신뢰를 하고 있었는지 확인해 볼 필요가 있었던 것 같다. 공격적인 내담자의 질문을 받고 나는 반가운 마음이 들었다. 자신의 목소리를 전혀 내지 않고 살았던 그녀가 이러한 질문을 했던 건 커다란 변화를 보인 것으로 이는 자신을 회복하는 중요한 기섭이 되었기 때문이다. 심리치료라는 것은 마술이 아니라 하나의 긴 과정이고 이를 통해 사람들은 서서히 회복된다. 변화와 회복은 긴 시간을 요구하며 이 과정에 내담자와 심리치료사 모두 기다리는 인내가 필요하다.

자살시도자를 위한 심리치료

자살은 심리치료에서 조심스럽고 전문적으로 논의해야 하는 중요한 주제이다. 만성적이고 지속적인 심리적 어려움을 겪고 있는 내담자들을 심리치료 공간에서 만나다 보면 이들 중 자살하는 내담자들이 나온다. 심리치료사에게는 내담자의 자살을 겪는 순간이 가장 고통스럽고 힘든 시간일 것이다. 자살은 멀리 있지 않으며 특히 우울증과 약물의 문제가 있을 때 더욱 그러하다. 자살이라는 주제는 너무 무겁고 힘들어서 피하고 싶은 분야이긴 하지만 심리치료 영역에서는 피할 수 없다. 사람들은 죽음이라는 주제를 멀리하고 싶어 하지만 의외로 우리의 삶과 아주 가까운 곳에 자리하고 있으며 삶과 밀접하게 연관되어 있다. 심리적·사회적 위기가 닥치고 사람들이 벼랑 끝에 서 있다고 느낄 때 자살은 모든 문제를 일순간에 해결할 수 있는 매혹적인 선택으로 다가온다. 이러한 죽음과 가까이 가 있는 내담자를 심리치료 공간에서 만나는 이들에게는 전문성과 성실성이 요구된다.

잭이라는 40대 초반의 체격이 좋은 아시아계 미국인이 찾아왔다. 그의 팔과 다리에 새겨진 문신들과 험한 인상을 보며 그가 지난날 거칠고 힘든 삶을 살아왔음을 추측할 수 있었다. 그는 총기 사건으로 20대에 3년 정도 복역했으며 그 이후에는 범죄 활동에 가담하지 않았다고 보고했다. 그가 찾아온 것은 아내와의 불화와 자녀 양육에 어려움을 느끼기 때문이었다. 첫 회기 이후 그는 아내와 함께 왔는데 두 사람은 회기 내내 싸우기 바빴다. 나는 치료적 개입을 몇 번 시도 했지만 두 사람이 오랫동안 쌓아 왔던 갈등의 벽과 물질 남용의 문제는 해결될 기미를 보이지 않았다. 어떤 때는 그가 약물을 투여한 상태로 왔기 때문에 의사소통이 제대로 되지 않은 때도 있었고 약속 시각을 지키지 않은 적도 몇 번 있었다. 상담을 시작하고 2개월 정도 지난 뒤에는 더는 오지 않았다. 그 이후 몇 개월이 지나고 그는 샤스타산으로 올라가는 낭떠러지가 있는 길의 끝까지 차를 몰고 가 자살 시도를 했다. 길 끝에 차가 걸려 있는 상태에서 등산객의 신고로 구조되었다. 그는 당시 많은 약물을 투여한 상태였기에 응급실 집중치료실(ICU, Intensive Care Unit)에서 3일 정도 치료를 받았다. 이후 잭이 위기 상황이 끝나고 상대적으로 안정되었을 때 내 사무실로 심리치료를 받고 싶다는 연락을 해왔다.

나는 그의 연락을 받고 잠시 머뭇거렸는데 그의 비협조적인 이전의 태도와 약물을 동반한 심각한 자살 시도의 충동적 행동에 대한 부담감 때문이었다. 이 문제를 가지고 슈퍼바이저랑 의논했을 때 그녀는 내가 계속해서 심리치료를 제공해 주는 것이 좋을 것이라 조언해 주었고 이후 그를 다시 만났다. 잭은 거의 모든 것을 잃었다. 그의 물질 남용으로 3명의 자녀는 아동 보호국에서 데려갔다. 미국에서 가장 중요한 것 중의 하나인 자동차를 잃어 이동이 자유롭지 않았으며 아내는 떠났고 직장과 집까지 없어서 그의 아버지 집에 얹혀살고 있었다. 그의 현실은 그가 예상했던 것보다 훨씬 더 가혹했고 그는 이러한 처참한 현실을 받아들이는 데서 고통스러운 긴 시간을 보냈다. 상담 초반에 그는 자살 사고가 있었고 그로 인해 심각한 위기의 순간들이 몇 번 지나갔다.

그가 초반에 갖고 있었던 심한 편집증을 동반한 망상은 조현병을 갖고 있지 않은 내담자들에게 나타나는 정신증의 형태로 표출되었다. 그의 방에는 토끼 인형이 있었는데 잭은 그 토끼 인형 눈이 자기를 감시하는 카메라라고 믿으며 칼로 그 인형을 잘라 분해해서 카메라를 찾으려고 한 적이 있다. 또한 방에 있던 콘센트 뒤에 녹음장치가 있어 그를 감시한다고 생각해서 벽면을 부숴 콘센트를 분해하기도 했다. 그가 이런 사건들을 보고할 때 그의 눈은 심각하게 불안했고 표정은 어두웠다. 밥을 제대로 먹지 않아 전반적으로 쇠약해져 있었다.

이런 상태가 몇 달이 지속되자 그는 치료 과정을 포기하려 했고 이때 나는 그의 한 살배기 아들에 대해서 이야기 해주었다. "지금 당신이 가장 어려울 때 아버지 집에서 도움을 받지만 40년 후 당신 아들이 당신 나이가 되어 힘든 일을 겪을 때 당신이 없으면 그는 돌아갈 곳이 없다"라고 말해 주었다. 내 말은 그에게 자신이 직면하고 있는 차가운 현실이 자신만의 문제라기보다는 자녀들과 연관되어 있다는 사실을 받아들이게 했으며 그에게 살아야 할 이유를 갖게 했다. 그는 이전에는 심리적 고통과 좌절들에 휩쓸려 자신의 목숨을 끊어버림으로써 모든 고통의 근원을 지우려 했다면, 이 말을 들은 직후 격하게 울음을 터트리며 상실에 대해 애도하기 시작했다. 이후 그는 좀 더 자신이 있어야 할 현실 세계로 돌아왔다. 6개월 정도 지난 뒤 그는 큰 모텔에서 청소하는 파트타임 직장을 구했고 그곳에서 열심히 하여 풀타임 직원이 되었으며, 1년 가까이 지나서는 매니저까지 되었다. 그때쯤 그는 집을 구할 수 있어 아동 보호국으로부터 세 자녀를 다시 돌려받았고 집도 얻게 되었다. 마지막 회기는 심각하거나 슬프지 않은 기분 좋은 순간으로 기억한다. 잭은 자신이 이룬 성취들에 기뻐했으며 어려운 시간을 심리치료 공간에서 함께 있어 준 나에게 고마운 마음을 전했다.

이런 순간 심리치료사는 거의 죽음에 문턱까지 갔다 다시 회복해 나가는 험난한 여정을 거쳐 자신의 삶을 되찾은 내담자에게 감사한 마음이 든다. 다시 말하겠거니와, 이런 기쁨의 순간은 몇 가지 임상적 기술을 써서 이룰 수 있는 것이 아니다. 긴 심리치료적 과정에 나타나는 다양한 정서들을 이해하고 공감하며, 내담자들이 원하는 대상이 되어 함께 그 시간에 존재함으로써 가능하다.

나는 가장 의미 있는 직업 중 하나가 심리치료사라고 생각한다. 누군가의 삶에 조용히 다가가 그들이 살아내지 못했던 원하는 삶을 선택하는 데 도움을 주고 훼손된 삶을 회복하는 과정에 참여하며, 마침내 이러한 것을 성취해 내는 것을 목격하는 것은 아름다운 순간이다. 심리치료사들이 다른 직업군처럼 당장 보여줄 것이 부재함에도 이런 긴 과정을 거쳐 자신의 본질을 회복할 뿐만 아니라 내면에 깊이 숨겨진 참모습을 발견하고 드러내는 것을 바라보는 건 신비하기도 하고 경이로운 순간이기도 하다.

자살 예방에서 자살 고위험군에 대한 임상의 영역으로

한국은 OECD 회원국 중 자살률 1위라는 오명을 몇 년째 쓰고 있다. 전 세계적으로도 높은 편에 속하며 소중한 생명이 매년 사라져 가는 비극이 이어지고 있다. 그러나 한국 사회는 이러한 참사에 심리치료 영역에서 미숙하게 대처하고 있다. 내가 귀국해서 가장 놀라웠던 자살 관련 문제는, 한국이 함께 살아가는 공동체 정서가 강한 사회임에도 자살로 인한 죽음은 공동체 문제가 아닌 개인 문제로 보는 시각이다. 미국은 개인주의 사회이며 한 개인의 삶에 대한 존중과 가치를 기반으로 하여 우리와는 삶의 방향성이 다르다. 그러기에 다른 이들에게 피해를 주지 않는 선에서 개성 있는 삶을 살아가는 것에 대해 높이 평가한다. 집단주의 문화에서 성장한 나는 이러한 개인주의 사회에서 백인들과 함께 살아가면서도 여전히 한 구석에는 동화되지 못하는 점들이 있었다. 그러나 우리가 이해하기 어려울 정도로 극단적인 개인의 결정을 소중하게 여기는 미국 사회에서도 자살을 개인의 문제가 아닌 국가의 문제로 받아들인다. 그래서 누군가 자살을 시도하거나 자살 고위험군으로 분류되었을 경우 그들에게 심리지원 서비스를 제공한다. 미국에서는 3억 명이 넘는 자국민을 보호하기 위해 365일 24시간 자살 관련 문제가 있는 사람들은 의무적으로 응급실로 가게 되어 있으며 사회 공권력도 이를 위해 협조한다. 자살 시도자들이 응급실에 오게 되면 제일 먼저 이들을 진단하는 것은 의사들이다. 만약 환자의 자살 문제가 의학적 상태로 인한 것이 아니라면 그 지역의 심리 전문가가 뒤이어 임상 면접을 실시한다. 환자의 상태가 심각한 경우 정신병원으로 이송할 것을 명령하는 서류에 사인하여 차량에 실어 보내거나 심각하지 않을 때는 집으로 돌려보내 외래 환자로 심리지원 서비스를 제공하는 절차를 받게 한다. 이 모든 과정은 권고사항이 아니라 의무 사항이다.

　나는 캘리포니아 시 정신과에서 6년여 정도 이러한 자살 고위험군에 대한 응급실 위기대응팀에서 야간과 주말에 임상 면접 과정에 참여했다. 미국이 개인주의 사회이지만 한 사람의 생명은 국가가 책임을 져야 한다는 철학을 반영하는 자살 관련 국가 주도 심리지원 사업에 참여했기에 이후 한국에 돌아온 나는 충격을 받았다. 공동체를 지향하는 한국 사회에서는 자살을 공동체 문제가 아닌 개인의 문제로 인식하기에 국가가 개입하지 않는다는 어처구니없는 상황을 접하게 된 것이다. 한국 사회는 자살 관련 문제에 대해 적극적 개입을 하지 않는다. 한국에서는 자살 예방 사업이 주를 이루는데, 이것이 필요하기는 하지만 동시에 자살 시도자들 또는 고위험군으로 분류되는 이들에게 심리지원 서비스는 필수적이다. 미국에서 자살 시도자들을 임상 면접하고 그들의 자살위험 정도를 평가하는 것이 쉬운 일은 아니었지만, 어느 정도 경험이 쌓이면 그렇게 고난도의 과정도 아니었다. 그러나 한국에서 누군가 자살을 시도할 때 자신만의 문제 때문이라기보다는 가족들 또는 타인의 문제와 뒤섞이기에 더 복잡하고 어려워지는 것이 사실이긴 하다. 그렇다고 자살 고위험군에 대한 예방 교육 수준 또는 전화상담 정도에 머무는 것은 너무 미온적 대처이며 좀 더 공격적이고 적극적으로 접근해야 한다. 그 방법은 그들을 위한 심리지원 서비스를 직접 제공하는 것이다.

미국에서는 이러한 자살 관련 심리지원 서비스의 한가운데 심리학자들 또는 상담사들이 활동한다. 그들은 자살 고위험군들의 만성적이고 심각한 심리 문제들을 직접적으로 돕고 있다. 한국에서는 심리학자가 한 내담자를 고위험군으로 분류하는 것조차 도전받는 경우들이 있는데 이것은 아직 심리학 분야가 전문 영역으로 존중받지 못하고 있다는 것을 반영하고 있다. 심리지원 서비스 영역이 한국 사회구조에 자리 잡지 못하는 것은 한국인들의 정신건강 증진에서 커다란 상실이다. 바우처 사업을 제외하고는 대부분의 심리치료 영역에 내담자들이 올 때는 자기 돈을 들여야 하기에 경제적으로 여유가 있는 사람들만이 올 수 있다. 이 비용을 심각한 우울증 탓에 대체로 경제적 상황도 좋지 않은 이들은 감당할 수 없다. 한국의 자살이 경제력이 박탈된 도시 빈곤층과 노인층에 집중된 현상은 이를 잘 보여준다. 이들 자살 고위험군의 심리적 문제들은 그들 자신의 문제이면서 한국 사회 전체 공동체의 문제이기도 하다. 이러한 영역에서 심리학자들과 심리치료 영역의 전문 임상가들이 활약할 수 있는 제도적 장치와 사회 전반에 걸친 전문가로서의 위상 정립이 필요하다. 나는 외부 강연을 나가면 때로는 미국에서 자살 고위험군에 대한 실무적인 내용을 가지고 설명한다. 하지만 대부분 재미있게 듣는 정도에 멈추고 이것을 구체적으로 한국 사회에 적용해야 한다고 생각하는 사람은 거의 없었다. 멀지 않은 날에 심리학 영역에서 전문가들이 주도적으로 제도권 안에서 자살 고위험군으로 분류되는 이들에게 직접적인 임상을 하는 날이 오기를 기대한다.

자살과 관련하여 몇 가지 내용을 간단히 정리하자면 다음과 같다. 내담자들은 힘들 때 죽고 싶다고 말하는 경우가 종종 있다. 이럴 때 임상가들은 대체로 무척 부담스러워서 해서 잠시 뒤로 물러서는 경우가 많다. 대부분의 경우 심리적 고통을 상징적으로 표현하는 언어 중 하나는 "죽고 싶어요!"라는 말일 것이다. 대체로 임상가들이 그들의 자살 관련 이야기에 경청하면 극단적이었던 자살 사고는 구체적인 계획으로 발전하지 않고 생각에 멈추게 된다. 단순한 자살 사고 관련 임상적 개입은 내담자의 자살 관련 감정, 내용, 자살 사고를 발생시킨 사건 등을 묻고 경청함으로써 어느 정도 해결된다. 그러나 심각하고 만성적인 자살 사고가 있는 내담자의 경우는 더욱 복잡하고 해결하기 어렵다. 해결책이 없는 무거운 현실 문제들이 즐비할 때 그리고 이러한 시간이 오랫동안 누적되었을 경우 내담자들은 자살을 생각한다. 이들에게는 자살이 문제를 해결할 수 있는 유일한 탈출구이다. 그렇기에 외부에서 생각하는 것처럼 자살을 막다른 골목길 같은 끔찍한 해결책으로 생각되지 않는다. 이런 경우 가장 중요한 것은 임상가들이 내담자와 신뢰할 만한 관계를 만들어 놓고 그들이 살아야만 하는 이유에 대해 같이 살펴보는 것이다.

자살 시도를 하려는 내담자들을 도울 때 만약 임상가가 자살도 문제를 풀어가는 방법의 하나라고 생각한다면 그 임상가는 이런 일을 담당하는 데 적합하지 않다. 그럴 때 내담자들을 다른 전문가에게 소개해야 한다. 자살 사고가 있는 사람들의 이야기를 경청하다 보면 어떤 때는 자살하려는 현실의 절망감을 공감할 때가 있다. 그럼에도 임상가가 내담자의 자살 계획에 동조하는 것은 건강하지 않고 도움도 되지 않는다. 삶의 어느 순간에 절망적으로 느끼는 시간이 언제 끝날지 모를 때가 있고 그때 사람들은 자살을 생각한다. 이런 순간에 훈련된 임상가는 그들에게 도움을 줄 수 있다. 한 가지 기억해야 할 것은 아무리 전문가라 하더라도 모든 사례를 성공적으로 끝낼 수 없다는 것이다. 적은 수지만 희생자들은 있게 마련이고 이러한 실패는 임상가들에게 평생 치명적인 아픔으로 남는다. 결국 전문가들은 자신들이 도울 수 있는 내담자들을 돕는 것이다.

불행하게도 이러한 전문 영역을 훈련받을 수 있는 임상의 장이 한국에는 부재하기에 사람들은 대부분 내 이야기를 마치 영웅담처럼 받아들인다. 지금 당장은 아니더라도 점진적으로 이 분야에 관심이 커지고 실질적인 전문기관들이 만들어져 한국 사회에서도 자살 심리지원 서비스 영역을 수립해 나가기를 기대한다. 나는 학교에서 '자살 위기 진단과 평가'라는 수업을 진행하고 '한국자살위기지원상담센터'를 만들었다. 작은 불꽃이 언젠가 큰 들불이 되어 심리 영역의 전문가들이 가장 절망적인 이들 곁에서 새로운 삶의 소중한 희망을 바라보게 도움을 줄 수 있게 되기를 소망한다.

폭력성을 가진 내담자들에 대한 이해

나는 어린 시절 학교 선생님들이 하지 말라고 정해 놓은 규칙을 지키는 평범한 삶을 살았는데 항상 그 규율들을 내팽개치듯이 깨버리고 자기 멋대로 사는 문제아들을 부러워했던 적이 있다. 특히 고등학교 때는 사람들이 흔히 말하는 '범생이'로 학교와 집 그리고 교회만 알고 살았는데 교실 뒤편에 앉는 키 큰 친구들은 그 당시 금지되었던 당구장과 나이트에 드나들며 술 마시는 생활을 자연스럽게 했던 기억이 난다. 그래서 나는 성인이 되어 교도소에 일하기 전까지 반사회성 성격장애 진단으로 불릴 수 있는 재소자들을 자못 부러워했다. 부정적인 측면을 사람들에게 잘 표현하지 못하는 나에게는 사회적 통념을 개의치 않고 자유롭고 파괴적인 방식으로 자신을 표현하는 사람들이 부러웠다. 그들은 그다지 정신적 어려움이나 갈등이 없어 보였다. 하지만 임상 현장에서 만나 보니 심각한 심리적 문제들을 겪고 있어 생각했던 것과는 아주 달랐다. 나는 교도소 내에 자살 시도자들 또는 간수나 다른 재소자들을 죽이겠다고 위협하는 이들을 대상으로 안전방(Safety Room)이라는 곳에서 심리 진단과 평가를 했다. 이 안전방에서 자살하는 것은 불가능한데 그 이유는 벽이 고무 재질로 되어 있어 머리를 부딪쳐도 다칠 수 없고 한쪽 면은 투명 유리로 되어 있어 24시간 간수가 감시하고 있으며, 버니 슈트(Bunny Suit)라는 팔이 드러나는 아주 두꺼운 재질의 나일론으로 만들어진 원피스 같은 옷을 입기 때문이다.

자살 시도 관련 문제는 교도소 입소 후 일주일 이내에 가장 많이 발생한다. 자살 시도자들은 대부분 다양한 종류의 약물 중독 문제가 있는데 이를 사용할 수 없으면 그들은 매우 거칠고 위험해지며, 자살 또는 타살 위협을 하기 시작한다. 이때 간수들이 시 정신과에 연락했고 나도 때때로 그곳에 가서 그들의 정신 상태를 진단했다. 가끔은 늦은 밤이나 새벽에 도착할 때가 있었는데 육중한 철문이 가장 먼저 맞이하고 그곳에서 인터폰을 누르면 문을 열어주는데 안에 들어가서도 두 개 정도의 철문을 통과해야 안전방이 있는 넓은 장소가 나왔다. 대체로 수감자들은 심리적으로 다소 불안한 상태이기 때문에 안전방에서 만날 때는 그들을 벽에 가까운 곳에 앉게 하고 상담자는 문과 가장 가까운 곳에 자리 잡는다. 대체로 간수들이 함께 들어가기는 하지만 유사시 폭력 사태가 일어날 때 빠르게 그곳을 빠져나와야 하기 때문이다. 나는 처음 그곳을 갔을 때 거리를 좁혀 천진난만한 얼굴로 그들과 대화를 시도한 적이 있었다. 하지만 위험한 상황을 한번 겪고 나서부터는 일정한 거리를 유지했다.

내가 그곳에서 했던 주된 업무는 재소자들이 자살 또는 살해 위협을 했을 때 그러한 위협이 어느 정도 실제적인지 임상 면접을 통해 판단을 내려 간수들에게 그에 따른 조처를 하게 하는 것이다. 만약 위협이 실제적이라면 그 재소자들은 안전방에 남아 있어야 하고 위험도가 낮을 때는 수감방으로 돌아갔다. 대체로 재소자들과의 대화는 잘 이루어지지 않는데 그들이 격앙된 상태이거나 의도적으로 감방에서 문제를 발생시켜 안전방으로 왔기 때문이다. 이런 분야에 1년 정도 임상 경험을 하면 폭력성에 대한 임상적 예측이 어느 정도 가능해지고 필요한 권고사항을 간수들에게 전달하는 과정을 어렵지 않게 수행할 수 있다.

그곳에서 인간적이라고 느낀 기억에 남는 몇몇 재소자가 있다. 어느 날 심한 편집증 망상이 있는 50대 초반의 톰슨이라는 키 큰 백인 재소자를 만났다. 그는 너무 위험해서 안전방 안으로 들어갈 수조차 없어 안전방 문을 잠근 상태에서 문밖에 앉아 대화를 시도했다. 하지만 그가 간수들에게 큰 목소리로 끊임없이 욕을 피붓고 있어서 노저히 대화가 이루어지지 않았다. 온종일 그랬다고 하는데 어떻게 목이 쉬지 않고 그렇게 소리를 계속 지를 수 있는지 신기했다. 나는 의자를 문 앞에 갖다 놓고는 앉아서 그 재소자의 목소리가 잦아들기를 기다렸지만 1시간 반이 지나도 그는 지친 기색 없이 고래고래 욕설을 해댔다. 더 이상의 대화가 되지 않으리라 생각해 의자에 일어나려는 순간 그는 갑자기 외부와 대화를 할 수 있게 뚫어 놓은 조그마한 구멍을 통해 나에게 조용한 목소리 말했다. "내가 욕하는 것은 당신한테 하는 게 아니고 ○○○ 간수들에게 하는 것이니 오해하지 마쇼!" 그러고는 음식물을 넣는 문 밑에 달린 다소 큰 구멍 사이로 손을 내밀어 악수를 청했다. 잠시 머리가 핑 돌며 아찔했다. 그는 장신의 거구인데 격양되고 혼란스러운 정신 상태에서 내 손을 잡아 안쪽으로 당기면 큰 사고로 이어질 수 있었기 때문이다. 매뉴얼대로 하면 정중히 거절해야 했지만, 나에 대한 신뢰를 보이며 내민 손을 뿌리치지 못하고 악수를 했다. 다행히 아무런 불상사도 발생하지 않았다. 지금도 여전히 그의 덥수룩한 수염과 홀을 쩌렁쩌렁 울렸던 커다란 목소리, 초점을 잃은 듯한 파란 눈이 떠오른다. 심각한 정신질환이 있는 내담자들이더라도 자신들에게 우호적인 사람을 알아보는 것 같다.

그 일이 있고 나서 며칠이 지난 늦은 저녁에 연락이 왔다. 에릭이라는 40대 중반 백인 남성의 자살 사고가 있다는 보고였다. 나는 안전방으로 가서 그를 만났는데 그와 임상 면접을 하는 동안 위험하다는 느낌이 전혀 들지 않았다. 간수에게 나가도 괜찮다고 말하고는 둘이서 안전방에 남았는데 이는 흔치 않은 일이다. 자살 사고 관련 질문에 답변하기보다는, 에릭은 자신의 범죄 사실을 어디까지 밝혀야 할지 고민하고 있었다. 그는 자신의 여자 친구와 오래전 서부 시대에 황금을 찾아왔던 사람들이 만들어 놓은, 지금은 폐가가 된 정착촌에서 함께 살았다. 여전히 그곳에서 소량의 금을 발견할 수 있었는데 아주 작은 금을 발견해 팔면 20달러 정도가 되었다. 그 돈으로 담배와 간단한 식료품을 사 와서 그곳에서 며칠을 살 수 있었는데 이때가 그의 삶에서 가장 안정적이었던 시기였다. 그러던 어느 날 그와 여자 친구가 범죄에 연루되었고 법정에서 그는 여자 친구를 보호하기 위해 자신만이 범죄를 저지르고 여자 친구는 가담하지 않았다고 증언해 더 많은 형을 받았다고 말했다. 나는 그에게 왜 불이익을 당하는 일을 자발적으로 했느냐고 물었다. 그는 "처음으로 사랑을 느낀 사람을 만났기 때문"이라고 말했다. 에릭은 전에 어떤 관계에서도 친밀감을 느끼지 못하고 일회성 만남만을 찾았으나 현재의 여자 친구와 교제하며 그동안 느끼지 못한 친밀감을 느꼈으며 자신이 누군가를 사랑할 수 있을 줄은 몰랐다고 말했다.

그가 한 말이 어느 정도까지 사실인지는 알 수 없었으나 내 역할이 그의 자살 사고에 대한 임상적 판단을 내리는 일이라 그가 굳이 거짓말을 해서 잘 보이려 한다는 생각은 들지 않았다. 에릭은 자신에게 찾아온 사랑이라는 감정에 대해 다소 당황해하며 이해하고 싶어 했던 것 같다. 반사회성 성격장애로 분류되는 사람들이 누군가를 연속성을 가지고 사랑한다는 것은 쉽지 않은 일이고 잘 변화되지 않는 영역이기도 하다.

위니컷은 이들에 관한 상세한 심리학적 통찰을 제공한다(『박탈과 비행』*Deprivation and Delinquency*, 1990). 그에 따르면 반사회성 성격장애가 있는 사람들은 유아기 초기 단계에 부모의 보살핌이 받았으나 갑자기 보살핌이 박탈되었을 것이라고 말한다. 이러한 갑작스러운 환경 변화를 유아가 받아들이기 쉽지 않고 이를 아동기 청소년기를 거치며 박탈된 부모의 사랑을 되찾기 위해 훔치거나 거짓말을 하기 시작한다고 말한다. 이런 설명은 반사회적인 내담자들을 이해하는 데 많은 도움을 준다. 아동기 또는 청소년기에 훔치는 물건들이 처음에는 부모 사랑의 대용품이다. 하지만 그것이 시간이 지나면서 내면의 문제 해결을 메꾸기 위해 고착화되기 때문에 성인이 되면 도둑질을 멈추게 하는 것은 무척 어렵다고 말한다.

아동기에 물건을 훔치는 자녀들을 보며 놀라는 분들이 많다. 그럴 때는 결핍된 부분을 회복하려는 시도로 보면 되는데, 대체로 큰 어려움 없이 이 문제들을 해결해 나간다. 이들이 가장 힘들어하는 것은 양가감정을 견디는 일이다. 사랑과 증오의 주제는 멀리 떨어져 있지 않고 동시에 존재한다. 아기는 부모를 사랑하기도 하고 증오하기도 하며, 자신을 헌신적으로 돌보는 엄마의 젖꼭지를 사정없이 물어뜯기도 한다. 이때 이것을 견뎌 주는 엄마의 존재는 환상 속에 유아가 나쁜 대상이라고 생각했기에 무차별하게 공격했던 대상이 자신에게 사랑을 준 엄마라는 사실을 알게 되며 우울감을 경험하게 된다. 유아의 초기 정신 구조를 연구하는 학자들은 유아가 지닌 환상에 관해 설명한다. 그 환상은 전능 환상이다. 엄마가 젖을 줄 때 유아는 이것을 자신이 창조한 젖을 먹는다고 생각한다. 엄마 편에서 보면 상당히 배은망덕한 일이긴 하지만 무력한 유아 편에서는 편리한 생각이다. 오줌을 싸서 축축한 기저귀를 엄마가 치워 주었을 때 오는 뽀송뽀송함을 느낄 때 유아는 성실한 엄마가 치워 주었다기보다는 자신이 치웠다는 전능감을 가지고 이해한다. 이 유아의 전능감은 허용되어야 하며 시간이 지나며 서서히 유아는 쾌락 원리로부터 현실 원리를 힘들지만 자연스럽게 알아간다. 엄마는 안아 주기를 통해 의심 많은 유아를 끊임없이 헌신과 성실함을 가지고 돌보는데 이 결과로 유아는 증오보다 사랑이라는 통합된 방식으로 엄마와 관계를 맺는다. 이러한 동전의 양면 같은 증오와 사랑이라는 삶의 한 부분은 건강한 사람들에게도 받아내기 힘든 부분이다. 하지만 대체로 이를 견디고 증오를 넘어 사랑의 관계 회복을 끊임없이 시도하며 신뢰를 확장해 나간다. 이러한 엄마의 부재는 실로 많은 부정적 측면을 유아에게 유발한다. 가장 커다란 문제는 이러한 심각한 결핍이 반사회성 성향을 발생시킬 수 있다는 점이다. 위니컷의 반사회성에 대한 이해는 폭력성에 대한 전반적 이해를 충분히 해갈해 주기에는 임상에서 발생하는 다양한 변수가 많기에 한계가 있다. 현실 세계에서 누군가 가지고 있는 폭력성의 문제는 훨씬 복잡하며 여러 가지 설명하기 어려운 요소가 산재해 있다. 그럼에도 위니컷의 폭력성과 반사회성에 대한 이해는 가장 심각한 내담자로 분류되는 폭력적인 사람들에 대한 이해를 확장해 준다.

폭력성 예측하기

미국에서는 폭력성을 예측하고 임상적 판단을 내리는 자격이 있는 사람에 임상심리학자와 상담사가 포함된다. 이들은 내담자 보호뿐만 아니라 사회 구성원들의 안전을 지키기 위해 최전방에 고군분투하는 전문 인력으로 공헌하고 있다. 나도 폭력적인 내담자들의 폭력성을 예측하고 그에 따른 적절한 임상 조치를 취하기 위한 권고를 교도소와 응급실에서 수행했다. 한국에서는 심리학 영역에 있는 심리치료 전문가들에게 폭력성이 있는 고위험군 내담자들의 임상 평가를 맡기는 기관은 없다. 심리치료 전문가들이 이러한 임상 영역에서 충분한 경험이 없기에 아직 준비되지 않은 부분이 있어서 기회를 주지 않는 것은 이해할 수 있다. 그러나 앞으로도 이러한 영역을 심리학의 전문가들에게 개방할 생각이 전혀 없는 현실은 매우 개탄스럽다. 심리학자들 또는 상담사들이 해낼 수 있는 전문 영역을 제한해 한국 사회에 공헌할 수 있는 길을 막는 한국의 현 상황에 대해 아쉬움이 크다. 인간의 폭력성에 관해 다양한 연구 분야가 있겠지만 심리학만큼 이러한 폭력성에 대한 깊은 통찰과 이해를 확장해 주는 영역은 없을 것이다.

혹시 이 책의 독자들이 폭력성을 예측해야 하는 상황에서 임무를 수행해야 한다면 다음과 같은 몇 가지 요소를 반드시 이해해야 한다. 첫째, 내담자의 눈을 지속해서 쳐다보아서는 안 된다. 한국에서야 상대방의 눈을 쳐다보는 것이 도전적으로 보일 수 있지만, 오히려 미국에서는 눈을 쳐다보지 않고 말하는 것이 도전적으로 보인다. 이런 문화가 있는 곳에서도 폭력적인 내담자를 만났을 때 그들과 잠시 눈 맞춤을 하고 다른 곳을 바라보는 곳이 좋다. 나는 처음에 거구의 한 흑인 남성을 안전방에서 만난 적이 있는데 그는 흥분되고 화가 나 있었는데 그의 상태를 알기 위해 계속 눈을 쳐다보다가 두들겨 맞을 뻔한 일이 있다. 다행히 문밖에서 대기하고 있던 간수를 부르며 그 자리를 곧바로 떠나서 아무 문제가 생기지 않았지만 심각하게 다칠 수 있는 상황이 될 뻔했다. 둘째, 폭력적인 내담자와 이야기할 때는 자신을 아주 간단명료하게 소개하고 왜 만나고 있는지도 분명하게 말하는 것이 좋다. 우물쭈물한 태도는 오히려 폭력성을 부추길 수 있다. 셋째, 언어폭력은 곧바로 물리적 폭력으로 이어지기 때문에 내담자가 말하는 언어에 주의하며 지금 어떤 상태인지 확인하는 것이 필요하다. 대체로 목소리가 커지기 시작하고 주먹을 꽉 쥐고 당신에게로 향하려고 한다면 더 이상의 대화를 하는 것은 무의미하므로 중단해야 한다. 넷째, 대화를 진행할 때 긴 문장이 아닌 간단명료한 문장을 쓰는 것이 필요하며 개방형 질문보다는 폐쇄형 질문을 하는 것이 좋다. 다섯째, 폭력적인 행동이 불러올 결과들을 아주 간단히 설명해 주어야 한다. 연속성이 깨져 있는 반사회성 내담자들이 가장 가기 싫어하는 곳은 교도소이다. 그럼에도 그들이 자주 그곳을 가는 것은 그들의 과거와 현재, 미래를 이어 주는 연속성이 깨져 있기 때문이다. 그들은 자신들이 가장 가기 싫어하는 곳으로 자신들을 인도한다. 이것은 그들에게 비극 그 자체이다. 그들에게 폭력이 불러올 수 있는 결과들을 차분한 목소리로 간단명료하게 설명하는 것이 항상 가능하지는 않지만, 때론 도움이 될 때가 있다.

확률적으로 보면 자살하겠다고 하는 내담자들의 임상적 심각도를 진단 평가하는 일이 많이 발생하는 것이지 누군가를 죽이겠다고 협박하는 내담자를 진단 평가하는 일은 흔치 않다. 그중에 한 케이스를 소개하겠다. 스티브라는 20대 중반의 백인 노숙자를 어느 평온한 토요일 오후에 임상 면접을 위해 만난 곳은 머시 병원(Mercy Medical Center) 응급실이었다. 그는 자신의 물건을 가지고 가서 돌려주지 않는 동료를 용서할 수 없어 죽이러 가기 전 응급실을 찾았다고 한다. 나는 그의 임박한 살해 충동을 파악하기 위해 그와 1시간가량 임상 면접을 진행했고 위에서 설명한 규칙들을 지키며 그의 상태를 살폈다. 초반에 그의 광기 어린 눈빛과 동료에 대한 분을 참지 못하고 부르르 떠는 신체적 반응을 보며, 스티브는 격리 수용해야 할 정도의 심각한 상태에 있다고 잠시 생각했다. 타살의 위험이 있는 성인 내담자를 받으려는 정신병원은 없기에 폭력적 성향의 내담자들을 돕기가 어려워서 그 당시 머리가 복잡했던 것 같다. 이후 나는 조심스럽게 그의 동료가 죽일 만큼의 잘못을 했는지 혹시 다른 방식으로 문제를 풀 수 있는 선택지는 없는지를 살펴볼 수 있게 도와주었다. 시간이 흘러가며 스티브는 동료를 죽이겠다는 생각을 점진적으로 철회했고 그와 동시에 그가 보였던 강렬한 신체적 표현들도 감소했다. 결론적으로 그는 별다른 후속 조치 없이 1주일 뒤 시 정신과에 와서 자신의 상태 점검을 위해 약속을 잡았다. 그 당시 함께 일한 동료는 스티브가 약속 시간에 절대 나타나지 않을 것이라 장담했다. 보통 노숙 생활을 하는 내담자들이 약속을 지키는 일이 드물기는 했다. 그러나 스티브는 일주일 뒤에 정확히 약속 시각에 나타났고 나와 함께 자신의 심리적 어려움과 앞으로의 삶의 방향들을 논의했다. 이것은 한 개인의 심리적 문제들을 살펴보고 천천히 해결 방법들을 찾아가는 것을 돕는 심리치료가 아닌 위기 개입이다.

반사회성 성격장애의 심리치료

위니컷은 가장 따스하고 배려심 있으며, 공감적이고 내담자를 위해 존재하는 성숙한 분석가 중의 한 분이다(『소아의학을 거쳐 정신분석학으로』 *Through Paediatrics to Psycho-Analysis*, 1975). 그는 특별히 아동들에게 많은 관심을 가지고 전문가적인 돌봄이 필요한 심각한 심리적 외상이 있는 아동들을 대상으로 심리치료를 했다. 그는 전문가라고 느낄 수 없을 만큼의 친근한 인간적인 모습으로 아동들에게 다가가서 그들의 정신 내적 세계를 존중하고 공감하고 이해했으며, 그로 인해 긍정적 치료 결과들을 만들어 냈다. 심지어 그는 모두가 혐오하는 반사회성 성격장애가 있는 사람들에게조차 공감적인 모습으로 그들의 문제를 설명했다. 그가 말한 어린 시절의 박탈로 인한 상실을 복구하기 위해 반사회적 성향이 있게 되었다는 것은 참으로 놀라운 이론적 설명이다. 위니컷이 설명하는 중간 영역이라는 개념은 인간의 정신 구조를 이해하는

데 깊은 통찰을 제공한다.

　대체로 심리치료 영역의 전문가들은 남성보다는 여성이 비율상 많은데 시스키유 카운티에서도 그랬다. AB109라는 법제도가 있는데 범죄자 중 6년 형을 받은 사람이 3년간 복역하고 가석방을 받아 나머지 3년을 자신이 범죄를 저지른 지역에서 보호관찰사의 관리 아래 지내는 것이다. 이때는 반드시 심리 상담을 받아야 하는데 대체로 남성 임상심리학자가 담당해야 했다. 그래서 내가 근무하던 지역에 있는 가석방 중인 남성들을 심리치료에서 만날 기회가 종종 있었다. 여기에 기억나는 내담자들의 임상 사례를 소개하려 한다. 대체로 임상가들은 이런 AB109 관련 내담자들을 받는 것을 꺼리는데 이들이 심리치료 공간에 왔을 때 그다지 협조적이지 않기 때문이다.

　브라운은 건장한 체격의 40대 흑인 남성이었고 키가 190cm 정도는 되었던 것 같다. 그는 처음 만난 자리에서 내가 그의 눈을 쳐다보았다고 무척 화를 냈다. 나는 '하~ 여기가 미국인데 눈을 쳐다보지 말라면 어디를 보라는 말인지'라고 속으로 투덜대고는 눈을 맞추지 않고 임상 면접을 진행했다. 그는 이 지역에서 강간 사건에 연루되어 백인 마을인 이곳에서 3년간 보내야 하는데, 경제적인 부분은 스스로 해결해야 하기에 초기에 어려움을 겪었다. 브라운은 일자리를 찾기가 어려웠고 추운 겨울에 갈 곳이 없어 자진해서 지역 교도소에서 일주일 동안 지내다 온 적도 있었다. 그는 경제적으로 너무 어려웠던 초기에 주로 마을에서 떨어진 쓰레기 처리장 같은 노상 한구석에서 구덩이를 파고 지냈다. 나는 그의 심각한 경제 문제를 돕기 위해 카운티로부터 경제적 지원을 받을 수 있는 서류를 작성해 주었고 그때부터 그는 절대적 빈곤에서는 벗어날 수 있었다. 이때부터 그의 비협조적인 모습은 다소 누그러들었다.

나는 한국에서 검도를 배운 적이 있어 여름이면 지역의 YMCA 같은 곳에 정서적 도움이 필요한 청소년 10명 정도를 모아 검도를 가르쳤다. 한번은 브라운이 지나가면서 도복을 입고 검도를 가리키는 내 모습을 본 적이 있다. 소리를 크게 내며 스텝을 밟는 것을 본 뒤, 말 그대로 그는 거의 90도로 숙이며 인사하기 시작했다. 미국 시골에는 동양 무술에 대한 막연한 환상이 있는 것 같았다. 처음과는 다르게 마음의 문이 열리면서 그가 자신의 이야기를 하기 시작했는데 그가 남쪽 지역에서 왔기 때문에 강한 남부 발음을 이해하는 것이 힘들었다. 이야기하다 보면 그의 말이 빨라져 도저히 이해하기 힘들어질 때가 많아 그를 멈추게 하고는 천천히 말해 달라고 자주 부탁했다.

그와는 거의 2년 가까이 만났는데 내가 한국으로 돌아오면서 더 못 보게 되었다. 처음 그를 만났을 때를 비교하면 그는 정서적·경제적으로 안정되었고 그 지역사회에 자신의 자리를 잡고 큰 문제 없이 지내게 되었다. 처음에는 정서적 혼돈과 참지 못하고 내지르는 불같은 성격 때문에 보호관찰 기간에 몇 번 정도 위기를 맞기도 했다. 그럼에도 전반적으로 그는 시간이 흐르며 사회에서 용납되지 않는 폭력적 방식으로 자신을 표출하는 행동을 서서히 줄여 갔다. 브라운이 심리치료를 통해 자신의 심리적 문제를 통찰해서 새로운 삶의 형태를 지향했다고 보기는 어렵다. 그는 시간이 지나면서 방어적인 모습을 상당히 내려놓았으나 여전히 나를 조심스럽게 대했다. 그는 자신이 말하는 내용이 회기 노트에 기록된다는 사실을 알고 있었는데 이것을 좋아하지 않았다. 그 내용을 그의 동의 없이 보호관찰사가 볼 수 없었음에도 그는 이 사실을 불쾌하게 생각했다. 제한된 신뢰지만 브라운은 나에 대한 믿음을 조금씩 확장해서 갔고 "내가 여기 있는 이유는 당신을 돕기 위한 것이다"라는 내 말을 받아들이게 되었다. 이러한 점진적으로 쌓인 신뢰가 그에게 좀 더 건강한 방식으로 감정 표현을 하는 데 도움을 준 것 같다.

또 다른 내담자였던 토니는 30대 후반의 스포츠머리를 한 통통한 백인 남성이었다. 그는 그 지역의 토박이였는데 그 또한 4년 형을 받고 2년 복역 후 가석방으로 나와 2년의 보호관찰을 받고 있었다. 토니는 어린 시절 경찰들이 들어오지 못하는 살벌한 우범 지역에서 자라 미국의 보통 사람의 상식을 초월하는 도덕적 기준을 믿고 살아가는 사람이었다. 다민족이 모여 사는 미국은 대체로 경찰을 신뢰하고 공권력에 대한 사회적 지지도 전반적으로 꽤 높은 편이다. 그러나 토니는 경찰에 대한 뿌리 깊은 불신이 있었고 어린 시절부터 경찰들이 체포하려는 범죄자들을 오히려 더 신뢰했다. 그러나 그는 범죄자라고 부르기 힘들 정도로 거칠고 폭력적인 모습과 거리 있었으며 때로는 소심했고 불안이 많았다. 그 당시 그는 범불안장애(Generalized Anxiety Disorder) 진단을 받았고 약물도 함께 복용하고 있었다. 그의 불안이 워낙 심각해 그는 국가로부터 재정 지원을 받고 있어 경제적인 면에서 큰 어려움은 없었다. 그에게 가장 어려운 문제는 술이었는데 가끔 불안을 잠재우기 위해 마시는 술이 어느 선을 넘으면 잠자던 그의 사회적으로 용인되기 힘든 문제 행동을 드러나게 했다. 나는 우선 그의 음주 문제를 해결하는 것을 도왔다. 그는 사회적 지원을 알코올 중독 자조 모임(AA, Alcoholics Anonymous) 모임에서 채워나갔다. 또한 가까운 교회에서 종교적 예식과 교제를 통해 폐쇄된 그의 내면세계를 점진적으로 개방하며 조금씩 나아졌다. 그는 자신의 어머니 집 옆에 버스 형태의 캠핑카를 주차해 놓고 그곳에서 생활했고 나는 때때로 그곳을 방문해서 심리치료를 제공했다. 그가 심각하게 불안이 올라올 때는 일주일에 2회기의 심리치료를 받을 수 있도록 해주었고 이러한 회기의 증가는 그의 불안 문제들을 점진적으로 감소시키는 데 도움이 되었다. 1년이 지났을 때 토니는 비슷한 또래의 여성을 좋아하게 되었고 다소 원활하지는 않았지만, 관계는 계속 이어졌다. 내가 한국으로 오기 일주일 전까지도 토니를 보았는데 그때까지도 그는 여전히 공권력에 대한 불신과 편집적 사고가 있었음에도 심리치료를 통해 부분적인 통찰을 하며 자신이 살아온 삶을 돌아볼 수 있었고 점진적으로 호전되었다. 그가 심리치료를 통해 찾고 있었던 것은 신뢰할 만한 대상을 통해 자신을 발견하는 것인 듯했다. 그의 어머니는 냉담했고 아버지는 부재했으며, 그 부재의 자리를 파괴적 범죄 형태로 살아가는 성인 남성들이 차지했다. 사회적으로 승인된 건강한 방식으로 접근하는 것이 무엇인지 알 수 없는 환경에 자라난 그는 깨어진 자신의 연속성을 회복하려는 시도를 심리치료를 통해 시도했다. 토니는 결핍과 부재의 총체적인 심리적 어려움을 성인이 되어서 다른 사람에게 위험한 행동을 가하는 방식으로 표출했다. 그는 이러한 파괴적 방식으로 살았기에 교도소에 두 차례 수용되었고 자신의 본질적인 문제를 해결하지 못하고 있다는 것을 끝내 통찰하지는 못했다. 그럼에도 그는 접근하기 거의 불가능했던 폐쇄된 불안한 영역을 격리해야 할 만큼의 위험한 행동을 통해 표출하거나 술을 통해서 달래는 방식이 아닌 건강한 사회적 연결고리를 통해 함께 공존하는 방식을 찾는 데에 약간의 진전을 보였다. 내가 심리치료를 했던 내담자 중에 반사회성 성격장애로 불리면서도 가장 부드러운 사람이 누구였을까 생각하면 토니가 떠오른다.

나는 한국으로 돌아오기 1주일 전에 그와 마지막 회기를 가졌다. 우리는 약 1년 반 동안 진행한 심리치료를 함께 돌아보고 그가 성취한 부분들을 살펴보았다. 모든 종결 회기를 마치고 사무실로 돌아왔는데 그곳을 떠나기 3일 전에 토니가 갑자기 전화해서 한 번 더 만나자고 했다. 우리는 오후 2시에 만나기로 약속했는데 12시경에 사무실 창문 너머를 무심코 바라봤을 때 8월의 강렬한 캘리포니아의 태양 빛이 내리쬐는 그 후덥지근한 건물 밖에서 땀을 흘리며 햄버거를 음료수도 없이 우걱우걱 먹고 있는 그를 발견했다. 토니는 대상을 잃는 것에 대한 절박한 불안을 느끼며 밖에 서 있는 것 같았다. 그런 그를 바라보자, 눈물이 핑 돌았다. 나는 곧바로 밖으로 나가 그를 사무실로 불러 다시 한번 종결 회기를 가지며 그가 불안해하는 부분들을 다시 살펴보고 그의 내면적 성취는 다른 이가 빼앗을 수 없다는 점을 이야기해 주었다. 긴 회기를 통해 토니는 훨씬 더 안정되었고 스스로 새로 시작해야 하는 삶을 덤덤하게 받아들이는 것 같았다.

심리치료사는 내담자를 거부할 수 있는가?

심리학에 관심을 두고 전문가가 되고 싶어 하는 사람은 누군가를 돕는 즐거움을 아는 사람이다. 대체로 동양이나 서양이나 이러한 성향은 비슷하며 심리치료 전문가들은 내담자 편에서 심리적 고통을 공감하기에 자신들보다는 타인의 요구에 민감한 사람들이다. 그렇다면 심리치료사들이 모든 내담자를 심리치료 공간에서 만나야 하느냐고 물을 수 있을 것이다. 드문 경우들이지만 심리치료사가 자신의 한계를 알고 도움이 되지 않을 것 같은 내담자라면 조속히 다른 전문가에게 보내는 게 내담자를 위해 훨씬 올바른 임상적 판단을 내리는 것이다. 나는 다양한 임상적 환경에 일하면서 다른 동료 전문가들이 꺼리는 경계선 성격장애, 양극성 장애, 품행장애, 반사회성 성격장애가 있는 내담자들을 대체로 다 받았다. 다른 이들이 꺼리는 데는 다 이유가 있긴하다. 이런 진단을 받는 내담자들은 심리치료의 진전이 거의 되지 않고 때론 정신증적인 강렬한 긍정적·부정적 투사를 하는 것이 특징이다. 여기서 말하는 강렬한 투사는 상식의 벽을 넘기에 심리치료사들이 담아낸다는 것은 절대 쉽지 않다.

한번은 양극성 장애와 경계선 성격장애 진단을 함께 받은 60대 초반의 제스민이라는 흑인 여성이 전화를 했다. 하지만 나는 다른 일로 바빠 전화를 받지 못하고 시간이 흐른 오후에야 받았다. 그러자 그녀는 늦게 전화를 받았다며 쩌렁쩌렁 울리는 큰 목소리로 욕설을 섞어 통화를 했고 나는 귀가 찢어지는 듯한 느낌을 받았다. 그러한 내담자의 강렬한 공격과 부정적 투사를 받으면서도 심리치료사가 보복하지 않고 살아남으며 건강한 방식의 상호작용을 할 수 있는 것은 자신의 직업에 대한 열정과 건강하지 않은 방식으로 관계를 맺을 수밖에 없는 내담자에 대한 공감 덕분일 것이다. 심리치료사 편에서의 공감은 내담자의 한계 상황에서 드러나는 파괴적이고 부정적인 대응 방식 이면에 있는 그들의 고통을 공감하고 이해하는 지점에서 가능하다. 이러한 과정은 일회성으로는 아무런 의미가 없고 길고 힘든 심리치료 과정을 거쳐야 한다. 내담자가 심리치료사를 배려하고 존중할 때도 있겠지만 항상 그런 것은 아니고 전이가 발생하면 그들은 강렬한 감정들을 표현한다. 내담자가 봐주기 때문에 그러한 전이 관계에서 심리치료사들이 살아남는 것은 아니다. 그렇기에 심리치료사에게는 내담자에 대해 공감하는 것이 가능한지 아니면 불가능한지는 중요하다. 만약 공감이 어렵다면 그런 내담자는 돌려보내거나 다른 전문가에게 보내야 한다. 심리치료사 관점에서 내담자를 공감하기 어려운 경우 심리적 회복 과정은 일어나지 않는다. 공감의 어려움의 정도는 개인적 성향의 차이가 있을 것 같고 이러한 차이는 존중되어야 한다.

한번은 20대 초반의 백인 남성이 심리 상담을 받으러 왔는데 그의 진단명은 양극성 장애 II였다. 이 진단을 받은 사람들이 모두 그렇지는 않지만, 관계에서 일방적이며 침범적인 측면이 있어 사람들과 함께 있는 사회적 관계 형성에 어려움이 있고 직장을 찾아도 지속하기가 어렵다. 이 남성은 빠른 속도로 자신이 겪은 불평등한 대우들과 현재 동거하고 있는 여자 친구와의 문제들을 열거하며 자신의 심리적·경제적 어려움을 피력했다. 거기까지는 그 내담자의 말에 공감하기가 그리 어렵지는 않았는데 그다음 그가 하는 이야기는 전혀 공감할 수 없었다. 그의 말에 따르면, 여자 친구가 현재 청소하는 일을 하며 생활을 꾸려 나가고 그는 집에서 놀고 있었다. 그런데 그녀가 퇴근하고 집에 와서는 피곤하다고 운동 같은 것을 전혀 하지 않아 그녀가 너무 뚱뚱해져서 바라보기 힘들다고 했다. 그래도 끝까지 들어보려고 그의 말에 귀를 기울이기는 했지만 들을수록 내담자가 호소하는 여자 친구와의 관계에서 오는 심리적 고통에 전혀 공감할 수 없었다. 나는 그럼에도 내담자를 거절하는 것이 미안한 생각이 들어 다음 회기 약속을 잡았다. 하지만 두 번째 회기에서도 나는 여전히 공감할 수 없어 상담이 끝나갈 무렵에 그를 내담자로 받을 수 없다는 것을 설명하고 다른 전문가에게 의뢰하는 과정을 돕겠다고 말했다. 그때 그는 쌍욕을 해댔던 것 같다.

한국에 와서도 지난 8년 동안 손가락에 꼽을 정도이기는 하지만 전혀 공감할 수 없는 내담자가 몇 분 계셨다. 그럴 때 좀 더 기다리기도 했던 적이 있지만 심리치료 효과는 거의 없었다. 어떤 내담자는 모든 문제를 심리치료사들이 마술적으로 해결할 것이라 믿는 분이 있다. 아니 신도 못 하시는 일을 어떻게 일개 인간이 단숨에 문제를 해결할 수 있을까! 또 다른 사람은 너무 방어적이어서 자기를 바라볼 수 있는 심리내적 공간이 전혀 없는 분이 있다. 물론 누구나 처음에는 방어적이기에 시간이 지나야 신뢰를 바탕으로 자기 모습을 억압하거나 회피하지 않고 서서히 바라보게 된다. 하지만 그 방어막이 두꺼운 경우에는 준비가 된 나중에 만나는 것이 좋다. 이런 이야기 하다 보면 성별에 관해 이야기하지 않을 수 없다. 상식적으로 남성이 남성의 심리 상태를 더 잘 공감하고 여성은 여성의 심리 상태를 더 잘 공감할 수 있는 것이 맞기는 하다. 성폭력으로 인해 심리적 외상이 있는 여성 내담자를 남성보다는 여성 심리치료사가 담당하는 것도 대부분은 맞는 일이긴 하다. 그러나 특별한 상황을 제외하고는 성별의 차이는 그다지 크지 않다. 나는 남자이지만 어떨 때는 여성 내담자에게 어머니에 대한 긍정적 부정적 투사를 받기도 하고 다른 때는 긍정 또는 부정적인 아버지 투사를 받기도 한다. 그렇기에 심리치료사의 성별은 그다지 중요한 요소는 아니라고 생각한다. 중요한 것은 심리치료사들이 내담자의 심리적 상태에 대해 얼마만큼 공감할 수 있는가 하는 것과 이러한 과정을 이해하기 위해 얼마만큼 전문가로 훈련되었느냐 하는 것 같다.

심리치료사들에게 필요한 놀이 영역과 문화 영역

심리학 관련 세미나를 찾아가면 임상 경험이 많은 발표자일수록 본격적인 일정을 시작하기 전에 항상 이야기하는 내용이 있는데 그것은 자신을 잘 돌보며 지내라는 것이다. 심리치료 전문가로 살아간다는 것은 며칠 또는 몇 주 아니면 몇 년 동안만 고통스러운 내담자의 이야기를 듣는 것이 아니다. 그 일은 죽을 때까지 반복되는 일이기에 자기 자신을 돌보지 못하는 사람은 이 분야에 살아남을 수 없다. 보통 일반적 관계에서 사람들은 서로를 돌보며 친밀감을 형성하고, 위로하며 서로에게 든든한 지원자가 되며, 힘든 시기를 지나치기도 하고 즐거움을 나누기도 하며 지낸다. 그러나 심리치료 상황에서 내담자는 심리치료사를 돌볼 마음의 여유가 없으며 심리치료사와 내담자의 관계는 일방적이다. 다시 말해 심리치료사가 내담자를 돌보며 그들이 회복되는 과정을 적극적으로 돕는다.

언젠가 나는 밋밋한 플라스틱으로 되어 있는 연구실의 블라인드가 볼품없어 보여 하얀 커튼을 그 위에 만들어 달았다. 그러면서 내담자들이 들어오면 새로운 안정감을 주는 듯한 하얀 커튼을 좋아하리라 생각했다. 그러나 여러 명의 내담자 중 한 명 빼고는 아무도 커튼을 바꿨다는 사실조차 알지 못했다. 심리치료 시간에 내담자들은 자신의 내면 세계에 몰두하며 때론 고통스러워하고 상실에 대한 애도로 인한 슬픔을 느끼기도 하며, 억압된 증오를 만나며 분노하기도 한다. 이러한 격렬하고 원시적인 심리적 정서를 만날 때 심리치료사가 건강한 모습으로 존재하기 위해서 자신의 삶을 돌보아야 한다.

그러나 내담자의 심리적 어려움을 돕는 직업적 특성상 심리치료사들은 대체로 자기를 돌보는 일에 불성실하고 건강하지 않은 방식으로 자기를 돌보는 사람들이 많다. 나는 북캘리포니아에서 같이 일하던 동료들과 가끔 만나 힘들었던 순간들을 나누는 모임을 갖고는 했지만, 그것으로 충분치 않았다. 혼자서 일만 하며 지내는 일상이 너무 힘들어 다른 방식으로 지친 정서를 완화하는 방법을 찾다 담배를 피운 적이 있다. 특히 나중에는 야간에도 교도소와 응급실에 가서 일하는 경우가 빈번해지며 일의 강도는 시간이 지날수록 커져만 갔고 정신과 몸이 피폐해져 감을 느꼈다. 담배의 쓴맛이 일하면서 밀려오는 심리적 공허함을 상쇄해 주어 가장 힘들 때 피난처와 같이 느껴져 가끔 피웠다. 그러던 어느 날 페어차일드 메디컬센터(Fairchild Medical Center) 응급실에서 밤새도록 자살 시도 내담자들의 심리 진단 평가 작업을 끝내고 피곤한 몸을 끌며 집으로 돌아왔다. 떠오르기 시작한 아침 햇살을 등 뒤로 하고 집에 도착하자 정신적·육체적으로 힘들어 담배를 입에 물었다. 잠시 후 담배를 입에서 뺐을 때 하얀 필터에 피곤으로 인해 짓무른 입술 안쪽의 시뻘건 살점이 묻어 나왔다. 나는 순간 기겁을 했고 이런 식으로 정신적으로 힘들 때마다 담배를 피우면 죽을 수도 있겠다고 생각해 그 이후로는 피우지 않았다.

힘들고 지쳐 있을 때 가끔 본 한국 영화는 새로운 활력을 주기도 했다. 유학을 떠나기 전 한국에 있을 때 나는 미국 사회의 개인주의 문화를 배경으로 한 독특한 삶의 방식을 내용으로 하는 할리우드 영화에 매료되었다면 역설적으로 미국에서는 토속적인 한국 영화를 주로 보며 위로를 받았다. 특히 가난한 사람들의 삶을 그린 영화들 가운데 오밀조밀한 장소에 모여 사는 판자촌이 나오고 그곳에 있는 조그마한 구멍가게들이 있고 좁은 길들이 나타나는 장면들을 보며 감성적으로 위로를 받았다. 이런 영화에는 대부분 순댓국이나 국밥을 먹으며 소주를 마시는 장면이 나온다. 정서적으로 고갈된 상태에서 이런 장면을 보면 아주 매력적으로 느껴진다. 한번은 세크라멘토로 출장을 갈 일이 있어 일을 마치고는 저녁에 호텔에 가기 전 한인 마켓에 들러 소주 한 병과 국밥을 포장해 사서 들어갔다. 싸 온 국밥을 전자레인지에 데우고 소주를 물컵에 따라 식탁 위에 펼쳐놓았다. 영화에서처럼 나는 국물을 한번 떠서 먹고 소주 한잔을 마셨다. 영화에서는 국밥을 영혼의 음식처럼 들이마시듯이 맛있고 즐겁게 먹던데, 그 당시에 먹은 국밥에서는 왜 그리 돼지 냄새가 펄펄 나던지 비위가 상했다. 또한 영화에서는 소주를 그렇게 달고 맛있게 마시던데, 실제로 소주를 먹어 보니 왜 그렇게 쓴지 더는 마실 수가 없어 모두 화장실 변기통에 버렸다. 상상과 실제는 많은 차이가 난다는 것을 새삼 다시 경험했다.

나는 일과가 끝난 뒤 늦은 저녁에 항상 동네를 혼자 산책했다. 심리치료의 영역은 시간이 갈수록 일이 늘어나는 특성이 있다. 아무리 좋아하는 일이라도 심각한 심리적 어려움을 겪는 내담자들을 지속해서 만나는 것은 쉽지 않다. 만성적인 심리적 어려움이 있으신 분들은 조기 종결이 불가능하고 생각보다 많은 시간이 들어간다. 이러한 환경에 노출되어 상담을 계속할 때는 결국 심리치료사들도 어려워지는 순간이 온다. 이러한 어려움은 시간이 지속할수록 더욱더 압박감으로 느껴진다. 미국 사회에서 이러한 직업적 어려움을 나눈다는 것은 한국과는 사뭇 다르다. 백인 사회에는 직장 내 다른 이들의 눈치를 살피는 것을 잘하지 못해도 문제시되지 않지만, 자신의 전문 분야에 문제가 생기면 그것은 정말 심각한 일이다. 나는 심리 상담을 시작하고 시간이 지나면서 조금씩 힘들어지기 시작했는데 몇 년이 흐른 어느 날 혼자 산책을 할 때 갑자기 죽고 싶다는 생각이 들 정도였다. 이 자살 충동은 아주 천천히 그리고 서서히 내 마음속에 일어나 퍼지고 있었다. 정신증 환자들이나 자살 시도자들을 지속해서 만난다는 것은 어느 영역이든 그들을 보살피는 전문가들에게 영향을 주게 되는 것 같다. 깊은 우울감과 언제 끝날지 모르는 당시, 수행하고 있던 복잡하고 무거운 일들이 나를 짓누르고 있을 때였다.

그 당시 나에게 경제적 여유가 있었다면 그만두었을 텐데 그럴 만한 여유가 없었고 아내가 박사학위를 마칠 때까지는 어떻게든 버텨야 했다. 지금이야 결과적으로 그 어려운 시간을 지나왔기에 현재의 자리에 있다는 고백을 여유롭게 하지만, 그때는 그럴 만한 여유가 없었다.

언제 끝날지 알 수 없는 기나긴 시간 동안 홀로 버텨야 한다는 현실의 벽에 부딪히며 나는 빠져나올 수 없을 것 같은 깊은 절망을 느꼈다. 그렇게 아주 무거운 마음으로 그 마을을 며칠을 돌며 우울감이 최고치에 달했을 때 갑자기 마음속에서 조용한 음성이 들렸다. "병호야, 내가 너를 사랑한다"라는 신의 목소리였다. 나는 이러한 신비한 체험들에 대해 그다지 선망하거나 믿지 않는데 이때의 목소리는 지금도 생생하고 강렬하게 남아 있다. 그 목소리가 나를 살렸다. 그때 눈물이 왈칵 쏟아졌고 '나는 혼자가 아니구나'라는 생각에 짓누르던 우울감은 서서히 사라졌다. 심리적으로 사람들을 가장 힘들게 하는 것들은 고립감, 외로움, 절망감 그리고 우울감이다. 신앙의 힘은 놀랍게도 내가 가장 취약하고 절망적인 순간을 넘어가게 하는 커다란 힘이 되었다.

위니컷은 놀이란 무한대라고 말했다. 이는 각 개인이 독특한 개성을 지닌 것처럼 한 개인이 지닌 고유한 주관적 특성들이 중간 영역을 거쳐 놀이의 세계로 뻗어 나온다는 의미에서 무한한 가능성이 있다는 뜻이다. 이 놀이라는 중간 영역은 개인이 정체되거나 진공 상태의 한 지점에 멈추어 서 있는 것을 의미하지 않는다. 놀이는 사람들에게 주관적 개인 세계에서 중간 영역으로 그리고 놀이의 세계로 마침내 외부 현실로 확장을 돕는다. 소위 중독은 이와는 반대로 건강하지 않은 방식으로 사람들을 정체되게 만든다. 술이나 담배는 놀이라기보다는 중독에 가깝다. 놀이의 종류는 각 개인의 독특한 개성만큼이나 다양하다. 신앙의 영역을 중간 영역에서 발생하는 놀이로 보는 것은 다소 협소하게 바라보는 시각일 수 있다. 그러나 종교의 초월적 영역이 심리적 압박감에 짓눌려 있는 사람들에게 새로운 세상을 바라보는 시각을 갖게 하고 주변 상황이 바뀌지 않았음에도 지루했던 일상에 신선하게 참여할 수 있게 도와준다는 의미에서 중간 영역에서 발생하는 놀이의 영역으로 볼 수 있다.

나는 미국에서 주로 자전거를 타며 심리적 정서의 균형을 맞추려 했다. 자전거를 끌고 주변 야산으로 가서 마음껏 탔는데 나중에는 이것도 재미가 없어져서 소형 내연기관 엔진을 사서 달고 조용한 시골 마을을 휘젓고 다녔다. 소리가 얼마나 컸는지 잔디를 깎던 마을 사람들이 멈춰서 바라보았지만, 나에게 뭐라 하는 사람들은 다행히 없었다. 한국 와서도 여전히 나는 자전거를 탄다. 산악자전거를 사서 이번에는 전기 모터를 장착해서 가파른 길들을 어려움 없이 쉽게 올라간다. 한번은 아주 가파른 산길을 페달을 천천히 돌리며 모터의 힘으로 올라가고 있는데 앞에 땀을 뻘뻘 흘리며 자전거를 타는 중년의 남자분이 있었다. 나는 가볍게 미소를 지으며 그분을 추월했고 산 위에 올라갔는데 잠시 뒤 땀이 범벅이 되신 그분이 옆에 와서는 어느 정도 내공이 쌓여야 언덕길을 그렇게 쉽게 올라올 수 있냐고 물었다. 나는 그에게 모터를 가리키며 내공 같은 것은 없고 전기 모터만 달면 된다고 이야기해 주었다. 산에서 자란 나는 산에서 진하게 풍기는 나무 향기와 풀 향기 그리고 흙 향기를 맡으면 원초적인 고향의 향기를 맡는 느낌이 드는데, 이 강렬한 향기들은 성욕보다 더 유혹적이라고 생각한다. 이런 향기들을 맡으며 산을 자전거로 오르내리고 모든 정신적 혼돈과 불안을 뒤로하며 산길을 내달릴 때는 신선함으로 채워지는 느낌이다.

나는 쌓여 가는 부정적 정서들을 해소할 특별한 장이 없어 이 산악자전거를 타는 동안 대부분 발산한다. 우아한 모습으로 내담자의 다양한 양극단의 정서들에 변함없이 공감하며 자리에 앉아 있기는 쉽지 않다. 산에서 자전거를 탈 때 나는 다소 무례하기도 하고 침범적인 사람이 돼서 내달린다. 충격을 흡수하는 샥(서스펜션)이 앞바퀴에 달려 있는데 샥이 움직이는 폭이 일반자전거가 10cm라면 산악자전거는 30cm

여서 충격을 더 많이 흡수해 준다. 그럼에도 커다란 자길밭으로 되어 있는 길을 지날 때는 샥이 없는 자전거처럼 사정없이 전후좌우로 핸들과 안장이 요동친다. 나는 이러한 과격하게 전달되는 충격을 통해 경직된 심리적 정서들이 뒤흔들리는 것을 즐긴다. 3시간 30분 정도 산을 타고 나면 자전거 핸들을 제대로 잡을 힘도 없을 정도로 힘이 빠지는데 이것은 정서 순화에 좋은 신체적 운동이란 생각이 든다. 이처럼 대중 앞에서 모범이 되며 살아야 하는 심리치료사들에게는 자신들의 우아하지 않은 측면을 표출할 장이 필요하다.

같은 분야에서 일하는 동료들과 고민을 나누는 시간은 많은 도움이 된다. 그렇기에 심리치료 영역에서 일하는 사람 중 마음에 맞는 분들과 가끔이라도 만나서 삶을 나누는 자리를 가질 것을 추천해 드린다. 더불어 심리치료 영역에 일하거나 일할 계획이 있는 분들은 자신만의 놀이를 꼭 찾아서 즐길 것을 권유한다. 내 아내의 놀이는 매일 새벽 교회에 가서 새벽기도를 드리는 것이다. 나도 다른 사람에게 이야기하기 좋게 새벽기도를 하는 것이 놀이였으면 할 때가 있었다. 아마 그렇게 되었다면 한국에서 목회를 계속했을 것 같다. 그러나 놀이는 흉내내서 되지 않고 자신만의 것을 발견하는 것이 중요하다. 나에게는 임상 영역에서 일하는 것 자체가 놀이이기도 하다. 미국에서 다양한 내담자층을 만나면서 힘든 일이 많았지만, 한국에서도 같은 일을 하는 것을 보면 이 업이 나에게 맞는 것 같다. 나 스스로도 가장 안정될 때는 학교 연구실 의자에 앉아 내담자들을 상대로 심리치료를 할 때라는 생각이 든다. 그러나 가끔 아동 내담자가 무의식 세계의 지속적인 파괴적 충동을 표출하며 과격하게 자신의 원시적 공격성을 모래 상자에 적나라하게 드러낸 후 떠났을 때 전쟁터처럼 어수선한 연구실을 바라보는 것은 심란하다. 아동이 떠난 그 자리에 있는 것이 힘들어 어떨 때는 난장판이 된 연구실을 무심하게 떠날 때가 있지만 다시 돌아와 그들이 남긴 투사된 정신의 자국들인 피규어들을 정리한다. 때론 한계를 느끼기도 하고 앞이 보이지 않을 정도로 어느 방향으로 가야 하는지 힘들 때도 있지만 나에게 연구실은 놀이터이며, 놀이가 되지 않은 이들을 초대하는 장인 것이다.

비행 청소년에 대하여

내가 시스키유 카운티 정신과에서 일할 때, 그룹 홈에서 다시 일반 가정으로 복귀하는 심각한 비행 청소년들을 어떤 임상가도 자신의 내담자로 받기를 꺼렸다. 그만큼 만성적인 심리적 어려움을 지닌 대상에게 심리치료를 통해 도움을 주기는 쉽지 않다. 그러나 나는 처음에 비행 청소년들을 내담자로 받는 것을 그다지 심각하게 생각하지 않아 대부분 받아들였는데 시간이 지날수록 그것이 얼마나 힘든 일인지 알게 되었다. 많은 경우에 성공적인 심리치료 사례를 읽으며 이 분야에 입문하는 이들은 고양되기도 하고 앞으로 펼쳐질 전문 분야에서의 일들을 즐겁게 계획하기도 한다. 하지만 폭력 문제를 동반한 청소년들의 심리치료 사례의 성공률은 실망스러울 정도로 미미하다. 보통 품행장애로 진단되는 청소년들의 행동 문제들은 심리치료의 범주를 넘어선 강도 높은 폭력의 문제를 동반한다. 아동이 드러내는 폭력성 문제와 청소년이 드러내는 폭력성 문제는 질적인 면에서 커다란 차이가 나는데 청소년들은 누군가에게 실제적인 심각한 상해를 입힐 수 있다. 이들이 살아온 가정환경은 열악하고 많은 경우 폭력에 노출되었으며, 그들의 부모들이 심각한 문제가 있어 양육권을 박탈당해서 그룹 홈으로 보내지고 그곳에서 자라게 된다. 그러나 시간이 흐른 뒤 그들의 친척들(많은 경우 조부모들)은 그들을 입양할 수 있어 법적 절차를 거쳐 그들을 집으로 다시 데려온 후 심리치료 전문가에게 도움을 받기 위해 찾아온다.

그 당시 그 청소년들이 그룹 홈에 가기 전 가정에서 겪었던 일들 가운데 너무나 충격적인 일들이 많았다. 그들이 그룹 홈에서 나오기 전 카운티 정신과는 그들의 개인 파일을 받게 되는데 그 자료들에 기록된 학대의 종류들을 읽을 때면 현실이 영화보다 훨씬 더 처절하다는 생각을 하게 되었다. 어떤 부모는 아이들이 어릴 적 그들에게 개 배설물을 먹인 사람들도 있었다. 이런 환경에서 자라났던 청소년들에게 사회에서 요구하는 남을 배려할 수 있는 우아한 매너를 가진 성숙한 태도를 기대하는 것은 무리인 것 같다. 어떤 때는 폭력적인 가정에 있는 청소년을 가정에서 분리하는 과정에 사회복지사와 협력하여 돕는 때도 있었다. 한번은 이러한 경우의 청소년을 돕기 위해 가정 방문을 하러 차를 타고 가는데 동료 직원에게 다급히 전화가 걸려 왔다. 받아보니 지금 그 청소년 아버지가 문 앞에서 산탄총을 들고 나를 기다리고 있다고 했다. 어쩔 수 없이 급히 차를 돌려 다시 돌아왔다.

내가 비행 청소년들을 대상으로 심리치료를 하며 가장 힘들었던 것은 그들의 폭력성에 관한 것이다. 대체로 그들은 초기에 심리치료에서 진전을 보이는데, 안정적이라고 생각하기 시작하는 6개월에서 1년 사이 눈에 띌 만한 가시적 변화를 보인다. 그들은 심리치료의 도움으로 폭력적 성향이 완화되기도 하고 여전히 약간의 어려움이 있기는 하지만 학교에서 처음보다는 문제를 덜 일으키기도 한다. 그러나 이러한 안정적인 모습으로 회복되어 가는 길목에서 그들은 다시 폭력성을 보이기 시작한다. 위니컷의 말대로 바뀐 안전한 환경이 거짓된 인위적인 것인지 아니면 그들이 진정으로 신뢰할 수 있는 환경인지를 실험하는 단계에서 그들은 때때로 사회에서 용인될 수 없는 정도의 폭력성을 다시 보이기 시작한다. 그들이 나에게 폭력을 행사한 경우는 없지만, 자신들을 돌보는 양육자들에게 폭력성을 행사한 경우들은 종종 있었다. 그 청소년들은 자신들이 문제를 일으키면 더는 안전한 가정에서 머물 수 없고 원치 않는 그룹 홈으로 돌아가야 한다는 것을 알고 있으면서도 파괴적 행동을 멈출 수 없는 경우들이 많았다. 양육자들은 최대한 그들의 폭력을 버티려 하지만 어느 시간이 지나면 어쩔 수 없이 포기할 수밖에 없는 순간이 온다. 그때 그 청소년들의 가정과 학교에서 보인 행동들에 대한 상세한 보고서를 올리고 최종 사인을 하는 사람이 나였는데 그 과정은 고통스러웠다. 보고서를 완성하고 인쇄를 한 후 서명란에 마지막 서명하기 전 침통한 마음으로 그 보고서를 한참 동안 바라보던 기억이 난다. 그 당시 나는 그런 일들로 힘들어했지만, 눈물을 흘린 적은 없었다. 그러나 요즘은 그 청소년들을 생각할 때마다 눈물이 난다. 주책없게도 비행 청소년의 심리에 관련된 수업 시간에 옛날에 만났던 청소년들을 언급하다가 눈물이 날 때가 있다. 아마 그 당시 억압했던 감정들을 지금은 고스란히 느끼는 것 같다.

한국에서 만난 비행 청소년들은 심리치료를 통해 개선된 성공적인 사례들이 있다. 내가 미국에서 만났던 비행 청소년들과는 다르게 한국에서 만난 청소년들은 부모들이 직접 데리고 온 경우들이기 때문에 덜 가혹한 상황에 놓여 있었고, 만성적이라기보다는 중학교 또는 고등학교 때부터 문제 행동을 일으켰다. 이러한 비행 청소년들은 상대적으로 심리치료의 도움으로 회복될 가능성이 더 있다. 위니컷은 이 비행 청소년들을 바라보는 우리의 시각을 교정해 준다. 그는 비행 청소년들의 문제 행동만을 바라보지 말고 그 뒤에 있는 그들의 심리적 고통과 결핍에서 오는 문제를 볼 수 있게 도와준다. 위니컷은 비행 청소년들의 폭력적이고 파괴적인 행동들이 자신들의 문제를 세상에 알리며 도움을 달라고 하는 외침이라고 여겼다. 이러한 그의 심리적 통찰에 나 또한 동의한다. 위니컷은 충동성, 공격성, 파괴성의 측면들을 비판하지 않고 중립적인 심리적 내용물로 보았다(위니컷, 1989). 그러나 이러한 사람들의 폭력적인 측면은 때론 나 아닌 다른 이들에게 피해를 주기에 전반적으로 사회에서는 금기시하는 단어이기는 하다.

우리는 자신을 소중히 여길 뿐만 아니라 다른 이들에게도 배려할 수 있는 성숙한 인간상을 기대한다. 그러나 섬세하고 아름다우며 성숙한 성인의 배려와 사랑의 모습은 초기부터 아름다웠다고 할 수 없다. 아기가 사랑을 표현하는 방법은 엄마의 젖꼭지를 깨무는 것이고, 이를 견디어 주는 엄마의 보살핌 속에서 원시적 아기의 파괴적 사랑의 표현은 시간이 지나면서 더 인간적이고 따뜻한 모습으로 성숙해 간다. 이러한 건강한 방식의 충동과 공격성에 대한 통합은 이들이 아동기와 청소년기 그리고 성인기를 거쳐 외부 현실에서 자신의 잠재성을 펼치며 살아갈 때 삶의 원동력이 되고 좌절이 왔을 때 이를 버티는 힘이 되기도 한다.

사회는 누군가에게 무엇이 되기를 끊임없이 요구한다. 하지만 이러한 외부 환경의 요구에 순응하기보다 건강한 방식으로 자신을 드러내기 위해서는 이러한 충동적이고 공격적인 요소들이 필요하다. 반사회적인 청소년들은 임상적 측면에서 자신들의 공격적인 모습을 건강한 방식으로 성숙시켜 가는 과정을 발탁당한 이들일 수 있다. 그러나 이러한 배려심 있는 심리적 이해와 현실에서 청소년들의 폭력성을 만나는 것은 사뭇 다르며 그들의 공격적인 모습은 때로 무섭기조차 하다. 그럼에도 이러한 심리적 문제를 외현화하는 청소년들에게 심리적 도움이 필요하며, 이 도움이 때론 성공하지는 못하더라도 이 사회를 책임지는 성인들이 짊어지고 가야 하는 삶의 일부분이란 생각이 든다. 어찌 보면 이들을 마지막으로 도울 수 있는 청소년 시기에 내미는 도움의 손길은 그들의 삶을 바꿀 수도 있기에 우리는 지속해서 그들에게 관심을 주어야 하겠다.

4장

⋮

임상 사례

심리치료에서 무엇이 발생하는지 알려면 사례 연구가 유일한 방법
이다. 나는 처음 심리학 서적을 접했을 때 가장 흥미로운 분야가 사례
연구였다. 평범한 사람의 시각으로는 그냥 스쳐 지나가게 되는 외부로
드러난 누군가의 모습 뒤에 펼쳐지는 무의식의 생생한 내면세계를 고
스란히 보여주는 사례집은 내가 알지 못했던 또 다른 무한대의 세계를
바라볼 수 있는 커다란 창문을 제공해 주었다. 그 경이로운 창문을 통
해 나는 이전에 바라볼 수 없고 알 수 없었던, 그러나 눈에 보이는 외부
현실보다 더 현장감 있는 인간 내면의 정신세계에 대해 많은 것을 배
우고 경험할 수 있었다. 이론서들이 이 세계를 나름 구조적으로 일관
되게 설명하려 하지만 아무래도 그런 설명은 보이지 않는 무의식을 포
함한 사람의 내면세계에 도달하기에는 충분치 않은 경우가 많고 때론
구체성을 상실한 지식의 향연일 경우도 있다. 이에 반하여 사례집은
개인들의 생생하고 구체적인 삶을 배경으로 하기에 한계 설정이 되어
있는 현실 세계에 살아가는 한 개인의 무한하고 다채로운 내면세계를

알아가고 경험하는 데 많은 도움을 준다. 사람들은 외부 현실을 손으로 만지고 눈으로 바라보면서 느끼며 알게 되는데, 내면세계는 꿈을 통해 또는 자유 연상을 통해 만나고 때론 감정으로 경험하고 느끼며 다가서고 알아가게 된다.

힘든 어린 시절을 보낸 한 중년 여성은 자신이 어릴 적부터 청년이 되기까지 26년간 살아왔던 집을 바라볼 수 없어 항상 외면하며 그곳을 지나쳐야만 했다. 외면하는 순간에 그녀의 내면세계에는 수많은 감정이 격렬하게 요동쳤다. 평온한 버스를 타고 지나가며 수치심을 떠오르게 하는 자신이 자란 집을 바라볼 수 없어 반대편을 무심히 바라보고 있는 이 중년 여성의 내면세계에서는 부모에 대한 강렬한 감정과 어린 시절의 역동이 휘몰아치고 있었으나 이를 눈치챈 승객은 아마 없었을 것이다. 그러나 그녀의 내면세계에서 발생하는 강렬한 역동은 현실에서 발생하고 있는 일들보다 더 사실적이고 생생하다. 자신이 어린 시절 자랐던 옛날 집은 부모님 관계에서 발생한 심리적 외상으로 남아 있는 거부할 수 없는 수치감과 불안의 흔적을 고스란히 간직하고 있기에 그녀의 가슴을 요동치게 만든다. 이렇게 고통받고 있는 자신의 모습을 회복하고 그로 인해 발견하지 못한 자신의 잠재성을 발견해내는 것은 오랜 시간이 요구되며 내면세계에 대한 깊은 이해가 필요하다.

누구에게나 자신의 문화화된 이면에 있는 원초적이고 강렬한 모습을 여과 없이 바라보는 것은 두렵고 떨리는 일이다. 내가 내담자들에게 혹시 당신의 이야기를 사례로 써도 좋겠냐고 부탁했을 때 대부분 흔쾌히 허락해 주었다. 의식 세계 아래에 해리되어 있거나 파편화되어 있는 자기 모습을 만나는 것은 큰 용기가 필요하다. 누군가의 일상에서 불안과 우울을 지속해서 경험한다면 무의식 세계에 있는 만나야 할 자신의 모습을 외면하기 때문일 수 있다. 긴 심리치료 기간에 내담자들이 자신의 모습을 찾아가는 과정은 아름답고 격렬한 순간들이다. 대담하게 자신의 내면세계에 관한 이야기를 공개하도록 허락해 주신 용기 있는 분들에게 이 지면을 통해 감사드린다. 이곳에 기술한 모든 내담자 사례는 개인정보 보호를 위해 가명으로 되어 있고 신상에 관한 정보들도 수정되어 있으며, 어떤 경우에는 내담자의 적극적 요청에 따라 바뀐 정보들이 있기는 하지만, 심리치료 시간에 발생했던 거의 모든 내용을 가감 없이 기술하려 하였다.

이곳에는 세 편의 사례를 실었다. 두 사례는 상대적으로 짧게 진행된 것이고 마지막 사례는 장기적으로 진행된 것이다. 임상 영역에서 많은 이가 단기 심리치료를 선호한다. 이것은 내담자 개인의 선택이며 존중해야 한다. 그러나 때론 장기 심리치료가 도움이 되는 내담자들이 있고 이는 단기에서 접근하기 어려운 깊은 무의식의 세계로 인도하게 되며, 풍부하고 다채로운 한 개인의 내면세계로 연결되는 자신을 알아가는 여정이 된다. 사람들은 익숙한 자기 모습으로 살아가고 이것이 안정감을 제공한다. 그러나 그 익숙함은 내면세계에 아직 표현되지 못하고 있는 또는 발견되기를 기다리고 있는 잠재적 요소들에 접근하는 것을 방해하기도 한다. 내면세계를 바라볼 때 사람들은 자신의 익숙함 너머에 존재하는 또 다른 자신의 본질적인 모습들을 발견하고 지루한 일상이 아닌 생생한 창조적 일상을 만나게 된다. 이제 용기를 내서 자신의 내면세계를 탐험했던 내담자들의 생생하고 역동적인 삶의 이야기로 여러분을 초대한다.

1. 착한 사람으로 살지 않을래요

50대 초반의 유치원 원장으로 있는 이지영은 자신에 대한 호기심과 불안의 기원에 관한 궁금증으로 심리치료를 받기 시작했다. 그녀는 성실하게 자신이 운영하는 유치원을 잘 운영해 오고 있으며 성인이 된 자녀 두 명 그리고 남편과 함께 살고 있다. 어린 시절 그녀의 친모는 어린 자녀 다섯 명과 가족을 버리고 떠나버렸고 그 빈자리를 메우기 위해 아버지는 고군분투하며 자녀들을 양육했다. 그녀는 초등학교 4학년 때 친모를 잠시 만난 적이 있었고 그 이후로 만난 적은 없다. 어린 시절 그녀는 새어머니가 오시기 전 초등학교 저학년 때 비가 오는 날 첨벙첨벙 물을 튀기며 걷고 있을 때 학교에 데려다주던 고종사촌 언니가 물이 튄다고 나무랐던 기억 외에는 그다지 많은 기억이 있지 않다. 이 원장이 초등학교 4학년 무렵에 새어머니가 들어오셨고 자라나는 형제자매들이 갈등하거나 문제가 발생할 때마다 셋째였던 이 원장 자신이 모든 집안 문제를 해결해야 한다고 생각해서, 자신이 가족 문제를 일으키지 않았음에도 항상 아버지에게 자신을 봐서 형제들을 용서 해달라고 빌었다. 이 원장은 친모와 가장 닮았다는 말을 어릴 적부터 들어 자신은 친모와 다르게 바르게 성장해야 한다는 압박감과 죄책감에 힘든 유년기와 청소년기를 보냈다. 아래의 내용은 회기 내용 중 중요한 부분을 간추려 요약한 것이다.

거울에 비친 삐뚤어진 입

이 원장은 어느 날 꿈에 입이 삐뚤어진 장면이 기억났고 그 삐뚤어진 입을 맞추고 있었던 꿈에 대하여 설명했다. 이 꿈은 그녀가 아무리 바르게 사람들 앞에 서려 해도 되지 않는 자신의 내면적 갈등을 드러내는 모습을 상징적으로 나타낸다. 그녀가 거울에 비친 삐뚤어진 입을 부단히 고치려 하는 모습에서 자신에 대한 왜곡되고 부정적인 측면에 대한 억압과 수치심이 드러난다. 이 원장은 가족관계에서 자신의 감정과 생각들을 솔직하게 표현하지만, 사회적 관계에서는 상대적으로 자기 생각이나 감정을 잘 드러내지 않는다. 그녀는 며칠 전 남편과 서울 시장에 관한 이야기를 하다가 정치적 견해 차이로 갈등이 생겼고, 그로 인해 심한 논쟁을 하게 되었다. 남편과 벌어진 갈등 상황에서 드러났던 자신의 강렬한 공격적인 측면과의 접촉을 통해 이 원장은 무력감을 느끼게 만드는 유치원 A 선생님과의 불편한 관계에 대해 말할 수 있게 되었다.

유치원 교사 중 A는 유독 이 원장을 힘들게 하는 사람이다. 그녀에 따르면 A는 모든 사람에게 착하게 보이고 싶어 하고 좋은 것은 자기가 한 것으로 공을 돌리며 모두에게 잘하려 했다. 이 원장은 자신이 그곳의 총책임자임에도 A가 그곳의 아이들에게 더 큰 영향을 미친다는 사실과 선생님들 사이에서도 집요하게 자신의 의견을 직접 또는 간접적으로 주장하며 일방적으로 자신이 원하는 방향으로 유치원 일을 해나가는 것이 마음에 들지 않았다. 또한 이 원장은 A에 대해 대부분의 선생님이 불편하게 생각하는데도 이러한 상황을 통제하지 못하고 끌려다니는 자신의 모습에 분개했다. 그녀는 항상 아이들과 함께 있을 수 있는 유치원에 나가는 것을 즐거워했으나 처음으로 유치원에 나가는 걸 원치 않을 정도로 A와의 관계에서 무력감을 느끼고 있었다. 그녀는 멋내로 행동하는 A를 파괴하고 싶은 충동을 느낄 만큼의 강렬한 감정을 느끼는 상황에 종종 놓이게 되었으나, 자신의 공격적 충동을 드러내는 것에 대한 죄책감을 느끼고 있었다. 이 죄책감은 자식을 버리고 집을 나간 부도덕한 어머니와 연결되어 있었고 더 나아가 어머니에 대한 수치감과 자신에 대한 수치감으로 그녀의 내면세계에 자리하고 있었다. 그녀는 주위 사람들에게 법이 없이도 살 수 있는 바른 사람으로 인정받으며 지내 왔으나 A와의 갈등 관계로 인해 자신이 유지해 오던 모습을 지켜내기가 어려워졌다. 그녀가 꿈에서 거울을 통해 입이 삐뚤어진 모습을 끊임없이 교정하고자 시도하던 노력은 A와의 관계에서 한계를 드러내기 시작했다.

다음 회기에 이 원장은 칼로 누군가를 찔러서 죽인 꿈을 꾼 것 같다고 하며, 만약 그런 일이 일어난다면 굉장히 끔찍한 일이라고 말했다. 그녀가 그 꿈에 대해 말하며 아무리 생각해도 죽일 만큼 싫은 사람은 없는 것 같다고 했으나, 잠시 후 어린 시절 몹시 자신을 괴롭혔던 오빠에 관하여 이야기했다. 오빠는 아버지가 집에 있을 때는 상대적으로 큰 문제가 없었으나, 안 계실 때는 실제로 폭력을 행사하기도 했다. 또한 오빠는 민감한 청소년 시기에 행동적 문제를 일으켜 아버지에게 큰 심적 아픔을 남겼다. 그녀는 아버지가 지금은 돌아가셨지만, 오빠가 큰 문제를 일으키지 않았다면 아버지는 더 오래 사셨을 것이라 말했다. 이 원장은 내면세계에 공존하고 있는 파괴적 충동을 꿈을 통해 만나고 있었으며, 구체적으로 파괴의 대상 중 하나였던 오빠와 관련된 기억들을 떠올렸다. 이러한 공격적인 측면을 만나는 것은 그녀에게 낯설고 어색하며 받아들이기 힘든 모습이기에 외면하고 살아왔다. 그녀가 착하고 바르게 살아야 한다는 말을 되새기며 오랜 세월 동안 억압하고 지내 온 이러한 파괴적인 측면들은 꿈속에서 거울에 비친 자신의 삐뚤어진 입으로 드러난다. 이 원장은 끊임없이 그 삐뚤어진 입을 수정하기 위해 노력하지만, 그 시도는 번번이 실패한다. 유치원에서 A가 그녀의 삐뚤어진 입을 드러나게 하는 사람이기에 그녀는 더욱더 무력감을 느낀다. 이 무력감은 그녀가 오빠와의 관계에서 벌어졌던 일들과 연결되어 있다. 그녀는 오빠의 폭력성 앞에 무력감을 느꼈고, 이 무력감 이면에는 그녀의 파괴적 충동과 공격성이 맞닿아 있다.

칭찬과 인정보다 중요한 것은 없다

이후 회기에서 이 원장은 심리치료실에서 자신이 힘든 일을 이야기하는 것이 부담스러운지 간접적 방식으로 물었다. 이것은 착한 사람으로 살아가지 않고 원색적인 자기 모습을 보이는 것에 대한 불편함과 거절당할 수도 있다는 불안의 표현이다. 심리치료 공간은 놀이가 되지 않는 내담자를 가장 자신일 수 있고 자유로울 수 있는 무의식과 의식의 중간 지대인 무한대의 중간 영역으로 초대하는 것이라 말할 수 있다. 이 원장은 심리치료 공간에서 만나게 된 자신의 파괴적 모습을 나와 함께 나누며 이곳에서 경험된 수용과 이해를 통해 더 과감하게 깊은 무의식을 통찰하기 위해 아버지로부터의 승인에 관한 주제를 다룰 수 있게 되었다.

이 원장은 다른 국립 유치원과 비교하면 자신이 운영하는 유치원은 상대적으로 잘 운영되며, 감사가 있을 때마다 좋은 점수로 통과했음에도 대체로 자신이 잘못하고 있다고 느꼈다. 그녀는 항상 자신이 잘못하고 있다고 생각했기에 남들이 잘하고 있다는 소리를 그녀에게 해줄 때 괴리감을 느꼈다. 동시에 그녀는 타인에게서 평가를 듣게 될 때 칭찬을 받고 싶어 하는 자신에 대해 알고 싶어 했다. 이러한 평가로부터 오는 갈등과 불안은 이 원장의 어린 시절과 연관된 기억으로 이어졌다. 그녀에 따르면 초등학교 3학년 때 우등상과 진보상(평균 10점 이상이 올랐을 때 주는 상)을 동시에 받아 아버지에게 자랑스럽게 갔는데 그는 그녀를 칭찬해 주기보다는 오히려 "그전에 얼마나 못했으면 진보상을 받았어!"라고 말씀하시며 웃던 기억을 떠올렸다.

이 원장은 그 장면과 관련해서 어떤 감정은 생각나지 않고 사진처럼 남아 있는 그 순간만을 말할 수 있었다. 그녀는 교사가 되기까지 어려운 과정을 거쳐 공부한 아버지의 눈에는 자녀들이 그만큼 열심히 하지 않는 것에 대해 실망스러워하셨다고 말했다. 그녀는 남이 보는 시각을 자신이 바라보는 시각보다 더 중요하다고 느낀다는 사실이 불편하다고 말했다. 그녀는 자신이 잘 알지 못하는 일들을 마치 다 아는 것처럼 이야기하는 자신에 대한 부적절함과 혹시 그러한 자신이 남들에게 불편함을 주는 것은 아닌지 고민했다. 그녀는 아버지에게 받고 싶었던 인정을 다른 이들에게 받는 인정으로 채우려 하는 자기 모습을 보며 언제까지 이런 일을 반복해야 하는지에 대해 절망했다. 이 원장은 오빠와 언니가 우등상을 많이 받아왔을 때 아버지는 그들의 상장을 잘 모아 놓았고, 그녀도 걸스카우트가 되고 싶었으나 언니만 될 수 있었다고 침통히게 말했다. 그녀는 어릴 적 아버지가 오빠와 언니를 위해 스케이트를 사 오셨으나 자기 것은 사 오지 않았다는 사실을 다른 이들과 말할 때는 웃으면서 이야기했다. 그러나 심리치료 공간에서는 슬픔과 좌절 그리고 분노를 감추었던 웃음 뒤에 있는 잊었던 감정들을 다시 느끼며 흐느껴 울었다. 그녀는 그동안은 아버지가 안쓰러워 항상 아버지가 속상하지 않게 하고 바르게 살아야 한다고 생각했다. 이 원장은 잘한다고 과시하고 잘하고도 못한다고 겸손하게 표현하는 자신을 다른 이들이 얼마나 비웃었겠느냐고 반문하며, 아버지의 승인과 인정이 여전히 필요한 자신에게서 벗어나 자유롭게 살고 싶은 충동을 표현했다. 그녀는 못 해도 괜찮고 칭찬 들으려 애쓰지 않고 살아가는 삶을 갈망했다.

이 원장은 어떻게 하면 자신이 자유로울 수 있는가 질문하고, 어릴 적 한 장면을 기억했으나 이와 관련하여 감정은 삭제된 아무런 느낌이 존재하지 않는 영역에 관하여 말했다. 이 삭제된 감정에는 그녀가 담아낼 수 없었던 원시적이고 파괴적인 감정들이 있었을 것이고 그녀는 그런 감정들은 억압해야만 했을 것이다. 이런 이야기를 하는 동안 이 원장은 약간의 현기증을 느끼고 있다고 했는데, 이는 억압된 감정을 만나기 시작하며 느끼는 신체화 증상으로 보인다. 이 원장은 이제 자신이 매일 느끼고 살아왔으나 억압되고 금기시되었던 감정들을 경험하며 잊힌 모습을 만나고 있다. 그녀가 찾고 있던 자유로운 삶이란 그 상실된 모습을 발견하고 수용하며 회복함으로써 얻어질 것이다.

원초적 충동의 경험 그리고 회복

몇 회기가 흐른 뒤 이 원장은 강한 빛이 땅 밑에서 하늘로 뻗어 나가는 꿈을 보고했다. 꿈에서 그녀는 밖을 보았는데 강하고 작은 빛이 있어 자세히 보니 바닥에 큰 화산같이 벌건 구덩이가 있었고 지진이 났다고 생각해 같은 아파트에 사는 사람들에게 모두 대피하라고 말했다. 이후에 또 다른 꿈에서 개구쟁이 같은 어린아이 2~3명이 함께 춤을 추는 장면을 기억했다. 이 원장은 이들에게 '귀여운 아기 악당들'이란 이름을 붙였다. 그녀는 원장으로서 유치원의 전반적인 일들에 관한 책임을 충실하게 했을 뿐만 아니라 다른 유치원들의 평가를 잘 받기 위해 돕는 일을 했으며, 유치원 협회의 회장으로서 다양한 사회활동을 이어 나가고 있었다. 이러한 일들은 때로 그녀가 할 수 있는 범위 너머에 있었으며 그로 인해 심신이 너무 쇠약해졌다.

나는 이 원장이 꾼 꿈들을 어떻게 해석하고 있는지 물었다. 그녀는 그 꿈에 나온 빛줄기를 자신의 무의식 속에 있는 감정들을 억압하기보다는 이제는 좀 더 표현하고 있는 상징적인 모습으로 이해했으며 현재 삶의 복잡함과 압박은 지진이 나는 듯한 혼돈을 말하는 것 같다고 투사했다. 이 원장은 자신이 원하는 삶보다는 다른 이들로부터 인정과 승인을 받기 위해 살아온 측면이 있다. 그녀는 내면세계 안에 있는 자신의 본질적 요소들을 외부 세계에서 찾으며 느낀 불안과 갈등들을 지진이 일어나는 것으로 꿈에 경험했다. 나는 그녀의 '귀여운 아기 악당들'이 나온 꿈은 어린 시절 잊고 살아온 자신의 또 다른 주위의 눈치를 보지 않는 자신의 천진난만한 모습을 만나고 있는 내용이라 해석해 주었다. 그녀는 꿈을 통해 자기를 잃고 포기하며 살아가는 불행한 착한 사람이 아닌 귀엽고 생동감 넘치는 악당 같은 사람으로 살아갈 가능성에 관하여 말하고 있다.

그다음 회기에 이 원장은 새로운 꿈에 대하여 말했다. 그 꿈의 내용은 두 명의 여자 평가사가 예고 없이 갑자기 찾아와서 평가해야 한다고 말하는 장면으로 시작한다. 꿈에 그녀는 당황하여 걱정하는 목소리로 아직 준비되어 있지 않다고 하자 평가사들은 그녀에게 가볍게 생각하면 된다고 말하며 낯선 허름한 몇 개의 건물에 들어가 살펴보기 시작했다. 이 원장이 그중의 한 건물에 들어가 보니 그곳의 한쪽은 불이 환하게 켜져 있었던 반면 반대쪽에는 전혀 빛이 없는 어두운 곳인데 그쪽으로 가서 확인하자 물건들이 정리되지 않은 채 흩어져 있었고 그 밑에 지하로 내려가는 계단이 있었다. 그녀는 이곳을 언젠가 와본 적이 있다는 생각이 들었고 그 당시 기억을 떠올리며 미로 같은 긴 터널을 지나 다양한 방들에 도달했다. 그 방 중의 하나는 아이들이 신나게 뛰어놀 수 있는 밝은 색깔로 칠해진 놀이방이었다. 꿈에 이 원장은 유치원 건물 앞에 새로 닦은 주차장들이 깨끗하게 만들어져 있는 것을 보았으나 실제로 그녀가 운영하는 유치원은 주차장이 없어 앞쪽에 있는 아파트 주차장을 양해를 구해 사용하고 있었다.

그런 뒤 이 원장은 최근 대학에 들어간 아들이 매일 늦게 들어오고 미팅을 많이 하는 것이 불안하다고 말했다. 더구나 요즘은 그 아들이 여자 친구가 생겨 만나고 있다는 느낌을 받아 물어보니 전혀 그렇지 않다고 대답하며 발뺌하는 그를 신뢰할 수 없어 했다. 첫째 딸인 누나가 동생에게 물어보자, 나중에는 여자 친구가 생겼다고 했다. 그런데 이 원장은 혹시 아들이 나쁜 여자 친구를 만나 인생을 어렵게 살지 않을까 하는 걱정을 하게 되었고 이런 생각은 그녀의 불안을 증폭시켰다. 자녀들과 관련된 불안들을 이야기하며 그녀는 아들에게뿐만 아니라 딸과의 관계에서도 아직 남자 친구가 없지만 언젠가 남자가 생겨 가정을 떠날 것이라는 불안과 남편에 대한 걱정을 토로했다. 그녀는 자녀들은 떠날 준비가 된 것 같은데 자신은 아직 준비되어 있지 않다는 것을 발견했고 혹시 자신이 느끼는 불안이 자녀들의 독립을 막는 것은 아닌지 걱정하게 되었다.

이 원장은 며칠 전 시설 평가로 고민하고 있던 다른 유치원 원장이 걱정스럽게 전화했을 때 아무런 부담을 갖지 말고 준비하고 평가 결과에 대해 불안해할 필요가 전혀 없다는 위로를 해주었다. 그로 인해 동료는 평안한 마음으로 전화를 끊을 수 있었다. 이 원장은 불안해하는 사람들을 위로해 주고 있지만 정작 자신을 위로해 줄 수 없다는 사실에 답답해했다. 그런 뒤 그녀는 다급하게 "이런 불안감들이 낮춰질 수 있나요? 이 불안감들이 작아질까요?"라는 질문을 했다. 나는 이 지점에서 꿈을 다음과 같이 해석해 주었다.

꿈에 나타난 평가사들은 그녀를 검열하며 그녀의 부정적 측면을 살살이 뒤지는 자기 모습일 수 있으며, 그들은 갑자기 나타나 그녀가 보이고 싶지 않기에 조명이 꺼져 있는 어두운 곳을 살펴보려 한다. 그녀는 그 어두운 곳 밑으로 연결된 깊은 무의식의 세계로 가는 미로 같은 길을 누군가 찾을까 두려워하고 있음에도 오히려 그곳을 찾아갔을 때 흥미로운 놀이방을 포함한 다양한 그녀의 잠재적 공간을 만난다. 꿈에 나타난 유치원 앞마당에 새로 깔린 주차장은 그녀의 현실 세계와 연결된 심리적 공간의 확장으로 그녀가 자신의 내면세계와 외부 현실에 접근하는 데 훨씬 여유로워졌다는 것을 보여준다.

이러한 나의 해석은 그녀가 자신을 새롭게 바라볼 수 있는 시각을 제공했다. 이 원장에 따르면 그녀는 전에 너무 내성적이어서 사람들에게 말을 전혀 걸지 못하고 혼자 있는 시간이 많았다. 그러나 이후로 이러한 내향적 성격을 고치려고 많이 노력해서 성인이 된 지금은 다른 이들이 그녀를 외향적인 사람으로 알고 있다고 한다. 그녀가 자녀들에게도 자신이 과거에 내향적이었다는 말을 하면 "엄마가 말을 잘하지 못했다고!?"라고 반문하며 현재 그녀의 모습과 달랐던 과거의 모습에 놀랐다고 한다. 이러한 그녀의 통찰은 더 나아가 자신이 원래는 말을 잘하지 못하는 사람이 아니었을 가능성에 대해 언급하게 되었다. 그녀의 남편은 주위의 따뜻한 격려와 지지가 있었다면 그녀가 자신의 삶을 훨씬 더 잘 펼치며 살 수 있었을 것이라는 이야기를 가끔 해준다고 한다. 이 원장은 이후 자신이 어릴 적 인형극을 잘해서 다른 교회에 가서 발표한 적도 있었고 리더십도 있었다는 사실을 발견하게 되었다. 이러한 이야기를 하며 이 원장은 자기 모습 가운데 그동안 잘 알지 못했지만 '괜찮은 부분들'이 있다는 것을 다른 사람에게 이야기할 필요가 있음을 느낀다고 말했다. 그녀는 항상 해 질 녘이면 불안이 엄습하곤 했는데 이제는 그러한 불안을 느끼지 않는다고 한다.

그녀는 그동안 자신이 지니고 있던 잠재적 모습들을 일정 부분 긍정적인 방식으로 자기 삶에서 표현하고 살았음을 알게 되었고 이런 사실은 자녀들이 자신의 불안한 울타리 너머로 자유롭게 살 수 있을 것이라 믿게 되었다. 그녀가 외부 현실에 접근할 때 거절, 갈등, 혼돈 등을 경험해 왔다면 이제 그녀는 무의식에 저장되었던 무한한 잠재성을 발견하며 외부 세계를 다른 시각으로 바라보기 시작한다. 그녀는 외부 현실을 더는 불안을 증폭하는 위험한 장소가 아니라 자신의 주관적 세계에 잠재된 다양한 모습들을 펼치며 다른 이들과 함께 공존하며 살아갈 기회의 공간으로 받아들인다. 회기를 마치며 그녀는 정서적으로 좀 더 여유롭고 편안하며 자신에 대한 믿음을 회복하는 것으로 보였다.

상실, 애도 그리고 받아들임

이후 회기에서 이 원장은 아버지에 대한 상실과 죄책감에 대해 다루었다. 그녀는 돌아가신 아버지를 병원에서 간호하며 돌아가시는 길을 옆에서 지켰다. 어느 날 늦은 시간까지 일하고 병원에 찾아갔다. 너무 피곤해서 편찮으신 아버지 침대에 기대어 자고 있는데 아버지께서 갑자기 "애야 내 목소리가 이상하다"라며 다급하게 말씀하셨다. 그러나 이 원장은 너무 피곤해서 다소 짜증스러운 목소리로 "괜찮아질 거야, 아버지"라고 말해 주었으나 그것이 마지막으로 들은 아버지의 목소리였고, 아침에 아버지가 돌아가신 것을 발견했다. 다음 날 아침 아버지가 돌아가신 것을 확인하고는 병원 관계자와 가족들에게 알렸다. 가족들은 아버지의 마지막 가시는 길을 지킨 그녀에게 많은 칭찬을 했다. 그러나 그녀는 아버지께서 자신의 목소리가 이상하다고 알렸을 때 너무 피곤하여 아버지의 목소리를 경청하지 않고 살피지 않은 것에 대한 죄책감을 느끼고 있었다. 사람들이 자신을 효녀라고 칭찬했으나 그녀는 받아들이지 못하고 더 힘들어했다. 오랫동안 간직해 온 아버지에 대한 죄책감은 그녀의 마음을 무겁게 해왔다. 이 문제에 대해 나와 함께 나누며 그녀는 원장으로 고된 일에 시달리고 지친 몸으로 아버지를 간호하기 위해 매일 병원으로 퇴근했던 자신이 할 수 있는 최선을 다했다는 사실을 받아들일 수 있게 되었다.

이 원장은 가족을 두고 떠난 친엄마에 대한 깊은 수치심과 증오로 인해 고통받아 왔으며 삐뚤어져 있다고 받아들인 자신의 모습을 수정하며 살아왔다. 그러기에 갈등 상황에서 자기 목소리를 내지 못하는 것이 이 원장에게 힘든 일이었다. 그러나 심리치료가 진행되면서 그녀는 점진적으로 자신이 느끼는 감정을 소중히 여기고 이를 표현할 수 있다는 것에 대해 긍정적으로 생각하게 되었으며, 화낼 수 있는 자신의 권리를 받아들일 수 있게 되었다. 그녀는 자신의 충동, 공격성 그리고 파괴성의 측면을 외면하거나 억압해 왔으나, 이제는 자연스러운 자신의 모습으로 받아들이는 중이다. 이러한 충동적이고 파괴적인 측면을 거부하는 곳에서는 생동감이란 존재하지 않는다. 오히려 이러한 원시적인 요소라고 하는 심리적인 영역이 수용되고 자신의 한 부분으로 통합될 때 사람들은 건강한 경계를 가지고 함께 살아가는 현실의 세계에서 자신의 영역을 확장해 간다. 이 원장은 누군가의 인정을 받고자 바르게 살려고 노력해 왔으나 그녀에게 그러한 인정은 이제 필요하지 않다. 그녀는 남편에게 더 솔직하게 자신의 마음을 표현하겠노라고 선포했다. 그녀는 외부의 인정이 아닌 자신의 내면을 통해 흘러나오는 소리에 더 집중하고 있다.

중년의 시기에 변화하는 가족관계에서 그녀는 차츰 자녀들을 떠나보낼 준비를 했다. 또한 인생의 나머지 절반에 대해 자신이 중심이 되어 주체적으로 살아갈 계획을 세우며 평가에 대한 부담도 상대적으로 줄어들었다. 떠나감과 돌아옴은 순환이다. 부모가 자녀들의 독립을 기꺼이 축하하며 떠나보낼 때 그들은 세상으로 나가 자신을 마음껏 펼치고 다시 돌아온다. 이러한 떠나감과 돌아옴은 선순환을 의미하며 이를 통해 깊은 감정과 기억의 저장고인 가족이라는 울타리는 더욱 풍요롭고 다채로워진다.

2. 나는 깡패인가?

40대 후반의 성공적인 여성으로 살아가는 조희연 부사장은 최근 직장에서 간부들과의 심각한 갈등 관계가 지속되면서 우울과 자살 사고를 경험하고 심리치료를 받게 되었다. 그녀는 회사에서 직급이 높았는데 성실함과 전문적인 일 처리 그리고 회사에 대한 헌신적인 노력을 통해 그 자리에 올랐다. 그러나 기독교인으로서 그녀는 이러한 자신의 성취를 하나님의 은총으로는 받아들였지만, 자신의 개인적 성취로 받아들이는 데는 어려움이 있었다. 그녀는 심리치료를 시작하기 전 신앙을 통해 한계 상황을 극복한 삶을 살아온 사람들의 간증을 많이 들으며 그녀가 겪고 있는 우울 관련 증상들을 해결하려 했다. 그러나 그녀는 저항할 수 없는 깊은 우울감과 절망감을 완화하는 것이 점진적으로 불가능하게 되었다. 이로 인한 무력감이 깊어져 극단적으로 삶을 마감하려는 빈번한 자살 사고로 고통받고 있었다. 희연은 회사에서 부사장의 직급으로 있으며 그녀를 시기하는 부하 간부들의 지속적인 비난을 받아 왔다. 그녀는 오랫동안 그들의 공격적인 행동들을 방어하며 힘들게 하루하루 버티고 있었으나 최근에 급격하게 빠져나오기 불가해 보이는 우울감을 경험하며 절망에 빠져 있었다.

희연은 남을 돕는 일들을 많이 해왔다. 만일 누군가 힘든 일을 이야기할 때면 그녀는 그 어려움을 극복해 나가는 방법에 대해 최선을 다해서 진지하게 조언해 주며 그들의 회복을 도왔다. 하지만 정작 회사에서 발생하는 자신의 문제에 대해선 해결하지 못하고 무력감과 우울감을 느꼈다. 그녀는 전반적으로 가족관계에서도 자신이 잘하지 못하고 있다는 자책감이 들었고 무엇을 위해 살고 있는지 방향감을 잃고 있었다. 한편으로 힘들어하는 자신을 보며 더 힘든 상황에서조차 열심히 살아가는 사람들과 비교하며 자신이 삶을 감사하게 생각하지 않는 것에 대한 죄책감도 느끼고 있었다. 전에는 자살하는 사람들을 이해하지 못했던 그녀가 자신도 자살을 생각하고 있는 것을 발견하고는 소스라치게 놀라기도 하였다. 희연은 이러한 우울 관련 자살 사고로 인해 정서적 · 신체적으로 피폐해지자 회사 생활을 지속하는 것이 불가능할 정도로 고통스러운 상황에 놓이게 되었다. 그녀는 자신이 겪고 있는 일들이 심각하다는 것을 알게 되자 두 달 정도 휴가를 낼 계획을 세웠고 이 기간에 어떻게 하면 자신을 회복할 수 있을지 고민하고 있었다. 희연은 자신이 처한 심각한 심리적 위기 상태를 회복하기 위해 일주일에 2~4회기의 집중적인 심리치료를 받기로 했다.

나는 화낼 권리가 있는가?

회기 초반에 희연은 그동안 종교적 신앙으로 눌러왔던 부정적 정서들, 특히 화가 나는 감정을 표현할 기회를 가지며 많이 울었고 이를 통해 자신이 받아들이기 힘들어했던 분노하는 자신을 서서히 받아들일 수 있게 되었다. 이러한 과정은 그녀가 외부로 표출되었어야 할 공격성과 파괴성이 자신의 내면으로 향하면서 발생했던 희망 없음 그리고 절망과 관련된 자살 사고를 완화했다. 종교에 긍정적인 측면이 있음에도 부정적인 측면을 무시할 수 없다. 부정적인 면은 대극적인 삶의 주제들을 전체적으로 바라보지 못하게 하고 일방적인 선한 영역의 모습만을 소개하는 것이다. 그리하여 그 반대의 측면에 존재하는 인간의 자연스러운 그러나 때론 폭력적일 수 있고 잔인할 수 있는 그림자적 모습에 대해서 다루지 않는다. 희연은 자신이 지닌 원색적이고 공격적인 충동을 초기 회기 가운데 표현하며, 억눌렸던 파괴적 모습을 받아들였다. 그녀는 자신이 화를 낼 권리가 있는지 그 정당성에 대해 의심했다. 특히 회사에서 화가 나는 상황에서 화를 내는 것이 정당한지 또는 집에서 자녀가 잘못했을 때 화가 나는 감정을 표현하는 것이 정당한지에 대해서 혼란스러워하며 부정적 정서를 표현해야 할 때 불편해했다. 자신의 감정과 생각에 대한 혼란과 거리감은 일상생활에서도 흔하게 나타났다. 오랜 세월 동안 자신이 좋아하는 것이 무엇인지 알지 못했던 그녀는 누군가 무엇을 먹고 싶어 하는지 물어볼 때 대답하지 못하고 멍한 경우가 많았다. 그녀는 "나도 나를 모르겠어"라고 대답할 뿐이었다. 이러한 모호하고 힘없는 대답 뒤에 그녀는 자신의 부재를 경험하고 있었다. 그녀는 이러한 순간 어떻게 적절하게 외부와 소통해야 하는지 알지 못한다. 회사에서 몇 년 동안 갈등 관계에 있던 간부들과 회의하는 시간이 그녀에게는 큰 심리적 압박으로 다가왔다. 직책상 그녀가 그들의 상사였고 그녀는 간부들의 의견을 반대할 만한 정당성을 스스로 충분히 확보하고 있었다. 하지만 의견을 표출하며 적극적으로 소통하는 방식이 아닌 갈등 상황으로 발전할 수 있는 내용을 삭제하는 방식으로 문제를 해결하려 했다. 이 방법은 오히려 갈등을 증가시켰다.

희연은 자신의 삶에 커다란 의미가 있는 신앙에 의지하며 살아왔는데 오히려 그녀의 일상생활은 신앙의 기준들과 큰 괴리감이 있었다. 그래서 이 두 가지 사이에서 벌어지는 불균형을 받아들이는 데 혼란을 겪고 있었다. 기독교인으로 착하게 살아야 한다는 일방적 당위성은 그녀가 일터에서 부당한 경험을 당하며 부정적 정서들을 느낄 때 오히려 모든 비난을 자신에게로 향하게 하였다. 나는 그녀의 좌절과 절망들에 공감하며 그녀가 경험했을 화나는 감정들에 관해 물어보았다. 그때 그녀는 자신이 20대에 처음 회사에 입사했을 때의 이야기를 했다. 그 당시는 회사 안에서 담배 피우는 것이 허용되어서 아침마다 그녀는 책상 위에 놓인 재떨이를 비워야 했는데 이것을 그녀는 싫어했다고 한다. 그러던 어느 날 그녀는 회사에서 재떨이를 의도적으로 깬 적이 있었다고 말했다. 나는 그녀가 자신이 느끼는 부당함에 대한 공격적 정서들을 어떻게든 방출하고 있으며 이러한 그녀 자신에 대한 이해는 그녀가 자신에게 느끼는 괴리감들을 줄여 줄 수 있다고 해석해 주었다.

희연은 오랜 시간 회사 생활에서 쌓여 왔던 갈등 문제가 증폭된 시기에 이러한 관계의 문제를 어떻게 해결해야 하는가에 대하여 한계 상황에 봉착했다. 이러한 지점에서 그녀가 의지해 왔던 신앙이 그녀를 더욱 무겁게 짓누르며 무기력하게 만들고 있었으며 자신에게 말할 권리가 있는가에 대해서도 의심하고 있었다.

꿈을 통해 불편함을 만나다

그다음 회기에서 희연은 꿈에 갈등 관계를 맺고 있던 회사 간부가 자신에게 정중하게 인사하는 장면을 보고했고 나는 이 꿈을 그녀와 함께 살펴보았다. 나는 그 꿈이 그녀 자신의 내면적 갈등이 상징적으로 해결되고 있음을 시사한다고 해석했다. 그녀는 나의 해석을 듣고는, 회사에서 가장 많은 갈등이 심했던, 꿈에 본 특정 간부와 화해하거나 새로운 발전된 형태의 관계를 형성하지는 않고 있다고 말했다. 그러나 그녀는 전에는 그 간부를 마주치는 것이 무척 힘들었으나 현재는 그다지 어려움이 없다고 말했다. 또한 요즘은 "내동댕이쳤던" 자신을 보살피며 사회적 관계에서 자신을 덜 비판하게 되고 여유가 생기는 것 같다고 말했다. 그녀는 꿈을 통해 지난 몇 년간 간부들과 겪어 왔던 갈등 관계를 자신의 편에서만 일방적으로 이해하고 해결하려 해왔기 때문에 힘들었다는 것을 통찰하고 있다.

나는 희연이 여전히 자신을 존중하는 것에 대해 어려움이 있어 보여 그녀에게 자신을 어떻게 받아들이느냐고 물었다. 그녀는 잠시 생각해 보고는 "저는 사람이지요. 돈 벌러 회사에 가는…"이라고 대답했다. 현실에서 경제활동을 하며 살아가는 것은 누구에게나 힘든 일이긴 하겠지만 이 말에서는 그녀의 비참한 느낌이 묻어 나왔다. 이러한 그녀의 상황에 나는 "그건 슬픈 일이네요"라고 공감해 주었다. 그러자 그녀는 갑자기 어느 날 듣게 된 서세원 부인이었던 서정희의 이야기를 언급했다. 희연에 따르면 서정희는 서세원에게 못생겼다는 비난을 결혼생활 동안 끊임없이 들어서 집에 있던 모든 거울을 없애고 조그마한 손거울만 가지고 있었다고 한다. 만약 누군가가 예쁘다고 서정희에게 칭찬해 주면 그 사람들이 거짓말한다고 생각해서 그녀는 싫어했다고 한다. 희연은 20대에 연애를 시작해 30세에 결혼했다. 그녀는 남편이 연애할 때와 결혼 초에 자신에게 못생겼다는 말을 자주 해서 마음의 상처를 많이 받았다고 하며, 최근에 왜 그 당시 자신에게 못생겼다고 했느냐고 물었더니 그는 그렇게 이야기했던 것조차 잊어버리고 있었다고 말했다. 그녀가 회사에서 겪었던 관계의 어려움은 결혼생활에서도 나타났는데 이러한 자신에 대한 비판적 시각은 케케묵은 것이었다. 희연은 사람들 앞에 노출되어 걷는 것이 "부끄럽다"고 말했다. 그녀는 초등학교 때 아버지가 돌아가시고 시골에서 서울 근처로 전학을 왔다고 한다. 그 당시 햇볕에 그을려 새까맣던 자신과 달리 좋은 옷을 입고 얼굴이 새하얀 급우들을 보았을 때도 "부끄러웠다"고 말했다.

희연은 꿈에 자신과 가장 갈등이 심하던 회사 간부가 정중히 사과하는 모습을 바라본다. 이는 그녀 자신의 받아들이기 힘들었던 부분이 통합되어 가는 것을 상징적으로 보여주며 이를 통해 내면적 갈등이 해소되고 있는 것을 알 수 있다. 그녀는 자신의 부정적이었던 부분을 그 회사 간부에게 투사했으나 이제는 그 부분을 자신의 것으로 가져오고 받아들임으로 실제 그 간부를 만났을 때 예전만큼 불편함을 느끼지 않는다. 희연은 오랜 세월 가정에서 가장 역할을 해왔으나 이에 대한 존중을 받지 못하며 지내 왔다. 서정희 씨의 고통스러운 이야기는 곧 자신의 이야기이기에 그녀는 자신의 방치되었던 삶을 다시 되돌아보고 있다.

아버지의 장례식에서 느낀 창피함

희연은 그다음 회기에 부끄러움과 관련된 몇 가지 기억에 대해 말했다. 어린 시절 초등학교 때 길을 걸어가고 있었는데 같은 또래로 보이는 남자아이가 자신의 아버지와 반대편에서 걸어오며 희연이 신은 신발이 크다고 말하며 웃었다. 이때 남자아이의 아버지가 그의 행동을 나무라기는 했지만, 그때 느낀 창피함은 잊히지 않았다. 이러한 기억은 그녀에게 초등학교 3학년 때 돌아가신 아버지의 장례식을 떠올리게 하였다.

어느 날 희연이 언니들 그리고 동네 친구들과 함께 냇가에서 놀고 있었는데 그녀가 가지고 있었던 아버지의 손수건을 실수로 잃어버렸다. 그녀는 상심한 채 언니들과 함께 집으로 돌아왔는데 그날 이모가 집에 찾아와서는 아버지가 돌아가셨다는 소식을 전했다. 그녀는 그때 자신이 아버지의 손수건을 잃어버려 아버지가 돌아가셨을 것이란 생각에 심한 죄책감을 느꼈다고 말하며 슬프게 울었다. 장례식이 끝나고 아버지 상여가 마을을 지날 때 어머니는 심하게 통곡하셨다. 희연은 상여를 따라가며 동네 사람들이 웅성대는 소리를 들었는데 그들은 "젊은 나이에 홀로돼서 네 남매와 어떻게 살겠어!"라고 수군거렸다. 그때 그녀는 마을 사람들에게 자신이 불쌍해 보이는 것이 너무 싫기도 하고 창피해서 가족들과 따라가던 상여를 뒤로하고 군중 속으로 들어가 숨어버렸다. 그녀는 이때 군중 속에 숨은 자신의 모습이 항상 마음에 걸렸고 아버지에게 미안한 마음이 들었다. 그녀는 자신의 행동에 대해 많은 생각을 하며 돌아가신 아버지가 어떻게 받아들였을까 진지하게 생각해 보았을 때 '군중 속에 숨은 것은 네가 어려서 그랬을 거야, 괜찮아'라고 말씀하실 것 같다고 말했다. 이 말을 하며 그녀는 하염없이 울었다.

그녀는 사람들이 자신을 리더십이 있고 말을 잘하며 처음 만나는 타인들과 잘 어울려 외향적인 사람으로 알고 있지만, 사실은 내향적이라고 말했다. 여기서 그녀는 자신이 궁금해했던 질문들의 답에 접근하고 있다. 어렸을 때 그녀가 상여를 뒤로하고 애도하지 못한 채 군중 속으로 숨어버렸듯이 성인이 된 현재는 자신이 사람들에게 집중되었을 때 쉽게 자신의 자리를 포기하고 군중 속으로 숨어버렸다. 희연은 부사장으로 회사에서 자신의 권위에 도전해 오는 사람들이 있을 때 어떻게 그들을 대해야 하는지 알지 못했다. 남편이나 회사 간부들이 그녀를 비난할 때 그녀는 멍해지며 수치심을 느끼고 자신을 숨기기에 바빴다. 이러한 고통스러운 기억과 감정의 만남은 희연이 지닌 억압했던 파괴성과 연결할 수 있게 했다. 그녀는 지난 어느 회의 석상에서 한 간부가 자신의 부하 직원에게 대답할 수 없는 터무니없는 질문을 하며 공격하는 모습을 보고 "찢어 죽이고 싶었다!"라고 표현했다. 그녀가 자신의 잊고 지낸 원시적이고 생생한 파괴적이며 공격적인 부분을 만나는 것은 우울적 정서들로부터 회복되어 가는 중요한 첫걸음이다. 이러한 파괴성은 그동안 외부가 아닌 그녀에게로 향하게 하며 자신을 파괴해 왔다. 그녀는 너무나 강렬해서 담아내기 어려웠던 자신의 파괴성을 만나며 죄책감으로 인한 불안에 휩싸이기보다는 창조적으로 자유로운 자신을 재발견하는 경험을 하고 있다.

간접적인 자신의 표현

희연은 이번 회기에 좀 더 자신의 내면적 감정들을 생각으로 정리해 회사에서 표현하기 시작하고 있다고 말했다. 회사에는 직원들을 함부로 대하며 문제를 일으키는 간부 B가 있다. 그는 그녀에게도 심하게 공식 회의 석상에서 비난하는 행동을 서슴없이 했다. 그는 이런 행동으로 인해 퇴사를 당할 수도 있었으나 희연은 그가 한 가족의 가장인데 퇴직시키면 그의 가족이 어떻게 살아가겠느냐며 만류한 적도 있다고 한다. 그런데도 B의 문제 행동은 변하지 않았고 갈수록 심각해졌다. 그녀는 회사를 몇 년 전에 퇴직한 사람에게 어제의 상황을 설명하고는 그 사람의 문제점을 익명성이 보장된 회사 내 인터넷 게시판에 올리게 했다. 자신이 글을 쓰는 스타일을 사람들이 알기에 퇴사한 직원에게 부탁한 것이었다. 게시판에 글을 올렸지만 아무도 댓글을 달지 않자, 그녀는 직접 B의 문제 행동을 지적하는 글을 익명으로 올렸다. 그 이후부터는 그에게 고통받았을 것으로 추정되는 수십 명의 직원이 비난의 댓글을 올렸다. B를 옹호하는 사람들도 동시에 지지하는 댓글도 올렸으나 이것에 대해 회사 최고 경영자가 답을 해야만 하는 상황에 부닥치게 되었다.

희연은 비록 공식 석상에서 자신의 목소리를 내지는 않고 있지만, 비공식 채널을 통해 자신의 분명한 목소리를 내었으며 이는 회사 내에서 반향을 일으켰다. 이 시점에도 그녀는 여전히 공식 석상에서 자신의 의견을 표출하는 데에는 어려움이 있어 보였다. 그럼에도 수치심으로 도망쳤던 그녀가 자신이 있어야 할 자리에서 간접적으로나마 자신의 목소리를 드러낸 것은 그녀에게는 작은 성취였다. 이러한 과정을 설명하며 그녀는 생기 있고 자신이 있어 보였다. 회기를 마치고 그녀는 "제가 깡패가 아닌가요?"라고 말하며 크게 웃으며 나갔다. 이 말은 익숙하지는 않지만, 숨겨졌던 공격적인 자신을 발견하고 즐거워하며 말하는 것 같았다. 이때쯤 희연의 우울한 목소리는 서서히 사라져 갔고 생기가 돌기 시작했다.

지하로 내려가는 꿈

희연은 이번 회기에 오자마자 자신의 꿈 이야기로 시작했다. 그녀는 꿈에 계단을 통해 지하로 내려갔고 그곳에는 앵글로 만들어진 선반 가장 아래 칸에 검은 봉지가 있었다. 지하에서 만난 여자가 누군지는 모르지만, 전에 알던 친구 같기도 하고 알고 지내던 사람인 듯한 한 여자와 즐겁게 이야기를 나누었다. 그녀는 꿈에 만난 여자와 대화를 나누며 "정말 좋았고 환희와 같은 느낌"이 들었으며 "아주 기쁜 마음"이었다고 말했다. 이 꿈은 그녀가 자신의 깊은 무의식으로 내려가서 그동안 알지 못했던 자신의 숨겨진 모습들을 만나는 장면이다. 그녀는 내면세계를 상징적으로 보여주는 이 꿈을 통해 잊고 지낸 즐거운 감정들에 관해 이야기하고 있다. 그녀는 지난 2년 동안 회사에서 갈등 관계로 인해 매일 한숨을 쉬었다. 한번은 그녀가 땅이 꺼질 듯이 한숨을 쉬기에 같이 일하는 여직원과 한숨을 쉬면 벌금으로 1천 원씩 내기로 했다 한다. 희연은 최근 몇 년간 회사에서 간부들과 긴 갈등 관계에서 지쳐 있었으며 이는 절망감과 우울한 모습으로 나타났다.

그러나 희연은 이번 회기에서는 그동안 볼 수 없었던 또 다른 자신의 거친 모습에 관해 이야기했다. 그녀는 지난 시간에 이야기한 "제가 깡패가 아닌가요?"라고 했던 말에 대해서 화내지 못하고 부끄러워서 억압하고 있던 자신의 모습을 바라본 것 같다고 말했다. 그녀는 겉으로 보기에 자신이 선한 모습으로 비치고 조심스러운 것 같지만 내면은 "거칠고 이기적"이라는 말이 맞을 수도 있다고 했다. 희연은 이어 간부들이 자신에게 피해를 준다면 자신도 똑같은 피해를 줄 수 있다는 것을 알았으면 좋겠다고 말하며 그동안 쌓여 왔던 감정을 표출했다. 또한 그녀는 자신의 거친 다양한 모습에 관해 이야기했다. 자신이 원래는 부끄러움이 많기는 하지만 무엇인가 새로운 것을 시작하려 할 때 미리 계획을 세우는 일이 어렵고 새로운 물건을 사서 작동법을 익히는 데 꼼꼼하게 설명서를 읽는 것을 못 해서 누군가가 가르쳐주는 것이 차라리 낫다고 한다. 그녀의 보수적인 종교적 성향에 비추어 볼 때 상상하기 힘들지만, 그녀는 20대 때 점을 보러 갔던 이야기를 했다. 첫 번째 점쟁이는 아무거나 다 펴줘 어려움이 있으니 조심하라는 말을 했고, 두 번째 점쟁이는 귀신이 너를 가지고 장난치고 있어 어려움이 있으니 절로 들어가서 중생을 구해야 한다고 말했다고 한다. 그 이후로 그녀는 혼란스러울 때 혹시 귀신이 장난치고 있지 않은지 생각해 보기도 하고, 자주 지갑을 잃어버려 지난 20년 동안 지갑을 가지고 다니지 않는다고 말했다. 그녀는 머릿속에 있는 것을 적절하게 구조화된 언어로 표현하는 일이 어렵고 특히 글로 표현하는 것에 대한 두려움이 많다. 희연은 현재 자신의 정신없는 모습을 조심하다 보니 위와 같은 모습이 많이 없어졌지만, 그러한 행동들이 '깡패 같은' 거친 모습일 수 있다고 했다. 그러나 그녀의 이런 모습은 거칠다기보다는 혼란스러운 그녀 내면세계의 갈등이 있었음에도 고군분투하며 자신을 지켜 온 흔적들이다.

이어서 희연은 혼란스러운 삶 이면에 있던 자신의 또 다른 모습들에 대해 말했다. 그것은 자신의 잠재성에 관한 이야기이면서 동시에 여전히 찾고 있으나 충분히 표출되지 못한 자기 모습이다. 이러한 그녀의 모습은 그동안 우울과 불안으로 인해 너무 침울해져 잊혔기에 발견될 수 없었던 부분이다. 그녀는 어릴 적 방울이 울리면 소원이 이루어진다는 동화를 읽은 뒤 동네에 버려진 공장 안에 널브러진 많은 것들 가운데 방울을 찾으려고 했던 이야기와 어느 날인가는 차를 타고 가다가 바닥에 반짝반짝하는 것이 보여 엄마에게 보석이라고 말하고 차에서 내려 확인한 적이 있었다고 한다. 그녀는 무엇을 찾고 있었을까? 희연은 어린 시절 아버지가 돌아가시고 경제적 어려움과 더불어 찾아온 심리적 결핍을 경험했고 이는 그녀에게 커다란 심리적 외상을 남겼다. 그런데도 그녀는 회복에 대한 희망을 버리지 않고 직면한 존재의 부재를 채워줄 수 있는 길을 모색했다. 그녀는 소원을 성취할 수 있는 상징적 방울을 찾았고 땅에서 반짝이는 깨진 유리를 보석으로 바라보았다. 이는 결핍된 내면의 자원들을 회복하고 주관적 세계를 넘어 외부 현실에 자신의 모습을 드러내고 싶은 그녀의 무의식적 욕망을 표현한 것이다.

이러한 모습은 다른 이들의 눈에는 색다르게 보였다. 중학교 때는 친구들이 "너는 4차원이야"라고 말했다. 그녀의 매끄럽지 않은 내면세계와 외부 세계와의 소통은 다른 이에게는 이해하기 힘든 모습으로 비친 것이다. 이러한 그녀의 무의식적 환상은 실제로 현실 세계에서 어느 정도 성취되고 있기도 했다. 희연은 초등학교 때 공부를 하지는 않았으나 무언가를 계속 혼자 했는데 무엇을 했는지에 대한 기억은 없다. 그 당시 그녀는 '이렇게 공부하지 않는데 대학에 갈 수 있을까?'라고 말하고는 잠자리에 들었는데 꿈에 자신이 학사모를 쓰고 사진을 찍은 모습을 보았다. 실제로 그녀는 경제적으로 어려운 가운데 낮에 일하고 밤에 공부하며 대학을 졸업하고 관심 있는 전문 분야의 석사를 두 개나 마쳤다. 그녀가 가장 말단에서 시작해서 부사장이 되는 과정은 또 다른 그녀가 외부 세계에서 자신의 확장을 경험했던 순간이기도 하다. 반짝이는 깨진 유리를 바라보며 확신했던 자기 내면에 존재하는 잠재성은 주관적 세계에만 머물지 않았으며 혹독한 현실 세계에서 확장해 나가는 삶을 살고 있었다. 희연에게는 자신이 보았던 반짝이는 보석 같은 내면은 외부 세계의 구체적 삶을 통해 성취한 것이었다. 그러나 아직 그녀는 자신이 성취한 것에 대해 정당한 평가를 내리기 어려워한다. 외부 현실에서 살아가는 그녀는 이제 새로운 시각으로 자신의 내면세계를 바라보고 있다. 외부 세계와 내면세계는 단절되어 있지 않고 열려 있으며 외부는 내면세계를 통해 다양해지고 깊어지며 풍요로워진다. 동시에 내면세계에 존재하는 내용물들을 외부 세계의 삶에서 만나고 경험하며 성취해 나가는 가운데 더욱 풍부해진다.

"나는 왜 남편을 만났을까요?"

희연의 목소리는 침울했던 이전 회기들과 비교해서 훨씬 커다랗고 또렷해졌다. 그녀는 꿈에 남편이 자신이 먹으려고 가져온 빨간약을 먹어서 왜 먹느냐고 물어보았다. 그녀는 30년 이상 같은 직장에서 꾸준히 일하며 자신이 가정을 이끌었고 남편이 가끔 사업을 시도했을 때 사업 자금을 대주기도 했다. 다소 일방적일 수 있는 남편과의 관계에 대해 그녀는 궁금증을 가지고 "나는 왜 남편을 만났을까요?"라고 질문했다.

희연은 처음 20대에 남편을 만났을 때 자신이 남편을 도와주어야 한다고 생각했다고 한다. 어려움을 겪는 다른 이에 대한 관심은 남편뿐만이 아니었다. 그녀는 자신이 알고 있는 모든 사람을 도왔다. 예를 들어 누군가가 여행을 가게 되면 그녀는 그 과정을 물심양면으로 도왔는데 이러한 행동을 남편은 좋아하지 않았다. 언젠가는 희연이 매번 도와주던 친구의 부탁을 이제는 더 들어줄 필요는 없을 것 같아 거절했더니, "사람이 변했어"라는 말을 들었다고 한다. 희연은 내면의 결핍된 모습을 채우기 위해, 다른 이들의 필요를 채워주는 방식으로 자신의 텅 빈 심리적 갈증을 채우려 했다. 그러나 이러한 방식은 성공할 수 없었으며 그녀가 지쳐 도움 주기를 멈췄을 때 사람들은 오히려 비난을 퍼부었다.

오래전에 그녀의 직속 상사는 매일 웃고 다니는 희연을 보며 일이 어렵지 않아서 그렇다고 말하고는 직장 내 괴롭힘이라고 말할 수 있을 정도의 힘든 일을 시켰다 한다. 그로 인해 커다란 심리적 고통을 받던 그녀는 건강도 나빠져 각혈까지 했다. 작은 병원에 갔는데 병원장이 그녀의 상태가 심각하다며 큰 병원으로 가서 폐암 검사를 받아 보라고 권유했을 정도였다. 큰 병원에 입원해 검진을 받은 결과 다행히 폐암이 아니라 폐에 염증이 생긴 것으로 판명되었다. 항생제와 영양제 주사를 맞은 뒤 다시 직장에 복귀했으나 그 직장 상사의 괴롭힘은 끝나지 않았다고 한다. 그 당시 희연은 직장을 그만두려 했는데 갑자기 그 직장 상사가 이동 배치를 받아 그 자리를 떠나게 되어 같은 직장을 지금까지 계속 다니게 되었다. 그녀는 그 직장 상사가 나갈 때 자신에게 "그동안 미안했다"라고 사과는 했지만 왜 자신에게 그렇게 심하게 굴었는지 따지고 싶었으나 물어보지 못했다.

부사장으로 승진한 후 몇 년이 흐른 지금은 간부들이 희연을 지속적으로 비난하며 공격하지만, 그녀는 이러한 그들의 공격에 무력감을 느끼고 있다. 그녀는 지금까지는 신앙으로 이러한 불합리한 상황을 합리화하며 살아왔지만, 이제는 더는 못하겠다고 말했다. 그녀는 친구에게 직장에서 받는 스트레스로 인한 우울감으로 심리치료를 받고 있다고 말하며 이를 통해 자신이 현재의 문제들을 잘 처리해 나갔으면 좋겠다고 말하자, 그 친구는 "그만 깨달아, 그냥 원망해!"라고 말했다고 한다. 지금까지 그녀가 자신의 필요를 남들을 통해 바라보고 그들의 결핍을 채워주는 간접적인 방식으로 자신을 돌봐 왔다면, 이제는 직접적인 방식으로 자신의 내면적 필요를 채우려 한다. 끊임없이 솟구치는 자신의 감정들을 억압하고 환경에 순응하며 지내 오던 희연은 외부가 아닌 자신의 내면세계를 바라보며 존중하기 시작했다.

희연은 전문직 여성으로서 어느 사람 앞에서도 자신 있게 말을 잘하고 일상적인 단어가 아닌 고상한 말을 쓰고 싶어 했다. 그러나 그녀는 '고급진' 단어를 쓰고 싶은 자신의 의지와는 별개로 자신이 사용하는 단어가 '저렴'한 것 같다고 말했다. 이러한 자신에 대한 이상적인 모습을 설명하며 그녀는 자신이 원하는 게 어떤 것인지 구체적으로 이해하기 시작했다. 그녀는 우아하게 자기 생각을 전달하고 싶은 것이라기보다는 간부들에게 압도적이고 무자비하게 공격적인 방식으로 지배하고 싶은 자신의 원시적 충동에 대해 통찰했다. 이것은 언어 사용의 적절함이 중요하다기보다는 자신의 감정과 생각을 억압하지 않고 표출하는 것과 관련 있다. 실제로 어느 영역에서 그녀는 이런 문제를 회사에서 다른 방식으로 접근하게 되었다. 희연은 회사에서 한 직원이 두 달 정도 주말에 출입할 때 카드를 찍고 사라진 후 퇴근할 때 다시 나타나 카드를 찍는 방식으로 주말 수당을 받아 간 경우를 발견하게 되었다. 이전 같으면 이런 문제에 소극적으로 대처했겠으나 그녀는 이 문제에 직접 개입하여 그 문제 직원을 만나기도 하고 최고 책임자를 만나서 문제 해결 방법을 찾았다. 더욱이 문제가 공론화되는 것을 원치 않는 사람들이 있자 그녀는 이 정보를 간접적으로 공론화해 더욱 공평하게 처리할 수 있었다. 이로써 일정 부분 희연은 환경에 순응하기보다는 내면에서 들려오는 자신의 목소리에 귀를 기울였으며, 압도당하던 현실로 걸어 들어가 자신을 드러내게 되었다.

남편의 무례한 행동에 대해 표현하다

희연은 심리치료를 받으며 자신의 삶을 돌아보고 자신의 내면세계를 알아가는 과정에 대해 흥미를 느끼게 되었다. 이번 회기에 그녀는 자신과 남편 사이에서 발생하는 일방적인 관계 형태에 관해 이야기를 시작했다. 이전에 그녀는 남편이 그녀를 비난하며 무례한 행동을 할 때 자신에게 그 문제의 원인이 있다고 생각해 아무 말도 하지 못했다. 그녀는 어제 그녀의 동생이 와서 전복을 가지고 요리하며 사용했던 그릇들을 설거지한 후 그 그릇에 밥을 남편에게 퍼주었더니 갑자기 비린내가 난다고 말하면서 밥그릇을 싱크대에 던져버렸다고 한다. 동생이 돌아간 뒤 희연은 아들에게 주었던 신용카드를 달라고 하고 현금을 주고는 방에 들어가서 자려 했는데, 남편이 들어와 혹시 아들이 잘못한 것이 있는지 물었다. 이에 그녀는 아들이 잘못한 게 아니고 "당신이 잘못한 거야!"라고 말하자, 남편은 "예민하게 굴어서 할 말을 못 하겠네!" 라고 소리를 질렀다. 그러자 그녀는 "그렇게 무례하게 말하지 말라고!" 라고 소리쳤다. 그녀는 예전에는 남편이 자신을 아무렇게나 대해도 갈등 관계를 갖게 되는 것이 불편해서 아무 말도 하지 않고 당연한 것처럼 받아들였지만, 지금은 그렇게 하는 것이 좋지 않다는 것을 알게 되었다.

희연은 오랫동안 참고 살아온 자신을 생각하며 더 빨리 자신의 목소리를 냈어야 했다고 말했다. 그녀는 자신을 사랑해야 한다는 말과 자신을 소중하게 여겨야 한다는 말을 들었을 때, 이전에는 자신이 그럴 만한 가치가 없다고 받아들였으며 자신을 '구겨진 존재'라고 생각했다. 그러나 그녀는 30년이란 긴 결혼생활 동안 자신을 너무 비하하며 살아왔다는 사실을 통찰했고, 자신의 소중함과 가치에 대해 받아들이기 시작했다. 이전에 희연은 회사에서 문제가 발생했을 때 자신의 잘못이라는 것을 항상 염두에 두고 위축된 모습으로 사람들과 해결 방안을 찾았다. 또한 그녀는 자신의 선택이 항상 잘못되지는 않았을까 하는 염려에 누군가 그녀에게 질문할 때 바로 자기 생각을 말해 주지 못하고 매번 잠시 기다려 달라고 부탁했던 것을 떠올렸다. 그러나 지금 그녀는 자신에 대해 확신 없이 살아온 삶을 되짚으며 자신이 잘못하지 않았을 수도 있다는 가능성을 받아들이고 남들도 잘못했을 수 있다는 사실을 수용하기 시작했다. 희연은 오래전에 회사를 그만둔 선배 언니 부부를 만나게 되었는데, 언니 남편이 연애할 때 회사에 전화하면 그녀가 전화를 유쾌하게 받아 주어서 자신도 기분이 좋아졌다는 말을 들었다고 한다. 그녀는 선배 부부와 이야기하며 오랫동안 잊고 지내던 자신의 생생하고 밝았던 과거를 회상했다. 그러면서 지난 몇 년간 회사에서 침울하게 지냈던 모습을 운명처럼 받아들일 필요가 없으며 비참한 반복적인 일상에서 벗어날 가능성에 대해 알게 되었다.

희연은 오랜 시간 동안 가정과 회사에서 자기 모습을 서서히 잃어가며 살아왔으나 요즈음 그 반대편에 존재하는, 또 다른 생생했던 자신의 모습을 바라본다. 그녀는 예전의 생생한 모습을 기억하지 못할 정도로 미세하게 남아 있지만, 그녀의 밝은 모습은 사라지지 않고 내면의 한구석에 여전히 자리 잡고 있다는 것을 그리고 다시 발견되기를 기다리고 있다는 것을 받아들이고 있다. 이전에 그녀는 가치 판단의 기준이 외부에 있다고 믿었기에 자신의 내면세계에서 들려오는 소리에 귀를 기울이지 않았다면 이제 그녀는 외부가 아닌 자신 내면의 충동과 느낌들에 관심이 있다. 그녀는 자신을 둘러싸고 있던 일방적인 관계들 가운데 자신이 억압했던 참 자기를 발견하고 경험하며 표출하는 시도를 하고 있다.

꿈 - 아들 방에서 나는 담배 냄새

희연은 꿈 이야기로 이번 회기를 시작했다. 그녀는 꿈에 아들 방에 들어갔는데 담배 냄새가 나서 "왜 담배 냄새가 나지?"라고 아들에게 물었다. 아들은 친구가 담배를 피웠는데 그 친구가 준 물건에서 나는 것이라고 말했다. 그녀는 책상 위에 놓여 있는 낯선 빗을 들어 냄새를 맡아 보니 담배 냄새가 나지는 않았다. 그녀는 그 냄새가 밖에서 들어오는지 잠시 생각했으나 안에서 나는지 밖에서 들어오는지 확신할 수 없었다.

이 꿈 이야기는 요즘 사춘기에 있는 아들을 연상하게 했다. 그녀는 아들이 어릴 때 자기 일을 알아서 잘하고 순종하는 편이었으나 사춘기가 시작된 후에는 자기가 하고 싶은 대로 하며 화상으로 수업할 때도 게임을 하면서 공부한다고 했다. 이러한 아들에게 그녀는 실망도 되고 화도 났다. 그녀는 아들이 머리가 좋은 것 같은데 공부를 포기하는 것을 보며 답답해하고 있었다. 현재 그녀의 아들은 학원에 다니지 않고 다 그만둔 상태이지만 허세처럼 "나 때려치웠어"라는 말을 친구들한테 한다고 한다. 희연은 아들이 자존심이 강해 남에게 뒤처지고 싶어 하지만 그럴 수밖에 없는 그의 행동을 보면서도 어떻게 도와주어야 할지 몰라 안타깝다고 말했다. 아들이 한번은 화상 수업에서 자신의 장점 두 가지를 쓰라고 하는 숙제가 있었는데, 그가 다른 친구들과 화상 통화를 하며 자신의 장점이 무엇인지 잘 모르겠다고 말했고 이런 그의 자신 없는 모습을 보며 그녀가 아들의 장점을 찾아서 말해 주려 했으나 그녀도 찾을 수가 없었다고 한다. 또한 희연이 자신의 장점은 무엇인지 찾아보려 했으나 역시 찾지 못하며 신이 누구에게나 특별한 달란트를 주셨을 텐데 자신에게 주는 것을 잊은 것 같다고 말하며 슬퍼했다.

　희연은 자신이 누군지 잘 알지 못하는 사춘기 아들을 보며 자신을 보고 있다. 그녀 자신도 자신이 누구인지 잘 알지 못한다. 그녀는 자신과 남편과의 관계에서도 자신이 잘 알지 못하던 낯선 모습을 발견한다. 그녀는 남편이 큰 소리로 말하고 자기주장을 강하게 해서 자신이 그를 의지하며 살아왔다고 생각했지만, 최근에 오히려 그가 그녀에게 의지하며 살아온 것 같다고 말했다. 그녀는 남편이 결혼 전에 담배를 피웠으나 결혼 후 옆에서 자는데 코로 담배 냄새가 너무 나서 이를 남편에게 이야기하니 곧바로 담배를 끊었다 한다. 그녀는 이러한 일련의 사건들을 통해 남편이 그녀를 더 신뢰하고 의지하고 있다는 것을 발견했다. 남편은 어떤 일을 시작하기 전 불확실성으로 인한 불안을 완화하고자 그녀가 무엇을 선택하고 답을 주기 바랐지만, 그녀가 남편이 하는 일을 책임질 수 없고 그녀의 답변이 실망을 줄 수도 있기에 남편에게 스스로 결정해야 한다고 말했다 한다. 남편은 그녀가 주도해 주기를 바랐지만 그렇게 해주지 않는 그녀를 보며 화를 자주 냈다. 하지만 그녀는 이런 남편이 자신에게 의지하고 살아왔다는 사실을 잘 알지 못했으나 이제 그의 의존적 성향을 알게 되었다. 동시에 그녀는 남편에게 운전을 배우며 많은 비난을 받았는데 나중에 친구 차를 빌려 출퇴근하며 스스로 운전할 줄 알게 되었다 한다. 그녀는 운전하게 되면서 자신이 남편이 운전하는 옆자리에 앉아 어지러움을 많이 느낀 것이 남편이 운전을 난폭하게 해서 그렇다는 것을 알게 되었다. 그녀는 이런 일들을 통해 이전에는 남편이 하는 말이 다 옳다고 생각했으나 이후부터는 자신이 하는 말도 옳을 수 있다는 것을 알게 되었다. 지금 그녀는 남편의 일방적인 태도에 압도당하지 않으며 자신의 목소리에 귀를 기울이고 표현하는 데 서서히 익숙해져 가고 있다.

담배 냄새는 그녀가 잘 알던 어린 아들이 사춘기 이후 이해하기 힘들게 바뀐 모습을 나타낸다. 동시에 규범 안에서 안정감을 느끼며 살아왔던 모습과는 상반된 일탈한 자신의 또 다른 모습을 상징한다. 그녀는 젊은 시절에 소개팅으로 만난 남자 이야기를 했는데, 당시에 그 남자는 그녀에게 혹시 담배를 피우냐고 질문했다고 한다. 그녀는 중학교 때 집에서 우연히 발견한 담배를 한번 피워 보았으나 기침만 하게 되어 그다음부터는 담배를 피워 본 적이 없다고 대답했는데 이런 이야기를 한 적은 그때가 처음이었다. 이야기한 뒤 그녀는 당혹스러웠으며 자신을 다 들켜버린 것 같은 느낌이 들어 그 남자를 다시 만나지는 않았다고 한다. 이제 희연의 이야기는 사춘기를 어떻게 보냈는지까지 거슬러 올라갔다.

그녀는 밖으로 자신의 감정과 느낌을 표출한 적이 거의 없고 뭔가를 하긴 했지만 공부를 하지는 않았으며, 말썽 피운 적은 없었다고 했다. 그녀는 이 당시 생각이 너무 많아 생각하는 것이 피곤하고 힘들었지만『우리는 사소한 것에 목숨을 건다』(리처드 칼슨 저)라는 책을 읽고 난 후 불안에 근거한 생각은 생각의 꼬리를 물고 결론을 내릴 수 없는 소용없는 것이란 것을 깨닫고 초·중·고 때까지 많이 했던 생각들을 20대 중후반에는 덜 하게 되었다 한다. 그녀의 생각들에는 그녀가 하지 못하는 것에 대한 후회와 다양한 자신과의 대화를 포함했다. 그녀의 사춘기 기억은 더 깊이 들어가 초등학교 때 그녀가 자신에게 했던 근본적인 질문인 "나는 나인가?"라는 질문에 도달했다. 그녀는 "내가 다른 사람에게 들어가면 내가 되나? 어딘가를 들어가면 저 아이는 내가 되는 것인가?"라는 생각을 했다고 한다. 자신에 대한 이러한 질문들은 희연이 경험하고 있던 자신의 부재에 대한 질문들과 연관되어 있으며, 자신이 존재하는 것에 대한 불확실성에 대한 반문이다.

자신의 부재

이번 회기에 희연은 부재와 연관된 불안에 대하여 말했다. 초등학교 시절 부재에 대한 질문들은 그녀가 생각을 멈추기 어려울 만큼 컸던 불안과 관련이 있고 성인이 된 이후 삶의 다양한 방식과 연관되어 있다. 20대에 그녀는 시를 좋아해서 많이 읽었는데 그 당시 연애하던 남편이 시를 읽고 너무 감성적으로 되어 가는 그녀를 보고는 읽지 못하게 했다고 한다. 그 당시 그녀는 비 오는 날 이불을 뒤집어쓰고 베란다에 서서 비를 바라보곤 했는데 그때 그녀는 자신이 비현실적이라는 사실을 알게 되었고 자신이 너무 이상적인 모습으로 회사에서 근무하고 있었다는 것을 알게 되었다 한다. 이러한 이상적인 그녀의 모습은 그녀가 느끼고 있던 자신의 부재에 대한 방어적 측면을 나타낸다.

희연은 고등학교 졸업 후 회사에 들어가게 되었는데 노처녀 선임이 커피 타는 것부터 청소하는 것 등 잡다한 모든 일을 그녀에게 시켰다. 또한 외국에서 선임이 처리해야 할 업무에 대해 묻는 전화가 오더라도 그 선임이 전화를 받지 않아 영어를 하는 사람을 찾아서 전화를 받게 했다. 희연은 그 선임에 대한 미움을 참을 수 없었으나 자신이 그녀를 미워한다는 사실에 죄책감을 느끼며 거리를 다닐 때마다 눈물을 흘리기도 했다. 나중에 희연이 회사에서 인정받는 사람이 되자 그 선임은 그녀에게 함부로 하지 못했지만, 부정적인 소문을 내서 간접적으로 그녀를 괴롭혔다. 그녀는 그 긴 세월 동안 자신의 부재로 인해 스스로를 어떻게 돌보아야 하고 존중해야 하는지 알지 못한 채 선임이 "사이코"처럼 함부로 할 때 "그렇게 하시면 안 되지요"라고 말하지 못하고 일방적으로 당하고 지냈던 억울한 감정들을 표출했다. 그녀가 이렇게 자신의 부정적 감정들을 억누르고 있던 이유 중의 하나는 "직장을 선교지

놀이의 심리학

라고 생각하라"라는 교회의 가르침 때문이었다.

희연은 직장에서 경험하는 갈등과 부당함과 관련해 문제를 직면하기보다는 억압하는 방식으로 대처해 왔다. 그녀는 무례함을 받아들이기는 어렵지만, 갈등 관계보다는 순응하는 쪽을 선택해 왔다. 이런 힘든 선택은 남편과의 관계에서도 나타났다. 그녀는 요즘 카를 융의 임상 사례집을 읽고 있는데 그 책에 나오는 여자에 대해 말하며 분통을 터뜨렸다. 희연에 따르면 한 여자가 남편의 외도 탓에 건강을 잃고 병원 입원 중 융을 만나게 되었는데 오히려 외도한 남편은 건강하게 살아가고 그 여자는 내면의 갈등으로 병을 앓게 되었다는 이야기였다. 그녀는 이야기 속의 여성 내담자를 보며 자신이 왜 남편에게 또는 직장에서 만나는 사람들에게 존중받지 못하고 살아왔는가에 대해 강렬한 증오의 감정을 느끼고 있었다.

희연은 남편과의 관계에 더욱 관심을 두기 시작했다. 그녀는 자신이 남편과 만나서 결혼한 이유를 알고 싶어 했다. 그녀는 무례한 것을 싫어하는데 그녀에 따르면 남편은 "막돼먹은 사람이다." 그녀는 억눌려 있던 자신의 "양아치" 같은 측면을 남편을 통해 보게 되고, 마음대로 하고 싶은 자신의 마음을 남편을 통해 발견하는 것 같다고 했다. 그럼에도 그녀는 남편이 소리치면 "그것이 왜 걸리적거리는지" 알 수 없었고, 이렇게 느끼는 자신에 대해 "이런 내가 잘못된 거지"라고 반문하며 자신에 대해 의심했다. 내가 남편과의 관계에서 혼돈된 감정을 느끼는 그녀에게 그녀의 깊고 본질적인 감정을 물어보아도 그녀의 대답은 불확실했다. 그녀는 버럭 화를 잘 내고 잘난 체하는 성격의 남편을 이해해 주는 사람이 없다는 것에 대한 안타까움과 동시에 불편함을 표현했다.

희연은 여기서 다시 자신의 부재라는 주제로 돌아가며 "나에 대해 모르는 것처럼 잘 모르겠어요"라고 말했다. 그녀는 자신을 잘 알 수 없고 어떤 감정을 느끼는지 잘 모를 때가 가끔 있다고 했다. 그녀는 자신이 "어떤 사람인지 모르겠고 어떤 때 화가 나는지 모르겠어요"라고 말하며 어떤 상황이 닥치면 자신이 "쑥 빠져나가는 느낌이 들어요"라고 했고, 그녀는 "아니야"라고 이야기할 상황이나 필요 없다고 말해야 할 때 "쑥 나가고 껍데기만 있는 느낌"을 받는다고 말했다. 그녀는 이러한 자신의 부재에 대해 "교회에서 원하는 모습과 엄마가 원하는 모습"에서 출발해서 지금에 이른 것이 아닌가 추측했다. 그녀는 외부에서 요구하는 모습 가운데 자신이 원하지 않는 모습이 너무 많은 것 같다고 말하며 환경에 순응하며 살아온 자신에 대한 이해를 확장했다. 사람들이 일반적으로 말하는 "현모양처의 모습"에 맞추어 살았던 자신을 보며 아들이 공부를 포기하는 모습을 통해 함께 공유했던 무력감과 절망감을 표현했다. 그녀는 자신은 "해도 안 된다는 생각"을 많이 하고 있었다고 말하며 자신에 대해 신뢰할 수 없음을 비통해했다.

그러나 부재의 고통 가운데 그녀는 자신이 형편없을 것이라는 기대와는 다르게 현실의 삶에서 오히려 잘 살아가는 자신의 모습을 보며 놀라웠던 순간을 이야기했다. 그녀는 오래전에 보육교사가 되고 싶어 직장을 마치고 1년 동안 야간에 학교를 다닌 적이 있었는데, 성적을 살펴본 적이 없다가 나중에 확인해 보니 성적이 무척 좋았던 사실에 깜짝 놀랐었다고 한다. 이러한 부분은 작지만, 또 다른 극단에 있는 그녀의 잠재성을 발견하고 확인하는 순간이었다. 순응하는 그녀의 삶 이면에 끊임없이 자신을 거친 외부 현실에서 확장해 가는 모습이 있다는 사실은 그녀에게 희망을 주었다.

나는 누구일까?

희연은 이번 회기에 "나는 누구일까"라는 질문을 하며 자신의 존재에 대해 궁금해했다. 그녀는 초·중·고 시절에 교회에 다녔다. 그러나 당시 교회에서 학생들에게 선교사 되는 것을 너무 강조하기에 낯선 나라에 가서 복음을 전하는 게 자신에게 맞지 않는다고 생각했고 부담스러워 나가지 않게 되었다. 그러던 어느 날 고등학교 졸업 후 회사에 다니면서 교회에 가보고 싶어 근처에 있는 작은 교회에 다시 출석했다. 하루는 주일 설교 중에 목사님이 자신과 같은 또래의 딸을 유학 보낸다는 말에 희연은 큰 "배신감"을 느꼈다. 자신은 하고 싶은 것을 못 하며 힘들게 헌금을 하는데 그 헌금으로 유학비를 낸다는 것이 참기 힘들었다 한다. 그녀는 신앙생활을 어떻게 하는 것이 참된 것인지 혼란스러워했다.

희연은 내 연구실에 놓여 있는 모래놀이에 관심을 두고 그곳에 진열된 다양한 피규어를 살펴보기 시작하였다. 그런 뒤 그녀는 먼저 모래 상자 안에 있는 모래를 정성스럽게 정리했다. 아래쪽에 있는 모래를 언덕처럼 약간 높게 만들었고 그곳으로 향하는 길은 점진적으로 그 언덕 직전까지 서서히 낮아졌다. 그다음 숲을 양쪽 모래 상자 끝에 하나하나 놓았고 녹색 보석들만을 골라 언덕 위에 뿌려 놓았다. 그 보석 반대편에는 요정 같은 피규어를 놓고 그 옆에는 학교 버스 위에 작은 아기 돼지 피규어를 놓았다. 그 두 피규어는 모래 상자 끝에 있는 녹색 보석들을 바라보며 그쪽을 향해서 나아가고 있다. 희연은 하늘 위에 비행기가 보석을 향해 날아가는 모습을 나타내고 싶어 했다. 나는 기타 세우는 기구와 카메라 받침대를 이용해 줄로 비행기를 매단 뒤 바깥쪽에서 중앙에 위치하도록 설치하는 것을 도와주었다.

모래 상자 안에 있는 녹색 보석들은 20대 중반에 만났던 자신과 여러 면에서 거의 비슷한 후배를 생각나게 했다. 그 후배는 "재미있고 진지하고 똑똑하기도 하며 허당이기도" 하였는데 둘은 아주 친하게 잘 지냈다. 그 후배는 다른 회사로 옮기고 나서 자신의 진가를 발휘하기 시작했는데 그 후배가 쓴 글이 외국 잡지에도 실리고 인터뷰도 하며 자기 일에 큰 성과를 내었다. 그녀는 어려운 과정 가운데 꾸준히 자신의 전문 영역을 일구어 나가며 내면의 보석들을 찾아 외부 현실에 드러내며 살아가는 후배를 보며 그렇게 살지 못하고 있는 자신과 비교할 때 부러웠다. 희연은 보석인 줄 알았건만 아니었던 것은 그녀의 남편이라고 말했다. 이 순간 그녀는 자신에게 보석을 상징하는 자신만의 달란트가 없다는 사실에 슬퍼했다. 그녀는 신이 자신에게 "달란트를 주는 것을 까먹으셨어요"라고 말했다. 희연은 "소나무는 아주 작게 자라도 소나무인 줄 아는데 나는 내가 누구인지 모르겠어요. 내가 뭔지 모르겠어. 내가 뭔지 모르겠는데 남들이 나를 보면 뭔지 아나?"라고 말하고 슬프게 울었다. 그녀는 사람들은 꽃들을 바라보며 장미꽃인지 호박꽃인지 알고 보라색 할미꽃인지 분간하는데, 자신이 누구인지 알지 못하는 것이 슬프다고 말했다. 또한 "뭔지도 모르고 살아 있는 것이 있나?"라는 질문을 스스로 하며 사춘기 때 이런 질문을 하고 대답을 찾아야 했는데 무엇인지 모르고 그냥 살아가고 있는 것에 대해 답답함을 토로했다. 그녀는 동시에 그녀가 찾을 수 없는 답을 찾고 있을지도 모르겠다고 하며 절망적 시각을 표현했고 자신이 누구냐는 질문을 꼭 해야 하는지 반문했다. 그러나 그녀는 여전히 자신이 무엇에 열정을 가졌는지는 궁금하다고 말하며 포기할 수 없는 자신에 대한 궁금증을 표현했다.

희연은 왜 자신이 일상생활에서 긴장하며 살아가는지에 대해 그리

그림 4. 조희연(가명) 내담자가 그린 모래 그림. 아래에 녹색 보석들이 깔려 있다.

고 왜 숨을 쉬는 것에도 불안을 느끼고 있는지 의아해했다. 그녀는 자신이 조급하지는 않지만, 아무것도 하지 않고 있으면 알 수 없는 긴장이 엄습한다고 한다. 그녀는 뭔가 해야 할 것이 있는데 하지 않고 있는 느낌이 들기도 하고, 건망증이 심해서 잊어버릴지 몰라 긴장하고 있는 것은 아닌가 하고 생각해 보기도 하지만 현재 휴직 중 아무것도 하지 않은 상태에서도 뭔가 긴장되고 불안을 느끼고 있다고 한다. 그녀는 오랫동안 찾지 못했던 "나는 누구인가?"라는 질문에 대한 답변을 찾아 나서며 자신이 부재했던 삶을 돌아보았다. 회사에서 발생한 갈등 관계와 더불어 증폭된 삶의 방향, 의미 그리고 가치들에 대한 근본적 질문에 대한 답변을 찾던 그녀가 만든 모래 그림은 아직 의식의 세계에서 구체화되지는 못했지만, 무의식의 세계에서 상징을 통해 표현된 녹색 보석들이 있는 곳을 향해 달려가고 있는 자신의 모습을 표현했다. 그녀는 신이 자신에게 주는 것을 잊었을 것이라 믿고 있던 달란트라는 것을 상징적인 녹색 보석들로 표현했는데 이것은 그녀 자신의 고유한 잠재성이기도 할 것이다. 희연은 가정과 직장에서 다양한 역할을 쉴 틈 없이 수행하고 살아왔으나, 중년이 되어 삶은 영원하지 않고 시간은 유한하다는 것을 느끼며 가치 있게 사는 방법을 찾고 있다. 그녀는 이 시점에서 자신의 보석들이 무엇인지 잘 모르겠지만 이제는 찾아야겠다고 결심한다. 그러나 그 과정은 그녀에게 쉽지 않다.

희연은 자유 연상을 통해 광고문구들에 관해 말하며 자신을 비하했던 측면을 다시금 새로운 시각으로 통찰한다. 그녀는 광고를 보며 어떻게 사람들이 이렇게 잘 만들 수 있는지 감탄했던 적이 있고 짧은 시간 안에 원하는 내용을 함축적으로 만들 수 있는 사람들은 천재라고 생각하고 자신은 결코 해낼 수 없다는 비관적 결론을 맺었다고 말했다. 그러나 이제 그녀는 최종적인 광고가 나오기 전에는 수많은 시안이 있고 긴 과정을 걸쳐 광고가 만들어진다는 것을 안다. 그녀의 이러한 통찰은 자신을 경멸하고 수치스럽게 받아들이기보다는 수용해 가는 과정이며 자신이 원하는 삶의 내용을 찾을 수 있다는 가능성과 그 내용을 다른 이에게도 보여줄 수 있을 것이란 신뢰를 담고 있다.

내가 그녀에게 관심 있는 영역이 무엇인지에 묻자, 그녀는 자신이 흥미로워하는 영역을 탐구하기 시작했다. 그녀는 사람들에 대해 관심이 있다고 말하며 이전에 친구가 어려운 일이 있을 때 자신이 할 수 있는 부분을 도와주었던 기억을 떠올렸다. 그러면서 당시 그녀가 느꼈던 성취감에 대해 말했다. 그녀는 "미용을 배울까요?"라는 질문을 던지며, 머리를 잘라 주면서 사람들하고 이야기하고 머리를 자르는 것을 매개체로 사람들을 돕는 것에 관심을 보였다. 그러나 이내 그녀는 자신이 원한다고 누군가를 도우며 살아가는 삶을 선택할 수 있을지 확신할 수 없다고 말했다. 동시에 그녀는 지금까지 30년 이상 해온 직장생활에 대한 회한을 표현하며 더는 이렇게 살고 싶지 않다고 외쳤다.

꿈 - 아기의 탄생과 변화

희연은 이번 회기에 오자마자 이상한 꿈을 꾸었다고 말하며 들어왔다. 그녀는 어제 TV에서 핏덩어리 같은 병아리가 알을 깨고 나왔을 때 깃털이 축축하게 젖은 상태였는데 화면이 바뀌며 곧바로 뽀송뽀송해진 병아리를 보여주는 프로그램을 시청했다고 한다. 그날 밤 꿈에서 그녀는 유쾌하지 않은 경험을 하고 나서 임신하게 되었고 2개월 또는 3개월 정도밖에 되지 않았는데 어떤 나이 드신 여자가 와서는 자신을 믿고 아이를 낳자고 말했다. 자신을 믿어 달라는 여자의 말을 들을 때

살짝 긴장은 했지만, 그 여자를 신뢰하기로 하고 아기를 낳기로 했다. 그러나 희연은 꿈에 아기를 낳는 과정은 해산하는 것이라기보다는 꺼내는 과정이라고 설명했다. 그 여자는 그녀의 몸에 자기 손을 넣어서 축축한 병아리가 같은 핏덩이 아기를 끄집어냈는데 금세 그 아기는 보기에 너무 예뻐서 "어떻게 이렇게 귀여운 아이가 있어"라고 말하며 꿈을 깼다 한다.

나는 이 꿈이 희연의 새로운 시작을 알리는 것과 관련 있다고 해석해 주었다. 회사에서의 극단적인 갈등으로 심각한 우울과 자살 사고 등으로 고통받아 왔던 그녀는 두 달 휴직이라는 초강도의 방법을 동원해 쉼의 시간을 보내며 회복하는 중이다. 그녀는 아직 충분히 준비되지는 않았지만, 이러한 고통스러운 과정 가운데 함몰되지 않고 꿈에 산파의 도움으로 자신의 새로운 탄생과 시작을 알리는 상징적 모습을 꿈을 통해 바라보고 있다.

나는 그녀의 얼굴이 처음 찾아왔을 때와 비교하면 편안해지고 밝아진 것 같다고 말해 주었다. 희연은 회사로 복귀할 생각을 하면 여전히 부담스럽지만, 첫날과 지금 사진을 찍어서 비교한다면 아주 많이 달라졌을 것 같다고 말했다. 그녀는 현재 출근 준비를 해야 하는 일상에서 벗어나 부담감과 긴장감이 훨씬 줄어든 상태이고 압박감도 거의 느끼지 않는다고 했다. 두 달간 휴직은 그녀에게 지난 30년 동안 한 직장을 다니며 가정과 회사에서 헌신했던 것에 대해 충분하지는 않겠지만 나름의 보상을 해주는 귀한 시간이다. 이러한 자신에게 주는 여유로운 시간 속에서 일에 파묻혀 지냈던 모습을 뒤로하고 원하는 것들만 하고 원치 않은 것들을 억지로 하지 않는다. 그녀는 처음에 이렇게 해도 되느냐고 반문도 하고 어색해하기도 했지만, 지금은 괜찮다고 말했다. 희연은 전에는 조급해서 일정표를 따라가지 못하면 불안했으나 지금은 다음번에 해도 된다고 생각하며 더 편안해졌다고 말한다. 그녀는 책을 읽을 만한 여유가 생겨『적을 만들지 않는 대화법』이라는 책을 오늘 아침에 책장에서 들고나와 좋아하는 카페에 가서 재미있게 읽었다 한다. 그녀는 아들이 어떤 방향으로 나아갈지 알지 못해 방황하는 것을 바라볼 때, 마치 자신이 누구인지 알 수 없는 듯한 혼란스러움을 경험하고 있다. 그러나 지금 그녀는 아들에게 투사된 자신의 불안한 모습을 자신의 내면세계에서 만나고 있다. 일방적이었던 남편과의 관계에도 변화가 찾아왔다. 전에 남편이 가족을 비난할 때 압도당한 채 듣고만 있었다면 이제는 그런 남편의 행동에 대해 하지 말라는 분명한 자신의 목소리를 표출한다. 이전에는 남편과 다투는 것이 두려워 회피했지만 이제 그녀가 존재해야 하는 곳에서 물러나지 않고 의사소통을 하고 있다. 그녀는 불확실성으로 인한 불안함과 혼돈을 뒤로하고 자신을 나타낼 수 있으며, 다른 사람의 관점으로 관계를 바라보지 않고 자신이 중심이 되어 바라볼 수 있는 통찰력과 시각을 갖게 되었다.

희연은 며칠 전에 자신을 부사장으로 승진시키고 다른 곳으로 옮긴 회사 전 사장 C와 만나게 되었다. 그녀는 그 C와는 가끔 연락할 때가 있었지만 대화는 피상적이었으며 그녀가 원하는 말을 드러낸 적은 거의 없다고 한다. 그러나 이번에는 그녀가 C에게 개인적으로 연락해서 처음으로 자신이 겪고 있는 내면적 갈등과 혼란에 대해 말했다. 이전에는 그녀의 목소리가 자신에게서조차 담아지지 않고 허공으로 의미 없이 사라져 갔다면 지금 그녀는 자신의 강렬한 내면의 목소리를 담아내고 있으며, 누군가에게 의미 있는 의사소통을 하고 있다. C는 그녀의 설명에 놀라면서 그녀가 항상 웃고 있어 그런 힘든 일이 있었는지 몰랐다며 회사에서 있었던 그녀의 고통스러웠던 일들에 대해 경청해 주었다. 그리고 그 문제들을 해결해 나갈 수 있는 나름의 방법들을 제시해 주었고, 3시간에 걸친 그 만남은 그녀에게 많은 도움이 되었다. 지금까지 그녀는 회사나 가정에서 갈등이 발생할 때 자신을 주로 비난하며 사람들과의 관계에서 철수하는 경향이 있었다면 이제 그녀는 내면의 목소리를 외면하지 않고 외치며 사람들과 대화를 나눴다. 희연은 이전에는 갈등 관계를 갖지 않고 사람들과 적당히 좋게 지내던 피상적인 관계에 머물렀지만, 지금은 부정적일 수도 있는 진솔한 자신의 모습으로 사람들과 대면하고 있는데 이것은 그녀에게 커다란 변화이다. 그녀는 누군가 원하는 모습으로 살아가는 삶에 더 이상 관심이 없다. 오히려 자기 내면의 목소리를 경청하고 감정을 드러내는 데 관심이 있다. 그녀는 갈등과 파괴적인 측면이 없는 것처럼 위장하는 모습을 내려놓고 내면에서 발생하는 다양한 자신의 감정과 무의식의 소리에 귀를 기울이며 사람들과 대화한다. 그동안 희연이 느꼈던 자신의 외부와 내부의 불일치에서 발생했던 혼란을 외면하지 않고 다가설 때 역설적으로 그 혼란은 사라져 간다.

죄책감과 관심

이번 회기에 희연은 엄마에 대한 기억에서부터 상담을 시작했다. 그녀에게 엄마는 아버지가 돌아가신 뒤에 어려워진 집안을 무기력하게 이끌어 온 원망의 대상이기도 했고 자신에게 이상적인 모습을 강요하는 부담스러운 사람이기도 했다. 그러나 지난번 엄마의 뒷모습을 보며 예전 같지 않게 똑바로 걷지 못하고 휘청거리는 것을 보며 엄마가 나이가 많이 드신 걸 실감했다. 이러한 엄마에 대한 원망과 연민에 대한 감정으로 그녀는 울먹였다. 그녀는 언니와 엄마에 대해 이야기하며 엄마가 "옛날 같지 않아 미안하다"라고 했던 말을 전하며 감성에 복받쳐 말을 잇지 못했다. 사랑과 미움의 대상이었던 엄마에 대한 양가감정은 노인으로 변해 가시는 엄마의 모습을 보며 그녀는 더욱 죄송한 마음과 사랑의 마음을 느꼈다.

희연은 전에는 자신에게 있던 숨겨진 교리적 잣대로 인해 무척 피곤했다고 말했다. 그녀는 신앙생활을 완벽하게 해내지 못하고 기도를 매일 할 수 없는 것에 대해 죄의식이 있었는데 이제는 좀 더 자유롭다 한다. 그런데도 그녀는 신앙과 관련된 죄책감에 대해 여전히 자유롭지 못한 부분이 있다. 나는 인간에 대한 이해가 없고 인간을 배제한 종교는 껍데기라는 것, 그리고 죄책감이란 관심을 가질 수 있는 능력을 의미한다는 위니컷의 이론을 말해 주었다. 위니컷은 6개월 된 아기의 사랑은 엄마의 젖을 깨무는 것이라고 말한다. 아기가 무자비하게 사랑을 표현하지만 엄마의 안아 주기와 수용을 통해 점진적으로 고급스럽고 우아한, 누군가에게 관심을 두고 배려하는 사랑을 할 수 있는 능력으로 발전되어 나간다는 것이다. 죄책감을 누군가에게 관심을 가질 수 있는 능력으로 이해하는 것은 죄책감에 대한 부정적인 교리의 한계를 넘어 인간의 깊은 내면에 사랑과 증오가 동전의 양면처럼 공존하고 있다는 걸 알려준다. 누군가에게 관심을 가질 수 있는 건강한 개인은, 증오보다는 배려와 관심을 보일 수 있는 사랑의 능력을 성취한 사람들이다. 이러한 나의 설명은 교리에 기반을 둔 신앙으로 인해 종교적 죄책감에 시달려 온 그녀에게 새로운 시각으로 종교적 테두리를 넘어선 관심 영역에 대해 통찰할 수 있게 도와주었다. 그녀는 자신을 이루고 있는 자연스러운 양면적 모습을 바라보게 되었다.

희연은 지금은 퇴사한, 친했던 후배와 며칠 전에 만나 나눴던 이야기를 했다. 그 후배에게 그녀는 자신이 너무 감성적이어서 이성적으로 문제를 해결하지 못한다고 말했다고 한다. 그러자 그 후배는 자신이 회사에서 문제가 생겼을 때 해결하지 못하고 회사를 그만두었지만, 희연은 그 문제를 해결하고 계속 같은 회사에 잘 다니고 있다고 말하며 그녀는 감성적이기보다는 이성적으로 문제를 더 잘 풀어간다고 말해 주었다. 그녀는 후배의 말을 듣고 자신이 이성적인 사람인지 생각해 보았으나 자기는 그런 사람 같지는 않은데 그렇게 말해 주는 후배가 고마웠다고 한다. 희연은 자신을 "겁이 많고 약한" 사람이라 표현했으나 남들이 자신을 어떤 사람으로 보는지와 자신은 무엇을 잘하는 사람인지 궁금해했다. 그녀의 이러한 궁금증은 회사에서 발생하고 있는 자신과 간부들 간의 갈등 관계로 옮겨갔다.

나는 희연에게 회사 간부들은 그녀를 어떻게 생각할 것 같냐고 물었다. 그녀는 회사 간부들은 자신을 무능한 부사장이라 생각하는 것 같다고 말하면서도 그들이 원하는 부사장이라는 이미지도 말도 안 되게 이상적이란 단서를 달았다. 그녀는 부사장이 하는 주된 일은 사업 부서와의 필요한 부분을 서로 조율하는 것인데 이 부분을 잘못하고 있고 회사의 비전을 제시하지 못해 그들이 공격하는 것 같다고 말했다. 그녀는 자신이 30대가 아닌 중년의 40대 후반인데도 부사장으로서 자신에 대한 확고한 신념이 없는 것에 분통을 터뜨렸다. 회사 간부들이 그녀가 많은 권한을 가지고 중요한 결정을 하고 있다고 생각하는데 그것은 그들의 착각이라고 단언하며 회사에 복귀하고 싶지 않다고 말했다. 그녀는 돈 때문에 그곳에 가서 앞으로 12년을 다시 견뎌야 하는지에 대한 회의적 시각과 자신이 12년을 회사에서 더 견뎌낼 수 있을 것인가 하는 불확실성에 압박감을 느끼고 있다. 그녀는 간부들과의 갈등에서 자신을 보호할 수 있는 변화된 모습 없이 되돌아가야 한다는 사실을 혼란스러워했다. 그녀는 자신이 가지고 있는 회사 복귀에 대한 부정적 정서들을 하나씩 살펴보고는 "저들이 나가야지 내가 왜 나가야 하지. 끝까지 견뎌야지 왜 도망을 가!"라는 결론에 도달했다.

직장 복귀와 신과의 대화

희연은 휴직 2개월이 거의 끝나가는 시점에서 다시 직장으로 복귀하는 문제에 대해 심각하게 고민하고 있다. 그녀는 꼭 복귀해야 하는지, 혹시 다른 길은 없는지 하는 질문을 자신에게 하며 이 회기를 시작했다. 그녀가 친구들과 만나 직장 문제에 대해 신께 기도하며 물어본다고 말했을 때, 그들은 그녀가 경제적인 부분을 배제한 채 현실을 생각하지 않고 있으며 문제 해결 방식이 너무 이상적이라고 조언을 해줬다. 그런데도 그녀는 지난 월, 화, 수요일에 기도원에 갔다 왔는데 아름다운 자연에 둘러싸인 기도원에 가는 것을 좋아한다고 말했다. 그녀는 이전에는 신이 자기 삶에 개입하지 않는 방관자로 알고 있었다면 이제는 자기 삶에 관여하시는 신으로 경험한다고 한다. 희연은 그래서 직장 문제와 관련해서 신께 답을 구하며 기도하는데 처음에는 직장 복귀를 상상하는 것도 힘들었지만 지금은 복귀에 대한 두려움에서 벗어나고 있다고 했다.

희연은 어릴 적 기억이 많이 있지는 않지만, 아빠와 관련된 첫 기억을 떠올렸다. 그녀가 초등학교 들어가기 훨씬 전 아주 어릴 적에 뒷산에서 설사를 하고 내려왔는데 그것을 나중에 아버지가 발견했다. 저녁 잠자리에 들기 전 식구들이 누워 있는데 아버지는 누가 설사를 했는지 모르겠지만 낫기 위해 약을 먹여야 할 것 같다고 걱정하셨다. 그때 그녀는 자기가 설사했다고 "말은 못 하겠고 죄스럽고 미안하고 움츠러들며" 진실을 말하지 못했던 기억을 이야기했다. 또한 그녀는 어릴 적 엄마 아빠가 자주 싸우시는 분들은 아니었지만, 어느 날 다투는 것을 보게 되었는데 그때 울면서 "엄마 아빠 싸워?!"라고 소리 지르며 옆집을 향해 맨발로 뛰어갔던 고통스러운 기억에 대해 말하며 그 당시 느꼈던 공포에 관해 설명했다. 그녀는 요즈음 긴장하고 두려운 갈등 상황이 오면 불편하고 무서운데 이러한 자신의 불안을 생각하면 엄마 아빠가 싸웠던 장면이 떠오른다고 말했다.

희연은 자신의 과거 이야기를 하며 자신이 심리치료를 받으며 무엇을 얻을 수 있는지 궁금해했다. 그녀는 깊은 고민 없이 스스로를 받아들이며 자연스럽게 살아가는 친구와 비교하며 갈등으로 인해 힘들게 살아가는 자신을 쉽게 수용하기 힘들어했다. 그녀는 심리치료를 통해 자신을 이해하고 수용할 수 있으면 좋겠다고 하며 혹시 자신을 편안하게 받아들이고 살아가는 사람들이 과연 있을까 하는 질문을 하였다. 희연의 아버지에 대한 어릴 적 기억과 하나님과의 관계에서 신뢰할 수 없음의 주제는 관련되어 있다. 그녀는 아버지에게 자신을 편하게 표현할 만큼의 신뢰가 있지 않았고 이는 지금까지 살아오면서 교회를 다녔음에도 신을 신뢰하지 못했던 그녀의 신앙생활과 관련이 있다. 그녀는 "하나님이 사랑하는 사람이 따로 있나?"라는 질문을 했다. 그녀는 신이 특별히 모세라는 사람을 선택해서 이스라엘 백성을 이집트로부터 구해낸 것을 보면 신이 모세의 인생에 직접 개입하신 것이라고 말했다. 그러나 그녀 자신은 신이 특별히 선택했다기보다는 모세가 아닌 다수의 이스라엘 백성처럼 수많은 군중의 한 사람 같다고 한다. 그녀는 모세가 하나님과 일대일로 만났다면 자신은 일대일이 아닌 신과 다수의 군중이 만난 것이라고 말했다. 신은 자신이 그들 중의 하나이기에 묶어서 보시고 보살피시기는 하지만, 특별히 개별적으로 만나는 것 같지는 않다고 말했다. 그러면서 이 지점에서 정확하게 신과 자신의 관계를 정리하고 싶다며, 왜 자신이 "군중 가운데 한 사람이어야 하는가?"에 대해 질문했다.

나는 희연에게 전에는 당신이 어떤 취급을 당하더라도 개의치 않았다면 이제는 존중받아야 한다고 느끼는 것 같다고 말했다. 그녀는 잠시 울음을 터트렸다. 그녀는 기도하며 자신이 신의 자녀가 맞는지 질문했고, 자신이 그의 자녀라면 아직 아이여서 신이 자신에게 칼을 주지 않는다고 했다. 그러나 잠시 후 그녀는 하나님이 아예 주지 않으실 것 같으니까 달라는 것을 포기하는 것이라 말했다(내가 그녀가 말하는 칼의 의미가 무엇인지 물어보았을 때 그녀는 나중에 이야기하고 싶다고 했다). 그녀는 신이 옆집에서 방관하지 않고 자신의 삶에 직접 개입하시는지 알기를 원했다. 그녀는 아버지를 신뢰하기 힘들었던 것처럼 하나님을 신뢰하기 힘든 자신을 표현하고 있다.

내가 희연이 전에는 자신의 감정이나 느낌을 표현하는 것에 가치를 두지 않았다면 이제는 자신의 내면적인 부분을 중요하고 의미 있는 것으로 받아들이는 것 같다고 말해 주었을 때 그녀는 "맞습니다!"라고 대답했다. 나는 신에 대해 자신의 울분을 표현하는 것은 대상을 신뢰할 수 없는 영역에서 신뢰할 수 있는 영역으로 옮겨간 그녀와 신의 변화된 관계를 나타낸다고 말했다. 그녀는 "아, 그것이 신뢰구나"라고 하며 여동생에 대해 이야기했다. 그녀는 아버지에 대한 기억이 거의 없지만, 동생은 아버지에 대한 기억이 많아서 지금도 가끔 그 기억들에 대해서 말한다고 한다. 그런 것을 보면 그녀는 자신이 아버지와 친하지 않았던 것 같고 아버지를 어려워했던 것 같다고 했다. 그러나 막내였던 동생은 아버지에게 더 많이 요구했던 것 같고 친밀한 관계가 있었던 것 같은데, 자신은 아버지에게 다가가기 어려워 멀뚱멀뚱 거리를 두고 쳐다본 것 같다고 했다. 그녀는 아버지와 거리감을 느끼고 있었던 것처럼 신과의 관계에서도 거리감이 있다. 그러나 이제 그녀는 동생이 아버지에게 다가가서 요구했던 것처럼 그녀도 신께 다가가 그녀가 마음속에 담고 있던 말을 하고 있다. 그녀는 며칠 전 자다가 벌떡 일어나서 기도했는데 "하나님을 신뢰하는 것은 저의 문제지요. 그렇긴 하지만 나쁘시네요. 하나님이 잘못하셨네요. 왜 저한테 신뢰를 안 주셔서 이렇게 힘든 일을 겪어야 하나요?"라고 말했다고 한다. 또한 그녀는 "아버지라면서 왜 세상 아버지도 이렇게는 하지 않는데 너무하시는 거 아니에요!"라고 외쳤다고 한다. 그녀는 이제 자신의 존재가 신의 자녀라는 것을 알게는 되었다고 말하며 "언제 신뢰가 회복될까요? 제가 치료될까요?"라고 질문했다.

나는 해야 할 말만 조심스럽게 말하는 것은 대상을 신뢰하지 않기 때문일 수 있으나 부정적인 내용을 자유롭게 표현한다는 것은 신뢰하기 때문일 수 있다고 말했다. 그러면서 그녀가 신께 부정적 감정을 드러내고 가까이 다가가는 것은 신에 대한 신뢰가 있는 것이라 말해 주었다. 조금 전 그녀가 말하지 않았던 신이 주시지 않은 칼의 의미는 악담을 의미하는 것이었다. 그녀는 퇴사하게 되면 자신을 괴롭혔던 간부들에게 "너희가 나한테 한 짓을 너희도 모두 똑같이 받을 거야. 만약 안 받는다면 너희 후손들이 대대로 받을 거야!"라고 악담을 하리라고 다짐했다고 한다. 그녀는 간부들이 이런 악담을 듣고 자신이 받은 정신적 고통만큼 그들도 고통스러운 시간을 보내야만 한다고 믿었다. 희연은 간부들로 향하는 분노를 악담이라는 칼을 통해 남모르게 표출해 왔다. 이 악담에는 그녀가 충분히 받아들이지 못하고 두려워했던 무의식적이고 공격적인 파괴적·원시적 충동이 담겨 있었다. 그러나 지금은 악담하려는 마음이 없어졌고 퇴사하게 되더라도 간부들에게 "잘들 있으라"고 말하며 인사할 수 있겠다고 말했다. 그녀는 이 직상을 생명줄처럼 잡고 있으며 여기 아니면 안 되는 줄 알고 살아왔는데 두 달의 휴직 기간 동안 자신이 아니어도 회사가 잘 돌아가는 것을 보고 회사에서 얽혀 있던 문제들을 풀고 회사를 그만두게 하시려는지도 모르겠다고 말했다.

꿈 – 아빠의 장례식을 찾아가다

희연은 오랫동안 아버지의 죽음과 관련하여 숙제처럼 남겨진 풀지 못한 죄책감을 이번 회기에 꿈을 통해 접근하게 되었다. 그녀는 꿈에 "윤정"이라는 친구와 처음 보는 키 큰 남자와 함께 어떤 아이 생일파티에 가기로 한다. 그 키 큰 남자가 웃기게 생긴 윗도리를 입고 "이렇게 웃긴 옷을 입고 가야지"라고 말했고 그녀는 그와 함께 생일인 아이의 집에 도착했을 때 그 아이의 엄마가 집에서 맞아 주었다. 그곳은 세 명이 상을 당한 집이어서 향이 피워져 있었는데 희연은 "사람이 죽은 집에서 무슨 생일파티를 하지?"라고 혼잣말했다. 그녀는 툇마루 같은 곳을 지나서 방으로 들어갔는데 뭔가 지하로 들어간 것은 아니지만 비좁은 데로 들어가 보니 입구에 향이 피워져 있었으며 방에 도달했을 때 그곳에는 누군가의 영정 사진이 벽에 걸려 있었다. 그녀가 그 영정 사진을 자세히 보니 환하게 웃는 젊은 남자 사진이었는데 그곳에 살던 아이는 사진을 보며 "아빠야!"라고 그녀에게 말했다. 그러나 그녀는 남의 사진을 허락 없이 보는 것 같아 미안해 똑바로 그 영정 사진을 바로 보지 못했다. 그곳에 향이 피워져 있어 향냄새가 방 안에 가득해 그녀는 그 냄새를 맡으며 "왜 이곳에서 생일파티를 하는 거지?"라는 말을 다시 한번 했다. 잠시 후 그 키 큰 남자가 무엇을 사서 왔는데 난데없이 넘어지고 또다시 넘어지고 해서 그녀는 "왜 쓸데없이 넘어지지? 여기에 귀신이 있나?"라고 궁금해했다. 그 남자의 엉덩이에 하얀 것이 묻어 있어 그는 바지를 검은색으로 갈아입었고 그곳에는 할머니와 어머니 그리고 아이 세 명이 있었다. 이때 희연은 아들이 맞춰 놓은 알람 소리에 잠에서 깼다. 깨어나서도 한참을 비몽사몽 앉아 있으면서 꿈에 대해서 생각해 보았으며 잠이 깬 뒤에도 강렬한 그 향냄새가 기억났다. 그녀는 꿈에서 깨어났을 때 무섭고 으스스한 느낌과 좋지 않은 감정이 들어 "너무 이상한 꿈"이라고 말했다.

희연은 이 꿈이 아버지 죽음과 관련 있는 것 같다며 꿈에서 본 영정 사진이 아버지일 것 같다고 말했다. 그녀는 초등학교 1학년 때 돌아가신 아버지에 대한 기억이 거의 없지만, 사람들은 그가 어머니에게 잘하셨고 좋으신 분이며 너무 선해서 법 없이도 살았던 사람이었다 한다. 그녀는 이 지점에서 자신에게 질문했다 "근데 왜 나는 아빠에 대한 기억이 없을까요?" 그녀는 이 질문에 아버지가 돌아가실 때 자신이 아버지의 손수건을 잃어버려서 아버지가 죽은 것이라는 죄책감이 들어서 그런 것이라고 추측했다. 그러나 그녀는 자신이 손수건을 잃어버려 아버지가 돌아가신 것은 아니라고 생각한다고 말하고는 울음을 터트렸다.

희연은 어릴 적 아버지 장례식과 관련된 기억이 전혀 없지만, 그녀의 동생이 들려준 이야기가 있었다. 그녀의 동생은 그녀에게 "아빠는 언제 와?"라고 물으며 무얼 달라고 부탁했는데, 그녀는 "아빠가 죽었는데 여기서 왜 그러는 거야!"라고 말하며 화를 냈다고 한다. 장례식이 끝나고 매장지에 갔을 때도 기억은 나지 않지만, 그곳에서 누군가가 입혀 주었던 옷을 멀쩡하게 입고 땅바닥에 낙서하고 있는 것처럼 쭈그리고 앉아 있는 사진이 아직도 있다 한다. 그 사진을 언급하며 그녀는 자신이 정확한 현실감을 가지고 아버지의 죽음에 대해서 인지하지 못하고 있었던 것 같다고 말했다. 그녀는 꿈에서 환하게 웃고 있는 남자 사진을 보며 화들짝 놀랐는데 이는 아버지 영정 사진이었을 것 같다고 말했다. 그녀는 아버지가 돌아가신 뒤에 아버지가 나온 사진들을 어머니가 태우셔서 아버지 얼굴을 사진으로 본 적이 거의 없다고 말했다. 또한 아버지가 가족들을 위해 사진을 찍었기에 정작 아버지가 나온 사진 자체가 흔치 않았다. 그녀는 아버지가 돌아가신 것에 대해서 울어본 적이 없었으며 아버지가 나온 옛날 사진을 보려고 해본 적이 없다고도 말했다. 그녀는 어릴 적 한탄강으로 놀러 갔을 때 언니와 찍은 사진을 갖고 있는데 그곳에서 사진을 찍어 주셨을 아버지에 대한 기억이 왜 없었을까 하고 의아해했다. 그녀는 아버지가 너무 일찍 일을 일하러 나가고 늦게 들어와 기억에 없었을 것으로 추측했다. 희연은 꿈에 굉장히 어두운 지하 같은 곳에서 본 젊은 남자의 영정 사진이 혹시 아버지였을 것 같다고 말하며 자신이 그런 아버지의 모습을 기억하지 못했던 것 같다고 말했다. 그녀는 초등학교 때 거의 아버지 생각을 하지 않은 것 같고 고등학교 졸업 후 스무 살 넘어서 어느 순간에 아버지 생각이 많이 났다고 말했다. 그녀는 아버지를 생각하면 많이 웃었던 것 같다고 말했다. 그녀는 여기서 좀 더 명확하게 영정 사진에 보라색 셔츠를 입고 매우 환하게 웃었던 아버지의 모습을 기억하며 묘사했다.

희연은 꿈을 통해 오랫동안 뒤로 밀어놓았던 아버지를 상실한 것과 관련된 생생한 영정 사진을 보며 자신이 잊고 지낸 아버지의 죽음과 관련된 감정과 기억을 살펴보았다. 그녀는 꿈과 관련된 이야기를 하며 처음에는 공포와 무서운 감정으로 그러나 시간이 지날수록 깊은 상실의 슬픈 눈물을 흘리며 말했다. 아버지의 죽음이 그녀에게 두려운 사건으로 남아 있었다면 그 공포 뒤에 있던 그녀의 직면하기 고통스러웠던 상실에 대한 슬픔을 마주했다. 그녀는 이제 좀 더 가까이 슬픈 감정들을 만나면서 영정 사진에 환하게 웃으며 짧은 어린 시절이었지만 자신을 보살펴 주고 사랑해 주던 아버지의 존재를 다시 만났다.

나는 너무 갑작스럽게 다가온 그녀 아버지 죽음에 대한 기억과 감정들을 그녀가 오랫동안 단절시켜 놓았으나 이제는 떠나간 아버지에 대한 상실의 감정을 만나고 애도하고 있다고 해석해 주었다. 받아들이기 힘든 심리적 외상으로 남아 있게 되는 기억과 감정을 만나는 것은 고통스러운 과정이다. 그러나 이렇게 방치된 외상들은 한 개인의 삶을 혼란스럽게 만들 수 있다.

희연은 오랜 시간 알 수 없는 죄책감에 시달려 왔으나 이제 그녀는 원인을 알 수 없었던 그 죄책감의 근원지 중의 하나에 접근했다. 그리하여 아버지의 죽음을 책임져야 하는 공포에서 자유로워지고 자신이 가지고 있던 상실의 슬픔을 꿈을 통해 만나고 있다. 소화되지 못한 심리적 외상과의 만남은 우리에게 진실을 보게 해주며 멈추었던 정신세계의 여정을 다시 내딛게 한다. 그녀는 어린 시절 두려움에 외면했던 아버지 장례식장에서 본 영정 사진을 꿈에서 다시 보며 아버지는 공포스러운 존재가 아니라 그녀를 위해 환하게 웃고 계셨다는 진실을 만나게 되었다. 역설적으로 그 영정 사진을 본 날은 슬픔에 애도하는 날이 아닌 누군가의 생일을 축하하는 날이었다. 그녀의 아버지는 그녀가 자기 죽음으로 인해 혼란스러운 삶을 살기보다는 그녀의 꿈을 펼치며 살아가기를 원했을 것이고 아직 누구의 생일인지 명확하지 않은 생일잔치는 그녀가 죄의식에서 벗어나 자유로운 삶을 시작하는 걸 축하하는 날이었을 것이다.

꿈 - 직장과 관련된 그녀의 감정

이번 회기에 희연은 직장 복귀와 관련된 꿈을 보고했다. 꿈에 그녀는 큰 건물들로 가득한 도심의 한가운데에서 딸과 함께 어떤 건물에 앉아 대화하다가 언니에게 전화해서 데리러 오라고 부탁했다. 그러나 시간이 지났는데도 언니가 오지 않자, 그녀는 잠시 어느 공간을 침입하는 느낌이 들었고 언니가 누군가와 재미있게 이야기하고 있는 장면을 보게 되었다. 그때 그녀는 언니에게 왜 데리러 오지 않느냐고 물어보니, 언니는 아직 시간이 되지 않아서 오지 않았다는 대답했다. 희연은 다시 그녀가 있던 건물이 있는 공간으로 돌아와 간식을 사야겠다고 했는데 손에 예쁜 꽈배기가 들려 있어 음료수를 사러 가기로 했다. 그녀가 주위를 돌아보니 환한 편의점이 있었고 그 옆에 조그마한 동네 구멍가게 있어 그 조그마한 가게로 들어갔다. 그녀가 어둑어둑한 가게에 들어가니 옛날 칠성사이다만 있어서 그것을 사지는 않았는데, 주인이 아는 척을 하지 않아 아무것도 구매하지 않은 채 나왔다. 그때 희연은 인상 좋은 아주머니가 꽈배기를 판다고 해서 그것을 사드릴까 생각했지만, 엉망진창인 꽈배기를 튀기고 있어 난감해졌고 결국 자기 손에 좋은 꽈배기가 있기에 사지 않고 그냥 갔다.

희연은 다음 날 꾼 짧은 꿈에 대해서도 말했다. 그녀는 지하 1층이 있고 지상층이 있는 건물의 지하로 그녀의 딸과 함께 들어간다. 지하에 들어가니 물놀이 장소가 있고 1층으로 올라가면 해변이 있었다. 그녀는 딸과 함께 있었는데 지하에 가서 무엇을 받아서 올라가야 하는데 뭔가 제출하지 않고 위로 올라간 느낌이 들었다. 그곳에서 개그맨 신동엽 씨가 웃으며 놀고 있었으며 쾌적한 물놀이 시설이 있어 위층으로 엘리베이터를 타고 올라갔는데 사람들이 놀고 있었다.

희연은 "언니한테 왜 데리러 오라고 했을까요?"라는 질문을 했다. 내가 그녀에게 언니가 어떤 분인지 물어보자, 그녀는 "언제나 말하면 다 들어 줄 것 같은 사람이지요!"라고 말했다. 그녀는 아버지가 돌아가시고 어머니가 가족 생계를 책임져야 했기에 일을 다니기 시작해서 언니가 그녀와 동생을 돌봐 주었다고 한다. 바쁘게 살아가는 그녀와는 다르게 언니는 삶에서 쉴 줄 알고 관계에서 평안함을 주는 사람이다. 꿈에서 그녀는 편하지 않은 직장으로 가 있으나 다른 공간에서 언니가 즐겁게 쉬고 있는 모습을 보며 자신도 그 쉼의 시간에 함께하고 싶어 한다. 그러나 여전히 그녀가 원치 않는 직장 근처에서 서성거린다.

그녀는 곧 두 달간의 휴직을 마치고 복귀하는데, 구성원들이 카톡을 하기 시작해서 카톡을 열기가 두려워 용기를 내고 열어야 한다고 말했다. 희연은 "왜 이렇게 가기가 싫지요? 직장 관련 꿈인데 내 손에 좋은 것을 쥐고 있나요?"라고 질문했다. 내가 꿈에 나온 도심의 건물이 그녀가 다니는 직장 건물일 것이라고 말하자 그녀는 "직장에 있을 때 무미건조하고 재미도 없고 그래서 내가 왜 여기 있지?"라고 묻곤 했다 한다. 그녀는 그렇게 말하고서는 자신이 직장에 있을 때 있어야 할 곳이 아닌 느낌이 든다고 말했다.

내가 꿈속의 언니는 휴직하며 재미있는 시간을 보내고 있는 자신일 수 있다고 하자, 그녀는 아직 복귀하려면 시간이 있는데 성급하게 쉬지 못하고 일하는 곳으로 가려는 자신의 모습인 것 같다고 대답했다. 그녀는 꿈에 언니가 등지고 누군가와 이야기하고 있었는데 언니가 즐겁고 재미있게 누군가를 바라보는 것 같기도 하고 옆모습이 웃음이 가득하고 신나 있었다고 한다. 희연은 꿈에 다른 공간으로 들어가 아직 올 필요가 없는 언니를 불러내며 왜 빨리 오지 않느냐고 재촉하는 자신이 판을 깨는 느낌이 들었다고 한다. 그녀는 직장에 복귀해야 하는

가장 큰 이유가 경제적인 것 때문인데 남편이 하는 일을 통해 수익을
내지 못하는 상황이라 한다. 그녀는 친정 식구들을 챙기고 자녀들 학
원비 때문에 지금까지 돈을 벌지 않은 적이 없다고 말했다. 나는 두
가지 대조된 그녀의 모습에 대해 말했다. 그녀는 있고 싶지 않은 곳에
있는 것이 익숙하기도 하지만(회사에서 일하는 모습), 그녀에게는 아주
즐겁게 누군가와 놀고 있는 자신을 즐기는 모습이 있다.

희연은 30년 동안 한 직장에서 일하느라 경험해 보지 못한 자신의
즐거운 모습을 두 달가량의 휴직 기간에 만나고 있다. 그러나 그녀는
자신이 편하게 있는 모습을 답답하게 느꼈다. 그녀는 올해 상반기 6개
월 동안 회사에서 궁지에 몰린 상황이었다. 지난 30년 동안 남편이 사
업을 한다고 몇 번에 걸쳐 그녀의 퇴직금을 미리 다 써버렸다. 그녀는
연애할 때부터 남편에게 돈을 대주었는데 지난 30년 동안 그녀가 가
정 경제를 책임졌으니, 이제는 남편에게 책임지라고 요청했다. 그러
나 그는 열심히 하긴 하지만 일이 잘되지 않아 그녀에게 내년까지는
일해 달라고 부탁했다고 한다. 그녀는 일하는 것에 대한 압박과 가장
의 무게를 아는 사람으로서 남편에게 모든 가정 경제를 책임지라 말하
는 것이 미안한 마음이 든다고 말했다. 그녀는 자신이 집에 그냥 있을
까도 고민해 보았으나 남편에게 경제적인 문제를 다 넘기는 것은 못
하겠다고 말했다. 내가 그렇게 하는 게 어려운 이유를 물어보자, 그녀
는 그렇게 하면 죽을 것 같고 "짠해서" 못하겠다고 대답했다. 그녀는
지금까지의 삶을 돌아보며 자신을 돌보지 않고 살아왔던 모습을 바라
보기 시작했다.

그녀는 아버지가 돌아가신 이후 어머니가 경제활동을 하면서 가정
이 어려워졌고 어릴 적부터 다른 사람의 도움을 받지 않고 스스로 살
아가게 되었다 한다. 그녀는 TV에서 누군가 돈을 버는 일을 하지 말고

좋아하는 일과 가치 있는 일을 하면 돈은 따라온다는 말을 듣고 "나도 저런 길을 가볼까? 신나서 하는 일을 나도 해볼까?"라고 생각하고는 울었다 한다. 생존을 위해 살아온 그녀는 자신이 원하는 일 또는 가치가 있고 의미 있는 일을 하는 것을 생각해 볼 겨를이 없었는데 생존이 아닌 삶의 가치를 우선시하는 새로운 삶의 가능성을 보며 그녀는 억울하기도 하고 벅차기도 한 눈물을 흘린다.

희연은 사무실에 앉아서 "내가 왜 여기에 있지? 내가 여기에 왜 있어야 하지?"라는 질문을 할 때가 있다고 한다. 그러나 그런 질문을 하면서도 그녀의 마음과 몸은 매번 회사에 가 있다. 그녀의 선배가 "너한테 회사는 일순위이고 너는 하나님보다 회사가 중요하지!"라는 말을 했다고 한다. 그녀는 며칠 전 직장을 떠날 생각을 하며 그동안 감사했던 사람들의 이름을 수첩에 적고 작별 인사를 하는 것을 생각하고는 울컥 눈물이 났다고 한다. 회사 사람들이 왜 그만두냐고 묻는다면 "하나님이 그만두라고 해서 안 다니려고 합니다"라고 말할 것이라는 그녀는 불안해서 회사를 그만둘 수 없다.

희연은 꿈에서 커다란 도시 건물 앞에 서 있는 자신의 모습과 대조되는 누군가와 환하게 웃으며 즐겁게 놀고 있는 언니의 모습에 투영된 자신의 모습을 바라보았다. 그녀는 부재한 아버지의 빈자리로 발생했던 가정의 경제적·정서적 어려움을 경험했고 과도하게 자신이 가정의 모든 경제 문제를 해결하며 살아왔다. 아버지의 부재로 인해 그녀는 경제적 결핍과 심리적인 부재에 대해 고민하며 살아올 수밖에 없었다. 이전에 생존하기 위해 살아왔던 그녀는 그런 자기 모습에 대해 질문하지 않았다면, 지금 그녀는 이것이 자신이 원하는 삶이고 의미 있는 일인가를 질문한다.

그녀는 무미건조한 건물 밖에 서 있는 자기 모습을 바라보며 긴 시간 동안 한 직장에서 보낸 30년의 세월을 돌이키면시 회한의 눈물을 흘리기도 하고 앞으로 더 나은 선택은 무엇인지 통찰하고 있다. 그녀는 이미 예쁜 꽈배기를 손에 들고 있는데도 누군가 엉망진창인 꽈배기를 사라고 말하지만, 자신이 가지고 있는 것이 더 낫다고 생각해 사지 않았다. 이러한 그녀의 선택은 그녀가 자신의 것에 관심을 두지 않고 엉망진창일 수 있는 외부의 시선을 신경 쓰며 살아온 패턴을 벗어나 이제는 자신에게 더 관심을 두고 있음을 시사한다. 그녀가 허름하고 어두컴컴한 가게에 들어가서 선택할 수 있는 음료수가 오직 하나뿐이란 것을 안 뒤에 아무것도 구매하지 않고 나오는 장면은 그녀가 해온 익숙하고 답답할 수도 있는 방식이 아닌 다른 가능성을 찾고 있다는 것을 나타낸다.

두 번째 꿈에서 희연은 지하에서 해변이 있는 1층으로 올라왔지만, 무엇인가 받아 올 것을 받지 않고 왔다는 것을 알아차리게 되었다. 그녀가 직장을 그만두고 싶어 하지만 아직 그녀는 어린 시절 경험했던 심리적 외상에서 완전히 자유로워 보이지 않고 여전히 그곳에는 무엇인가 해결해야 할 것이 남아 있다는 걸 시사한다. 현실의 여러 가지 장벽은 그동안 그녀가 해왔던 방식이 아닌 그녀가 원하는 의미와 가치를 찾는 선택을 막는다. 하지만 그녀의 채워지지 않은 무의식적인 부재의 영역이 더 근본적으로 그녀가 새로운 선택을 하는 데 방해가 되는 것 같다.

회사에서의 변화

희연은 이번 회기에 오자마자 "출근은 잘했어요"라는 말로 시작했다. 그녀가 출근했더니 회사 사람들이 얼굴에서 왜 이렇게 광이 나냐고 물어보았다 한다. 그녀는 두 달간 쉬다가 출근했지만, 어제 출근하고 오늘 다시 출근하는 느낌이 들었다 한다. 그녀는 지난번 심리치료 후 꿈에 화장실에서 변을 보았는데 "어마어마한 변"을 보았다고 말했다. 그녀는 그 큰 변을 보며 "한꺼번에 이렇게도 나오는구나!"라고 신기하게 여겼다고 한다. 내가 그녀에게 이 꿈이 의미하는 것이 무엇인 것 같은지 물어보자, 그녀는 자신이 고민하는 것들이 한계를 넘어 해결된 것 같다고 말하며 그 큰 변을 보며 "놀라움" 같은 느낌이 들었다고 대답했다. 그녀는 이전에 수치감이 있어 자신을 받아들이는 데 어려움이 있었지만, 지금은 자신의 "느낌과 생각과 감정"들을 창피하다고 생각하기보다는 받아들이게 되는 것 같다고 한다. 이전에는 회사를 다녀야 할지 그만두어야 할지에 대해 고민했는데 지금은 그곳을 다니든 다니지 않든 중요하지 않고 하루하루를 잘 살아내야겠다고 다짐했다.

희연이 출근하자마자 일 폭탄이 기다리고 있었다. 그녀가 준비해야 할 자료가 있었는데 전에는 직원을 못 믿어서 처음부터 끝까지 자신이 직접 했지만, 이제는 직원들에게 일을 시킨다. 그녀는 직원들이 준비해 온 자료들을 다시 검토하며 최종적인 준비를 하다 시간이 늦어져 야근해야 했으나 더는 야근하지 않고 다음 날 와서 일한다. 희연은 성취하기 어려운 높은 기준을 가지고 직장에서 자신이 모든 것을 해결해야 하는 마음으로 거의 매일 야근하며 직장생활을 해왔다. 그러나 그녀는 자신이 가지고 있는 한계들을 받아들이고 이전 같으면 많이 불안해서 절망했을 상황에 대해 침착하게 대처한다. 희연은 일 처리하는 방식이 이전과는 많이 바뀌었다고 말하며, 전에는 완성하기로 한 시간에 마치지 못하는 것에 대한 중압감이 있었는데 이제는 훨씬 자유로워졌다고 말했다. 최종 자료를 사장에게 넘기며 준비하는 과정에 저장해 두었던 파일을 모두 잃어버린 뒤 다시 찾을 수 있다고 말했더니 사장도 과거에 유사한 경험을 이야기하며 그녀의 당황했던 심정을 이해해 주었다. 그러면서 사장이 그런 일이 생기면 천천히 일하라는 말을 하자 그녀가 "사장님, 성격 급하시잖아요! 어떻게 천천히 해요!"라고 대꾸했는데 이것도 그녀에게는 처음 있는 일이었다. 그녀는 휴직 기간에 간부들에게 악담하고 회사를 그만두고 싶다고 말했지만 복직하고는 그들에게 자연스럽게 다가가 인사를 건넸다고 한다.

희연은 이제는 죄책감을 덜 느끼며 자신의 감정을 받아들인다. 그녀가 오랫동안 도움을 주었던 한 직원이 있었는데 그 직원은 몇 년 뒤 팀장이 되면서 오히려 뒤에서 자기를 욕하기도 했다. 그녀는 그 직원을 휴직 후 우연히 복도에서 만났다. 하지만 그 직원이 아는 체를 하지 않았다. 그녀는 그전 같으면 그 직원을 미워하는 것에 죄책감이 들었겠지만, 이제는 "너는 미움을 받을 만해"라고 속으로 생각하며 자신이 느끼는 증오하는 마음을 받아들인다.

희연이 자신의 증오하는 마음을 받아들이는 것은 큰 변화이며 중요한 심리적 발전이다. 특히 교회에서 신앙생활을 오랫동안 해온 사람들이 어려워하는 것이 자신 속에 있는 파괴적인 충동 또는 증오와 같은 마음을 받아들이는 것이다. 어떤 사람은 서슴없이 자신이 착한 사람이라고 말하는 사람이 있는데 오히려 이런 사람이 자신이 가지고 있는 폭력적일 수 있고 파괴적일 수 있는 모습을 수용하지 못하고 미화한 가장 악한 사람일 수 있다. 도널드 위니컷은 감상주의자들에 대해 신랄한 비판을 퍼부었다. 그의 시각에 감상주의자들은 자신들이 가지고 있는 증오가 사랑보다 크다는 사실을 인정할 수 없기에 항상 선하고 좋은 말을 한다. 또한 보증할 수 없는 미래에 대해 낙관적인 말만 한다.

위니컷은 오히려 그들이 무능력한 것이라고 비판한다. 이제 희연은 자신의 선하지 않은 모습을 자연스럽게 받아들이고 파괴적 요소마저 수용할 수 있게 되었다. 역설적이지만 이러한 그녀는 자신이 거부했던 자신의 수치로 경험되는 부분을 수용하고 통합하며, 오히려 생동감 있고 자연스럽게 살아가게 되었다.

희연은 이전에는 일하기 싫더라도 숨도 쉬지 않고 바쁘게 일했다. 하지만 이제는 "일하기 싫을 때도 있지"라고 편하게 생각하고 몸이 긴장될 때 일을 놓고 편하게 있으려 한다. 그녀는 회사에서 부사장으로 최종 결정권이 없는데도 문제가 발생할 때면 간부들이 자기에게 와 따지곤 하였는데 그때 아무런 말도 하지 못하고 일방적으로 그들의 소리를 들었다. 그러나 이제는 자신의 한계선을 긋고 그들을 대하며 실질적 결정을 해야 할 문제는 사장이 개입해서 해결할 때까지 기다린다. 그녀는 회사에 돌아갔을 때 관리자로서 "신념"을 갖고 있지 않아 회사를 운영하는 데 원칙이 없이 항상 흔들리는 자신을 발견했다. 그녀의 신념 없는 모습은 자기 부재와 관련 있으며 그로 인해 그녀는 혼란스러운 일상생활을 보내야만 했다. 희연은 자신이 결정하는 것이 옳지 않을 수도 있고 동시에 자신을 신뢰하지 못하기에 신념을 갖지 못하는 것 같다고 말했다. 이러한 부재에 대한 이해는 그동안 삶의 방향성을 잃어버리며 살아왔던 자신을 비난하기보다는 공감하며 받아들일 수 있게 되었다.

희연은 이전에 모든 사람과 갈등 관계를 피하려고 노력해 왔으나 "모든 사람이 나를 좋아할 필요가 없다"라고 말하며 새로운 시각으로 자신과 다른 이들과의 관계를 바라본다. 그녀는 관계를 불편하게 할까 봐 항상 내면세계 어딘가에 억눌렀던 공격적인 충동을 이제는 거부하지 않고 자연스러운 자신의 한 모습으로 받아들인다. 그녀는 신을 믿고 산다는 것은 모든 것을 수용하며 살아야만 하는 것으로 알았지만 더는 그렇지 않다고 한다. 오래전에 딸아이가 "기도하면 다 들어줘?"라고 물었을 때 그녀는 아이에게 답변을 해주지 못했다. 하지만 지금은 기도가 이루어질 수도 그렇지 않을 수도 있다고 말해 준다. 그녀는 억압된 신앙에서 점점 자유로움을 느끼며 자신에 대한 존재도 더 받아들이게 되었다. 그녀는 이전에 자신에게 일방적 희생을 강요했다면 이제는 자연스럽게 자신을 허용하고 받아들일 수 있는 마음의 여유를 갖게 되었다

희연은 자신이 이기적이었는데 그렇지 않은 척하느라 그동안 억울한 것이 많았다고 말했다. 그녀는 회사에서 "권력을 원하지 않는 것이 맞을까?"라고 자문하며 자신이 권력을 좋아했고 누렸다는 것을 받아들였다. 그녀는 자신이 "부사장의 권력을 내려놓을 수 있을까?"라는 질문에 그것이 쉽지 않을 것 같다고 말했다. 그녀는 대학원에서 인사를 배울 때 '자신이 가진 직업이 너라고'라고 배웠지만, 사람을 직책으로 결정할 수 없다고 반문하며 이를 인정하지 않았었다. 그러나 그녀는 "나를 대변할 수 있는 것은 나의 타이틀이고 여기에 목을 매고 있었을 수도 있다"라고 말하며 그렇게 살아온 자신을 발견했다. 희연은 오랫동안 자신의 부재와 관련된 불안으로 인해 고통받아 왔기에 외부 현실에서 부사장의 직함과 그에 따른 사회적 승인은 중요했다. 그러나 그녀는 지금 외부가 아닌 내면세계에 자신이 접근하기 힘들어 회피해 왔던 부재의 영역으로 다가가고 있다.

희연은 회사에서 이전보다 다소 유연해지고 자신의 한계를 인정하며 자연스러워졌다. 그녀는 일방적으로 자신을 압박하며 성취할 수 없는 절대적인 신앙적 기준을 따라 살아온 경직된 삶의 방식에서도 자유스러워지며 서서히 심리적 안정을 찾아가고 있다. 이러한 그녀의 시각

변화는 자신의 내면세계를 바라볼 수 있는 여유를 제공하며 그로 인해 그녀는 무관심했던 자신의 소중한 본질적인 모습과 만나고 있다. 이러한 만남은 그녀에게 더 많은 내면세계에 대한 통찰을 제공했고 그로 인해 자신을 이해하고 받아들일 수 있는 심리 내적 공간을 넓혀 가고 있다. 종교는 인간 정신 구조의 가장 바닥에 있는 가장 심오한 영역이고 그곳에서 우리가 살아가는 깊은 의미와 가치들을 발견하고 만나며 초월적 힘을 경험하게 된다. 그러나 때론 이러한 심오한 종교 영역이 죽은 화석 같은 교리에 갇히게 되면 사람들은 깊은 내면세계의 정신(soul)에서 흘러나오는 진실한 소리를 듣지 못하고 오히려 불안을 느끼게 된다. 희연은 점차 교리를 통해 알게 된 경직된 신앙에서 내면세계에서의 살아 있는 존재적 만남을 통한 깊은 신앙의 영역으로 옮겨가며 자신이 경험하는 감정과 기억 그리고 생생한 삶을 받아들이고 경험하고 있다.

자신의 목소리 찾기

희연은 이상한 꿈을 꾸었다며 돌멩이를 먹고 있는 사람들과 자신의 이야기를 하였다. 꿈에 조그마한 돌멩이들이 있었고 그 돌멩이를 사람들이 먹고 있는 것을 보며 "어 돌멩이를 먹어도 되나?"라고 물었다. 그녀는 자신이 그 돌멩이를 먹었는지에 대한 확신은 없었지만 아마 먹었을 가능성이 있다고 말했다. 그녀는 이 꿈이 무엇을 의미하는지 궁금해했다. 그녀는 듣고 있는 어떤 강좌에서 강사를 도울 반장을 뽑는데 시간을 따로 써가며 봉사하려는 지원자가 아무도 없자 결국 그녀 자신이 하겠다고 자원했는데 이것이 "돌멩이를 먹는 장면과" 같다고 말한다. 희연은 아버지가 돌아가신 것에 대한 충격과 어머니가 입에 달고 사셨던 "밖에 나가면 착해라. 다른 사람들에게 말 듣지 않게 해라"라는 것이 삶의 방향이 되었고 이후 그녀는 그렇게 살기 위해 무진장 노력해 왔다. 그녀는 20대에 주위 사람들에게 도움을 많이 주고 살았다. 그러나 결혼 후 남편이 싫어해서 사람들에게 도움을 주지 않으니 10년 동안 쌓아 온 관계가 순식간에 사라지는 것을 보며 사람들 관계를 다시 생각해 보게 되었다 한다. 그녀는 아직 몇 명은 친한 관계로 남아 있지만 갑자기 사람들이 멀어지는 경험은 그녀에게 관계 정립을 다시 하는 계기가 되었다. 희연은 자신이 어려움에 처한 사람들을 도울 때 지나치게 돕는 부분을 말하며 "무슨 트라우마가 있는지 모르겠다"라고 하였다. 그녀는 자신의 결핍을 다른 사람들을 도우며 채워 왔다. 하지만 이러한 선행으로는 그녀가 외로움으로 경험했던 내면의 어느 비어 있는 공간을 채울 수 없었고 도움을 받아 온 이들과 진정한 의미에서의 관계 형성을 하는 것이 어려웠다.

희연은 며칠 전 집에서 설거지하는 데 1시간가량 걸리는 것을 보고 드디어 식기 세척기를 샀다. 아무래도 손으로 하는 것보다 다소 깨끗하지는 않기에 매일 사용하지는 않지만 바쁠 때 도움이 된다고 한다. 그녀는 바쁜 회사 일정을 소화하고 집에서 가사를 도맡아 하는 데 어려움이 있어 이제는 남편에게 쓰레기 버리는 일을 시키고 있다. 전에는 그녀가 많은 일을 하며 직원들을 데리고 회의할 때 답답함과 짜증이 나서 회의하기가 싫었으나 지금은 일을 넘겨주고 지시하면서 편해졌다고 말한다. 또한, 그녀는 회사에서 실수가 잦은 남자 직원에게 일 맡기는 것을 꺼렸으나 이제는 그에게도 쉬운 일을 넘기고 나누어 주면서 자신은 더 중요한 일만 신경 쓴다고 한다.

희연은 자살 사고를 동반한 우울 불안으로 인해 심리치료를 받아

왔으며 휴직까지 이르렀던 그녀의 심리적 갈등 요소들은 상당 부분 해소되었다. 가장 커다란 부분은 그녀가 관계 안에서 건강한 경계를 세움으로 일방적인 관계 패턴들이 상호 교류하는 관계로 발전되고 있다는 점이다. 그녀의 사례는 단기 위기 심리치료 과정으로 볼 수 있으며 짧은 기간 내에 그녀가 우려하던 심리적 어려움이 해소되었다. 그렇다고 그녀의 모든 심리적 문제가 풀린 것은 아니다. 무엇보다 자신의 목소리를 내는 데 그녀는 여전히 자신의 부재를 경험하고 있다. 또한 누군가 희생해야 하는 자리에 마음이 움직이는데 이 헌신이 자발적인지 또는 자신의 결핍된 측면에 대한 보상에서 기인하는지는 잘 알지 못한다. 이러한 그녀의 성향은 그녀의 내면적 갈등을 풀어 가는 방식으로 앞으로 기회가 될 때마다 살펴봐야 할 그녀의 과제이다.

3. 나의 재발견 – 앤디 이야기

앤디는 캘리포니아 북부 와이리카(Yreka)에 사는 40대 초반의 상담사이며 위드 초등학교에서 파트타임 미술 교사로 일하고 있다. 그는 대학에서 미술을 전공했고 나중에 전문 심리치료사가 되기 위해 대학원을 진학했으며 다양한 이론들 가운데 대상관계 이론에 관심을 두고 중점적으로 연구했다. 그는 성실하고 다소 내향적이며, 사회활동은 그다지 활발하지 않지만 친한 친구 몇 명이 있었다. 그는 관계에서 다소 거리를 두기는 하지만 사회적으로 전문인으로 내면에서 그가 많은 불안을 경험하고 있다는 것을 외부의 사람들이 알기는 쉽지 않았을 것이다. 그는 자신의 의존적 성향과 가끔 찾아오는 심리적인 불안을 이겨내고 싶어서 심리 상담을 받으러 왔다. 여기에는 3년여 동안의 분석 과정 중 일부분을 발췌하여 기록했지만 여전히 길기는 하다. 우리는 12월에 회기를 시작했다.

나는 어디에 있는가?

앤디는 심리치료실에 와서 간단한 대화를 나눈 뒤 안쪽에 있는 모래 상자가 이전에 보았던 갈색 모래를 떠올리게 한다고 말했다. 그는 진한 갈색 모래가 "엄마 품 같은 평안한 색"인데 자신은 그 갈색을 싫어한다고 말했다. 이것은 그가 자신의 엄마와 거리감과 불편함을 느낀다는 것을 시사한다. 그는 모래 상자에 있는 모래는 더 밝은색이고 약간 빛을 비추면 반짝반짝 빛이 나서 자기가 그 모래를 파보면 파란색이 보여 뭔가 채굴했거나 발견한 느낌이 든다며 좋아했다. 그는 심리치료실에서 다소 편안함을 느끼고 있고 거기서 펼쳐질 앞으로의 심리치료 과정을 통해 자신의 무의식 세계에 있는 본질적인 자신을 만날수 있을 것이라는 기대를 한다. 그는 모래놀이 치료에 관심이 있었고 마치 모래 상자를 파 내려가 파란색을 보듯이 끝도 없는 무의식 세계로 내려가 자신의 본질적인 모습을 만나고 싶어 한다.

앤디는 자신이 거절할 수밖에 없었던 중년 여성 내담자 클라라에 대해 말했다. 클라라는 '네'라는 말을 하기 어려워 전화 통화할 때 상대방이 "당신이 클라라 맞나요?"라고 물어도 제대로 대화를 이어 나갈수 없었다. 클라라는 그에게 심리치료를 위해 약 4개월 정도 찾아왔는데 어느 날 초롱초롱한 눈빛으로 그를 바라보며 자신이 '네'라고 대답하지 못하는 문제를 해결해야겠다고 말했을 때 그는 무척 부담스러웠다. 그녀가 이전에 다른 심리치료사들을 만나서 말하지 못했던 자신의 문제를 앤디에게 말하며 해결해 달라고 했을 때 그녀에게 공감하며 심리치료를 지속해서 제공했으면 도움이 되었을 텐데 왜 그가 그녀의 치료를 종결했는지 스스로 의아해했다. 그에 따르면 클라라의 아버지는 양면성을 가지고 있던 목사여서 교회에서는 설교를 멋있게 잘하고 교인들과의 관계도 좋았지만, 집에서는 어머니를 마구 때리고 언어폭력을 행사하는 사람이었다. 이러한 일들로 클라라의 어머니는 아버지와 이혼했고 오빠가 자살까지 했으며, 쌍둥이였던 언니는 집을 나와 떨어져 살게 되었다. 클라라는 고등학교에서 운동하면 지원해 주는 프로그램이 있어 운동을 시작하게 되었는데 운동을 하며 번호와 이름을 부를 때 '예'라는 대답을 하지 못했다. 앤디는 이런 클라라를 자신이 거절할 수밖에 없었던 이유를 궁금해했다. 아마 클라라가 너무 빠른 문제 해결을 요구했기 때문이라는 것과 자신과 비슷한 유년 시절을 가지고 있었던 그녀에 대한 역전이로 인해 거절했을 것이라 말했다. 앤디는 이 질문에 대한 답으로 클라라가 빠른 회복을 원해서 그랬을 것이라고 결론을 맺었다. 앤디는 자신의 삶을 바라볼 때 뭔가 기한을 둘 때 힘들어했는데 자신이 미술을 전공할 때도 기한 내에 작품을 만들어야 하는 것이 부담스러워 그만두었다.

앤디는 클라라에 대한 이야기를 마치고 곧바로 자신의 이야기를 하기 시작했다. 그는 울먹이며 말했다. 그는 몇 주 전 자신이 살던 도시에 찾아갔을 때 마음이 너무 힘들어 미친 듯이 끌리는 대로 돌아다녔다. 그는 자신이 어린 시절 살았던 옛날 집을 찾았으나 개발되어서 흔적 없이 사라진 그 집을 찾을 수가 없었다. 앤디는 사라진 옛날 집을 생각하며 그 집에 융합되어 있던 자신의 존재까지 사라진 듯이 공허했다. 그는 그 집과 함께 없어진 자신을 찾고 싶어서 돌아다녔다. 다행히 그가 다녔던 초등학교는 없어지지 않았다. 그는 융합이라는 말을 나약하고 아무것도 할 수 없는, 기생하며 살아가는 삶이라 생각해 가장 싫어했다. 하지만 사라진 집과 융합되어 자신의 존재마저 사라지는 듯한 경험을 하는 의존적인 자신의 모습에 절망을 느낀다. 그는 자신이 그렇게 연약한 사람인데 그렇지 않은 것처럼 가면을 쓰고 산 것 같다고 말했다.

앤디는 어느 영화에서 자신을 강하게 보이기 위해 화장을 짙게 하는 여자의 모습을 보며 깊게 공감했다. 그는 착하다는 말을 듣기 싫어하기에 그렇게 보이지 않으려고 일부러 강하게 보이는 옷을 골라 입는다. 앤디는 자신이 의존적이며 자기 존재에 대해 절망하는 모습과 관련해 내담자를 통해 역전이를 느꼈고 더는 그 내담자에 대한 심리치료를 진행하는 것이 불가능했다. 그의 의존심에 대한 절망감과 희망 없음은 오랜 시간 동안 다루어지지 않은 부분이지만 이제 그는 그 문제에 접근하고 있으나 여전히 이런 과정은 그에게 고통스럽다. 그는 사라진 어린 시절의 집과 같이 확인하기 어려운 존재의 부재를 긴 시간동안 외면하고 살아왔다. 그러나 이제 사라진 그 어떤 지점을 향하여 한 걸음씩 나아가고 있다.

무력감

앤디는 심리치료 하러 오면서 무슨 이야기를 해야 할까 생각했으나 할 말이 떠오르지 않는다고 말하며 회기를 시작했다. 그는 오는 길에 눈 쌓인 공원길을 걸어 나오는데 한 사람이면 갈 수 있도록 눈을 치운 길을 보며 자신이 그 길을 만드는 것보다 누군가 다닐 수 있도록 닦아 놓은 길이 좋다고 말했다. 그의 관심은 누군가 만들어 놓은 길을 보며 자신의 의존적 모습에 대한 무기력의 근원을 향하고 있다. 그의 어머니는 집에 있기보다는 바쁘게 일을 많이 해서 자신을 돌볼 여유가 없으셨다. 어머니가 금전적 후원을 충분히 해주어 편안히 공부할 수는 있었지만, 관계 안에서 부딪치며 이해하고 알아가고 배워야 하는 것은 부모가 아닌 스스로 배웠어야 했다. 그의 다른 친구들은 물질적으로 풍족했던 그에게 "넌 무엇이든 할 수 있겠다"라며 부러워했다. 하지만 그는 돈만 대주고 방임하는 부모님이 싫었다. 그는 무언가를 결정할 때 누군가 "이렇게 해"라고 알려주는 것을 싫어하지만 한편으로 방향을 제시해 주기를 기대한다. 앤디는 큰 한숨을 쉬며 "닦아 놓은 길을 왔으면 편했을 텐데, 닦으면서 와야 했기에 힘들었구나"라고 말했다. 그는 부모님의 물질적인 울타리는 있었지만, 관계적이며 정서적인 울타리 없이 방임된 채 지내 왔기에 어떻게 살아야 할지 알지 못했고 지금도 막연히 무기력해한다.

앤디는 한 가수가 우울증으로 자살한 사건을 다룬 인터넷 기사로 화제를 돌렸다. 그 자살한 사람은 죽기 전 병원에 가서 의사를 만났던 것 같았으나 도움을 받지 못했고 그 사람이 남긴 유서에는 그 의사를 조롱하는 듯한 느낌의 글을 남겼다 한다. 앤디는 자살한 사람이 경험했을 무력감과 우울감에 대해 공감하며 내가 내담자를 방치했던 정신과 의사와는 다르게 자신을 이해할 수 있는지 알고 싶어 하는 듯했다. 그는 자신도 무력감에서 벗어나려고 노력해 왔지만, 여전히 무기력한 자신의 모습에서 벗어나게 될 수 없는 것에 절망스러워했다. 그러면서 누군가의 손에 이끌려 보호받는 것을 기대했다. 앤디는 우울과 무기력에도 자신이 삶의 중요한 일들을 결정해 왔어야만 했던 고통스러운 시간을 회고하며, 자신이 본질적으로 무력감에서 벗어난 순간들이 없었다고 말했다. 그는 어떤 일이 끝나면 다른 무언가를 곧바로 시작해서 자신의 무기력감에 대처해 왔으나, 요즈음은 아무것도 하지 않는다고 한다. 그는 "아무것도 하지 않고 무기력하게 멈추는 지금이 힘든가?"라는 질문을 자신에게 던졌다. 그는 곧바로 자신이 앞으로 해야 할 일들을 열거하며 "앞으로 갈 길이 정해져 있는데 왜 무기력할까?"라는 질문을 다시 하였다. 그는 지금까지 무기력을 적극적으로 회피해 왔다면 지금은 그 무기력에 관심을 가지고 이해하고자 한다. 이러한 무기력한 자신에게 관심을 두고 질문하며 답변을 찾아가는 시도가 자신에게 낯설 수 있지만 이는 새로운 시각으로 삶을 대하는 태도이다.

앤디는 오랫동안 신앙생활을 해왔고 자신의 삶을 기독교 신앙과 떨어져 생각하기 힘들 정도로 밀접한 관계를 맺고 있다. 그는 어린 시절 기독교 집안에서 태어나지 않아서 교회에 나가지는 않았지만, 중학교 때 동네에 사는 예쁜 여자아이가 교회에 다니기에 그녀에게 관심이 있어 교회를 나가기 시작했다. 그는 결혼 후에도 교회 활동에 지속해서 참여했으며 교회에서 시행하는 거의 모든 교육 프로그램과 활동에 참여하고 살았다. 그는 교회에서 신앙생활을 하며 살아가다 어느 날 자신을 돌아보니 그렇게 많은 프로그램에 참여했음에도 변화한 것이 아무것도 없다는 것을 발견하고 왜 그런지 의문이 들었다. 그 이후 그는 교회로부터 조금씩 멀어졌다. 앤디는 신앙생활을 하며 교회에서 자신의 어린 시절 깨어진 울타리를 통해 경험하지 못했던 정서적 안정성, 관심, 보호 그리고 사랑 등을 경험하고 싶어 했다. 그러나 시간이 지날수록 그는 교회에서 자신이 얻고 싶은 것을 얻지 못하고 있다고 생각한다.

앤디는 일상생활에서도 자신이 무엇을 해야 하는지에 대한 계획을 세밀하게 짠다. 이러한 그의 노력은 자신의 무력감에 대한 적극적인 방어이기도 하다. 그래서 차라리 계획서 만드는 것을 포기할까도 생각했지만, 그는 그렇게 해본 적은 없다. 그는 내담자들을 만나기 전에 다양한 시나리오를 설정하며 만난다. 이러한 그의 방식은 때론 성공적이기도 하고 그렇지 않을 때도 있었지만 어느 정도 그의 삶의 연속성을 가지고 이끌어 가는 데는 도움이 된다. 그는 무력감을 다루기 위해 치밀하게 준비해 오며 살아왔던 자신의 모습을 바라보는 시산을 가지며 어디서부터 이러한 그의 성향이 발달하게 되었는지 알고 싶어 했다. 앤디는 통제를 원하지만 동시에 통제로부터 자유롭기를 원한다. 이것은 어머니의 수용을 원했지만, 거절 받는 것이 두려워 다가가지 못하는 그 자신의 모습일 수 있었다. 그는 이번 회기에 자신이 오랫동안 힘들어 왔던 무력감의 주제와 관련하여 방어 없어 적극적으로 만나고 있다. 엄마의 관심을 충분히 받지 못해 누군가에게 접근하고자 하지만 두려워하며 회피했고 그에 동반하는 무력감을 느끼고 있다. 그런데도 그는 이러한 무력감에 압도당하지만은 않았고 스스로 무력감으로부터 자유로워지려고 많은 시도를 해왔다.

꿈을 통해 자신의 두 가지 모습과 만나다

앤디는 꿈 이야기로 이번 회기를 시작했다. 그는 꿈에 아들과 여행하려고 밖으로 나갔는데 아들의 학교에서 연락이 와서 학교로 갔다. 그는 학교에서 나온 후 관광버스 또는 기차(나중에 관광버스 같다고 말함) 표를 사서 타는데 아들이 아직 승차하지 않았음에도 버스가 출발했다. 버스 기사는 하루 전에 앤디의 아는 친구가 승차한 후 그의 아들이 늦게 나오자 기다려 주었기에 그 이후로는 시간을 정확하게 지켜 달라고 당부해서 이제는 절대 기다릴 수 없다고 단호하게 말했다. 그럼에도 앤디가 그 기사에게 아들이 올 때까지 기다려 달라고 부탁했더니 그 기사는 뒤를 볼 수 있는 백미러를 위로 올려버리며 이제는 대화를 지속할 의향이 없음을 드러냈다. 그러자 앤디는 차를 세워 주면 자신이 내리겠다고 말했고, 그 기사가 차를 세우자 하차했다. 그가 차에서 내리면 그 기사가 떠나지 않고 기다려 줄 것으로 생각했지만 버스는 떠나버렸다. 앤디는 또다시 화가 많이 나서 아들에게 전화해 어디 있는지를 확인한 후 집에 있다고 해서 찾아가니 아들은 그곳에서 아주 여유롭게 하고 싶은 일을 하고 있었다. 앤디는 너무 화가 나서 "너는 정신이 있는 거니 없는 거니!"라고 소리를 질렀는데 꿈에서 그렇게 소리를 질러 본 적은 없다고 말했다.

앤디는 보통 꿈을 꾸고 난 후 적으려 하면 흐릿해지고 다른 이미지들과 섞여버려 어떤 꿈이었는지 적는 것이 어려웠지만 이번 꿈은 매우 뚜렷하게 분명한 메시지를 주는 것 같다고 말했다. 그는 "왜 이런 꿈을 꾸게 되었을까?"라고 궁금해하며 해석을 시도했다. 그는 꿈에 본 아들도 자신일 텐데 안주하는 것이 보기 싫었는지 화가 많이 났었다며 아들이 "어떻게든 시도해 보려고 하지 않고 그 상황에 적응하려" 하는 태도에 대해 실망스러워했다. 나는 앤디에게 운전기사가 어떤 이미지였는지를 물어보았다. 그는 그 동양인 기사는 "차갑고 냉정하며 전혀 융통성이 없는, 그러나 상황적으로는 자신에게 충실한 사람일" 수는 있겠다고 대답했다. 그는 아시아어로 소통했던 것 같은데 잘 소통되지는 않아서 어려움이 많았으며 대화를 더 시도하려 했을 때 그 기사가 룸미러를 확 돌려 대화를 중단해 버렸다고 한다. 그는 그 여유 없는 운전자의 모습도 자신일 수 있다고 가정했으며 그의 어떤 모습을 상징적으로 표현하고 있었는지 궁금해했다. 동시에 앤디는 꿈에서 본 아들의 모습을 통해 지금까지 살아오며 아들처럼 상황에 순응하는 모습으로 지내 온 자기 모습을 보는 것 같아 굉장히 화가 났다고 말했다.

앤디는 지난 회기에 자신이 느끼고 있던 절망적인 무력감 자체를 인정하고 받아들인 후 거의 매일 아침에 일어나면 하루 일과를 강박적으로 적던 것을 이제는 더 이상 하지 않았다. 그래서 이전보다 심리적으로 안정되었고 다른 사람들과 대화할 때도 좀 더 편안하게 할 수 있게 되었다. 그는 직장에서 다른 사람과 의논 할 때 이전 같으면 자신의 주장을 조심해서 말하거나 자기와 다른 의견이 있을 때 그 다른 의견을 대체로 받아들였다면 이제는 좀 더 자신의 의견을 설명하며 상대방을 설득한다고 한다. 그는 분명히 여유가 더 생겼는데 왜 이런 꿈을 다시 꾸게 되었는지 이해하지 못했다.

앤디는 꿈에 나타난 극단적인 두 가지의 모습에 당황스러워했다. 아시아계 운전사로 상징되는 것은 그의 융통성 없고 강박적이고 목표 지향적인 모습이다. 나는 그의 당혹스러움에 공감하며 그의 두 가지 측면에 대해 해석해 주었다. 그는 이전 회기에 무기력과 우울감을 만나며 좀 더 그 불편한 감정들에 가까이 접근했고 이를 통해 상대적으로 자유로워졌다. 앤디는 꿈에 나타난 아시아계 버스 기사로 상징되는, 소통되지 않는 자기 모습을 보며 구체적으로 무기력감과 우울감을 통제하고 회피하려는 적극적인 방어의 산물을 만나고 있다. 이와는 반대로 그의 아들로 상징되는 삶에 거리를 두고 무관심하게 살아가며 우울과 무기력을 느끼고 있는 정반대의 모습을 보며 자신에 대한 참을 수 없는 분노를 경험하고 있다. 나는 그의 두 극단적인 모습으로 인한 앤디의 혼란에 공감하며 해석해 주었다. 그는 이번 회기를 통해 때론 방관자같이 무기력하게 살아가는 그러나 그와는 반대로 그 무기력한 자신을 단호하고 철저하게 통제하며 모든 것을 완벽하게 계획하며 살아가고자 하는 극단적 두 가지 측면이 있다는 걸 이해할 수 있었다. 그리하여 자신에게 향하는 비난과 분노의 원인에 접근할 수 있었다.

억압된 분노

앤디는 회기가 시작되면서 내가 녹음하는 것에 대해 말했다. 그는 혹시 녹음만 해놓고 듣지 않는 것인지 아니면 들을 시간이나 있는지 궁금해했다. 그는 내가 자신의 케이스에 얼마나 몰두해서 진행하는지 알고 싶어 하는 듯했다. 앤디는 과거에 어머니가 자신에게 들려준 이 야기를 하였다. 어머니에 따르면 앤디는 아기였을 때 모유와 분유를 동시에 먹었는데 항상 그녀가 낮에는 직장에 나가야 하기에 가사 도우 미가 시간이 되면 분유를 타서 주었을 때 그는 그 분유를 먹지 않고 저녁에 어머니가 와서 먹여 줄 때까지 기다렸다고 한다. 이 말을 하고 앤디는 흐느껴 울었다. 이후 긴 침묵이 흘렀다. 그는 어머니에게 지나 가듯 들은 이 이야기가 가끔 떠오르면 그 이야기를 되새긴다고 말했 다.

앤디는 자신의 어린 시절 벌어졌던 일이 안쓰럽고 화가 너무 나서 치솟는 감정을 "먹어버린다"라고 표현한다. 그는 오늘 오면서 딱딱한 과자를 사서 심리치료실에서 먹어야겠다고 생각했다. 그는 오늘 회기 를 시작하면서 자신의 어린 시절을 이야기하지 않고 "오늘은 과자 좀 먹으면서 하겠습니다"라고 말하며 과자를 씹어 먹을 것을 계획했다. 그러나 자신이 사 온 과자를 전혀 먹고 싶지 않았다. 그는 웃으면서 "당신을 씹어 먹는다는 것은 아니고"라고 말하며 그의 어머니에 대한 분노가 나에게로 향하고 있다는 걸 드러냈다. 앤디는 자신의 어린 시 절 이야기를 하면 전에는 눈물이 나지 않았지만, 지금은 눈물이 너무 난다고 말했다. 또다시 긴 침묵이 시작되었다. 그는 긴 한숨을 내쉬고 는 겨울 코트가 너무 무겁고 답답하다며 입던 옷을 옆에 벗어 놓았고 가지고 온 물을 마셨다. 고요한 심리치료실 안에서 그가 신경질적으로 알루미늄으로 만들어진 물통의 뚜껑을 여닫는 소리는 그의 편치 않은 마음만큼 사방으로 빠르게 울려 퍼졌다. 그는 지금 긴장하고 화가 나 있다. 앤디는 내가 말하는 것에 꼬투리를 잡아 비난하려는 생각이 자꾸 들었지만 그렇게 하는 것이 불편해 표현하는 게 어렵다고 말했다. 나는 그가 슬픈 감정을 말하는 것은 상대적으로 쉽지만, 화가 나는 감정들을 표현하는 것은 힘들어하는 것 같다고 말해 주었다. 앤디는 이 말을 수긍했고 자신이 평소에 감정을 억압하고 살고 있다는 것을 알고 있었지만, 오늘 자신을 버려뒀던 어머니를 생각할 때 떠오르는 분노의 감정들을 많이 억압했다는 걸 알게 되었다고 말했다.

이번 회기에 앤디는 자신이 품고 있는 어머니에 대한 강렬한 분노의 감정을 만나면서 긴장하고 흥분했다. 그는 상대적으로 어린 시절에 대한 안쓰러움과 슬픈 감정에 대해서 적절하게 드러낼 수 있었다. 그러나 어머니에게로 향했던 그리고 지금은 나에게로 향하고 있는 원시적이고 파괴적인 충동을 드러내고 표현하는 것을 불편해했다. 간접적으로나마 과자를 씹어 먹듯이 엄마를 씹어 먹고 나를 씹어 먹고 싶다는 분노를 표현했으나 여전히 그에게는 억압된 분노의 감정을 드러내는 건 안전하지 않은 것으로 보인다. 이번 회기에 앤디는 자신의 깊은 억압된 감정들을 만나고 있으며 그것들이 어디에서 왔는지 그리고 그 감정들이 자신에게 어떠한 영향을 주고 있는지에 대하여 탐구했다.

나는 정신증을 가지고 있나?

회기를 시작하며 앤디는 캘리포니아 북부의 추운 날씨 이야기를 하며 체감온도로 인한 실내와 야외의 급작스러운 온도 변화에 대해 이야기했다. 그 후 그는 월요일에 꾼 꿈에 대해 보고했다. 그는 꿈에 놀이동산은 아닌 것 같지만 놀이동산과 비슷한 유럽의 한 개찰구 앞에서 벌어진 일에 대하여 말했다. 이번 꿈에도 개찰구 앞에서 승차권을 파는 사람은 국적을 알 수 없는 외국인이며 그의 가족들이 모두 그곳에 모였다. 다 같이 여행하기 위해 각자 열차 승차권을 샀는데 자신은 아들의 승차권을 어떻게 구매해야 하는지 알 수 없다. 그의 아내를 포함한 식구들은 모두 승차권을 가지고 역으로 들어갔고, 그는 여권을 보여주고 50유로를 주면서 미성년자인 아들의 승차권을 구매했으나 그 역무원은 거스름을 돌려주지 않는다. 그 외국인 역무원은 "너는 외국인이니 승차권만 받고 그냥 가!"라고 말하는 듯했다. 앤디가 거스름돈을 받아야겠다는 생각에 안 되는 유럽의 언어로 거스름돈을 달라고 말하자 역무원은 난감해했지만 결국 거스름돈을 주었다. 그는 그것을 받고 열차 타는 곳으로 갔는데 식구들이 한참을 기다리다 너무 시간이 지나서 그 근처를 구경하러 어딘가로 가버리고 없었다. 그는 가족들이 모이기는 힘들겠다고 생각하며 아들을 데리고 가는데 형체를 알 수 없는 누군가의 목소리가 들렸다. 그 목소리는 "아버지의 비밀을 알려줄까? 조현병이야"라고 말했다. 앤디는 자신의 아버지는 꿈에서 말하는 조현병이 있는 사람은 아니었지만 이후 아버지에 대해 생각을 해보았다. 그의 아버지는 약간의 망상이 있었고 특히 의처증이 있어 어머니를 구타했었다 한다.

앤디는 꿈과 관련한 자신의 원 가족 이야기를 시작했다. 그의 친할아버지는 그의 집 근처에 사셨는데 그가 아주 어릴 적 자살했다. 할아버지는 두 번 결혼했는데 그의 아버지는 첫 번째 부인의 장남이었다. 할아버지는 아버지를 어릴 적에 종종 때렸으며 그로 인한 것인지 아버지도 자신의 아내와 첫째 형을 많이 때렸다. 앤디는 꿈속에서 들은 그 음성을 생각하며 "혹시 내가 어디 미친 것은 아닌가?"라고 생각한 적이 있던 순간들을 떠올렸다. 그는 조현병의 발병 원인으로 일관된 양육을 하지 못하는 부모 밑에서 자란 자녀가 그럴 수 있다는 연구 결과를 말하며 자신도 일관된 양육을 받지 않아서 그럴 가능성이 있었지만, 자신은 상대적으로 잘 성장한 것 같다고 말한다. 앤디는 지난번 꿈과 이번 꿈을 생각하며, 지난번에 버스를 잘 세웠다는 것과 끝까지 거스름돈을 받은 것은 잘한 것 같다고 말했다. 그는 이번 꿈에 나타난 역무원의 모습을 보며 자신의 어떤 부분을 보여주는지 궁금해했다. 그는 일할 때 어느 정도는 최선을 다하긴 하지만 그 이상을 하지 않는다고 했다. 앤디는 꿈속의 역무원이 잔돈을 주지 않고 은근슬쩍 속이려는 모습을 보며 자신이 적당히 넘어가며 최선을 다하지 않는 모습과 유사성을 발견했다. 또한 그는 그 역무원과 의사소통이 어려웠던 것처럼 어떤 문제가 생기면 적당히 넘어가려는 자신의 평소 태도와 소통하기 어렵다는 점 또한 발견했다.

나는 앤디에게 그와 아버지와의 관계를 물어보았다. 그는 경찰이셨던 아버지를 너무 싫어했다 한다. 아버지는 어릴 적 퇴근 후 집에 도착하면 집안 상태가 얼마나 깨끗한지 점검하곤 했는데 결벽증 같은 강박감이 있었다. 이런 아버지의 성향은 주변 사람들을 힘들게 했는데 퇴근 시간만 되면 가족 모두가 긴장했고 큰형이 아버지의 폭력으로부터 가장 많은 고통을 받았다. 그러나 아버지가 사랑하는 막내아들 앤디에게는 모든 게 허용되었다. 아버지는 놀러 갈 때도 자신만 데리고 가고 장난감도 그에게만 사주었다. 그런데도 그는 아버지를 좋아하지 않았다. 자신에게는 잘해 주지만 다른 사람에게는 폭력적인 아버지로부터 그는 이중 메시지를 받았다. 앤디는 아버지와 상호 의사소통하는 관계가 아닌 일방적인 관계였기에 그가 가까이 가고 싶어 했지만 그럴 수 없었다. 73세에 아버지가 돌아가셨는데 앤디는 그 아버지가 사라지면 다른 사람들이 편할 것 같아 좋겠다는 생각을 많이 했다고 말하고 흐느껴 울었다. 아버지는 병상에 2년 조금 넘게 계시다 돌아가셨는데 장례식에서 아버지에 대해 형제들과 이야기했던 기억이 있다. 앤디는 어머니보다 아버지의 관심을 더 많이 받기는 했지만, 정서적으로 훨씬 어머니에게 가까이 있었다. 그러나 그의 어머니도 소통하는 방식에서는 아버지와 거의 똑같아 가까이 가고 싶지만 가까이 갈 수 없었다. 어머니는 자식들을 끝까지 사랑해 주셨으나 항상 바빠서서 자녀들의 상세한 부분까지 감정을 보살펴 주는 것이 어려웠다. 그는 정서적으로 어머니랑 가까이 할 수 없어 네 살 많은 바로 위의 형에게 많이 의지했다. 그는 형이 가는 곳이면 어디든지 좇아가려 했고 심지어 초등학교도 따라가려 했다고 말하며 흐느껴 울었다. 그는 어머니에게 의존할 수 없어 형에게 의존할 수밖에 없었었던 부재한 모성에 대해 애도하고 있다.

앤디는 꿈을 통해 자신에 관해 오랫동안 알 수 없었던 질문의 답을 찾고 있다. 그 질문은 자신이 혹시 미친 게 아닌가 하는 것이다. 꿈속에서 어떤 목소리가 그의 아버지가 조현병이 있다고 말해 주었다. 이는 아버지가 그에게 풍부한 관심을 주는 분이셨음에도 동시에 다른 사람에게는 폭력적인 사람이었다는, 이해할 수 없고 받아들일 수 없는 이중 메시지를 동시에 받으며 혼란스러워했던 그의 정서와 관련 있다. 앤디가 자신이 정신증이 있을 수도 있다고 의심하는 것은 그의 원 가족과의 관계에서 발생했다. 그 혼란의 한가운데 있었던 아버지와의 관계와 다른 가족들과의 관계를 돌아보며 자신의 광증에 대한 이해를 확장해 나가고 있다. 결국 앤디는 자신이 미친 것이 아니었고 그를 돌보았던 사람들이 갖고 있던 이상행동의 문제(아버지의 극단적인 두 가지 모습과 그를 돌보지 못했던 어머니)로 자신이 갖게 된 혼란의 실체에 대해 폭넓게 이해할 수 있었다.

더 넓은 세계로 떠나다

앤디는 꿈이 달라졌다고 말하며 회기를 시작했다. 그는 꿈에서 이전까지는 해외로 가는 여행을 하려 했지만 가지 못하고 목적지로 가는 버스에서 내리거나 열차를 타지 못했다면 이번에는 해외를 나가서 숙소를 찾았다. 그러나 그는 그곳에서 숙소를 찾지 못해 고민할 때 현지인처럼 보이는 누군가 나타나 그에게 검은색 머리를 한 현지인처럼 보이는 것이 중요하다고 해서 머리를 검은색으로 염색했다. 또한 그의 외모도 갑자기 변했는데 키가 훨씬 커지고 근육이 우람한 체격으로 멋있게 바뀌어서 숙소를 찾을 수 있었다. 그는 게스트하우스 같은 4인용 숙소에 들어가 분장한 것을 지우고 머리의 어느 부분이 뭉쳐 있어 씻고 있는데, 주인이 와서는 이곳은 깨끗하지 않은 사람은 머물 수 없다고 말한다.

앤디는 항상 꿈에 버스를 놓쳤지만, 이번에는 버스에 승차한 후 앞에 있는 아들 손을 잡고 말하고 있었다고 생각했는데 알고 보니 앞쪽에 있는 다른 남자의 손을 잡고 있어서 놀랐다. 더구나 그 남자 옆에는 그의 아내가 앉아 있어서 당황스러웠다. 그는 해외여행 중 도착한 외국 도시에서 도움을 준 현지인은 나인 것 같고 더러운 사람을 나가라고 한 부분에 대해서는 무슨 의미인지 아직 알 수 없다고 말했다. 꿈에 버스 안에서 아들 손인지 알고 잡았던 손이 왜 다른 남자 손이었는지도 어떻게 해석해야 할지 잘 모르겠다고 말했다. 이 꿈 이야기에 이어 앤디는 며칠 전 그룹 홈에 있는 아동들을 담당하는 상담센터에서 아동 집단 상담을 끝내고 나와서 저녁에 집으로 차를 운전해서 혼자 돌아오는 길이 무척 힘들었다 한다. 그 이후 그는 집에 오는 길에 기분이 처지고 느낌이 너무 좋지 않아 운전하기 어려워서 가장 친한 동료 상담사에게 카풀을 하자고 제안해 같이 끝나고 오기로 하였다고 말했다. 그 친한 상담사는 같이 일하는 사람으로 앤디는 차 안에서 간단한 이야기를 나누며 동질감을 느끼고 무겁고 우울한 감정에 빠지지 않았다. 앤디는 자신이 의존적인 사람인데 의존할 수 있는 대상이 부재해서 홀로 살아야만 했던 시간을 회상하며 자신이 신뢰하고 의지할 좋은 동료를 만나 즐거워했다. 그는 이러한 의존적 성향에 대한 이해를 통해 자신의 어린 시절을 바라본다. 그는 부모님이 자신을 돌보실 여유가 없었고 형제들 가운데는 열 살 차이 나는 큰형과 일곱 살 차이 나는 누나는 나이 차이가 너무 커서 그를 돌보지 않았다. 하지만 바로 위의 작은형(네 살 차이)이 그의 요구를 많이 들어주었다.

우리는 함께 꿈을 해석했다. 앤디는 자신의 무의식을 꿈을 통해 바라보며 의존적인 모습의 근원을 찾고 그로부터 독립으로 향하는 여정 가운데 있다. 꿈에 나를 상징하는 (또는 그의 무의식 안에 있는 자신의 발견되지 않은 모습일 수 있는) 현지인의 도움으로 숙소를 찾을 수 있었다. 그는 해외에서 다양한 사람들을 만났는데 갑자기 주인 같은 사람이 들어와서는 더러운 사람은 나가라고 했다. 그 순간 앤디는 자신의 "더러움은 무엇일까?"라는 질문을 했고 그는 아마 그 더러움은 자신이 "싫어하는 무기력"일 수 있다고 말했다. 의존적 성향의 자신에 대한 질문의 답을 찾아가고 있던 앤디는 자신을 반영해 줄 부모의 부재를 경험한 어린 시절 자신의 연속성에 대한 의구심과 함께 자신이 누구인지에 대한 확신이 없었고, 누군가의 도움 없이는 현실의 삶에 발을 내딛기 어려운 의존적 성향을 지니게 되었다. 이전 꿈에 나타난 엄격한 버스 운전사는, 객관적 세계로 향하는 그의 독립을 막는 방어적 모습으로 그의 의존적 성향에서 벗어나지 못하게 하는 냉철하고 비인간적인 모습이다. 그러나 이번 꿈을 통해 그는 엄격한 방어의 벽을 넘어 억압된 장벽을 뚫고 그가 원하던 독립을 향해 나아가서 더 넓은 세계에 도착했다. 내가 이 같은 설명을 앤디에게 해주었을 때 그는 수긍했다. 그러면서 준비가 되어 있지 않았음에도 홀로 살아내야 했던 상실의 시간에 대해 애도하며 독립을 향하는 자기 모습에 기뻐했다.

앤디는 꿈에 버스 안에서 남자의 손을 잡은 이유에 대해 궁금해했다. 분명히 잡은 것은 아들의 손이었으나 손을 잡고 보니 앞에 앉아 있는 다른 남자의 손이었다. 앤디가 꿈에 버스를 타고 여행을 시작한 것은 분명한 하나의 성취이다. 그는 불안해서 안전하다고 믿었던 영역에 머무르면서도 꿈에서 버스를 타고 외부로 나가려 했던 것처럼 방어벽 너머의 세계로 향하고 싶었던 소망이 있었고 그는 마침내 그곳을 떠나 새로운 여행을 시작했다. 그는 버스 안에서 이야기하며 즐거워했으나 자신이 다른 남자의 손을 잡으면서 그 즐거움이 민망함으로 변해 버렸다. 앤디는 그 민망함으로 표현되는 감정에 대해 그것이 죄책감과 관련 있는지를 궁금해했다. 그의 민망함의 감정은 죄책감보다는 자신의 의존성에 대한 부끄러움 또는 안타까움과 관련 있다. 그는 어린 시절 형에게 그리고 지금은 함께 일하는 직장 동료에게 혼란스러운 자신을 의존하고 있다. 의존할 수밖에 없는 자신에 대한 민망함이 있지만, 아직 그에게는 의지할 만한 누군가가 필요하다. 앤디는 자신의 이러한 의존적 감정들을 표현하는 것이 편치 않아 억압했는데, 이러한 그의 측면은 '엄격한 버스 운전사의 모습'을 상징적으로 보여준다. 그는 가족이 자유를 주는 것 같았으나 사실은 방임해 왔다는 것에 대해 씁쓸해했다. 그는 어머니에게 충족되지 않은 신뢰와 안정감을 대체해 줄 누군가에게 의지하는 것과 자신은 무언가를 요구하는 사람이 아니라고 외부에 말하지만, 사실은 의존하는 자기 모습에 대해 민망해했다.

고성(古城)을 찾아 떠나는 앤디

앤디는 이번 회기에서도 꿈을 보고했다. 그는 꿈에 어떤 마을에 들렀는데 그곳은 평화스러운 시골 마을로 특별할 게 없는 조용한 곳이었다. 그곳에 그는 머무를 수도 있었지만 머물지 않고 어느 고성을 향해 가는 관광버스를 타고 가고 있는데 마을을 벗어나 산길 입구에 들어섰을 때 왼쪽 언덕을 내려오는 지프차를 보았다. 그는 그 고성을 향하는 길을 보며 그 길이 낯설지는 않은 듯했다. 앤디는 그 고성이 꿈의 중심 주제가 아닌 그 고성을 향해 가고 있는 관광버스를 타고 있는 자신이 중요한 꿈의 주제라고 말했다. 그럼에도 그는 그 고성에 관심이 있었고 그 이미지가 상징하는 것은 공주가 살며 파티를 하는 아름다운 이야기를 간직한 성이 아닌 생존하기 위해 버티어 온 고통스러운 역사를 간직한 곳이라 말했다. 앤디는 그 성은 중세 시대에 피가 터지게 전투를 벌이며 서로 뺏고 뺏기지 않으려는 처절한 역사가 있는 현장이라고 하였다. 그는 그곳이 처음에는 아름다운 성이었지만 전쟁으로 폐허가 되고 황폐해지고 볼품없게 됐지만, 생생한 삶을 간직해 온 역사적인 가치가 있는 장소라고 말했다. 그는 이 고성이 전쟁을 일으키려 하는 것이 아니라 전쟁을 대비하고 그곳에 사는 사람들을 보호하고 침범으로부터 방어하기 위해 높은 곳에 있는 것 같다고 말했다.

앤디의 꿈에 나온 이 고성은 그의 내면세계에서 나쁜 내적 대상으로부터의 침범을 막고 버티어 오며, 환경적으로 충분한 지지가 결핍된 시기에 자신의 단절된 연속성을 지켜왔던 처절한 삶의 현장을 상징적으로 표현한다. 어찌 보면 그는 본능적 삶에 충실해야 하는 갓난아기 시절에 보모가 주는 분유를 먹을 수 있었지만 이를 거절하고 버틸 때 절망과 고통 가운데 자기 멸절과 죽음이라고 하는 공포를 경험했을 것이다. 그럼에도 저녁에 돌아온 엄마의 젖을 먹을 때 삶의 실낱같은 희망이 거짓이 아니고 진실이었다는 것을 경험했을 것이다. 이처럼 고성은 그에게 생존해야 하는 고통의 현장을 상징한다. 그 성은 이솝우화에 나오는 아름다운 공주가 사는 재미있는 이야기를 간직하고 있지는 않지만, 그의 처절한 삶의 역사를 담고 있다. 그런 의미에서 꿈을 통해 무슨 일이 벌어졌는지 알기 위해 무의식 세계를 찾아간다. 앤디는 그 성의 가장 커다란 가치는 "살아남은 가치일 수 있겠다"라고 말했다. 그는 자신의 우울과 무기력에 대한 답을 찾고 있고 그 답을 찾을 수 있는 근원지인 그 고성을 향하고 있다.

　나는 꿈에서 앤디가 타고 있는 도시화하고 편안한 관광버스와 거친 들판을 내달리고 있는 투박한 지프에는 극명하게 다른 특징들이 있다고 언급했다. 앤디는 자신 안에 있는 극명한 두 가지 측면 간의 커다란 차이, 즉 불안과 무기력을 내재화하며 우울과 무기력에 싸여 있어 현실 세계로 나가지 못하고 있는 자신과 일탈의 위험을 무릅쓰고 안전한 선을 과감하게 넘는 자신의 모습에 대해 말했다. 그는 언젠가 자신이 얼마나 술을 마실 수 있을까 궁금해서 자신의 한계치를 넘어 거의 정신을 잃을 때까지 마시기도 했고 호기심으로 마리화나도 피워 보았다. 그럴 때 주위 사람들은 평소에 그를 순진하게 봐서 그런지 많이 당황해했다. 앤디는 사람들이 자신을 처음 보았을 때 너무 착하게 보는 것 같아 오히려 그 이미지와는 반대되는 일을 많이 시도해 보려 했다.

앤디는 자신의 두 가지 대조되는 모습을 살펴보며, 구조화된 자신의 모습에 익숙하기는 하지만 일탈의 경험을 하며 느꼈던 파괴성과 공격적인 경험을 함께 받아들이고 있다. 그러나 그는 여전히 과감하게 현실 세계로 발을 내딛지 못하고 주저하는 자신에 대하여 답답해하며 그 원인에 대하여 궁금해했다. 그는 자신이 감정을 표현하기보다는 억압하며 살아가는 건조한 삶의 모습을 안타까워했다. 그래서 그는 더욱더 처절한 그의 역사를 담고 있는 고성으로 향한다. 나는 그 고성이 높은 곳에 있다는 장면에서 유추하여 그에게 신앙이 어떤 의미가 있었는지를 물었다. 앤디는 그에게 있어 신앙은 자유분방함을 잡아 줄 수 있는 테두리와 보호받을 수 있는 안전감의 상징적 의미라 말했다. 그는 선한 이미지를 가지고 있음에도 폭력적이던 이중적인 아버지에 대한 부정적 투사가 하나님 상에 투영되어 신앙생활 초창기에 "무서운 하나님"에 대한 느낌이 있었다. 하지만 교회에서 교육받고 설교를 들으면서 자신을 든든히 보호해 줄 수 있는 대상이라고 생각이 서서히 바뀌어 갔다. 앤디는 하나님은 자신을 지켜 주고 혼란하고 불안했던 고통스러운 시간 가운데서 버틸 수 있게 해주는 상징적 존재라고 말했다. 그의 연속성이 끊어질 위기와 불안의 순간에 그는 정신의 가장 깊은 곳에 있는 종교적·신앙적 경험을 하였고 이러한 그의 신적 대상에 대한 신뢰는 그의 파편화된 부분을 모아 주고 느슨했던 그의 정체성을 하나로 이어 주는 역할을 했다.

엄마에 대한 살인 충동

앤디는 그룹 홈 아동을 대상으로 하는 심리치료 이야기를 하며 회기를 시작했다. 그는 내성적이고 다소 위축된 초등학교 4학년 남자 아동 D에게 놀이치료를 제공해 왔는데 최근 마지막 회기에 그 아동이 드러낸 모습들에 놀라워했다. 그에 따르면 D는 이전에 보이지 않던 파괴적이고 잔인한 모습의 놀이 행동을 보였는데 초식 공룡을 육식 공룡이 뒤에서 갑자기 공격하는 놀이를 하며 내면세계에 잠재되어 있던 파괴적 충동들을 드러냈다. D의 놀이치료 시간이 다 지나고 동생 차례가 되었을 때도 D는 초식 공룡과 육식 공룡 두 마리 피규어를 들고 나가서 동생이 끝날 때까지 계속해서 놀고 있었다. 그 모습을 보며 앤디는 울컥했다 한다. 그는 이 말을 끝내고는 잠시 흐느껴 울었다.

일반적으로 인간의 공격적이고 충동적인 측면에 대해 부정적 평가를 한다면, 도널드 위니컷은 이러한 인간의 원시적 정신기제들에 대해 도덕적 비난을 하기보다 그것들이 지닌 중요한 가치에 대해 설명한다. 위니컷은 누군가 자신의 존재를 현실 세계에서 선포하기 위해 선행되어야 하는 자신의 공격적이고 파괴적인 충동들에 대한 통합은 필수적이며 이를 통해 사람들은 자신의 주관적 세계에서 객관적 세계로 나아갈 수 있다고 말한다. 앤디는 순응하며 자신을 포기하고 살던 내담자가 종결 회기에서 드러낸 공격적인 모습을 통해 회복에 대한 희망을 목격하며 감격해했다. 동시에 앤디는 D의 순응적 삶의 패턴을 과격하게 뒤집어 놓은 공격적 모습을 통해 자기 내면에 숨죽여 있던 파괴성을 아주 희미한 한 줄기 빛처럼 볼 수 있었던 순간이기도 하였다.

앤디는 어머니와 관련된 꿈을 보고했다. 그는 꿈에 어떤 무리와 함께 계단으로 내려가고 있었는데 그 사람들이 누구인지는 잘 기억나지 않았다. 그 계단을 세 명씩 긴 행과 열을 맞추어서 계단을 내려가고 있었는데 그의 뒤로 많은 이가 따라 내려갔다. 그 사람들은 모두 남성들이었으며 바로 자신 앞에 있던 사람이 '재혼'이라는 말을 하고 앞사람이 멈추어 버리자, 계단을 내려가던 사람들이 멈추게 되고 뒤에 따라오던 사람들에게 밀려 앞에 있던 사람들이 도미노처럼 계단에서 밀려 나갔다. 난간에 있던 어머니 또한 밀려 떨어져 911에 전화해 응급처치를 했다. 그가 응급실까지 따라갔는지는 확실치 않았다.

앤디는 왜 재혼이란 말을 누군가 했을까 궁금해했고 그로 인해 어머니가 계단에서 굴러떨어지게 된 것에 대해 의아하게 생각했다. 앤디는 계단으로 내려간다는 것은 무의식으로 들어간다는 것인데 '재혼'이라는 단어에서 머뭇거리고 사람들에게 밀려서 다른 사람들이 난간 아래로 떨어지고 어머니도 떨어졌다는 것이 혹시 새로운 시작을 말하는 것일 수 있다고 추측했다. 앤디는 이 꿈을 꾸기 전날 있었던 D와의 마지막 회기가 자신의 꿈에 영향을 미쳤는지 궁금해했다. 앤디는 파괴성을 보인 D가 회기 중 자신의 눈을 잘 보지 못하는 것 같다고 말하며 D가 자신의 꿈에 영향을 미쳤을 것 같다고 말했다. D가 자신의 무의식적 세계를 놀이의 영역을 통해 보여주는 중요한 순간이 이어지지 못하고 회기를 종결하며 그 과정이 끊어지고 무의식으로 향하던 발걸음이 멈추게 된 것이 자신의 꿈에 영향을 준 것 같다고 말했다. 나는 앤디가 D와 종결에 관해서 이야기할 때 자연스러운 일상의 헤어짐이라고 했지만, 이제 자신을 드러내기 시작했던 D와 만나지 못하게 되면서 정서적으로 많은 영향을 받았을 것이라고 말했다. 마지막 회기에서 D는 앤디를 신뢰할 수 있는 단계에 이르러 자신의 깊은 무의식적 파괴성을 보일 수 있었지만, 앤디는 더 이상 그 아동을 위해 해줄 수 있는 것이 없었고 떠나보내야만 했다. 이는 앤디 자신이 원하는 방식으로 관심과 사랑을 주지 못했던 자신의 어머니 모습과 병렬로 연결되어 있으며 D가 그에게 보인 강렬한 증오의 감정들은 그의 어머니에 대한 살인 충동을 일깨웠다.

앤디가 "엄마가 왜 떨어졌을까?"라며 궁금해하자, 나는 그렇게 생각하면 더 어려울 것 같으니 어머니에 대해 먼저 떠오르는 것이 무엇인지 말하는 게 더 나을 것이라고 제안했다. 그러자 앤디는 어머니는 바빠서 세심하게 챙기지 못하고 분주해서 그가 원하는 관심과 사랑을 줄 수 없었다고 대답했다. 그는 어머니가 자신의 방식대로 그를 사랑했겠지만 그녀의 사랑은 그가 원하는 방식이 아니었으며 그는 그녀의 방식을 받아들이지 못했다고 한다. 앤디는 어머니의 방임으로 인해 자신이 느꼈고 지금도 느끼고 있는 '외로움'에 대하여 말했다. 그는 그가 혼자 있어서 외로웠던 것은 아니었다. 그는 많은 형제와 함께 있어 크고 작은 일들이 발생해 집이 북적댔음에도 정서적으로는 항상 외로움을 느꼈는데, 그것은 어머니의 부재로 인한 결핍의 결과로 발생했던 것일 수 있다고 말했다. 나는 여러 명의 남자가 질서 정연하게 내려가는 것은 다양한 그의 모습이 무의식을 향해 내려가는 것이라고 해석해 주었다. 이어서 그의 어머니가 부분적으로 돌봐 주기는 했겠지만, 그러한 제한된 보살핌을 제공하는 어머니를 그가 가만히 내버려 두고 싶지는 않았을 것이라고 말해 주었다. 나는 계속해서 앤디가 친밀감에 대해 기대하고 무의식 깊은 곳에서 어머니를 만나고 싶어 하지만 이루어지지 않고 급작스럽게 깨지는 경험, 즉 다시 시작해야 한다는 것을 알게 되었을 때 그가 어머니에 대해 호의적일 것 같지는 않다고 말해 주었다. 그는 호의적일 것 같지 않다는 말이 자신에 대해서인지 또는 어머니에 대한 것인지 물어보았고, 나는 본인이 아닌 어머니에 대한 것이라고 답변했다. 그러자 그는 천천히 작은 목소리로 "그런 표현을 한 적은 없는 것 같다"라는 말하며 갑자기 머리가 굉장히 아프다고 했고 잠시 후 흐느껴 울기 시작했다. 앤디는 어머니가 이해가 되지 않는다고 말했고 이어 5분 정도의 침묵이 흘렀으며 머리가 너무 아프다는 말을 다시 하였다. 앤디는 "이 순간적으로 느껴지는 고통으로…"라고 말하고는 10분 넘게 긴 침묵이 흘렀으며 다시 머리가 터질 것 같다고 했다.

잠시 후 그는 "왜 이렇게 머리가 복잡할까요?"라고 말하며 자신의 혼란스러운 마음을 표현했다. 나는 꿈속에 나온 어머니가 갑작스럽게 사라진 것은 그에게는 감당할 수 없는 고통이기에 신체화 증상으로 몸의 고통을 통해 느끼는 것 같다고 말해 주었다. 앤디는 이 말을 듣고는 다시 울기 시작했는데 그 울음소리는 점진적으로 켜졌고 나중에는 통곡하기까지 했다. 앤디는 위니컷이 말하는 아기가 모유를 먹으면서 자기가 그 모유를 창조했다고 생각하는 전능 환상을 갖는다는데, 자신에게는 그런 경험이 전혀 없어서 전적으로 순응하는 아이가 된 것 같다고 말했다. 그는 아기가 배가 고프면 울어야 하는데 그는 울지 않았다고 말하며(어머니는 그가 성장한 후 그는 아기였을 때 배고파도 울지 않았다고 말해 주었다) 무의식의 밑바닥에 내려가 아마도 엄마를 죽이고 싶었던 것 같다고 말했다. 그는 이 말을 하고 "머리가 아프다"고 말하며 두통을 호소했다. 그는 자고 일어났을 때 꿈에서 의도적인 계획에 의해 엄마가 떨어져 죽었고 그가 엄마를 죽였다는 생각을 했다고 한다.

그런 중에도 앤디는 시간이 다 돼서 가야 한다고 말했다. 나는 이렇게 힘든 감정을 느끼면서조차 심리치료 시간을 지키는 것이 그에게 스트레스가 되겠다고 대답했다. 그는 시간을 지키는 것이 나를 배려하는 것이라고 했다. 나는 그의 배려에 고마운 마음을 전하고는 앤디가 아직 심리치료실 안에서 신뢰를 충분히 느끼고 있지 않아 배려해야만 안전함을 느끼는 것 같다고 말하자 그는 다시 머리가 아프다고 하고는 이내 그곳을 떠났다.

앤디는 이번 회기에 꿈에서 어머니에 대한 살인 충동을 느끼고 있다. 그가 머리가 아플 정도로 고통스러워 받아들이기에 힘들었던 파괴성과 외로움에 대해 어머니에게 하고 싶은 말들이 있었으나 그는 이런 이야기를 해본 적이 없다. 이제 그는 자기방어 체계 너머에 있는 원시적 파괴 충동들과 만나고 있다. 그의 울음은 그가 겪어 왔던 공포와 고통에 대한 애도이며 동시에 그를 돌보지 못했던 어머니에 대한 울분이 녹아 있다. 너무 강렬했던 어머니에 대한 증오는 그가 가까이 가지 못할 정도로 파괴적이었기에 회피해 왔지만, 그는 이제 그 증오를 담아낼 수 있게 되었다.

숨겨진 분노

앤디는 이번 회기를 시작하며 머리가 너무 아파서 생각하는 것이 아주 힘들다고 말하고 앞으로의 일정을 조정한 후 조용히 울기 시작했다. 그는 심리를 분석하는 것이 정말 힘들고 부담되는 것 같다고 말하고는 긴 한숨을 내쉬었다. 그는 일상생활을 할 때는 잊고 지내다가 심리치료를 하러 오는 날이 되면 부담스럽고 답답하며, 마음이 무겁고 이유 없이 자꾸 눈물이 난다고 말하며 또다시 울었다. 앤디는 이어 꿈 이야기를 하였다. 그는 꿈에 TV에 나온 한 남자 아나운서 E를 만났는데 토크쇼에 가끔 나오지만 중요한 역할을 하지는 않는 사람이었고 그도 E에게 관심 있거나 좋아하는 사람이 아니었다. 꿈 이야기가 펼쳐진 장소는 학교였는데 E가 지하 계단을 내려갔고 앤디는 그가 너무 빨리 달려 내려가 쫓아가는 데 힘들었다. 잠시 후 앤디는 보이지도 않고 형체도 없으나 느낌으로는 귀신같은 어떤 사악한 힘이 내려간 계단 밑으로부터 다시 그를 끌어 올리려 했다. 그는 끌려 올라가지 않으려고 난간을 붙잡고 버텼지만 결국 다시 끌려 올라갔다.

앤디는 꿈을 생각하며 자신이 무의식으로 가는 걸 싫어하는 것일 수 있다고 말했다. 그는 꿈에 나온 그 아나운서 E가 실제 프로그램에 나오는 것을 보면 쇼프로그램에 맞지 않는 것 같고 그 프로그램에서 중요한 인물이라기보다 구색을 갖추기 위해 출연하는 사람 같다고 말했다. 앤디는 꿈에서 중요하지 않은 사람을 따라 무의식으로 내려갔던 것처럼 자신이 심리치료를 받으며 무의식 속에 있는 감정과 기억을 만나는 것이 과연 의미가 있는지 확신할 수 없다고 했다. 그는 무언가 조화롭지 않다는 느낌이 들고, 정작 자신이 알고 싶고 만나고 싶은 무의식의 깊은 층으로 내려가려 하지만 정작 내려가지 못하는 상황을 꿈에서 만난 것 같다고 말했다.

나는 앤디가 그의 무의식 안에 있는 자신을 알고 싶어 계단을 내려가려 하지만 다른 한편 그 자체를 부담스러워서 하는 것 같다고 말해 주었다. 앤디는 "왜 내가 다 알고 있는 사실인데도 이토록 힘들까요?"라고 되물으며 자신이 알지 못하고 있는 어떤 것이 있는지 궁금해했다. 그는 현재 혼란을 느끼고 있고 자신이 어떤 상태에 있는지 확신할 수 없으며, 자신이 무엇을 할 것인지 생각하면 머리가 아파 온다고 말했다. 그런데도 그는 오늘은 눈에 띄게 자신이 성장했다는 생각이 든다며 한참 동안(10분가량) 침묵했다.

그는 부모님이 처절하게 싸울 때를 기억하며 자신이 억압해 온 괴로움, 슬픔, 분노, 두려움, 공격적 충동을 느끼고 있다. 나는 앤디가 자신의 이 고통스러운 억압된 감정들을 만나는 것이 머리가 아플 정도로 너무 강렬해서 표현하기가 어려웠던 것 같다고 말해 주었다. 앤디는 지난주에 어머니가 떨어져 죽었다는 꿈을 언급하며 그 어머니의 죽음이 어떤 통쾌한 감정이 아니라 약간은 부인하고 싶은 것이었으며 자신

이 잘못 해석했을 가능성이 있다는 것을 나에게 듣고 확인하고 싶어
했다. 그러나 그는 꿈에서 "엄마를 죽였다"라고 말한 것은 사실이었지
만 힘든 일이었다고 말하고는 눈물을 흘렸다. 앤디는 어릴 적 폭력적
이었던 상황들을 마주하기 고통스러웠고 어린 자신은 그 상황이 항상
무사히 지나가기를 바랐으며, 너무 긴장되어 감정을 표현하지 못하고
유머를 사용했던 것 같다고 말했다.

그는 지난번 꿈에 나온 산 위 높은 곳의 고성에서 벌어졌던 처참한
역사는 원 가족 내에서 발생했던 일들이었던 것 같다고 말했다. 그는
아버지가 정신적으로 문제가 있었던 것 같긴 했지만, 한번도 자신에게
폭력을 행사하거나 비난을 한 일이 없었다 한다. 앤디는 아버지가 자
기에게는 "좋은 아버지인데 너무 대비되게…"라고 말하고는 울기 시
작했다. 그는 울먹이며 계속 말을 이어 나갔다. 아버지는 그에게는 좋
은 사람이었지만 어머니와 형에게는 너무 나쁜 사람이었다. 그는 어릴
적부터 하나의 환상이 있었는데 누군가가 옆에 있으면 자신을 갑자기
때릴 것 같다는 생각이 들었다. 그의 가족이 6명이었는데 가끔 할아버
지 할머니가 방문하면 커다란 식탁에 식구들이 앉게 될 때 갑자기 아
무런 이유 없이 아버지가 형을 때리기 시작하는 일이 종종 있었다. 앤
디는 그런 상황이 너무 혼란스러워 어떻게 이해해야 하는지 알지 못했
는데 아버지가 특별한 이유는 없었지만, 다른 식구들이 찾아오면 화가
나는 것 같았다. 이를 볼 때 앤디의 피학적 환상은 아버지의 예측할
수 없이 마구잡이로 나타났던 폭력성과 잔인성에서 기인한 것으로 유
추할 수 있다.

앤디는 꿈을 통해 계단으로 내려가며 이전 회기에서 머리가 아프다
고 말한 고통스러운 기억으로 가까이 접근했다. 그러나 여전히 감당하
기 어려운 감정적 아픔들이 있어 그에게는 다시 그곳으로부터 강렬한

바람에 휘날리듯 떨어져 나가고 싶어 할 정도로 격렬한 저항에 부딪혔다. 이유 없는 폭력이 발생했던 가정에서 그는 극도의 혼란, 공포, 좌절, 분노, 슬픔 등의 다양한 감정을 느꼈으며 그 후 이러한 경험은 누군가 함께 있을 때 갑자기 그를 때릴 수도 있다는 환상에 사로잡히게 했다. 그는 그가 가장 두려워했던 외상으로 남아 있는 기억과 감정 중의 하나인 아버지의 폭력과 관련된 영역에 접근했는데 이는 지난 회기에 고통스러운 역사를 간직한 고성으로 찾아가던 관광버스가 여전히 생생한 아픔이 남아 있는 고성에 도착한 것 같다. 그 고성이 드러내는 상징성과 관련 있던 기억과 감정들은 억압되고 잊혔던 공포와 수치 그리고 폭력으로 얼룩졌던 무의식 세계의 어느 한 부분을 나타낸다. 그는 감당하기에 역부족이었던 무의식 속의 역사적 현장으로 다시 찾아가 피학적 환상의 근원지에 접근하고 있다. 그의 삶을 침잠시키고 바닥을 알 수 없는 불안으로 몰고 갔기에 회피할 수밖에 없었던 그 고성을 재방문하는 것은 역설적으로 그에게 새로운 가능성을 열어 주는 순간이다. 이제 그의 억압되어 있던 고통과 소화되지 못했던 감정의 덩어리들은 방치된 채로 무의식의 어느 곳에 처박혀 있는 것이 아니라 자신에 의해서 재발견되고 통합되고 있다.

우울한 자신을 보내며 파괴성과의 접촉

앤디는 이번 주 동안 약간의 두통이 있기는 했지만, 주체할 수 없을 정도로 힘들지는 않았고 이전 주보다 평온했다고 말했다. 그는 지난번에 어머니의 죽음과 관련된 증오에 대해서 말하면서 다른 측면에서는 자신의 멸절 경험일 수도 있어 힘들었다고 한다. 그는 여전히 심리치료를 받으러 오는 시간이 가까이 오면 부담스러웠지만, 상대적으로 편해진 부분이 있다고 보고했다. 그는 자신이 더 비행적인 삶을 살며 내면의 문제들을 외현화할 수도 있었지만, 신앙심이 자신을 빗나가지 않게 잡아 주는 역할을 한 것 같다고 말했다. 앤디는 억압해 왔던 부모님에 대한 살인 충동을 받아들이고 경험하며 두려웠던 자기 모습에 대해 훨씬 편안한 마음으로 바라볼 수 있게 되었다. 어머니의 죽음은 그의 억압된 증오와 파괴적 충동이 표현되는 순간이기도 했고 동시에 그의 무기력이 일상이 된 자기의 죽음을 의미하기도 한다. 그는 자신이 담아내기 두려워 회피했던 잔인한 파괴적 충동들, 그래서 방치하며 무심하게 살아왔던 자기 모습에 대한 이해의 점진적 확장을 경험하고 있다. 그러면서 파편화된 끔찍스러운 자신의 부분들을 삶의 중심으로 가져오며 그동안 일상생활을 방해해 왔던 우울의 정서들이 다소 사라져 가는 것을 느끼고 있다.

앤디는 어린 시절을 돌이키며 자신을 아버지가 보호하고 있어 형들과 누나가 그를 질투했던 것 같다고 말했다. 그가 아버지의 폭력에 대해 이야기하며 비난하면 형제들이 "너는 당사자가 아닌데 왜 그래!"라고 말해서 자신의 감정을 표현하는 것이 어려웠던 것 같다고 말했다. 그는 나쁜 사람이었던 아버지의 보살핌을 받으며 아버지를 완전히 좋아할 수도 완전히 미워할 수도 없었다. 어머니도 피해를 본 사람이지만 자녀들에게 항상 아버지를 존경해야 한다고 가르쳤는데, 앤디는 이를 이해할 수 없어서 혼란스러워했다. 그는 폭력적이었던 아버지를 이해하려고 많이 노력했다. 아버지가 어린 시절 새엄마에게 받았던 차별과 할아버지의 폭력에 노출되어 고통스러운 유년 시절을 보냈던 탓에 아버지가 폭력적일 수밖에 없었을 것이라고 받아들이려 했다. 앤디는 아버지의 폭력성과 잔인성을 언급하고 자신 안에 있는 비슷한 파괴적 충동들이 있음을 발견하며, "누구 하나 걸리면 죽겠구나"라고 말했는데, 그는 죄책감을 느끼기보다는 다소 즐거워하는 듯했다.

앤디는 자기 아들에게는 힘들었던 어린 시절을 경험하게 하지 않으려 무던히 노력해 왔다. 그런데 그 아들이 그에게 어느 날 충분히 보호받지 못하고 있다고 불평하는 말을 했을 때 실망했던 기억을 떠올렸다. 그런데도 여전히 그는 가족들과 주말에는 시간을 보내려 하며 어린 시절 원 가족과 경험했던 끔찍스러웠던 삶을 반복하지 않기 위해 노력한다고 말했다.

깨어진 연속성을 찾아서

앤디는 이전 꿈들이 버스를 타고 가서 집을 찾지 못하는 꿈들이었는데 한동안 그러한 꿈을 꾸지 않다가 며칠 전 비슷한 꿈을 꾸었다고 말하며 회기를 시작했다. 꿈에 그는 차를 몰고 가 주차한 후 버스를 타고 목적지에 가서 일을 보고 다시 돌아왔는데 차를 어디에다가 세워 놓았는지 기억이 나지 않았다. 초등학교에 다니는 아들을 데리러 가야 하는 시간이 다 되어 다급한 마음에 그 주위를 샅샅이 뒤졌지만 역시 차를 찾지 못했다.

앤디는 꿈 이야기 후 자신을 어린 시절 돌보아 주었던 보모에 대해 이야기했다. 여러 사람이 그를 돌보아 주었지만, 특히 신디라는 보모는 그에게 특별한 사람이었다. 그녀에게는 아들이 두 명 있었는데 막내아들이 자신과 동갑이어서 그랬는지 자신을 더 잘 대해 주었다. 신디는 몇 년 정도 보모로 있다가 더는 오기 힘들었지만 앤디가 어머니에게 간절히 부탁해서 1년 더 있기로 했다. 그는 이전에도 신디에 대해 막연하게 기억났지만, 며칠 전 그녀와 관련된 기억이 명확하게 생각났다. 그는 신디와 "나누고 싶은 것들이 있었는데 하지 못해요…"라고 말하고 울컥하는 감정에 잠시 말하는 것을 멈추었다. 그는 그녀로부터 어머니에게 받지 못했던 사랑과 관심을 받았다고 한다. 앤디는 신디와의 이별로 인해 또 다른 연속성이 끊어진 경험을 한 것 같다고 말했다. 신디가 떠날 때는 덥지도 않고 춥지도 않은 3월 정도의 다소 싸늘하고 스산한 바람이 불 때였다. 그는 이 시기에 조용히 서늘하게 다가오는 비슷한 느낌의 바람이 불면 어떤 감정이 떠오르는데, 우울도 아닌 그리움에 대한 정서 같은 느낌이고 동시에 그 헤어짐의 순간에 존재했던 슬펐던 자신을 느끼는 정서인 것 같다고 말했다.

그는 지난 회기를 마치고 집으로 가는 길에 신디가 사용했던 옛날 2층 큰방을 떠올렸다. 그는 어린 시절 그녀가 떠나간 방에 홀로 들어가 큰 창문 앞에 덩그러니 있던 의자에 앉아 슬퍼하며 창밖을 쳐다보았는데 밖에 있는 나무에 잎이 많이 있는 것 같지는 않았다고 기억했다. 그는 이후 말없이 조용히 있다가 긴 한숨을 내쉬었다. 그는 지난 한 주간 불안이 밀려와 집중력이 떨어져서 일을 잘할 수 없어서 게임을 많이 했다 한다.

앤디는 어제 그나마 정신을 차리고 자신이 하는 일에 집중할 수 있었다고 말하고 한동안 조용히 있었다. 그의 어머니는 큰형을 안쓰럽게 여기며 항상 그 큰형에게 마음이 가 있었다 한다. 앤디도 어머니에게 관심을 받고 싶었다. 하지만 그녀는 늘 물질적인 것은 잘 지원해 주었으나 그가 원하는 정서적인 지원을 충분히 해주지 않았다. 그는 스스로 자신이 어릴 적 어떤 사람이 되고 싶었는지 궁금해했다. 그가 미술을 전공했지만, 그 분야보다는 심리치료 전문가가 되고 싶어 지금 자신이 있는 위치에 오게 되었다고 말했다. 앤디는 지난주까지 머리가 아주 아팠다가 조금 편안해진 이유는 어머니에 대해 커다란 감사하는 마음은 아니지만 그나마 자리를 지켜 준 것에 대해 고마운 느낌이 생기고 나서부터라고 말했다. 앤디는 어머니가 자신을 잘 돌보지는 않았지만, 어머니도 힘들어서 떠나고 싶었을 텐데 무거운 삶을 견디어 내며 자신의 자리를 지켜 준 것은 고마운 일이라고 했다. 그는 이 말을 한 후 다시 감정이 올라와 울먹이며 잠시 침묵했다.

그의 어머니는 그가 초등학교 저학년 때 하지 말아야 할 말들을 그에게 너무 많이 했다. 어머니는 그에게 "너를 임신한 줄도 몰랐고 원치도 않았다", "임신이 안 된 줄 알고 약을 먹었고 걱정이 돼서 지우려고 또 약을 먹었다" 등의 말을 했다. 그는 어린 시절부터 표현하기보다는 담아내려고 했던 것 같고 착하게 살지 않으면 안 되었다. 그런데도 그는 부조리를 보면 참지 못하고 나서다가 불이익을 당하기도 하였는데, 감정을 드러내고 표현했을 때 좋지 않은 경험으로 돌아와서 "분노를 표현하면 당하는구나"라고 생각하며 더 감추고 더 숨기며 살았다. 그는 초등학교와 중학교 때 아웃사이더들을 돕기 위해 그들에게 관심을 두고 관계를 맺어 주는 데 중요한 역할을 했으나, 고등학교 때는 친하지 않은 사람하고는 대화도 하지 않았다. 그는 성인이 되어 현재의 아내를 만나면서 사랑받는 느낌을 받았고 관계 안에서 회복하게 되어 그녀에게 고맙게 생각하고 있다.

나는 결핍된 어머니와의 단절된 관계를 채워주었던 신디와의 헤어짐을 커다란 상실로 경험하였던 그의 아픔에 공감했다. 앤디는 꿈에서 연속성이 멈추었던 잃어버린 봄날의 스산한 바람이 부는 과거의 시간으로 돌아가 어머니의 관심과 사랑을 채워주었던 신디가 부재한 텅 빈 방을 다시 찾아간다. 끔찍했던 상실의 시간을 다시 만나는 순간 그는 자신을 태아 때부터 거부했던 어머니에 대한 증오를 뒤로 하고 자신의 자리를 묵묵히 지켜 온 어머니를 받아들이고 수용한다. 그의 연속성이 끊어진 부분을 메워 주었던 신디를 포함한 다양한 사람의 소중한 도움은 어머니와 단절된 관계로 인해 자신의 연속성이 끊어진 영역을 재연결해 주었다. 내 설명을 들은 앤디는 자신이 지금 만나고 있는 그룹홈의 아동이 겪고 있을 부재의 경험을 이해하며 자신이 신디와 같은 좋은 사람에게 도움을 받고 지금의 자리에 있을 수 있는 것처럼 그들에게 조그마한 연결고리가 되는 것 같다고 말했다. 그를 도와주었던 사람들 가운데 그는 작은형을 생각하면 "가장… 눈물이 난다"라고 말하며 왜 눈물이 나는지 모르겠다고 말했다.

앤디는 그가 원하는 관심과 사랑을 형이 주려고 하긴 했지만, 원하는 것만큼은 충분히 충족되지 않아서 그런 것 같다고 말했다. 나는 앤디가 자신의 연속성이 끊어져 버렸던 무섭고 끔찍한 무의식의 깊은 곳으로 찾아가 감당하기 고통스러웠던 상실을 만나고 경험하는 것은 용감한 것이라고 말해 주었다. 그는 꿈에 차를 잃어버렸던 순간이 신디가 사라졌던 순간이었을 텐데 그 기억과 감정을 만나기는 쉽지 않았다고 한다. 그는 심리치료실에 올 때 머리가 아팠는데, 만약 자신의 내담자가 그만큼 아팠다면 오지 못했을 것이라고 했다. 그는 이전에 만났던 내담자들이 행복해하며 자신에게 찾아왔는데, 혹시 자신이 그들의 내면세계에서 무언가 중요한 것을 심리치료에서 빼놓았기에 고통 없이 찾아온 것일 수도 있겠다고 말했다. 이번 회기를 마치며 그는 자신이 휴지로 만든 조그마한 인형을 놓고는 심리치료실을 떠났다.

엄격한 자신과 자유분방한 자신

앤디는 이번 회기에 오자마자 지난 시간에 놓고 간 그 인형이 어디에 있는지 찾았다. 그가 처음에 그 인형을 찾지 못해 어디 갔냐고 물었을 때 나는 그것이 있는 위치를 가르쳐 주었다. 앤디는 웃으며 왜 그 인형이 누워 있느냐고 말하고는 자신이 심리치료하고 있는 아동 F에 대해 느꼈던 감정을 알고 싶어 했다. 그는 F가 회기 중 자신의 엄마에게 거절당한 것에 대한 분노를 공격적인 놀이를 통해 표현하는 것을 보며, 좌절로 인한 강렬한 파괴적 행동들에 대해 깊이 공감하고 있었다. 나는 앤디에게 F가 엄마로부터 거절당한 좌절과 그녀와의 관계에서 받고 싶은 관심에 대해 절실하게 공감하고 이해하는 자기 모습을 살펴보는 게 좋을 것 같다고 말해 주었다(역전이의 가능성으로 인해). 앤디는 10여 분 동안 침묵하며 자신의 필요가 무엇인지 찾는 듯했고 마침내 입을 열었다. 그는 자신도 어머니에게 "사랑을 구걸했지만, 엄마는 매몰차게 돌아서는 경우가 많았고" 그래서 자신은 순응하는 사람이 되어 억압하며 참고 기다렸지만 기대하는 사랑은 받지 못했다고 말했다. 그는 화를 내야 하는 상황에서 오히려 온화하고 좋은 사람인 척하며 지내왔다고 한다. 그는 어머니가 돌봐야 할 자녀들이 많아서 세심하게 돌볼 수는 없었을 것이라 했다. 하지만 그가 한 말은 어머니를 이해하려는 노력이긴 하나 그에게는 도움이 되지 않는 말이다. 앤디는 어릴 적 어머니에게 자신이 필요한 것을 요구했을 때 받아들여지지 않고 거절되는 순간 느낀 감정들과 아동 내담자의 필요에 공감했던 순간이 연결되는 것 같다고 말했다. 그는 "받아들여지지 않음…"이라고 말하고 흐느껴 울었고 잠시 후 자신이 힘들었던 것은 "받아들여지지 않은 경험"이라고 말했다. 그는 긴 한숨을 쉰 뒤 지금은 무슨 이야기든 해줄 것은 나에게 요구했다. 나는 그가 여전히 답변하지 않는 어머니를 기억하며 자신의 필요를 말하고자 하는 것은, 회복하고 싶다는 욕망의 표현인 것 같다고 말해 주었다. 나는 계속해서 그가 어린 시절 듣지 못한 어머니의 공감과 같은 누군가의 수용해 주는 목소리를 찾고 있고, 이러한 과정에서 느껴지는 절망을 표현하려는 것 같다고 말했다. 앤디는 긴 한숨을 쉬고 5분가량 침묵했다.

앤디는 다시 긴 한숨을 쉬고 이전 꿈에 나타난 버스 기사처럼 엄격한 자신과 방에 있었던 자유분방한 자신의 모습을 떠올리며 양쪽 끝으로 치우치는 것이 아니라 중간 지점에 만나야 한다고 말했다. 그는 언젠가 그 양쪽 끝 지점들이 만나겠지만 지금은 극과 극으로 나뉘어 양쪽 끝에 있다고 하며 "나는 왜 극과 극인 두 측면이 있을까요?"라고 질문했다. 그는 어머니의 양육 방식이 매몰찰 때는 너무 차가웠으나 좋을 때는 한없이 좋아서 일관되지 않았다고 말했다. 그는 이러한 자신의 두 가지 측면이 아동 내담자를 만났을 때 나타났을 수도 있었던 것 같다고 하며, 엄격한 운전사는 아동의 지나친 행동을 거부하려 했고 자유로운 자신은 그 아동을 허용하려 했던 것 같다고 말했다.

앤디는 아동 내담자를 만났을 때 아이의 공격적 행동을 보며 어떤 감정을 느꼈는지 알 수 없었고 자신이 왜 감정을 느끼지 않았는지 생각해 보았다. 그는 그 이유로 과격한 행동을 심리치료실에서 보이는 아동에게 화가 났었을 수도 있고 감정을 표현하는 아동을 긍정적으로 볼 수도 있었기 때문인 것 같다고 말했다. 그는 자신의 감정이 정형화된 것 같다고 하며, 그림으로 표현한다면 곡선이 아닌 직선 같다고 말했다. 그는 이러한 직선 같은 감정선이 도움이 많이 된다고 하며 단점으로 "답답함"이 있겠지만 감정에 휩쓸리지 않는다는 점에서 더 많은 장점이 있는 것 같다고 말했다. 그는 계속해서 "왜 나는 감정을 느끼지 않았을까요?"라고 질문하며, 자신은 그냥 그 아동이 보이는 행동을 이해한 것이고 그 아동이 억압하지 않고 표현하는 것은 긍정적이라고 받아들였다 한다. 그는 사람들이 자신을 어느 정도 만난 뒤에 처음에는 착하고 순하게 보았는데 차가운 면도 있다는 것을 알게 됐다고 말하지만, 그래도 자신이 어디에도 휩쓸리지 않는 것이 좋다고 말했다. 그는 자신이 그림을 그릴 때는 자유분방함도 있고 어떤 구조화되지 않은 순수미술을 하고 싶었지만 그만큼 실력은 되지 않아서 포기했다고 한다. 나는 앤디가 자신에게는 자유분방한 측면이 더 중요한 것 같다고 말했다. 그는 "맞는 말씀"이라며, 자신이 구조화된 부분을 버리면 휩쓸리게 되어 구조화는 필요하지만, 구조화된 부분은 임시방편일 수밖에 없다고 대답했다.

앤디는 아동 내담자의 공격적인 모습에 대해 깊이 이해하며 자기 모습을 투영하고 있다. 이러한 내담자에 대한 공감과 이해로 그는 자신이 가지고 있던 어머니와의 기억과 소망으로 확장되어 거절당해 절망했던 자기 모습을 통찰하고 있다. 그는 자신의 요구에 응답하지 않는 어머니에게 찾지 못한 답을 여전히 찾고 있으며 희망을 버리지 않고 있다. 그가 그의 필요를 들어줄 어머니를 찾는 것을 포기하지 못하는 것은 비록 부분적이었지만, 그의 소망을 들어준 어머니가 존재했기 때문이다. 그는 자신이 가지고 있는 극단의 두 측면을 통합하고 온전한 삶의 모습을 회복하고자 자신의 무의식 안에 있는 목소리에 귀를 기울이며 무감각하게 살아온 자신에게 생명을 불어넣기를 원하고 있다.

감정들에서 자신을 배제하며 곡선이 아닌 직선 같은 안전한 방식으로 살아온 앤디의 삶은 방어적이고 내향적인 모습이 되었다. 하지만 그는 이러한 방식을 벗어나려 한다. 그는 일관되지 않은 어머니의 양쪽 극단의 모습을 접하며 자신 안에도 극단의 통제와 엄격한 차가움을 가지고 있는 측면과 너무 자유분방해서 현실 세계에서 적응하기 어려운 모습을 지난번 꿈에 등장한 엄격한 버스 운전사와 자유로운 아들의 상징적 모습을 통해 이해하고 있다. 그는 경직되고 엄격한 직선 같은 모습으로 자신의 감정을 통제하고 자신의 의존적인 모습을 방어하며 안정감을 느끼고 있지만 그로 인해 답답함을 느끼고 있다. 앤디는 자유롭고 생생하게 자신의 내면세계를 느끼며 살아가고 싶어 한다. 하지만 구조화된 삶의 모습으로 오랫동안 지내 온 그에게는 이러한 새로운 방식을 시도하는 것이 어색하다. 그에게 자유로운 자신은 중요하지만, 이러한 자신을 어떻게 다른 이들과 소통하고 중간 영역으로 일컬어지는 문화의 영역과 삶의 영역에서 나누며 살아가야 하는지에 대한 확신이 아직 없다.

머리가 아픈 이유

앤디는 무슨 이야기를 해야 할지 망설이다 지난 수요일 그룹 홈 아동들에게 심리치료를 하는 센터에 가서는 머리가 너무 아팠다고 말했다. 그는 머리가 아픈 이유가 그 아동들의 무의식들이 자신과 연결되어 그들의 고통을 느끼니까 그럴 수 있겠지만 다른 주된 이유가 있는 것 같다고 말했다. 그는 꿈에 어떤 4층 정도의 주택 같은 꼭대기 층에서 계단으로 내려가지 않고 벽을 타고 내려가야 했다. 앤디는 자신이 왜 이런 꿈을 꾸었는지 질문하며, 그룹 홈 아동을 치료하는 센터에 가면 머리가 아프고 심리치료를 하러 오는 날에도 머리가 아팠다. 나는 전에 그가 두통이 사라졌다고 말해서 요즘에도 괜찮으냐고 물었다. 앤디는 2주 전에는 괜찮았으나 오늘은 여전히 아프다고 대답했다. 그는 꿈에 벽을 타고 내려오는 것이 위험하지는 않았고 아차 하면 떨어지는 상황이었지만 걱정 반, 스릴 반을 느끼며 내려왔다고 했다. 그는 심리치료사로 그리고 내담자로 느끼는 두통과 관련해서 유사성을 찾고자 했다. 그는 심리치료 공간에 "어떤 안전장치가 없는 것은 아닐까요?"라고 추측했다. 그는 이 자리에 오는 것이 불편하지는 않지만, 자신의 무의식을 만나는 것이 힘든 것 같다며 그 두통을 통해 그것이 얼마나 힘든 일인지 알게 되는 것 같다고 말했다.

앤디는 주변 사람들이 자신을 덤덤한 사람 같다고 말하지만, 그가 다른 이들에게 그렇게 보이는 것은 자신을 지키기 위해 거리를 두기 때문이라 말했다. 그는 심리치료실 안에서는 그 거리감이 없어지는 두려움을 느끼는 것 같고, 아동 심리치료 중에 무의식이 연결되며 투사적 동일시가 일어나 자신이 지켜 온 "나"를 잃어버릴 것 같은 공포를 경험한다고 말했다. 그는 주로 사람들에게 친절하게 보이려 하는데 그러한 자신이 무너질 것 같고 너무 감정적으로 끌려갈 것 같아 힘들어질 것 같다고 말했다. 나는 앤디가 감성적으로 끌리는 것에 대한 호기심이 있는 것 같다고 말하자, 그는 맞다고 하며 그렇게 해야 그 아동과 자신의 무의식 세계를 이해할 수 있다고 말했다. 앤디는 자신이 사람들과 거리감을 두고 지내며 감정을 억누르고 강박적으로 친절하려고 애써 왔는데 그러한 자신의 방어적 측면을 깨버리는 것에 대한 불안함일 수 있다고 말했다. 내가 그것은 깨져야 할 부분이라기보다는 받아들여야 하는 것 같다고 하자, 그는 깨야 한다는 표현을 사용한 것은 자신의 방어적 모습을 유지하기보다는 벗어나기 위해 사용한 것 같다고 말했다.

그는 여기서 꿈에 "불편하니까 꼭대기 층에서 튀어나온 조그마한 돌을 잡고 내려오는 것이다"라고 하면시, 그가 가두어 두었딘 자신의 생생한 모습을 상자 안에서 꺼내는 듯한 긴장감이 벽에 튀어나와 있는 돌을 잡고 위층에서 내려오는 느낌과 같다고 말했다. 나는 앤디가 감성적 측면을 드러내지 않기 위해 자신을 구조화하며 사람들과 만났었는데 심리치료 공간에서는 최소한의 구조화를 하는 곳이라 불편할 수 있을 것 같다고 말했다. 앤디는 의식적으로는 전혀 불편하지 않지만 꿈을 보면 이 분석을 받는 게 굉장히 불편한 것 같다며, 이곳에서 모든 것을 수용해 주니 편하다고 말했다.

앤디는 꿈에서 "왜 멀쩡한 계단을 두고 이리로 내려가야 하지?"라고 의문을 가졌지만, 가야만 한다면 가야겠다고 생각했다. 그는 "살아남으니까 가라 하나 보다"라고 생각했고 꿈에서 언젠가 성공적으로 내려온 기억이 있었다. 그는 전에도 수월하게 내려왔으니 이번에도 내려올 수 있다고 생각하고 창틀에 매달렸는데 그때와는 다르게 힘들었고 불안해서 발이 땅에 닿기도 전에 꿈에서 깼다. 그는 지난 수요일에 두통이 있을 때 감기에 걸린 거로 생각했는데 이번 주 수요일에도 또 머리가 아파서 아동 내담자를 만나는 날은 머리가 아프다고 했다. 이것은 감기가 아닌 심리적인 문제일 것으로 추측했다. 앤디는 아동 내담자와 만나면서 자신이 대상엄마에서 환경엄마로 바뀌는 것에 대해 걱정했다. 환경엄마는 아기가 생활에 필요한 안전한 환경을 제공하며 젖을 주기도 하고 적절한 방안의 온도를 맞추기도 하는 역할을 수행하는 엄마를 뜻하며, 대상엄마는 아기의 무의식적 환상에 대한 모든 공격을 받아 주며 견디어 주는 엄마를 의미한다. 심리치료 안에서 환경엄마가 내담자에게 안전하고 신뢰할 수 있는 환경을 제공한다면, 대상엄마는 내담자들이 긍정적/부정적 투사와 전이를 가능케 하여 자신들의 깊은 무의식 세계 안에 있는 모습들을 만나게 도와준다. 앤디는 혹시 자신이 아동들에게 치료적 형식인 환경만을 제공하고 내용을 제공하는 대상엄마 역할을 하지 못하는 것에 대해 걱정하고 있었다. 그는 환경엄마는 구조화된 안전한 계단으로 내려오는 것이라면 위험한 창밖으로 내려오는 것은 대상엄마의 역할일 수 있겠다고 말했다. 그러면서 이제까지 대상엄마가 되어 아동 내담자와 함께 있었는데 갑자기 환경엄마가 되며 아동이 놀이를 통해 드러내는 무의식적 환상을 이해하는 데 어려움이 생겼다고 말했다. 앤디는 환경엄마의 자리는 자신에게 대부분의 물질적 지원과 안전한 환경을 제공하려 애썼던 친엄마의 자리이기도 한데 자신은 어머니처럼 실패하고 싶지 않았다고 말한다. 그는 이 순간 치료사로서의 정체성에 대해 불안을 느꼈고 이런 불안이 있어 꿈에 나타난 것 같다고 말하며 내담자에게 자신의 엄마가 했던 실패가 되풀이될 것 같다고 걱정했다. 그는 꿈에 성공적으로 벽을 내려온 것은 대상엄마로 내담자와 잘 지내왔다는 의미인 것 같다며 다시 벽을 타려고 했지만 무척 힘들었던 것은 대상엄마로 역할을 수행하는 것이 여전히 어려운 자신을 표현하는 것 같다고 말했다.

나는 앤디에게 그가 이곳에서 나를 환경엄마로 경험하며 편안하게 있지만, 지금은 대상엄마로 사용할 수 있을 것인가에 대해 갈등하는 것 같다고 말했다. 앤디는 2주 전에 나를 대상엄마로 받아들이면서 인형을 놓고 가기도 했지만 아직 신뢰에 대한 의심이 간다고 말했다. 나는 대상엄마로서 존재하지 않았던 앤디의 어머니에 대한 의심과 신뢰할 수 없음에 공감했다. 앤디는 지난 회기에 무슨 이야기를 할까 살펴보고 있었는데 내가 자신이 놓고 간 인형을 세워 놓지 않고 눕혀 놓은 것이 몹시 화가 나서 "저 인형을 아주 크게 다시 만들어 놓아야지"라고 생각했다고 한다. 그는 자신 안에 부정적인 감정을 표현하는 것이 아직은 편하지 않다고 말하고는 지금이 벽을 타고 내려오는 느낌이 든다고 말했다. 그러나 앤디는 자신을 표현하는 것에 대한 불안함을 뒤로 하며 부정적인 감정을 드러내며 나에게로 향하는 증오를 인형을 통하여 표현했다. 그는 조그마한 인형이 절규하는 자신이고 나를 공포에 질리게 쏘아보도록 무서운 표정을 한 그 인형을 놓고 갔다는 말을 차갑게 웃으며 했다. 앤디는 인형에 대해 설명하며 생생한 자신의 전이 감정을 표현했고 이는 언어로 표현하기 어려웠던 어머니에 대한 강한 파괴적 충동을 표현하고 있다.

앤디는 계단으로 내려오지 않고 벽을 타고 내려오는 꿈을 통해 자신이 가지고 있던 방어적 모습을 넘는 불안에도 자신을 표출하는 과감한 시도를 한 것으로 보인다. 그는 환경엄마로 존재했던 엄마의 한계를 넘어 자신의 내담자에게 대상엄마로 존재하려 하지만 이런 과정 자체가 그에게는 벽을 타고 내려오는 듯한 위험한 순간이다. 그는 나를 환경엄마로 경험하는 것을 받아들이면서 더 나아가 대상엄마로 받아들이며 자신의 무의식적 파괴성과 공격성을 표출하려 시도하고 있다.

대상엄마 전이

앤디는 지난주에 많은 꿈을 꾸었다며, 그중에 인상적인 것은 꿈에서 내가 폐암에 걸렸다고 말했다. 그는 그 꿈을 웃으며 즐거운 듯이 말했고 자신의 무의식적 파괴성을 투사하며, 나를 환경엄마로 만나는 단계에서 대상엄마로 사용하는 단계로 넘어가고 있으며 이로 인한 무의식적 환상을 표현하고 있다. 한편 그는 내가 "건강해야 해"라는 말을 했지만, 이것은 아직 끝나지 않은 그의 끊어진 연속성을 회복하고자 하는 소망을 충족하기 위한 것이다. 위니컷은 아기의 충동은 환경을 발견한다고 말한다. 이 말은 대상 항구성이라는 말과 관련 있는데 연속성 또는 대상 항상성이라는 말을 이해하는 데 중요한 공헌을 한다. 아기는 무차별한 공격성을 엄마에게 퍼붓지만, 엄마는 견디고 사랑하고 안아 준다. 아기가 대상 항구성을 획득하는 대상은 주로 엄마인데 이러한 과정을 아기가 엄마를 무자비하게 대상으로 사용한다는 말로 표현한다.

앤디는 어제 꾼 또 다른 꿈을 보고했다. 외국으로 보이는 배경이고 무언가를 학습하는 기숙학교처럼 생긴 곳에서 학생들에게 반려견을 한 마리씩 주었다. 그곳에서는 받은 개를 자신과 평생 동반하며 키워야 하는데 그는 검은색 개를 받았다. 그러나 그는 자기 일에 바빠서 개에게 무관심했고 전혀 신경을 안 썼는데 개가 너무 괴로워하는 것을 보며 "도베르만은 투견하는 큰 무서운 개인데 왜 괴로워하지"라고 생각하며 문을 열어주었더니 나가서 오줌을 누고 왔다. 그 개는 난폭할 수 있음에도 순응하고 있는 것 같았는데, 앤디는 자신이 해야 할 일을 하고 있다가 문을 열어주었을 때 오줌을 싸고 오는 개를 보며 훈련도 시키지 않았는데 알아서 행동하니 신기하고 대단하다고 생각했다.

앤디는 꿈속의 개가 생리적인 욕구조차도 참고 있는 모습을 보며 엄마와 소통되지 않았던 자기 모습과 관련 있을 것 같다고 말했다. 꿈에서 그는 기숙사에서 과제를 열심히 하며 자기 일에 바쁘게 살고 있는 자신의 모습을 회고하며 평상시 꿈에 나온 학생처럼 성실하게 살아온 것 같고 도베르만 투견처럼 자신의 욕구를 자제하며 살아온 것 같았다. 그는 어릴 적 하염없이 기다리면 언젠가 욕구가 해소될 수 있었지만 언제나 어머니가 일관적이지 않아서가 문제가 있었다. 그는 꿈에서 투박하고 폭력적일 수 있는 도베르만 투견 개를 칭찬했던 장면을 떠올리며, 그가 충분히 관심과 사랑을 받지 못했음에도 억압하고 순응할 때 칭찬받고 관심을 받을 수 있어 참고 기다리는 삶의 형태를 보이게 된 것 같다고 말했다. 그는 꿈에서는 어떻게 저렇게 참을성이 많은 개가 있을 수 있는지 궁금해했다. 그는 자신이 어릴 적 어머니가 일을 나가서서 중간 정도에 분유를 먹었어야 하는데 먹지 않고 버티다 어머니가 저녁에 들어오면 그때야 배부르게 먹었다고 말하며, "그게 가능할까? 그것은…"이라고 말을 흐리며 울먹였다. 그는 자신을 섬세하게 돌보지 못한 어머니를 이해하는 것이 힘들었다고 말하며, 어떻게 꿈속의 개처럼 그가 그렇게까지 순응할 수 있었을까 궁금해했다. 그는 기억에는 없지만, 어머니의 증언을 통해 그의 어린 시절 이야기를 들으며 그가 얼마나 많은 좌절을 어머니와의 관계에서 경험하며 결국 환경에 순응할 수밖에 없었는지를 덤덤하게 말했다.

앤디는 다시 이야기가 원점으로 돌아온 느낌이고 자꾸 같은 자리로 오는데 뭐가 달라졌을까를 찾으며 이만하면 그러한 고통으로부터 가벼워질 때가 되지 않았는지 반문했다. 나는 앤디가 같은 자리를 벗어나지 못하고 힘들어하며 좌절하는 마음에 공감하며 꿈속에 도베르만 투견은 표현되지 못하고 드러낼 수 없었던 그의 원초적 충동을 상징적으로 나타내며, 이는 그가 왜 현실에서 적응하고 살아올 수밖에 없는지를 설명해 준다고 말했다. 나의 말을 들은 뒤, 앤디는 전과 지금이 다른 점은 이전과 비교해 지금은 덜 격하게 고통스러운 경험을 하는 것 같다고 대답했다. 그는 주로 어린 시절 이야기를 하며 슬픈 기억이 났지만, 이제는 분노도 기억난다고 한다. 처음에는 그러한 감정들에 휩싸였다면 지금은 약간 떨어져서 보는 느낌이 들고, 감정들이 희석되고 엷어지며 가벼워진 느낌이 든다고 말했다. 나는 앤디가 심리치료실에서 혹시 적응하는 것이 있는지 물어보았다. 그는 그런 것은 없지만, "적응한다기보다는 상대방의 표정을 보며… 왜 말하며 눈물이 나는지 모르겠다"라고 말하며 눈물을 닦았다. 그는 사람들의 눈치를 보고 살아왔는데, 어릴 적 아버지의 기분을 살피며 집안이 잘 정리되어 있는지 확인해 보아야 했고 정리가 되지 않았을 때 그가 표적이 되지는 않았지만, 집안이 시끄럽고 파괴적 환경으로 바뀌는 것이 불안해서 살펴봤어야만 했다고 말했다. 그는 지금은 그렇게 살고 싶지 않지만, 여전히 같은 방식으로 살아가는 자신을 보게 된다고 한다.

나는 그가 이곳에서 순응하는 것 같지는 않지만, 자신의 감정을 자연스럽게 표현하지 않는 것 같다고 말했다. 그는 자신이 불편하거나 방어하고 있는지 생각해 보았는데 의식적으로 그렇게 하지는 않지만 그럴 때가 있다고 대답했다. 그러면서 앤디는 이 순간이 소중한 시간이기에 그는 나를 전혀 배려하지는 않는다고 말했다. 나는 앤디가 여전히 신뢰에 대한 의심이 있고 이곳에서 자신을 있는 그대로 표현한다고 느끼지 않는다고 말하자, 그는 수긍하며 "맞아요, 왜 당신을 믿지 못할까요?"라고 대답했다. 그는 자신이 연속성이 끊어졌기 때문이라고 하며 그 연속적인 경험의 부재에 관하여 말하며 울었다. 그는 아직 그렇게 해주지 못한 어머니와의 관계 속에서 경험한 나쁜 내적 대상을 그대로 나에게 투사하기에 아직은 자신을 있는 그대로 표현하지는 못하는 것 같다고 말했다. 앤디는 한 번에 좋아지지 않겠지만 내가 꿈에 폐암에 걸렸으니 곧 죽을 것 같고 그럴 때 자신이 자유로워질 수 있을 것 같다고 말했다.

앤디는 꿈에 사나운 도베르만 투견을 통해 자신을 억압하며 환경에 순응하고 살아온 모습을 바라본다. 그는 잘 참고 기다리며 살기에 평온해 보이지만, 그의 순응하는 삶은 허망함과 외로움으로 가득한 삶이었다. 그러나 그는 지금 순응하는 삶을 살아오며 억압해 온 격렬한 살인적 충동을 경험하고 있다. 위니컷은 아기는 매번 숨 쉬실 때마다 충동을 느낀다고 말하는데 이는 삶의 원동력이 되는 부의식적 동기들이 외부에 있지 않고 개인의 내면세계에 있다는 것을 뜻한다. 의존의 주제는 충분한 환경의 결핍에서 발생하기에 복잡한 심리적 방어구조물들을 만들어 낸다. 그중 가장 불편한 것은 결핍을 채우려는 방법으로 누군가의 승인을 끊임없이 필요로 하는 것이다. 그러나 결핍에서 발생한 텅 빈 심리적 부재를 채워줄 외부 대상이 존재하지 않기에 이상적 대상을 찾아 나서는 여정은 끝없이 실패로 귀결되며 길을 잃은 미아와 같은 삶의 쳇바퀴를 벗어날 수 없다. 앤디는 이 의존의 주제에서 벗어나기 위해 오랫동안 투쟁하며 살아왔다. 그러나 그가 이러한 주제에서 자유로울 수 있는 심리적 해방은 자신 안에 살아 있는 충동을 만날 때 비로소 진정한 의미의 독립적인 삶의 시작이 가능해진다. 그러한 과격하고 폭력적인 충동이 사나운 투견을 통해 간접적으로 나타나고 있으며, 이제 나를 대상으로 표현되고 있다. 엄마에 대한 강렬한 감정을 나에게 투사하며 그는 꿈에 내가 폐렴에 걸려 죽어 가는 것을 웃으며 즐겁게 이야기한다. 앤디는 이번 회기에서 긴 세월 동안 억압된 그의 원초적인 충동을 만나고 있으며, 동시에 그의 끊어졌던 연속성을 이어갈 수 있는 자신의 가장 본질적인 모습을 만나고 있다.

충동에 대한 이해와 회피

앤디는 지난주 자신이 억압하는 자신의 충동은 무엇인지 고민해 보았다 한다. 그는 그 충동 뒤에는 불안함이 항상 있었는데, 이 불안으로 인해 자신의 충동에 접근하기가 두려웠을 것이라 말했다. 그는 이 충동에 대해 생각할 때, 압박감과 불편함이 느껴지며 핸드폰 게임을 지난주에는 많이 했다고 말했다. 앤디는 바쁜 어머니를 이해하며 어쩔 수 없이 순응했지만, 사실은 어머니에게 고통을 주고 싶어 했다고 말했다. 그는 충동에 관한 자신의 느낌과 생각들을 정리해서 10여 분쯤 말하고는 거의 나머지 시간은 관련이 없는 주제로 옮겨가, 자신의 아동 내담자에 대해 말했다. 이는 그가 살인 충동에 가까운 파괴성이 두려워 회피하려는 것이다.

앤디가 자신의 원시적 충동들에 가까이 가는 듯했으나 여전히 그에게 심리적으로 부담스러운 주제이다. 그는 지난주에 자신에 대해 고찰해 보려 했으나 오히려 게임을 하며 회피했고 회기 중에도 자신의 충동에 관한 내용에 대해 다루기보다는 덜 관련 있는 자신의 아동 내담자에 대해 말했다. 이러한 측면은 그가 자신의 공격적인 측면을 만날 때마다 해오던 익숙한 방어적 태도이다. 앤디는 여태까지 순응하며 살아왔기에 자신이 부재했던 긴 시간을 뒤로하고 억압되었던 생생한 공격적 충동을 받아들이기에는 더 많은 시간이 필요하다. 그러기에 그의 방어는 존중되어야 하며 그의 시간에 맞추어 그가 준비될 때까지 기다려야 한다.

생각보다 덜 심각한 자신

앤디는 회기를 시작하며 그가 센터에서 동료에게 처음으로 "기만적이다"라는 말을 들었는데, 주로 "착하다"라는 말은 많이 들어본 그로서는 당황스러운 순간이었다고 말했다. 그 후 곧 그는 꿈 이야기를 시작했다. 그의 꿈에서 아들이 밖에 나갔다 들어와 열이 난다고 했지만, 그 얼굴에는 즐거움이 있어 보였다. 그가 볼 때는 아들이 약간 힘들지

만 "괜찮아"라고 말하는 표정이다. 그는 아들에게 어른 숟가락으로 2
~3번 해열제를 먹이며, 보통 아이들에게는 소량만 주어도 되는데 자
신이 너무 과하게 많은 해열제를 주고 있다고 걱정하며 꿈에서 깼
다. 그는 그 아들이 자신이라고 생각하면 지금 편안한 부분이 있지만,
아직 그러한 자신을 인지하지 못하는 것 같다고 말했다. 그는 아이가
아프다고 했지만 그래도 심각한 상황은 아닌데 심각하게 반응하고 있
는 것 같다고 말했다. 앤디는 꿈속의 아들을 생각하며 자신의 어린 시
절 아버지의 모습을 연상한다. 앤디의 아버지는 물건이 제자리에 없으
면 화를 무척 많이 냈으나, 그에게는 언제나 온화한 표정으로 바라보
는 양극단의 모습을 보였다. 아버지가 화낼 때 피해를 보지는 않았지
만, 그 두려운 상황에서 벗어나고 싶었던 사람은 다른 그 누구보다 그
자신이었다. 그는 어린 시절 항상 아버지가 그를 데리고 다니며 자랑
했는데 형제들이 혼날 때 항상 제외되어 오히려 외로워했다. 그는 아
버지가 자신을 좋아했던 이유에 대해 확신이 없으며, 차별 없이 자신
도 똑같이 대했다면 더 좋았을 것 같다고 말했다.

　그가 양극단의 아버지에 대해 혼란스러워한다면, 그의 형제들은 비
난하지만 혼란스러워하지는 않는다. 그는 성인이 되어 부모님을 만나
기는 했지만, 마음이 불편했고 찾아가는 것도 힘들어했다. 아버지가
병들어 병원에 입원했을 때도 그의 형제들은 찾아가 도와주었지만, 그
는 거의 도움을 주지 못했다. 좋은 아버지가 아니었는데 병원에 찾아
가는 것이 힘들지 않으냐고 형제들에게 물었을 때 그들은 자신들이 도
와주지 않으면 엄마가 힘들 것이라 대답했다. 앤디는 어린 시절 어머
니의 어려운 이야기를 주로 들어주고 이해해 주었다고 말하고는 울었
다. 그는 어머니가 안쓰러워 좋은 아들이 되려 했지만, 아버지를 마음
껏 미워할 수는 없었다. 그가 증오를 느낄 때 따라오는 불안함과 미안

한 마음이 그를 힘들게 하였다. 그는 수용되지 못하고 거절당한 집을 떠나고 싶었으나 자신이 떠나면 엄마가 힘들어질 것이란 생각에 주저했고 무엇보다 거절하는 아버지가 두려웠기에 떠나지 못했다.

앤디는 부모님에게 양가적인 감정이 있으며 그로 인해 고통을 받아왔다. 꿈에서 아들은 심하게 아프지 않고 약간 열이 있는 정도지만, 아들을 대하는 그의 태도는 심각하다. 어린 앤디를 자신의 방식으로 사랑했던 아버지는 형과 어머니에게 고통을 주는 분이었고 그로 인해 그는 죄책감을 느끼고 있다. 아버지의 무차별한 폭력으로 인해 고통 받는 형을 보는 것은 그에게는 공포였고, 그런 무자비한 폭력성을 보이면서도 그를 항상 온화한 눈으로 항상 바라보았던 아버지의 양극단적인 모습을 이해하는 것은 그에게는 커다란 혼란이었다. 그가 사랑받기 원하며 하염없이 기다려 온 어머니의 시선은 항상 큰형에게 가 있었기에 그는 형처럼 되고 싶었다. 그로 인해 아버지와 어머니 모두 그에게 좋은 내적 대상으로 자리 잡고 있지 않아 자신에게서 느껴지는 원시적 충동들을 받아들이는 것이 두렵고 불안했다. 그런데도 꿈속에 예상했던 것보다 훨씬 덜 심각해 보이는 아들을 통해 투사된 자기 모습을 만났던 순간은 그에게 새로운 희망이 시작되고 있다는 걸 의미한다.

엄마에 대한 양가감정

앤디는 심리치료실에 들어오며 이제는 머리가 더 이상 아프지 않다고 하며, 나에게 혹시 머리가 아프지는 않은지 물어보고는 웃는다. 그의 웃음은 내면의 갈등과 불안으로 야기된 그의 두통을 그를 담아내는 내가 대신 받는지, 또는 그가 전이를 통해 표출하고 있는 증오가 나를 고통스럽게 하지는 않는지에 대한 우회적 질문이다. 나는 그의 질문에 직접 답하지는 않았지만, 웃으며 앤디가 자신의 내면적인 요소들을 투사하는 것이 괜찮았다고 표현한다.

앤디는 수요일 저녁에 꾼 꿈을 보고했다. 이층집들에 홍등이 켜져 있어서 전체적으로 주황빛 또는 다홍빛이 맴도는 거리가 있는 건물 아래에는 식당과 과일가게가 있는 색다른 이색적 골목길 풍경이다. 그는 이곳에 처음 오는 것 같은데, 이층집에 어머니가 살고 있었고 자신이 그곳에 사는지는 확실치 않다. 앤디는 그의 어머니가 시한부 선고를 받아서 말로 표현할 수는 없을 정도로 마음이 아팠다. 앤디는 어머니를 내려오게 하고는 음식을 대접했다. 그는 "이 꿈은 무슨 의미일까요?"라고 말하며 궁금해했다. 그는 분석 받는 중 꿈에 어머니가 계단에서 떨어졌고 내가 폐암에 걸렸는데 이 꿈도 같은 연속선상에서 무언가 연관이 있을 것 같다고 말했다. 그는 지금 느끼는 감정이 슬픔이라고만 말하기는 어렵고 약간 '미안한' 기분이 드는 감정과 섞여 있는 것 같다고 말했다.

앤디는 지난주에 아버지와 관련된 이야기를 하며 엄마에 대한 안타까운 마음을 표현했다. 그는 청소년 시절 일탈을 절실하게 하고 싶었으나 어머니를 힘들게 하고 싶지 않아 오히려 착한 아이가 되는 행동을 했다고 말했다. 그는 어머니에게 충격을 주지 않는 선에서 바르고 착하게 살려 했다는 말을 한 뒤에, 그가 꿈에 느낀 감정이 심리적 고통을 겪었던 어머니를 이해해서 느꼈던 안타까움일 것이라 말했다. 앤디는 어머니를 배려하는 관점에서 꿈을 해석하고 있으나 자신이 어머니에 대해 품고 있는 증오심에 대해서는 회피하고 있다.

나는 그가 꿈에 처음 가보는 낯선 곳을 찾아간 것은, 말로 표현하기 어려웠던 고통 가운데 있는 어머니를 바라보고 보살펴야만 했던 무의식 세계에 있는 자신의 낯선 모습을 바라보는 장면일 수 있다고 말했다. 나는 또한, 꿈에 앤디가 보호를 받아야 할 시기에 오히려 어머니를 보호하고 위로하며 지내야 했던 무거운 심리적 중압감과 고통스러운 자기 모습을 바라본 것일 수도 있다고 해석했다. 앤디는 잠시 생각하더니 보호받아야 하고 이해받아야 하는 시기에, 오히려 자신보다는 어머니를 보호하며 살아온 그가 겪었던 심리적 갈등과 고통의 경험들이 떠오른다고 대답했다.

앤디는 그의 관점에서 꿈을 바라보며 다음과 같은 연상을 했다. 그는 어떨 때 누군가와 대화하면 얼굴을 때리는 상상을 할 때가 있는데 왜 그런지 그는 알 수 없다고 말했다. 잠시 후 그는 떠오르는 연상 중 어머니가 들려준 그의 어린 시절 이야기를 하였다. 그가 세 살 무렵에 가사 도우미가 있었는데 심심했던 그가 계속 놀아 달라고 그 여자에게 말하니 그녀가 자기의 따귀를 때렸다고 한다. 집 뒤쪽에서 발생했던 이 사건을 옆집 이웃이 보고 아동 보호국에 신고해서 알려졌는데, 그는 그 이야기를 어머니에게서 들으며 어린 시절 누군가 자신을 보호해 주고 있었다고 생각했다. 앤디는 그가 가지고 있는 누군가의 따귀를 때리는 환상이 자신의 어린 시절 당했던 아동 폭력과 관련이 있지 않겠느냐고 물었다. 그는 따귀를 맞는 환상 속의 대상들은 모두 여자들이고 불특정 다수라고 했다. 나는 혹시 그 대상이 어머니일 수 있는지 물어보았다. 그러나 앤디는 어머니에게는 그런 공격적인 느낌이 없었던 것 같았으나, 분석하며 어머니와의 관계가 많이 불편하다고 말하며 눈물을 흘렸다. 그는 그 불편함은 거슬러 올라가면 안쓰러운 감정들이 뭉쳐 있는 것 같다고 하였다. 그는 심리학을 공부하게 되면서부터 어머니와의 관계에 대한 불편함의 강도가 점점 강해졌고 연락도 거의 하지 않게 되었다 한다. 그는 결혼 전까지 어머니와의 관계에서 자신이 이전보다 다른 형제들에 비해 특히 큰형에 비해 더 많은 관심을 받는 것에 대단히 만족했고 그러한 시간이 지속하기를 원했다. 하지만 결혼하고 나서 조금씩 어머니와 멀어졌다고 한다. 앤디는 자신이 어머니를 때리는 상상을 할 수는 없지만, 어머니와의 불편한 관계와 연관이 있다면 어머니에게 그러지 못한 것을 대신 표현할 수 있었을 것 같다고 말했다. 그는 어머니를 미워하고 싶지만 미워할 수 없고 사랑하고 싶지만 사랑할 수 없다고 말했다.

앤디는 어머니에 대한 증오와 관심의 혼란스럽고 고통스러운 양가감정을 꿈을 통해 만나고 있다. 그가 어머니에게 드러내 보이고 싶은 파괴적 폭력성을 억압하며 지내왔는데, 어머니는 그의 충동들을 받아줄 충분한 시간과 마음의 여유가 없었다. 오히려 그가 아버지와의 고통스러운 관계와 복잡한 사업을 하며 힘들어하는 어머니를 보호하는 위치에서 그녀를 지켜왔다. 그가 가지고 있는 누군가의 따귀를 후려갈기는 대상은 궁극적으로 어머니이겠으나 그는 아직 그의 무자비하고 비인간적인 강렬한 증오를 받아낼 수 없다. 꿈에 그는 폐암에 걸린 어머니에게 음식을 주는 장면에서 어머니에 대한 미움을 표시하지만 동시에 보살피며, 미워할 수도 없고 사랑할 수도 없는 그의 복잡하고 혼란스러운 어머니에 대한 양가감정에 접근한다. 무엇보다 그는 꿈에 항상 어머니를 보호하는 자리에만 있던 자신을 바라보며, 그가 보호받아야 할 위치에서 보호받지 못했다는 시각의 확대를 경험했다.

신뢰할 수 없음

앤디는 이번 회기에서 심리치료실 안에서 나를 신뢰하기 힘들다고 말하며 "언제까지 이렇게 계속 의심해야 할까요?"라고 물었다. 나는 신뢰에 대한 앤디의 질문은 종착역에 도착하는 결론으로 도출되는 것이 아니라 점진적 과정을 통해 신뢰에 대한 의심이 해소될 수 있을 것 같다고 답했다. 앤디는 꿈을 꾼 것 같은데 잘 기억나지 않지만, 어렴풋이 기억나는 것은 자신이 알고 있던 부부를 만났다 한다. 그 부부는 많은 문제가 있었지만, 신앙으로 어려움을 이겨내고 거의 완성된 부부의 모습으로 행복해 보였다 한다. 그는 그들의 모습이 "조화롭고 뭔가 잘되었다는 메시지"인 것 같다고 말했다. 신뢰에 대한 의심으로 시작한 회기였지만 그는 자신의 내적 갈등 문제를 해결해 나가며 안정감을 찾고 있는 것 같았다. 이는 그에게 더 깊은 내면세계로 걸어 들어갈 수 있는 용기를 준 것으로 보인다.

앤디는 어제 온종일 어머니가 큰형에게 커다란 관심을 가질 수밖에 없었을 거라고 생각했으나 이러한 그의 생각은 그가 어머니에게 많은 관심을 받을 수 없었던 현실을 받아들이는 '합리화'라고 말했다. 그는 큰형이 태어나기 전에 두 명의 형이 태어났으나, 그들은 아기였을 때 죽어서 다음에 태어난 형에게 어머니는 특별한 감정이 있었을 것 같다고 말했다. 앤디는 형제들이 많았지만, 그들 중 어머니의 우울함이나 힘든 감정들을 들어주는 자녀는 자신이어서 순응하며 살아온 것 같다고 말했다. 그는 누구보다 어머니가 힘들어했던 삶과 어떻게 고통스러운 세월을 살았는지 잘 알고 있다고 말했다. 그는 자신의 중학교 1학년 아들이 며칠 전에 "아빠는 자라면서 반항한 적이 없어?"라고 물어보았을 때, 이제까지 착한 아들로 보이며 살아오다가 호기심에 중학교 때 마리화나를 한 번 피워 본 것 빼고는 반항한 적이 없었다고 말했다. 앤디는 그러한 자신을 돌아보며 갈등과 폭력적인 환경에서 고통스러운 순간들이 많았을 텐데 내면의 힘든 문제들을 드러내지 않고 살아온 것이 아쉽다 한다. 그는 그룹 홈 청소년을 상담하는데, 그 내담자가 손등을 다쳤다며 보여주는 상처 자국을 관찰하며 그가 다친 것이 아니라 자해한 것임을 알 수 있었다 한다.

그 청소년이 왼쪽 손등을 칼로 그은 자국이 보였는데 그가 오른손잡이인 것으로 보아 자해한 것이 분명하다고 말했다. 앤디는 자신도 청소년 시절에 왼쪽 손목을 그어 자해한 적이 있다고 하며 잠시 울먹인 뒤에 침묵했다. 그의 청소년 내담자는 손등에다 칼자국을 내 다른 이들에게 자신이 힘든 모습을 드러냈으나 그는 안 보이는 왼쪽 손목을 그어 자신이 고통스럽다는 것을 다른 이들에게 알리지 않았다 한다. 그는 중학교 3학년 정도의 나이에 혼자 있을 때 방에서 칼로 그었는데, 칼로 손목 안쪽의 동맥 쪽에 가까이 칼을 대었더니 딱딱한 느낌이 들었고 조금만 더 들어가면 끊어질 수도 있겠다는 생각이 들었다 한다. 앤디는 그 순간에 칼날을 더 깊이 긋지 못한 이유는 반항이란 말과 관련이 있는 것 같고, 당시 죽는 것에 대한 두려움이 아니라 착한 아들이라면 죽으면 안 된다는 생각과 자신이 죽으면 어머니가 너무 힘들어할 것 같다는 생각에 멈추었다고 말했다. 칼로 그은 상처가 봉합수술을 할 만큼의 심각한 상태는 아니었지만 그래도 그는 상처가 아물 때까지 애써서 감추었다 한다.

앤디는 청소년 내담자가 자해할 만큼의 심리적인 고통을 외부에 드러내며 힘들다는 것을 표현하는데, 자신은 왜 "상처를 가리고 살았을까요?"라고 질문했다. 나 역시 앤디의 심리적 고통을 그의 어머니처럼 충분히 이해하지 못한다고 말했을 때, 그는 "당신은 엄마가 아니니까…"라는 말하고는 울었다. 앤디는 왜 자신이 나에게 엄마가 아니라는 말을 한 후 눈물이 난 이유에 대해 생각하다, 아마도 혼자라는 외로움의 주제와 관련된 눈물인 것 같다고 말했다. 그는 어린 시절부터 부모의 충분한 정서적 지원 없이, 모든 것을 자신이 결정하고 알아서 해야만 했던 시간에 대해 말하며 좀 전에 그 외로움을 느낀 것 같다고 말했다.

앤디는 청소년 내담자가 손등 위에 자해하며 자신의 심리적 고통과 갈등을 외부로 드러내고 있으나, 자신은 내면적 혼란과 불안을 숨기고 살아왔던 삶을 회고하고 있다. 그는 어머니에 대한 전이를 나에게 하며 바쁜 일상 가운데 무관심할 수밖에 없었던 어머니에 대한 신뢰할 수 없음을 나에게 표현하고 있다. 앤디는 이전에 심리적 고통을 감추며 사람들이 보지 못하는 손목 안쪽에 칼로 자해를 했다면, 지금은 그 청소년 내담자처럼 칼자국 난 손목을 나에게 보인다. 앤디는 여전히 신뢰할 수 없음에 대한 주제로 혼란스러워하면서도 자신의 심리적 고통을 드러내며 신뢰에 대한 의심을 뒤로하고 신뢰를 형성할 가능성을 바라보고 있다.

절망에서 즐거움을 향하여

앤디는 사람들과의 관계에서 주로 자신이 과도하게 시간과 돈을 더 내거나 헌신하며 지내왔으나 지금부터는 그렇게 하지 않으려 한다는 말을 자세하게 설명했다. 나는 앤디가 해보려 하는 새로운 삶의 방향성에 대해 좋은 시도라고 말해 주었다. 그는 이후 꿈 이야기를 시작했다. 꿈에 그는 여행을 떠났는데 무슨 사건이 일어났는지 구체적인 기억은 나지 않지만, 아침에 일어나며 "아주 즐거웠다"고 말했다. 그는 과거를 돌아보면 자기 스스로 관계에서 불편함이 있어도 말하지 않고 회피하고 침묵했으나 지금을 불편한 부분이 있으면 말하는데, 이전에는 상상도 할 수 없는 일이라고 한다. 그는 자신의 목소리를 내지 못하고 살아왔으나 이제는 그렇게 살면 안 되겠다고 하며 즐거운 꿈을 통해 새롭게 경험하는 변화가 즐겁다고 한다.

앤디는 침묵하며 지내던 자신의 수동적 삶의 패턴을 바꾸고 적극적으로 개입하며 즐거움을 경험하고 있다. 앤디가 원했던 이러한 새로운 삶의 모습이 일상에서 나타나는 것이 심리치료를 통한 확장의 경험이다. 나는 이곳에서 앤디가 원하는 삶의 모습으로 회복해 가는 과정을 말할 때 조용히 미소 지으며 경청했다. 그는 말없이 그의 변화와 성취에 기뻐하며 웃고 있는 나에게 자신이 한 말들에 대해 피드백해 달라고 요구한다. 이 순간이 심리치료사들이 가장 조심해야 하는 지점이다. 누군가 이곳에서 장황하게 앤디의 성취를 설명한다면 그것은 그의 성취를 가로채는 것이 될 수 있다. 모든 심리치료사는 치료적 결과로 진전된 모습을 보이는 내담자들의 변화에 조심스럽게 접근해야 하며, 그들의 성취를 자신의 성과물로 탈취하는 일이 없도록 해야 한다. 그러나 말없이 웃고만 있는 내 모습을 보며 앤디는 불안을 느낀다며 확인하려 한다. 내가 그에게 지금 느끼는 불안에 대해 더 이야기해 보라고 하자 그는 나의 말 없는 모습에 잠시 비난받을 수도 있다는 불안감이 느껴졌으나 이제는 크게 느껴지지 않는다고 대답했다.

앤디는 자신이 전문상담사(Licensed Professional Clinical Counselor) 실기 시험에 떨어졌다고 말하며 아쉬워했다. 그러나 발표가 난 당일에는 생각했던 것보다는 덜 괴로웠으며 앞으로 어떻게 해야 할 것인지 차분히 계획을 세우려 시도했다고 한다. 그러나 그는 다음날 주말에 굉장히 무기력하고 우울해져 게임을 거의 온종일 했고 저녁에는 영화를 보며 주말을 보냈다고 보고했다. 앤디는 주말이 지나고 나서는 신기하게 그렇게 우울하지도 무기력하지도 않은, 과거와 다른 자신을 보며 이전 같으면 오랫동안 우울과 무력감에 힘들어했을 텐데 며칠 만에 감정을 털고 일어나는 자신이 의아했다. 그는 객관적 현실에서 실패를 경험하게 될 때 이를 절대적 절망으로 받아들이지 않을 만큼 건강해지고 있고 이러한 그의 변화가 일상에서 나타나고 있다.

앤디는 그룹 홈에서 자선행사가 있는데 그때 피아노를 연주하게 된 청소년 내담자가 연주회에 자신을 초대했다고 한다. 그는 연주회에 참석하는 것이 윤리적으로 내담자와의 경계를 허물며 개인적 삶에 깊숙이 침범하는 것은 아닌지 나에게 물었다. 나는 앤디가 그 연주회에 가게 된다면 불편한 점이 무엇인지 되물어 보았다. 그는 자신이 내담자와의 경계를 잘 긋고 있지만 그 자리에 가는 것이 맞는지에 대한 확신이 없었다. 그러나 앤디는 혹시 자신이 무관심하게 자신의 삶을 방치하며 살아왔던 모습이 내담자와의 관계에서 나타날 수 있는지 고려해 보았고, 그의 참여를 기대하는 내담자를 위해 그 연주회에 가기로 결정했다. 나는 그의 결정이 내담자와의 경계를 파괴하는 것이 아닌 그에 대해 이상화 전이를 하는 청소년 내담자에게 도움이 될 것이라며 지지해 주었다.

앤디는 자신의 삶에서 기쁜 일이 생겨 주위의 사람들이 칭찬할 때 이를 무척 부담스러워하는 자신에 대해 알고 싶어 했다. 그는 연상을 통해 유치원 다닐 때 미술대회에 낼 그림을 그렸는데, 유치원 선생님은 그의 그림을 보고는 무척 잘 그렸다고 생각해서 그것을 들어 모든 아동에게 보여주며 잘 그렸다고 칭찬해 주었다 한다. 그때 그는 즐거워서 기뻐한 것이 아니라 갑자기 울기 시작했다 한다. 앤디는 잘했다고 칭찬해 주는 선생님과 환호하는 친구들에게 희열과 기쁨을 느껴야 하는 순간에 울어버린 자신을 기억하며 어릴 때부터 무언가가 불편한 게 있었나보다 생각했다고 한다. 그는 그 사건을 떠올리며 부담되었던 순간이라 말했다.

앤디는 충분한 관심과 사랑을 받기를 원했지만, 그러한 관심을 받게 되는 순간이 어색하다 못해 불편하고 부담스러웠다. 그는 어린 시절 유치원에서 갑자기 긍정적 칭찬을 듣는 순간 혼란과 당혹스러움을 느끼며 울음을 터뜨렸다. 누구도 우울함을 선택해 침울한 삶의 연속성 안에 살고 싶은 사람은 없겠지만, 앤디는 오히려 즐거움보다는 외로움과 동반되는 우울감이 친숙하다. 그가 기쁨을 느낄 수 있는 능력을 상실한 것은, 그를 충분히 반영해 주어야 했던 환경의 결핍에서 비롯된 것으로 보인다. 그는 이러한 익숙한 외로움과 우울감에서 해방되기 위해 절망적이었던 해묵은 감정들로 접근하고 있으며 이를 통해 자신의 내담자들이 접근해 오는 친밀감을 좀 더 허용하는 방식으로 동시에 자신의 절망을 회피하지 않고 받아들이는 방식으로 바뀌어 가고 있다.

자기 붕괴를 넘어선 새로운 연합

앤디는 꿈 이야기로 회기를 시작했다. 그는 꿈에 아들과 커다란 거인 같은 괴물을 피해서 집에 숨어 있는데, 그 커다란 존재는 집을 파괴하면서 그와 아들을 찾기 시작했고 거의 발견될 위기에 꿈에서 깼다. 그는 집이 부서지는 꿈이 자신의 자아가 부서지는 것을 의미하는 것 같은데, 꿈에서처럼 자신의 자아가 부서질 만큼 힘든 일이 무엇일지 생각해 보았다고 한다. 그는 그 꿈을 꾸기 전에 만났던 피나 폭력적인 것을 보면 힘이 쭉 빠지는 청소년 내담자와 관련 있을 것이라며, 그 내담자가 회기 중에 폭력적인 내용을 이야기하다가 힘이 빠져서 더 이상 못하겠다고 말하고 집으로 돌아가고 싶다고 말했다고 한다. 그때 앤디는 끝날 때가 거의 다 돼서 5분 정도 일찍 회기를 끝냈는데, 그 내담자의 내면이 붕괴하는 듯한 공포와 두려움을 그가 꿈을 통해 경험했을 가능성에 대해 말했다. 그는 그 꿈이 자신에게는 무슨 의미가 있는지, 또는 내담자가 느낀 자기 붕괴를 자신이 느낀 것인지를 알고 싶어 했다. 나는 앤디가 꾼 자기 붕괴적 꿈은 내담자에게서 촉발된 자신의 붕괴 위험성을 담고 있는 부분을 드러내는 꿈일 수 있다고 말해 주었다. 그는 그 공포감이 내담자에게서 온 부분도 있겠지만 자신의 내면적 경험을 꿈에서 만난 것일 수도 있다는 말에 잠시 침묵했다. 그런 뒤에 그는 자신과 아들이 손을 붙잡고 함께 도망을 다녔기 때문에 그 꿈이 내담자의 것이면서 동시에 자신의 꿈일 수 있을 것 같다고 말했다. 앤디는 이 꿈에 대해서 분석한 후 다른 꿈에 대해서도 말하기 시작했다.

앤디는 지난 화요일에 꾼 꿈을 보고했다. 자신이 결혼식 후 피로연을 여는 꿈인데, 장소는 고풍스러운 유럽의 저택과 집들이 있는 곳이다. 그는 친구들에게 집을 구경시켜 주는데 인테리어 색감이 매우 선명하고 멋있었고 붉은색과 하얀색으로 된 벽지에 모든 포인트는 금색으로 장식되어 있는 화려한 곳이었다. 그가 인상 깊었던 것은 꿈에 결혼한 아내도 지금의 아내이고 자신도 거의 지금의 모습 같은데, 아내가 자신에게 이야기하지만, 그 말하는 아내도 자신 같고 듣는 자신도 자신 같았다는 것이다. 넓은 테라스에서 피로연을 하는데 그곳에는 올리브나무가 있고 열매가 매달려 있었다. 그는 올리브 열매는 신의 선물이라고 믿으며 자신의 피로연이 즐겁고 신나는 축제였다고 말했다. 그는 이 꿈이 전날 성경 공부에 참석하여 경험했던 성령 충만함과 연결된 신앙의 성숙함과 관련 있는지 아니면 그의 남성성과 여성성이 통합되는 것으로 이해하는 것이 맞는지 알고 싶어 했다. 앤디는 성경은 꾸준히 읽지만 기도 생활은 해 오시 않고 있는데, 그가 기도할 때 너무 정형화된 형태로 해서 더는 하지 않는다고 한다. 그러나 지난 화요일 성경 공부 참석 후 기도 생활을 다시 해야겠다고 생각해서 혹시 이 꿈을 꾼 것인지 궁금해 하였다.

나는 앤디가 꿈에 남자와 여자가 결혼하고 피로연을 하는 새로운 출발을 시작한다는 의미에서, 그의 두 가지 여성적 그리고 남성적 측면이 통합되는 것을 상징하는 것이라고 해석해 주었다. 나는 그의 과거 신앙이 아버지와의 관계에서 영향을 받아 이전 꿈에 나타난 운전사 같은 모습으로 정형화된 엄격한 측면이 있다면, 이제는 영성이라는 개인의 삶에 역사하시는 성령님과의 교제라는 측면에서 인간의 가장 깊은 정신의 저수지에 있는 초월적 신비적 모습과 연결되며 자유로워지는 것 같다고 말해 주었다. 또한 앤디가 꿈에 그가 남자인 것을 충분히 알지만, 여성적인 측면도 자신의 한 부분으로 경험하며 아내와의 관계에서 더 깊은 연결되는 것을 경험하는 것 같다고 말해 주었다. 앤디는 배우자를 만난다는 것은 엄마에 대한 부분과 연결되어 있다고 생각하며, 알게 모르게 엄마와 같지 않은 사람을 찾으려고 부단히 노력했다 한다. 그래서 그는 엄마와 같지 않은 사람을 만났음에도 여전히 자신의 마음에 아내가 쏙 들지는 않지만, 이 정도면 괜찮다고 생각하며 살아왔다 한다. 앤디는 살아오며 자신과 아내가 닮은 점이 있다는 것을 발견했으며, 때론 아내를 통해 자신의 모습을 볼 때 싫기도 하지만 전반적으로 만족스러운 관계라고 말했다.

나는 앤디가 아내와의 관계에서 서로를 알아가며 거리감과 이질감이 없어지고 삶을 더 넓고 깊게 공유해 가고 있다고 말했다. 앤디는 만약 아내와의 관계에서 정서적인 영역에서의 친밀감을 의미한다면 약간의 거리감이 있다고 한다. 예전에는 이러한 거리감이 힘들 때도 있지만 지금은 불편하거나 힘들지는 않으며, 그 사람을 바꿀 생각도 하지 않고 자신도 바꾸지 않으려 하고 수용하려 한다고 말했다. 그는 아내와 관계에서 정서적으로 다 이해하지 못하는 부분이 있는데 만약 무언가가 그녀와 심각하게 맞지 않는 면이 있었다면 헤어졌을 것 같다고 한다. 앤디는 또한 이번 주에는 게임을 하는 시간이 현격하게 줄어들었으며 가지고 있던 게임 프로그램들을 대부분 삭제했다고 말했다. 그는 결혼에 대한 꿈은 자기 삶에서 가장 가까운 사람들인 아내와 아들에게 받아들이기 힘든 부분을 이제부터는 쉽게 받아들이며 통합하는 것을 상징적으로 보여주는 것 같다고 해석했다.

앤디는 꿈속에 내담자에게 전이된 자신의 자아가 붕괴하는 듯한 끔찍한 꿈을 꾸며 무의식의 깊은 내면세계로 들어간다. 그는 이러한 절대적 공포와 불안들을 방어하기 위해 게임을 매일 하며 많은 시간을 낭비해 왔는데 이러한 시간을 통해 그는 잠시 그 공포를 회피하지만 그 공포에서 완전히 벗어날 수는 없었다. 그는 이제 삶의 기반을 흔드는 절대적 공포와 불안에서 일정 정도 자유로우며 소비적으로 게임하는 시간이 자연스럽게 줄어들었다. 이어진 꿈에 그는 결혼식 후 화려하고 멋진 피로연을 하는 모습 속에 아내가 하는 말이 자신 같고 자신이 하는 말도 자신 같은 경험을 하는데, 이는 자신 속에 있는 두 가지 다른 영역의 연합이며 확장을 나타낸다. 이러한 그의 두 가지 다른 측면의 연합은 일상생활에서 게임하는 시간이 감소하는 것으로 나타나며 의미 있는 삶에 직접적으로 참여하는 시간의 확대로 이어진다. 그의 관심은 이제 강박적 신앙이 아닌 깊은 영성적 신앙에 관심을 두게 되었다. 과거에 매뉴얼처럼 경직된 상태로 기도했다면 이제 그는 신과의 직접적인 대화를 원하고 있으며 이를 통해 초월적 영역이며 신비한 신앙의 거대한 집단 무의식과 연결하고 있다.

통합에 대한 마음의 울림

앤디는 심리치료실에 들어와 "무슨 말을 해야 할지 생각나지 않는다"라며 뭔가가 있을 것 같은데 아무리 생각해도 생각나지 않고 누군가 물어보면 대답은 할 수 있을 것 같다고 말했다. 그는 잠시 아내와의 관계에서 있었던 이야기들을 정리하며 어려움이 있었지만, 이제는 두 사람이 서로를 배려하며 지낸다고 했다. 그런 뒤 앤디는 나에게 자신에게 어떤 것이든 질문해 달라고 요청했다. 나는 잠시 생각해 본 후 앤디가 자신에 대해 알고 싶은 것이 어떤 것인지 되물었다.

앤디는 자신의 알 수 없음에 대한 영역 또는 알지 못하는 부분이 궁금하다며 이러한 분석의 끝은 어떤 것일지 물었다. 그는 분석을 받으면 끝에 통합이 이루어지며 무언가가 달라지고 획기적 깨달음이 있는지 질문했다. 그는 이전에도 같은 걸 물었으나 자신의 질문에 대한 나의 대답이 명확하지 않고 모호하다며 불평했다. 앤디는 모호하게 응답하는 나를, 직접적인 대답을 해주지 않고 경험을 통해 터득을 해보라고 했던 자신의 어머니와 비교하며 비슷한 감정이 느껴진다고 말한다. 그의 어머니도 궁금한 부분을 스스로 찾으라는 메시지를 보내며 항상 명확하게 대답한 적이 없다고 한다. 나의 모호함이 앤디에게 어떻게 느껴지는 물어보자, 그는 짜증이 난다고 말한다. 앤디는 어차피 인생은 스스로 사는 것이니까 자신이 알아서 해야 한다고 생각한다며 "공존하는 구조화된 자신과 방관적인 자신이 통합돼서…"라며 말을 끝내지 못하고 눈물을 흘린다. 그는 왜 눈물이 나는지 모르겠다고 말하며 잠시 다시 눈물을 흘린다. 그는 "그렇게 되면 편안해질 수 있을까요?"라고 말하며 이전에 나에게 같은 질문을 했을 때 "편안해지는 것을 포함한 다른 부분도 있을 수 있다"라는 대답을 들었다 한다. 앤디는 체계적 변화보다는, 하다 보면 무언가 찾고 자신이 원했던 것을 알게 될 것 같다고 말한다. 앤디가 나를 방관하는 사람으로 보았을 것 같다고 말하자 그는 어머니와 같은 모습이 있기에 믿지 못하는 부분이 있다고 말했다. 그는 어머니가 방관해서 자신이 그에 적응해 살아왔듯이 나도 방관하고 있으니 자신이 알아서 해야 한다고 생각하며 통합에 대해 이야기하는데 가슴이 설레고 울컥해졌다고 말한다.

앤디는 자기 삶에 몰두하면서 생생하게 참여하며 살아가고 싶으나 그곳에는 큰 거리감이 있고 그러한 거리감은 그에게는 이질감과 불안으로 다가온다. 그는 자신의 질문에 정확한 답을 하지 않는 나에게서 방관자처럼 자신을 대했던 어머니를 떠올리며 짜증스러워한다. 그가 지나치게 구조화되어 경직된 측면과 그와는 반대로 방관자적으로 살아가는 양극단의 모습 사이에 갈등을 통합해 균형 잡힌 삶을 살아가고 싶어 한다. 그는 더 나아가 양극단의 차이로 발생했던 혼란으로 인해 유기되어 버린 무의식 속에 감추어진 잠재성을 펼치며 살기를 원한다. 그렇기에 통합은 희망이라는 개념 너머에 실존하는 삶에 대한 기다림이고 열망이기에, 그에게 자그마한 감동으로 다가오며 마음의 울림을 준다.

앤디는 어제 그룹 홈에 갔을 때 한 청소년 내담자가 과자 한 봉지를 가지고 와서 먹어 보라고 권했다 한다. 이전에 그는 그 내담자가 과자를 권할 때마다 사양했고 그럴 때마다 그 내담자는 가지고 온 과자를 혼자서 우걱우걱 다 먹었다. 앤디는 그 청소년이 자신을 동일시하며 내면의 텅 빈 곳을 먹을 것으로 채우려는 시도로 자신을 이용한다는 것을 알기에 이번에는 먹으라고 강요하는 그를 거절하지 못하고 세 개만 먹겠다고 말했다. 앤디는 과자를 하나 집어 먹었는데 너무 맛이 없었지만 약속한 세 개를 먹기는 했다. 그는 과자를 좋아해서 평소에 즐거 먹는데 "왜 그 과자는 맛이 없었을까요?"라고 질문하며, 아마 그가 동일시하며 가까이 다가오는 내담자를 거부하는 것에 대한 신체화된 경험이었을 것 같다고 말했다. 분석을 통해 앤디는 내담자가 동일시하며 가까이 다가왔을 때 그를 바라보지 않으려 했다는 것을 알게 된 후, 혹시 자신이 내담자를 무관심하게 방관했는지 살펴보았다. 그 청소년은 상담실에 들어오면 서랍을 다 열어 보고 그 내용물을 밖으로 꺼내 어지럽히며 매번 힘들게 했다. 하지만 지금은 덜 충동적이고 차분해지며 약간의 진전을 보인 그 청소년이 건넨 과자가 왜 맛이 없었을까 생각해 보았다. 나는 앤디가 너무 가까이 다가오는 내담자에 대해 거부감을 느끼는 것 같다는 데 공감했고, 그가 자신의 어머니와 두었던 거리 안으로 누군가 다가오는 것이 불편할 수 있을 것 같다고 말했다. 앤디는 자신의 이야기를 묵묵히 듣고 있는 나를 보며 거리감을 느끼고 이러한 거리감은 그가 그의 어머니에게 느끼는 거리감과 병렬로 연결되어 있기에 그는 나를 신뢰하는 것에 대한 거부감이 있다. 그는 자신의 어머니가 방관자로 비쳤던 것처럼 나를 그의 삶을 멀리서 바라보는 방관자로 느낀다.

앤디는 어릴 적 어머니와의 관계에서 어느 정도 거리감이 있었는지 잘 기억나지 않는다. 그러나 성장 후 결혼하고 나서 부모님을 만났을 때 죄책감이라는 감정이 거의 사라지면서 어머니와의 관계에서 거리감을 많이 느꼈다 한다. 그는 자신이 사랑받기를 기대하며 고통 가운데 있던 어머니의 삶을 강박적으로 통제하고 구제하려 했던 자기 모습과 그와는 상반되는 방관적인 모습으로 어머니를 대하는 자기 모습에 괴리를 느낀다. 앤디는 방관자적인 모습과 통제적인 양극단의 모습을 통합하는 것에 마음이 깊게 울리는 걸 느끼며 그 통합이 성취될 수 있을지 나에게 질문했다. 그러나 나의 답변은 그에게는 모호했고 그러한 모호함은 신뢰할 수 없음으로 그에게 다가온다. 나는 이러한 앤디에 대해 이해하며 그가 바라는 통합의 의미는 그가 성취하기를 원하는 최종적인 모습이라기보다는 그가 성취할 수 있는 다양한 모습 중의 하나일 수 있다고 말해 주었다. 앤디는 통합이라는 말을 하며 감정의 울림을 느낀 것은, 알지 못하는 자신에 대해 더 알고 싶고 더 가까이 가고 싶어 하는 갈망의 표현인 것 같다고 말했다.

거리감과 외로움

앤디는 약속 시각보다 약간 늦게 내방했고 그것이 자신이 오기 싫어하는 방어적 모습인지 알고 싶어 했다. 그는 자신의 의식은 심리치료실에 오는 것이 불편하지 않지만, 오늘 늦게 온 이유는 알지 못하는 자신을 알고 싶지 않은 무의식적 방어일 수 있다고 말했다. 그는 무슨 말을 해야 할지 잘 모르겠다고 하며 요즘 읽고 있는 라깡과 멜라니 클라인에 대해 상세히 설명한 책 이야기를 했다. 그런 뒤 그는 자신이 내면의 이야기를 하고 싶지 않아 지적인 내용으로 빠지는 것 같다고 말했다. 앤디는 무엇이든지 나에게 질문해 달라고 요청했다. 내가 지난번 열차를 놓친 꿈과 열차를 탄 꿈이 지금의 앤디와 관련이 있을 것 같다고 하자 그는 그 꿈에 대해 상세히 설명했다. 이 꿈 내용이 그에게 자신의 방어적 모습에서 벗어나게 했다기보다는 그에 관한 나의 관심이 그의 내면세계로 접근하게 도움을 준 것 같다.

앤디는 가끔 자신이 무엇을 말해야 할지 알 수 없을 때와 심리치료실을 떠나지 못하는 아동 내담자의 모습을 볼 때 현기증이 나는데, 왜 이런 일이 일어나는지 알기 위해 부단히 노력했다고 말했다. 그는 막연히 처음에는 아동이 엄마의 사랑을 찾을 때 자신이 어지러움을 느낀다고 생각했으나, 시간이 지나며 그 이유가 아니라는 것을 알게 되었다 한다. 그는 어느 순간 핑 도는 어지러움을 느끼는데 그것이 무엇일까 많이 찾아 보았지만 아직 찾지 못했다고 말했다. 앤디는 "아무 생각이 안 난다", "할 이야기를 모르겠다", "아동을 만났을 때 자신에게 무슨 일이 발생하는지 알고 싶다" 등을 말하고는 10여 분간 침묵했다. 그의 목소리는 여느 때보다 작았고 의지적으로 자신의 내면 모습을 찾고자 했다. 하지만 그가 어느 장벽에 부딪힌 채 멈춰 서서 뒤로 물러나 있듯이 나에게 거리감을 느끼는 듯했다.

앤디는 모래 상자에 들어가고 싶은 아동 내담자에 대해 말하며, 발을 모래 상자에 들여놓는 아동 내담자가 정말 부드러움을 느끼는지 궁금하다고 말했다. 그는 거리감 없이 자신을 드러내는 아동 내담자가 느끼는 평안함이 사실인지 그리고 자신도 이 심리치료실에서 그러한 안전함을 느낄 수 있을지 알고 싶어 했다. 그는 아동 내담자들이 회기가 끝난 뒤에도 떠나고 싶어 하지 않을 때 아동의 질문을 귀로 듣고 대답은 하지만 그 아이를 쳐다보지 않는다고 한다. 앤디는 그런 행동이 매몰차게 경계를 긋는 것이지만 그것이 어머니의 모습일 것 같다고 말했다. 그는 항상 아동들에게 끝나기 5분 전에 조금 있으면 끝날 것이라고 말해 준다. 그런데 어제는 끝나고 10분이 지났지만 여전히 상담실을 떠나지 못하는 아동을 보며 그다음 예약된 아동이 있어서 가야 한다는 말을 하고 정리를 하였다고 한다. 그런 뒤에 그는 자신이 "너무 매정했던 것은 아니었는지, 그렇다면 어느 선까지 받아 주어야 하는지" 등에 대해 알고 싶어 했다. 그는 다음번 기다리는 내담자가 와서 그 아동은 떠나야 했지만 잠시 자신에 대해 통찰해 보았다고 말했다.

그는 모든 관계에서 상대방이 다가오면 밀어내지는 않지만, 관계에서 먼저 다가가는 법은 없고 상대방이 먼저 좋아해 줘야지 자신도 마음을 연다고 한다. 그의 관점에서 보면 그는 관계 안에서 무엇이든지 자발적이라고 생각하지만, 다른 이들이 볼 때는 자발적이지 않다고 느낄 수 있을 것 같다고 말했다. 앤디는 그동안 이곳에 와서 자신의 이야기를 많이 했는데 그것은 그에게는 커다란 일이고 그렇게 하는 것이 힘들다고 말했다. 그는 지금 느끼는 불편함이 후회하는 감정과 예전의 힘든 일들로 인해 그런 줄 알았지만, 그런 것보다 자신이 경계를 먼저 깨고 깊은 자기 모습을 드러내는 게 힘들기 때문인 것 같다고 말했다. 그는 경계를 두는 것이 자신을 보호하는 것이지만 "내면에는 그렇게 하지 않기를 바라는 마음이 있지 않을까" 하는 생각이 든다고 말했다. 그는 관계 안에서 경계를 두는 건 누군가를 떠나보내는 것인데 그것은 자신을 보호하기 위한 경계일 것이라고 생각했다고 한다.

앤디는 어제 아동 내담자를 심리치료실에서 떠나보내며 자신의 행동을 관찰했을 때 "홀로 남음과 외로움을 느끼고 싶지 않기 때문에 보호 차원에서 구획을 정해 놓고 관계에 깊게 들어가지 않도록 하는 것 같다"라고 말했다. 앤디는 지금은 사람이 없어서 외로움을 느끼는 것이 아니라 정서적인 외로움과 채워지지 않는 외로움을 느끼며 자신이 부재하다는 걸 느끼는 것 같다고 말했다. 그는 자유 연상을 통해 어렸을 때 떠오르는 장면을 이야기했다. 그는 어린 시절 집 안의 창문을 통해 밖을 내다보고 있을 때 마당에 강아지가 있는 장면을 떠올렸다. 그러나 그 순간에 뛰어노는 강아지를 쳐다보는 것이 아니라 집으로 들어오는 사람을 기다렸다고 말했다. 아무도 그를 찾아오지 않는 문을 하염없이 바라본 그때 그는 외로움을 느꼈다고 한다. 이 말을 마치고 그는 "오늘은 여기까지 하겠습니다"라고 말하고는 조용히 심리치료실을 나갔다.

앤디는 이번 회기에서 자신의 텅 빈 정서적 공간을 채워줄 누군가를 기다리고 있다는 사실을 알리고 떠나갔다. 차분하고 정제된 목소리로 조용히 자신의 깊은 외로움과 심리적 고통에 대해 말했지만, 그의 외로움의 아픔은 오히려 더 커다랗게 다가왔다. 그는 관계 안에서 사람들과 경계를 긋고 지내지만, 사실 그는 그들과 깊은 관계를 맺고 소통하며 삶을 나누고 싶어 한다. 그러나 그의 내면세계 어느 부분에는 영원히 채워지지 않을 것 같은 텅 비어 있는 외로움이 있어 누군가와 가까이 있는 것이 어색하기에 경계를 둔다. 앤디는 누군가와 친밀한 관계를 원하지만, 그것이 안전한 것인지 주저하며 가까이 가지 못하는 자신을 바라본다. 심리치료 공간에서 아동 내담자가 절대적으로 자신을 필요로 할 때 외면하고 있는 자신을 돌아보며 그는 어머니가 그를 외면했던 순간을 떠올린다. 나와 진행한 분석에서 그는 자신의 내면세계 깊숙이 들어가 외로움이라는 주제에 연관된 기억과 감정들을 이해하고 싶어 하지만, 여전히 외면하고 경계를 그으며 뒤로 물러서려는 자신을 본다. 그의 외로움은 어머니의 부재와 관련이 있으며 그에게는 함께 있는 누군가가 공존한다는 사실보다 아무도 없는 부재의 경험이 더 실질적이다.

불안과 외로움의 기원

앤디는 꿈 이야기로 회기를 시작했다. 꿈에 멕시코에 사는 친구가 그에게 놀러 오라고 해서 아들과 함께 다녔던 이전 여행과는 다르게 혼자서 그곳으로 가게 되었다. 그 친구가 가이드를 해주어 편하게 같이 여행을 다니는데 예상치 못하게 여자 친구를 초대해서 불쾌했지만 같이 다녔다. 그러나 그는 여행 중 그 여자가 갑자기 죽게 되어 급하게 그 시체를 끌고 귀국해야 했다. 그는 공항에서 비행기 표를 구매해야 했지만, 멕시코 언어를 할 줄 몰라 애를 먹고 있는데 그 가이드를 하던 친구는 전혀 도움을 주지 않아서 야속한 마음이 들었다. 마침내 앤디는 힘들게 몸짓으로 의사소통을 하여 제일 빠른 비행기 표를 구해서 관이 실리는 것을 보며 잠에서 깨었다.

앤디는 이 꿈을 해석했는데 그를 멕시코로 초대한 가이드는 나라고 확신했다. 그는 가이드를 해준 멕시코 친구가 나인 것 같고 여행 중 죽은 사람은 자신의 '멸절 불안'을 상징적으로 나타내는 것 같다고 말했다. 앤디는 지난주 외로움과 홀로됨에 대해 말하며 그와 관련된 감정을 만나고 경험한 고통을 꿈속의 죽은 사람과 연결했다. 그는 어머니가 방관하며 자신을 돌보지 않아 나쁜 어머니로 내사를 하며 "나는 곧 죽고 사라질 것이다"라고 믿고 있었던 불안과 만난 것이라고 말했다. 앤디는 처음에 죽은 사람이 자신의 여성성일 가능성에 대해 고려해 보았으나 나중에는 멸절 불안과 관련된 불안함을 만난 것으로 생각했다 한다. 그는 이 꿈을 통해 자신의 외로움에 대해 더 깊이 알게 된 것 같다고 말했다.

그는 주로 꿈에 여행하면 북유럽의 눈이 많이 내리는 장면이 나오는데 그 눈이 주는 의미는 무얼까 생각해 보았다 한다. 앤디는 나를 꿈속의 가이드와 같은 좋은 대상으로 내사하고 있지만, 여전히 꿈속에서 집으로 돌아오는 비행기 표를 구매하는 데 어려움을 겪고 있는 자신을 돕지 않고 있고 원하는 것을 충분히 채워주지 않는 나와 거리감을 느낀다고 말했다. 그는 나쁜 대상으로 내사된 어머니의 부분이 내가 경청해 주고 공감해 준다고 좋은 대상으로 갑자기 바뀔 것 같지는 않다고 말했다. 동시에 그는 심리치료를 받는 것이 지루하고 힘들다고 말했나. 앤디는 이때 바깥에서 들려오는 소리를 들은 것 같은데 그것이 무엇인지 궁금해했으나 나는 그곳에서 아무런 소리를 듣지 못했다. 그는 어머니와 경험했던 거리감을 나와 느끼고 있으며 그로 인해 야기된 심리적 혼란을 회피하고자 외부의 들리지 않은 소리에 집중하고 있었다.

나는 엔디가 꿈에 찾아간 이방의 땅 멕시코에서 죽음과 같은 외로움을 느꼈던 것 같다고 말했다. 그러자 앤디는 꿈에 신뢰가 있었기에 낯선 먼 곳으로 여행을 떠날 수 있었다고 말했다. 이는 그가 죽음을 느낄 만큼 두려운 홀로 남겨진 자리에 다가갈 수 있었다는 의미이다. 그는 꿈속에서 힘들었던 것은 초대된 또 다른 사람이 죽어서가 아니라 여행 전 기대하지 않았던 사람이 초대되었다는 사실을 말해 주지 않았기에 힘들었다 한다. 나는 앤디가 말하는 예측할 수 없었던 불편함에 대해 연상해 보라고 말했다. 그는 꿈에 느꼈던 불편함은 '거짓말'이었는데 차라리 죽은 그 여자가 온다는 걸 미리 알려주었으면 괜찮았을 것이라 말했다. 앤디는 초대한 친구를 보고 여행을 갔는데 모르는 사람이 있어 매우 불편했으며 그 사람이 죽음으로써 여행이 끝났다고 말했다. 그는 그 시체를 이송해야 할 책임이 있는 사람은 자신이었지만 그것에 대한 힘든 감정은 거의 없었다고 말했다.

그는 꿈 관련 설명을 하며 자신이 가장 나쁘게 여기는 것은 거짓말을 하는 것이기에 진실하면 좋은 사람이라 생각하고 인간관계를 맺어 왔는데 이러한 부분이 꿈에 나온 것 같다고 말했다. 앤디는 괜찮다고 생각했는데 누군가가 자신의 기준에 맞지 않으면 속상해지기에 사람들과 아주 가까워지지 않도록 커다란 경계를 두는 것 같고 그래서 자신을 더 외롭게 만드는 것 같다고 한다. 그는 외로움 속에 자신을 가두고 공격하며 자살도 생각했고 시도도 해봤다고 말했다. 앤디는 너무 고통스러워 자신을 보호하기 위해 외로움 속에 숨어 살아왔고 그것이 굳어져 성인이 되어서 커다란 벽을 만든 것 같다고 한다. 앤디는 외부 현실로 향하여 한 걸음씩 내디디며 그동안 굉장히 두껍고 높이 쌓았던 경계를 허물고 나왔는데, 다시 불안을 느끼면 벽을 또 쌓을 수밖에 없는 것 같다고 말했다. 그는 심리치료 받는 것도 그 경계와 담을 허무는 것 같아 힘들지만 조금은 담을 허물고 불안함을 담을 수 있는 것 같다고 말했다.

앤디는 꿈에 자신의 불안과 관련된 죽음을 목격하며 그가 오랫동안 안전지대로 만들어 놓은 심리적 외로움의 벽 안쪽에 있는 고통스러운 감정을 만난다. 가이드가 초대한 여자는 그의 외로움이라는 벽 안쪽에 있는 불안을 상징하고, 앤디는 그 불안을 만나고 죽음으로 소멸하는 것을 목격한다. 그러나 나쁜 대상으로부터 보호하기 위해 세워 놓은 두꺼운 외로움의 장벽 안에 있던 불안과 접촉하면서 앤디는 나를 신뢰할 수 없다는 감정들을 소환하고 그로 인해 증오의 감정을 느낀다. 그는 그 외로움을 끝장내고 불안으로부터 자유로워지고 싶지만, 여전히 그 불안이 두렵다. 이제 그는 적어도 외로움의 이면에 있는 불안으로부터는 자유로우나, 여전히 어머니로부터 전이된 나에 대한 증오의 감정에서는 자유롭지 못하다.

또 다른 멕시코 여행

앤디는 꿈 이야기로 회기를 시작했다. 그는 지난번 꿈에 멕시코로 여행을 갔었는데 이번 꿈도 그곳을 여행하는 꿈이었다. 그는 여행지에 도착해서 어느 숙박 시설에 들어가서 자려 했는데 그곳이 너무 낡고 허술해서 다른 곳으로 옮겼다. 새로 옮긴 곳은 세련되거나 화려하지 않은 작은 여관이지만 주인이 친절하고 오래된 역사가 있는 곳이라 만족스러웠다. 그는 다음 날 아침 밖에 나왔는데 10층 정도 높이가 되는 곳에 입구가 있어 무척 인상 깊었다. 그 입구 아래에 무수히 많은 사람이 있고 한 사람이 집회를 개최하고 있었는데 뭔가에 반감이 있어 데모하는 집회였다. 무수히 많은 청중이 동조하며 모여 있었고 그 지역의 분위기는 음산하고 깊은 구덩이 같은 곳이 보이고 낡고 허름한 집들이 있는 곳이다. 그가 그 입구에서 밑으로 내려가려 하는데 계단이 없어 벽을 타고 내려가야 했다. 그는 이전에 그가 어릴 적 살던 집의 벽을 타고 내려갔던 꿈이 떠올랐는데 그때의 벽과 지금 그가 내려가려는 벽은 다른 벽이었지만 이전에 한번 이곳을 타고 내려온 기억이 있었다. 그가 이전에는 벽을 잡고 내려왔다면 이번 꿈에서는 뛰어서 아주 자연스럽고 안전하게 내려왔고 잠에서 깼다. 앤디는 꿈에 무의식 세계의 부정적인 영역을 보며 10층 높이에서 좀 더 자신의 내면세계 깊숙한 곳을 보고 온 것 같은 느낌이 든다고 말했다.

앤디는 지난 회기 이후 어머니와 형들과의 관계를 다시 생각을 해보고 자신이 어려운 심리적 문제들에 직면한 이유를 고민해 보았다 한다. 그는 어머니가 큰형을 가장 사랑했는데 큰누나는 그 사랑을 뺏고 싶어 학교에서 공부를 열심히 했고 바로 위 둘째 형은 가족 가운데 희생양이었다고 말하고는 눈물을 흘린다. 그는 자신도 어머니에게 관심을 받으려고 노력해 왔지만 주로 못했다는 지적을 더 많이 들었던 것 같다고 말했다. 그는 어머니가 무심할 때마다 힘들고 바빠서 그랬을 거라 이해하려 했는데 나중에 자신이 어머니에게 관심받지 못한 부분을 합리화하며 방어하려고 둘러댄 것이라는 사실을 알게 되었다. 앤디는 이러한 가족관계 안에서 신뢰하지 못하면서 불신이 커졌고 자신을 고립시키며 더욱 외로워졌던 것 같다고 말했다.

나는 이전 꿈에 멕시코 여행을 떠났을 때는 마음에 들지 않았지만, 두 번째 꿈에 머물게 된 여관과 그 주인이 편안하고 오래된 느낌이 드는 것은 자신의 무의식 세계로 향하는 그의 발걸음이 한결 편안해지는 것 같고 데모하는 사람들을 보는 것은 자신의 내면적 갈등을 바라보는 것이라 해석해 주었다. 앤디는 꿈에 높은 곳에서 내려다볼 때 낡고 블랙홀 같은 곳이 보이는 아래층과 그곳에서 데모하는 사람들이 있는 것은 자신의 갈등적 측면을 보며 깊은 내면의 상처와 어두운 면을 보는 것 같았다고 말했다. 그는 그 소용돌이치는 아래쪽으로 편안하게 내려갔다는 것이 무엇을 의미하는지 물었다. 나는 그가 이전보다는 편안하게 자신의 무의식 세계에 접근하고 있으며 그의 낯선 무의식 세계를 상징하는 멕시코에 간 것을 환영한다고 말해 주었다.

앤디가 꿈속에서 연속적으로 멕시코 여행을 하는 장면은 자신의 더 깊은 무의식 세계로 찾아갔다는 것을 상징적으로 나타낸다. 그곳에서 묵게 된 숙박 시설은 오래된 곳이었고 친근하며 신뢰할 수 있는 주인이 그를 맞이한다. 이는 그가 오랫동안 자신을 알기 위해 무의식에 가까이 가고자 끊임없이 시도하며 찾아갔고 그러한 시간 속에 만났던 자신의 익숙한 흔적이 있음을 나타낸다. 그가 알지 못하는 이 무의식의 세계는 공포와 혼돈이 있음에도 그가 그곳에 가까이 갈수록 역설적으로 그는 혼돈과 불안으로부터 자유로워지며 자신의 잊었던 잠재성에 접근하게 된다. 앤디에게는 아래로 내려가는 것, 즉 무의식 세계로 내려가는 것이 두려움이라기보다는 익숙하기도 하고 이전에 가본 적이 있는 듯한 친밀한 느낌이다. 그러나 그 밑의 내면세계에서 벌어지는 광경은 어둡고 데모하는 사람들이 있는 소용돌이치고 있다. 그는 그 장소를 스치듯이 꿈속에서 지나친다. 그는 격정적인 블랙홀 같은 위험이 있는 무의식의 한가운데로 내려간다. 그는 그곳에서 그의 가족사에서 경험했던 다양한 불편한 경험들 특히 그가 어머니에게 관심을 쟁취할 수 없음으로 해서 경험되었던 좌절과 증오 그리고 일방적이었던 측면이 있는 아버지와 형제들과의 관계서 발생했던 갈등과 애환이 해결되지 않은 채 넘쳐흐르는 기억과 감정의 덩어리에 다가서고 있다.

자신의 충동을 외면하는 지루함

앤디는 지난주에는 아무런 꿈도 기억나지 않는다는 말로 회기를 시작했다. 그러면서 심리치료실에 오기는 했지만 무얼 이야기해야 할지 모르겠으니 자신에게 무언가 물어봐 달라고 요구했다. 그러나 곧 그는 자신의 내담자가 요즘 힘든 것 같다고 말하다 짧은 토막 꿈이 기억난다고 하였다. 그는 꿈에 남자들이 화장실에서 줄을 맞춰 소변을 보는데 폭포수처럼 쏟아지는 특이한 광경이었다고 말하며 재미있다는 듯웃었다. 그는 그 꿈 앞뒤로 뭔가 있었던 것 같은데 그 부분만 기억난다고 하며 이제까지 마음대로 살지 못했는데, 폭포수같이 소변을 보는 모습을 보니 지금은 마음대로 살고 싶은 것 같다고 말하며 다시 크게웃었다. 앤디는 자신이 마음대로 살지 못했던 것은 양심의 가책을 저버릴 수 없어서 그랬던 것 같다고 말했다. 나는 앤디가 삶에서 지루함을 느끼는 것은 자신의 충동을 외면한 결과일 수 있다고 말했다.

앤디는 자신이 충동적으로 살아온 적도 있지만 늘 좋은 결과가 있었던 것은 아니라고 말하고는 5분 정도 침묵했다. 그런 뒤 그는 "엄마에게 사랑을 받긴 했지만 내가 원하는 사랑을 받지는 못한 것 같고 그로 인해 환영받지 못함, 보호받지 못함 그리고 안전하지 않다는 생각이 떠오른다"라고 말하고는 다시 5분 이상 오래 침묵했다. 그는 자신이 정말 받고 싶었던 것은 보호와 안전한 양육이었을 것 같다고 말했다. 앤디는 그룹 홈 아동 내담자 G가 부모 부재의 결핍을 물건 훔치기를 통해 메우려고 하는 외현화된 문제를 설명했다. 그는 회기 중 G의 상태가 너무 좋지 않아 편히 쉴 수 있는 소파에 기대게 하고는 놓여 있던 동화책을 읽어 주니 잠이 들었다 한다. 그때 그는 신생아들이 하는 것처럼 입을 오물오물하면서 젖을 빠는 흉내를 내는 G의 모습을 보며 아이가 퇴행해 편안하게 있는 것 같았다고 말했다.

이번 회기에 앤디는 한참 동안 침묵했으며 자신의 이야기를 편하게 하지 못했다. 그는 오랫동안 충동을 억눌러 오며 환경에서 자신의 요구들이 무시된 상황을 너무나 당연하게 받아들였으나 심리치료를 통해 다시금 억압되었던 내면의 목소리를 들으며 갈등을 경험하고는 혼란스러워 보였다. 동시에 그의 내면의 갈등을 G를 통해 바라본다. 그는 부모의 부재로 인한 결핍을 훔치기를 통해 채우려고 외부를 향해 적극적으로 문제를 드러내는 아동에게 깊이 공감하고 있다. 그는 G가 건강하지 못한 방식으로 자신의 충동을 표출하는 방어적 태도를 우려한다. 그러면서 G의 절대적 자기 부재 경험을 채워줄 수 있는 치료 환경을 제공하고자 다양한 심리적 접근방법을 찾고 있다.

나의 아픔을 보고 싶지 않다

앤디는 휴가와 다른 일들 그리고 나의 일정으로 인해 4주 정도 심리치료실에 오지 못했다. 그는 한 달 만에 오게 되어 이전에 자신이 기록해 두었던 회기 노트를 보고 왔다 한다. 그는 형제들이 떠난 뒤 어머니와 자신과의 관계가 깊어진 것에 대해 감사하냐고 말했다. 이전에 그는 성인이 된 뒤 자신만이 부모님 집에 남게 되며 어머니의 관심을 모두 받았던 것이 당연하다고 생각했으나 이제는 그 순간들이 자신에게는 감사한 때였다고 말했다. 그는 이전 회기들에서 어린 시절 환영받지 못했던 시기들을 회상하면 두통이 찾아오고 불안했던 때가 있었으나 이제는 그러한 두통은 사라졌다고 말했다. 그럼에도 그는 다시금 심리치료 과정 중에 자신의 아픈 모습을 바라보아야 하는 것이 자연스럽지 않은 것 같다며 잠시 침묵했다. 앤디는 요즘 집중이 잘 되지 않는다고 말했다. 그는 영화를 볼 때 해피엔딩이면 즐겁지만, 비극적인 영화를 보고 나면 힘들고 무거운데 지금은 그가 후자인 영화를 보는 것 같이 침울해져 있다고 말했다. 그는 보지 않고 외면하는 부분이 있는데 어떨 때는 이전 꿈에 나타난 무관심한 소년을 다그치며 무언가 하려 한다고 말하고는 다시 침묵했다.

나는 앤디가 자신의 모습을 버려두는 것이 아니라 지금은 발견되기를 기다리는 것 같다고 말했으나 그는 아무 대답도 하지 않고 자신의 내담자에 대해 말했다. 앤디는 아동 내담자 G가 벽장을 뒤지며 잃어버린 자신을 발견하려는 놀이는 더 이상 하지 않지만 훔치는 것은 계속하는 것 같은데, 약을 많이 먹어 멍해 보이는 것 같다고 말했다. 나와 앤디는 G의 비행적 행동 뒤에 있는 심리적 고통과 결핍의 문제를 보지 않고 약으로만 통제하려는 그룹 홈 관계자들의 제한된 시각에 대해 말하며 G가 필사적으로 자신의 결핍을 채우고자 하는 절망적 모습에 안타까워했다. 나는 G가 자신에게 도움을 호소하는 (훔치기로 표현되는) 행동이 환경에 의해 받아들여지지 않을 때 상담을 포기할 수도 있고 그 훔치기 행동이 더욱 공고화될 우려가 있다고 말했다. 앤디는 G가 자신의 그러한 노력을 포기할 수도 있는지 의아해했다. 앤디는 G가

벽장 속에서 무언가를 발견하려는 놀이를 중지한 것에 대해 염려하며 처음 이 아이를 만났던 원점으로 돌아간 것 같다고 말했다.

앤디는 심리치료를 통해 그가 성취한 부분을 바라보며 만족해하지만, 여전히 그의 내면의 문제들을 바라보는 것은 쉬운 일이 아니라고 느끼며 회피하고 있다. 그는 마치 비극적인 결말을 맞았던 영화를 보듯이 자신의 비극적이었던 순간을 바라볼 때 무기력함을 느낀다. 그럼에도 그는 심리치료실에 돌아와 다른 방식으로 자신의 결핍된 고통스러운 모습에 접근하고 있다. 그는 자신의 심리적 문제를 외현화하기보다는 내현화했지만, 그의 아동 내담자 G가 심리적 고통을 외현화하는 모습을 바라보며 내현화된 자신의 심리적 내용물을 만나고 있다. 앤디와 그 아동은 외형적으로 다른 형태의 심리적 고통을 경험하는 것 같으나 부재에 대한 절망의 막다른 길에 서 있다는 의미에서 같은 경험을 하고 있다. 앤디는 그 아동의 심리적 갈등을 보며 또 다른 방식으로 자신의 모습을 바라본다.

꿈에서 토할 것 같은 아이

앤디는 지난주에 심리치료를 마친 후 '환영받지 못함'이라는 주제에 대해 많이 생각해 보았는데 자신의 무의식이 이 주제로 이끄는 것 같다고 말하며 회기를 시작했다. 그는 자신이 환영받지 못한 사람으로 행동하며 피학적인 자리에서 아픔을 즐기며 살아온 것 같다고 한다. 앤디는 사람들이 무언가를 잘하고 싶고 완벽하게 해내고 싶어 하지만, 자신은 눈에 보이는 구멍 하나를 남겨 놓아 상대방이 그것을 의도적으로 보게 만들어, 결국 칭찬을 받지 못하게 만들어 왔다고 말한다.

그런 뒤에 앤디는 지난수 세 가지를 꿈을 꾸었고 그중 두 가시 꿈이 기억난다고 말했다. 첫 번째 꿈은 그가 해외여행을 마치고 비행기를 타고 고국에 도착해 아들과 함께 집으로 돌아오는 꿈이었다. 그는 공항에서 힘들게 짐을 찾아 공항버스에 승차했는데 사람이 너무 많았으나 뒤쪽에 좌석이 있어 아들을 그곳에 앉혔다. 자신도 멀미가 나서 토할 것 같아 앉을 자리를 찾는데 운전자 뒷자리 중 하나가 비어 있어 그곳에 앉았다. 그런데 그의 옆에 앉아 있는 아이가 상태가 안 좋아 보여 살펴보니 토할 것 같이 괴로워하고 있었다. 두 번째 꿈은 수학시험을 보는 꿈이다. 그는 집중하면 시험 문제를 풀 수 있을 것 같은데 누군가 방해하는 것 같아 풀지 못하는 꿈이다. 그는 이것이 '의식 수준의 꿈' 같고 현실을 반영하는 것 같으나 첫 번째 꿈이 좀 더 자신의 깊은 무의식을 반영하는 것 같다고 말했다.

그는 꿈에서 버스 기사가 약간은 퉁명스러우면서도 배려하는 것을 보며 자신의 경직되어 있었던 모습이 변화된 것 같다고 말했다. 그는 꿈에 토할 것 같은 아이 옆에 앉아 있는 자신이 무언가 불편해하지만 회피하지 않고 그 아이 옆에 앉아 있었다는 건 중요한 것 같다고 말했다. 앤디는 옆자리에 앉아도 그 아이가 토하지 않을 것이라고 확신해 옆에 앉았고 기사 아저씨가 친절하게 느껴져 괜찮다고 느낀 꿈이라고 말했다. 앤디는 그 기사가 나라는 생각이 들었고 그 아이는 자신인데 이는 둘이 무의식의 여정을 함께하고 있다는 의미의 꿈인 것 같다고 말했다. 그는 그 아동이 토를 해 난감해지지는 않을 것이라는 확신이 있고 여기에 와서 말하는 것이 힘든 것은 사실이지만, 자신을 알아가며 무언가를 찾게 되는 것 같고 이전에 머리가 무척 아팠으나 지금은 아무렇지도 않다고 말했다.

나는 앤디가 무언가 일을 할 때 일부러 허술한 부분을 남겨 다른 이들에게 환영받지 못하는 부분과 버스에서 토할 것 같은 아이의 모습에 유사점이 있을 것 같다고 말했다. 앤디는 그 유사점이 무엇인지 물어보았고 이에 나는 토할 것 같은 아이의 고통과 어딘가 허술한 것을 남겨 다른 이들에게 비난받는 그의 모습은 유사할 수 있다고 말했다. 그는 자신의 가학적·피학적 모습을 살펴보며 허술한 구멍을 남겨서 환영받지 못하는 것은 피학적인 자리에 가는 것이 더 익숙한 것 같다고 말했다. 또한 앤디는 내가 공감하는 부분이 피상적이라 느껴져 불편하다고 했고, 나는 그가 자신이 원하는 것이 무엇인지 알아가는 과정 가운데 어려움을 느끼는 것 같다고 말했다. 앤디는 나의 말에 공감하며 자기를 찾아가는 것을 두려워하는 것 같고 그 불안에 대해 말할 때 어지러움을 느낀다고 했다. 그가 더는 회기 진행이 어렵다고 하여 회기를 중단했다.

앤디는 자신이 환영받지 못하는 자리에 의도적으로 있었다는 사실을 인식하며 그의 깊은 무의식 안에 있는 토할 것 같은 아이의 모습으로 표현된 고통스러워하는 자신을 만나고 있다. 그가 환영받지 못한 삶을 살아온 것에 대한 통찰은 자신의 삶을 또 다른 입체적 방식으로 바라보도록 인도한다. 그가 두 번째 꿈에서 수학 문제를 풀면 해결할 수 있을 것 같지만 누군가 방해해서 풀지 못했던 장면이 있는데 그 방해하는 사람은 또 다른 자신일 것이다. 그는 어린 시절 환영받지 못한 환경에서 자라났으며 그가 성인이 되어서도 지속해서 자신을 환영받지 못하는 자리에 의도적으로 있게 해왔다는 사실을 통찰하는 것은 중요한 심리치료적 전환점이다. 과거는 과거로 끝나지 않고 현재에도 되풀이된다. 그는 고통스럽게 반복되고 있는 자신의 과거 모습을 현재에서 재발견한다. 그는 현재의 삶에서 환영받지 못하는 자리에 있는 자기 모습에 접근할 때 꿈속에서 만난 토할 것 같은 아동이 느꼈던 심한 어지러움을 느끼고 있다. 이것은 그에게 고통스러운 심리치료 과정이다. 하지만 그는 자신을 이해하고 싶고 자유로워지고 싶은 충동을 멈출 수 없어 신체화 증상을 느끼면서도 조심스럽게 접근하고 있다.

거절당하는 것이 편안한 아이

앤디는 이번 회기 자신의 가학적인 측면에 대해 생각을 많이 해보았는데 오래전부터 그런 부분을 억누르고 살았던 것 같다고 말하며 회기를 시작했다. 그는 관계에서 경계 없이 다른 사람에게 너무 편안하게 이런저런 이야기를 할 때가 있는데 자신의 가학적인 행동이 있기에 버티고 사는 것 같다고 말했다. 그는 거절당하기 전에 먼저 거절하며 관계를 끊고 살아왔는데 그렇게 살아온 자신의 한계를 알게 되며 우울해졌다. 앤디는 가학적인 자신의 모습이 무기력에 빠졌을 때 자해하는 방식으로 또는 거부하는 누군가에게서 자신을 보호하기 위해 먼저 거절하는 방식으로 방어하고 있는 자신을 좀 더 정리하게 되었다 한다. 그는 사람들을 때리는 환상을 가진 것도 이러한 측면에서 나오는 것 같다고 말했다. 앤디는 피학적인 모습과 가학적인 모습에 대한 혼란은 어머니가 아버지 돌아가신 후 폭력적이었던 아버지를 그리워하시는 것을 보며 발생했다고 말했다. 그는 어머니도 자기처럼 아버지를 싫어하고 피해자라고 생각했지만, 어머니가 아버지가 돌아가신 후 그리워하는 것을 보며 그것만이 진실이 아니었던 것 같다고 말했다. 나는 어머니 아버지의 관계에 대한 앤디의 이해는 어느 부분은 사실이지만 또 다른 부분은 사실이 아닐 수 있고 그는 그동안 한쪽의 자신만을 보았다면 지금은 또 다른 자신의 모습을 보고 있다고 말했다. 앤디는 한

걸음 더 나아가 자신의 또 다른 의도되지 않은 가학적인 측면을 살펴봤다. 그는 사람들과 적정거리를 유지하며 지내는 것이 필요한데 거절하는 것이 어렵지 않고 그 거리를 유지하기 위해 너무 잘해 주지 않는다고 말했다. 그는 관계를 적정하게 유지하고 자신을 보호하기 위해 타인을 거부하는 것이 필요한데 누군가 웃으며 다가오면 그것이 가식적으로 느껴진다고 한다.

앤디는 무의식적으로 거절 받는 상황을 만들어 왔던 자신에 대해 통찰한다. 그는 유치원에서 미술 시간에 선생님이 칭찬했을 때 울었던 것을 기억했다. 그 당시 자기애를 드러낼 수 있는 자리에서 누리지 못하고 거부한 건 무의식적으로 거절 받는 상황을 만들어 온 것과 연관이 있는 것 같다고 말했다. 그는 대학 시절 학교 다닐 때 공모전에서 자신이 뽑혔을 때의 이야기를 하며 잠시 슬프게 울었다. 그는 교수님이 잘해 보라고 격려해 주었는데 결과적으로 다 망쳐버렸다고 말하며 다시 울먹였다. 그는 평탄한 길을 놔두고 험난한 길을 선택한 것은 자신인 것 같고 다른 사람들이 가고 싶은 좋은 직장을 갈 수 있었지만 조그마한 개인 회사를 선택한 것도 이러한 부분과 연관이 있는 것 같다고 말한다. 나는 어린 시절 유치원에서 그가 칭찬받았을 때 울었던 것과 대학 시절 공모전 작품을 무의식적으로 실패하게 만든 것 그리고 다른 이들도 원하지 않고 그 자신도 원하지 않았을 직장을 간 것은 자신에 대한 거부일 수 있겠다고 말했다. 앤디는 환영받지 못한다는 사실이 외부에만 있었다고 믿었지만, 자신을 자신조차 환영하지 않고 거부해 왔다는 사실에 대해 통찰했다. 그는 자신이 충족되지 않은 이유가 외부에만 있었다고 생각했으나 일정 부분 자신 안에도 있었다는 것을 이해하기 시작했다.

앤디는 자신이 피학자의 자리에 오랫동안 있었다고 믿어 왔으나 자신의 가학적인 새로운 모습을 발견했다. 그는 자신의 의존적 모습과 거절에 대한 불안을 방어하기 위해 관계에서 다른 이들과 친밀해지기보다는 일정 정도 거리를 두었는데 이런 그의 모습이 다른 이들의 눈에는 냉혹한 모습으로 비쳤을 것이다. 그는 오랫동안 자신이 칭찬받고 주목받는 것에 대한 알 수 없는 거부감이 들었다. 그는 이러한 의식되지 않는 거부감을 외부 환경에서 자신을 타인들에게 거절 받게 만드는 환경으로 몰아넣었다. 앤디는 어린 시절 받았던 거절을 그동안 재연해 오며 거절을 지속해서 받는 자리에 가 있었는데 이러한 자신의 모습이 외부의 거절이 아닌 자신 내면으로부터의 거절이었다는 걸 통찰한다. 그는 자신을 피해자의 모습으로만 바라볼 때 이해하지 못했던 삶의 또다른 측면을 그가 전혀 예상하지 못했던 가해자의 시각으로 바라봄으로써 그 거절의 시작이 일정 부분 자신 안에서부터 발생했다는 것을 이해했다. 그는 외부가 아닌 내면세계를 바라보며 과거로부터 반복됐던 거절의 역사에 대해 새로운 통찰을 하기 시작했다.

심리치료에서 초기에 내담자들은 대체로 외부의 대상 또는 상황이 자신의 정신세계까지 절대적으로 지배하거나 영향을 준다고 받아들인다. 이러한 믿음은 사실이 아니며 시간이 지날수록 내담자들은 외부 요인들에 영향을 받는 것이 절대적이라기보다는 부분적이며 오히려 자신의 내면세계에서 결정할 수 있다는 것이 더 많다는 사실에 대한 이해를 확장해 간다. 앤디는 수용되지 못하고 거절 받아 온 어린 시절의 삶을 청소년 시기를 지나 성인기에 이르며 반복해 왔다. 하지만 그는 이러한 자신의 부정적 방식으로 재연되는 삶의 모습을 총체적으로 바라보며 자신 내면에서 이전과는 다른 선택을 할 수 있는 요소들을 발견해 나가고 있다. 그는 환경에 의해 쫓기는 자가 아닌 외부 환경뿐만 아니라 자신의 내면세계에서 점진적으로 주인이 되어 가고 있다.

새로운 결혼을 하다

앤디는 다시 결혼하는 꿈을 이야기하며 회기를 시작했다. 그는 이전 꿈의 결혼이 화려한 유럽에서 한 것이었다면 이번에는 평범한 일상에서 결혼식을 올렸다. 그는 결혼 준비를 위해 거울을 보며 다시 옷을 입고 있었으며 신부는 현재의 아내였다. 그가 신부를 보았을 때 새로운 여자인 줄 알았지만, 천천히 보니 전체적인 모습은 지금의 아내였다. 그는 결혼 예복을 입을 때 "안에 입던 속옷을 밖에 입어서 기울을 보며 다시 고치는 장면"이라고 말하며 뒤죽박죽된 듯한 혼란스러운 자신을 정돈하는 것 같았다고 말했다. 앤디는 이 꿈이 좋은 꿈인 것 같다며 굉장히 기분이 좋았다고 표현했다. 그는 현재의 아내와 이혼할 마음이 전혀 없지만 꿈에서 현재의 아내를 보았을 때 너무나 행복했다. 분주한 잔칫날인데 옷이 어딘가 모르게 이상했다. 안에 입어야 할 내의가 밖으로 나와 있어서 다시 고쳐 입어야 했다. 그는 거울을 바라본다는 것이 자신을 바라볼 수 있다는 의미로 받아들였다. 그는 분석 받기 이전에 거울을 바라볼 수 없었던 꿈이 기억난다며 이제는 자신을 바라볼 수 있다고 말했다. 앤디는 결혼이라는 것은 새로운 자신과의 만남인 것 같다고 표현했다.

앤디는 외부에 고정되었던 자신의 시각을 내부로 돌리며 이전에 볼 수 없었던 자신의 폭넓고 다양한 내면세계의 잠재적 모습들을 바라보고 있다. 결혼은 내적 통합의 상징을 의미하는데 그는 자신의 내면적 모습과 점진적으로 가까워지며 통합되어 가고 있다. 사람들은 내면의 이상적인 자신의 또 다른 모습과 비슷한 대상을 만나 연애하고 결혼을 하지만, 지속적으로 사랑을 하는 사람은 드물다. 앤디는 자신의 이상적인 또 다른 모습을 상징했던 외부 현실에서 발견한 그의 아내와 결혼했으며 여전히 그는 처음 만났던 그녀의 모습에 감격했던 것과 같이 지금도 그녀에게 좋은 마음을 품고 있다. 어린 시절 파괴적이었던 부모님과 살았음에도 성인이 되어 자신을 위해 좋은 대상을 선택했고 그 선택이 지속해서 그에게 만족을 준다는 것은, 지금까지 그의 삶을 이끌어온 커다란 잠재 역량이다. 그는 경계가 불분명하기에 때론 누군가와 감당할 수 없을 만큼 가까워지기를 원하지만, 오히려 그는 이러한 그의 모습을 보호하기 위해 사람들과 거리를 유지하며 관계해 왔다. 속옷과 겉옷이 혼동된 채 거울에 비친 그의 모습은 이러한 관계 안에서의 뒤죽박죽된 측면을 나타낸다. 이러한 그의 모습을 이전에는 바라보지 못했다면 이제는 자신의 모습을 거울을 통해 바라보며 그가 감당하기 힘들었던 수치심과 허용하기 힘들었던 의존성을 받아들이고 이해한다. 온전성이라는 것은 아름다운 측면만 있다는 것을 의미하지 않는다. 역설적으로 온전하지 않은 원시적이고 원색적인 모습조차 수용되고 통합되는 순간 한 개인의 온전성은 성취된다. 그에게 적절한 대인관계의 거리감이 어느 정도인지 아직 불분명하다. 하지만 그는 그가 다른 이들과 함께 살아가며 삶을 나누기를 원했던 친밀감을 공유하면서도 자신만의 독립된 모습을 드러내며 존재하는 새로운 삶을 꿈꾸고 있다.

태어나지 못한 공격성

앤디는 이번 회기에 너무 귀찮다는 말과 함께 자신이 설명하지 않아도 내가 다 알아들었으면 좋겠다고 말했다. 그는 지금 아기가 말을 하지 않아도 공감하고 이해하는 엄마를 통해 환경에서 안전하게 살아가는 초기 단계로 퇴행하고 있다. 그가 전능 환상에 가까운 소망을 드러내는 것은 치료적 환경에 대한 신뢰가 있음을 나타낸다. 그런 뒤에 그는 꿈 이야기를 시작했다. 그는 집으로 가던 중 시간이 늦어 막차를 타야 하는 순간에 계단을 내려갔다. 그때 엄마가 옆에서 "뛸 수 있겠어!"라고 말하며 함께 뛰어 매표소에서 표를 끊고 역으로 도착했는데 그곳에는 많은 마지막 열차가 정차해 있었다. 앤디는 그중 하나를 골라 어머니와 함께 탔다. 그는 꿈에서도 함께 뛰어 준 어머니에게 대한 고마움을 느꼈다고 한다. 도착지에 디디랐을 때 그는 문을 열고 안으로 들어갔다. 그 안에는 작은 공간이 있었고 세간살이와 검정 개가 있었는데 그 개는 듬직하나 지저분해 보여 관리가 전혀 되지 않았다는 것을 알 수 있었다. 앤디는 그곳이 지하실 특유의 눅눅한 냄새가 났기에 지하라고 생각했는데 밤이 되어 잠을 자고 음식을 먹은 뒤에 어머니를 모셔다드리기 위해 밖으로 나왔을 때 확인해 보니 그곳은 지하가 아니었다. 그 집이 전체적으로 어두웠던 공간이었으나 문을 열었을 때 바깥은 햇빛이 비쳐 환하게 밝았다.

그는 어머니와 함께 자동차에 타서 시동을 걸고 운전해 가는 도중 사고가 났다. 차의 브레이크가 고장 나서 멈추는 게 매우 힘들었지만 어떻게든 억지로 그는 차를 서게 할 수 있었다. 그러나 곧 큰 덤프트럭이 덮쳤다. 지난 꿈에서는 어머니가 죽었는데 이번에는 자신만 죽었다. 그는 죽었지만, 특별한 공간에서 천국으로 가기 전 식구들과 작별 인사를 할 수 있는 시간을 가졌다. 앤디는 그곳에서 모든 식구와 잔치하는 것처럼 음식을 먹으며 함께 사람들을 만나고 있었는데 병상에 누워 있던 아버지는 예수를 영접한 뒤 돌아가셨다(그의 아버지는 실제로 병원에서 복음을 받아들이고 돌아가셨다). 그곳에 어떤 아이가 있었는데 누구냐고 물었더니 누군가 그 아이는 앞으로 태어날 아이인데 "네가 이미

죽었기 때문에 세상에 나올 수 없는 아이야"라고 말했다. 앤디는 이 말을 마치고는 크게 상실하고 깊이 슬퍼하는 듯 보였으며 흐느껴 울었다. 그는 잠시 후 "마지막 인사를 하는 곳인데요…"라고 말하고는 다시 오열하듯이 울기 시작했다. 그의 꿈 이야기는 여기서 끝이 났는데 그는 자신의 감정을 추스르느라 한동안 시간이 필요했다.

그런 뒤에 앤디는 "그 아이는 누구일까요?"라고 질문한 후 그 아이는 자신의 태어나지 못한 '충동'일 것이라고 말했다. 그는 그 아이가 6개월 정도밖에 안 되었다고 하는데 말을 할 수 있는 아이였고 꿈에서 주변 사람들이 그 아이가 "너무 똑똑하다"라는 말과 함께 그 아이가 태어나지 못한 것에 대한 안타까움을 표현했다 한다. 이러한 꿈 내용은 그가 아마 생후 6개월 정도에 자신의 충동을 포기하고 환경에 순응했을 가능성을 시사한다. 앤디는 최초의 원시적 충동이 표출되었을 때 꿈에 브레이크가 고장 난 자동차같이 멈출 수 없고 끝내 죽음이라는 극단적 상황으로 몰린 것처럼 절대적 절망 가운데 억압되었을 수 있다고 말했다. 그는 지금 거절되었던 충동을 꿈을 통해 만나고 애도하고 있으며 다가설 수 없었던 무의식적 내용물에 가까이 가고 있다는 것을 설명하고 있다.

나는 앤디가 자신의 충동과 공격성을 받아들이는 것은 생명이 없어질 만큼의 두려움일 것 같다고 해석했다. 그는 이질적이면서 위험하기에 회피해 온 자기 내면의 충동이 한편으로 수용되고 자기화되기를 갈망해 왔으나, 그는 태어나지 못한 아이의 안타까운 모습을 보듯이 죽음 앞에 가까이 가서야 만날 수밖에 없었을 것 같다고 말했다. 나는 앤디가 살아남기 위해서 자신의 충동을 억압해야만 했던 모습을 보여주는 꿈같다고 말했다. 그는 이러한 자신의 본질적 모습은 표출될 수 없기에 무의식 깊은 곳에 있던 그 충동을 만날 수밖에 없고 태어나지 못했다는 것이 슬펐다고 말하며 20여 분 동안 침묵했다.

앤디는 주로 어머니에 대한 부정적 감정들을 만나 왔으나 이번 회기에서 고마운 마음을 처음으로 느꼈다. 그에게 어머니는 무관심하거나 거절하는 증오의 대상이었지만, 어머니 편에서는 극도로 어려운 환경에서 나름의 최선을 다하며 그를 돌보았을 것이다. 그가 그녀에 대한 고마운 마음을 만날 수 있는 것은 어머니에게 향했던 표출될 수 없었던 살인적 증오가 심리치료 과정에서 충분히 드러나며 관심으로 바뀌었기 때문이다. 사랑과 증오는 별개가 아니라 동전의 양면처럼 밀접하게 연관되어 있기에 한 개인은 충분히 누군가를 증오할 수 있을 때 관심과 사랑이라는 성숙한 영역에 도달할 수 있게 된다. 이제 그는 그가 증오했던 어머니의 또 다른 따스하고 친밀한 사랑의 측면을 만나며 감사한다.

아버지의 폭력이 형에게 집중되며 그를 보호해야만 했던 어머니에게는 앤디 마저 돌볼 충분한 여유가 없었다. 하지만 그의 곁에는 어머니가 함께했다는 것을 꿈에 자신과 함께 뛰는 그녀의 모습을 통해 만나고 있다. 그가 외로움과 거절감에 몸서리칠 때 어머니는 다른 곳에 있지 않았고 그의 삶 지척에서 같이 아파했을 것이라는 사실 또한 꿈은 그에게 보여준다. 막차를 타고 도착해서 찾아간 칠흑같이 어둡고 깊은 지하실의 무의식 세계에도 어머니는 함께 있었으며 끔찍했던 자동차사고 만큼 고통스러웠던 자기 죽음에 이르렀던 경험을 했을 때도 그녀는 함께 있었다. 과거에 발생했던 이 모든 일은 소화되지 못한 채 무의식의 밑바닥 어딘가를 떠돌다 때때로 불쑥 나타나 그의 현재의 삶을 송두리째 뒤흔든다. 그러나 앤디는 죽음으로 경험되었던 고통스러운 기억과 감정에 접근할 때 어제 일처럼 공포가 생생하게 다시 느껴짐에도 태어나지 못한 파괴적 충동과 공격성을 용감하게 만나고 있다.

허락되지 않고 거절되었던 파괴적 충동들, 그리하여 자기 모습으로 살아가지 못하고 유기되어 길 잃은 아이처럼 살아야만 했던 그는 금기시되어 접근조차 할 수 없던 영역을 꿈을 통해 만나고 있다. 이러한 만남을 통해 그는 증오의 대상이었던 어머니에 대한 감사의 마음을 느끼며 관심과 사랑의 영역에 도달한다.

이제 그는 태어나지 못한 충동을 주체적으로 만나고 있다. 이 직접적인 만남은 그에게 커다란 상실의 고통으로 다가오기에 그를 오열과 함께 통곡하게 했다. 이 상실로 인한 고통의 원인이 엄마라고 믿으며 증오했던 시간에 그는 자기 삶의 주체가 되기 힘들었으나, 이제 그는 주체적으로 무의식의 고통 한가운데로 찾아가 죽음만큼 공포스러운 상실의 고통을 감당하며 경험한다. 이러한 고통은 끔찍한 죽음을 경험하는 삶의 끝자락으로 내몰리는 절망의 순간과 같지만, 그에게는 새로운 삶의 시작을 알리는 서막이며 자신의 삶을 온전히 받아들이는 순간이기도 하다.

정신증의 경험

앤디는 이번 회기에 와서 아무 말 없이 10여 분쯤 침묵한 후 지난주에 힘들었다는 말과 함께 현기증을 느낀 적이 있었다고 말했다. 그는 무엇이 힘들었을까 생각해 보았으며 자신이 일상에서 어지럼증을 느끼고 있는데도 보이지 않는 나의 모습이 너무 싫었다고 말했다. 앤디는 신뢰하는 것이 힘들고 그로 인해 관계 안에서 믿지 못하는 문제들이 나타났고 사람들과 거리를 두며 부정적 방식으로 관계를 해왔다고 말했다. 그는 이번 주에 센터에서 부원장과 문제가 생겼는데 그 때문에 어머니와의 문제가 재연되는 듯했다고 말하였다. 앤디는 그 부원장이 갑자기 그에게 전화로 특별한 설명 없이 새로운 케이스를 받아야 한다고 명령하듯이 말했는데 그것이 아주 싫었다고 한다. 그는 부원장에게 대답하는 과정에서 긴장이 되어 제대로 대답하지 못했는데 그러한 부분은 그가 어머니에게서 느꼈던 감정과 유사하다고 말했다. 그는 전에도 이런 일들은 많이 겪긴 했지만, 이번 일이 특별히 "힘들었던 이유는요…"라고 하고는 말을 다 잇지 못하며 울었다.

그는 10분 정도 침묵한 후 어둠 속에 무언가 있다는 생각이 든다고 말했다. 이전에도 구석에 무언가 앉아 있다는 생각이 들어 정신 차리고 다시 확인해 보면 그 자리에 아무것도 없었는데 확인하지 않으면 더 불안한 생각이 들어 확인했다고 말했다. 앤디는 매번 그러는 것은 아니지만 잠을 잘 때 여러 가지 소리가 들릴 때가 있었는데 예전에는 신앙의 힘으로 이겨냈던 것 같다고 한다. 그는 종교적 믿음 가운데서 어둠 속에 있는 듯한 것이 두렵지는 않았고 괜찮다고 생각하며 살아왔던 것 같다고 한다. 그는 한동안 예전에 봤던 그런 것이 보이지 않다가 이번 주에 그 당시와 같은 비슷한 증상이 나타나서 깨지지 말아야 할 무언가 깨져버린 듯해 불안감이 엄습했다고 말했다.

앤디는 최근 그의 내담자가 15회기 후 증세가 완화되자 감사하다고 말하며 회기를 더 진행했으면 좋다고 말했을 때 어머니에게 버려져 거절과 상실의 문제를 가지고 있는 "그 내담자를 도울 수 있을까?"라고 자신에게 질문하며 울었다. 앤디는 그 내담자의 긴 역사가 있는 상실 문제를 담아 줄 수 있을 것인지 고민하며 한숨을 내쉬고는 잠시 침묵했다. 그는 어린 시절 나이 차이가 나는데도 형들에게 대들고 싸우면서 악을 쓰고 울어도 자신 편은 들어주는 이는 없었다 한다. 그의 편이 되어 줄 거라고 기대했던 어머니도 외면하는 상황에서 멋쩍게 울다 더 눈물도 나지 않을 때 포기했던 기억을 떠올리며 자신이 한심하다고 생각했다 한다. 앤디는 정신증을 경험했던 것 같다고 말하며 자신이 강렬한 공격성을 만나면 어떻게 변할지 모르기에 두려워서 그 공격성을 만날 수 없을 것 같다고 말했다. 나는 앤디가 억압되었던 공격성을 만나며 자신의 무의식에 있는 담아지지 않던 영역을 만나고 있는 것이라고 말해 주었다. 그러자 앤디는 보이는 것이 예전에 없어졌는데 그것이 다시 보여서 많이 놀랐다고 말했다.

앤디는 이번 회기에 정신증의 현상으로 경험했던 사무실 구석에 무언가 검은 물체가 있는 듯한 환각에 대해 말했다. 그가 본 검은 물체로 명명된 실체는 심리학적으로 다양하게 설명할 수 있다. 그중 하나는 그가 통합해 내지 못했던 파괴적 충동들과 관련된 것이다. 이러한 현상은 한동안 사라졌으나 부원장과의 갈등으로 다시 발생했다. 어린 시절 갈등 상황에서 그가 외쳤던 소리가 의미 없이 울려 퍼지고 담기지 않았을 때 그의 수용되지 못했던 파괴적 충동은 억압되고 숨겨질 수밖에 없었다. 그가 이러한 거절된 강렬한 충동과 공격성을 재경험하는 순간 한동안 보이지 않았던 어둠 속의 정체 모를 무서운 존재가 보이게 된 것이다.

그는 관계 안에서 갈등이 생겼을 때 자신의 공격성과 충동을 적절하게 표현하는 방법을 알 수 없기에 사람들과 거리를 두고 지내왔다. 이러한 그의 모습은 다른 이들에게 냉담한 모습으로 비쳤다. 거절 받은 그의 파괴적 충동들은 그에게 통합되지 못한 채 그조차도 만나기 두려운 환각의 형태로 나타나기 시작했다. 그의 신앙은 그가 파괴적 공격성을 만나는 두려움을 완화해 왔으나 최근 들어 그는 그 환각의 실체에 접근하고 있다. 부원장과의 갈등이 그에게 파괴성과의 만남을 부추겼으며 그는 한동안 잊고 지내던 자신의 파괴성과 만나며 한쪽 구석에서 정체를 알 수 없는 두려운 존재를 만나는 경험을 하였다. 그가 두려워하는 자신의 파괴성과 충동이 이전에는 허공에 울려 퍼지며 아무도 듣지 않았다. 하지만 심리치료 공간에서 그의 강렬한 공격성은 나에게 수용되고 담긴다. 앤디는 어머니에게 퍼부었을 증오를 나에게 표현하며 자신의 파괴성을 회피하지 않고 표출하고 있으며 자신의 한 부분으로 받아들이는 경험을 하고 있다.

부드러운 공격성과 신뢰성의 확장

앤디는 심리치료실에 들어오자마자 지난 시간에 자신이 무슨 말을 했는지 갑자기 물어보았고 나는 "글쎄요…"라고 답변하며 말을 흐렸다. 앤디는 잠시 침묵하고는 지난 시간에 과거의 정신증에 대해서 말했던 것이 어렴풋하게 기억나는 것 같다고 한다. 그는 보통 회기 전에 무슨 말을 할 것인지 생각해 왔지만, 오늘은 아무런 준비 없이 왔고 기억하기 귀찮아서 나에게 물어보았다고 한다. 앤디는 의도하지는 않았지만, 내가 얼마만큼 자신과 나누었던 회기의 내용을 기억하는지 시험하기 위해 물어보았다고 말했다. 그는 내가 얼마만큼 심리치료 시간에 집중하는지와 앞으로도 자신과 나누는 이야기들에 집중할 것인지를 확인하고자 지난 회기에 대해 물어본다. 다른 이들에게 요구하지 않던 앤디의 이러한 질문들은 그에게는 다른 방식의 공격적인 표현이며 관계 안에서 회피해 오던 기존 방식의 변화를 의미한다.

앤디는 지난주에 신체적·정신적으로 얼마나 힘들었는지에 대해 말하며 오랜 시간 동안 심리치료를 통해 나를 믿고 여기까지 왔는데 그 끝에 정신증이 나왔다는 것이 불안했다고 한다. 그는 앞으로 이러한 압도적인 불안감을 어떻게 이겨낼 수 있을까 걱정했다. 앤디는 나에게 무엇이든지 물어보라며 뭐든 이야기할 수 있을 것 같다고 말하자, 나는 그가 신뢰에 대해 연상되는 것을 이야기해 보면 좋을 것 같다고 요청했다. 앤디는 퇴행해 의존하는 위치로 가서 자신의 처음 시작하는 발걸음을 나에게 맡기고 있다. 신뢰할 수 없음과 신뢰할 수 있음 사이에서 앤디는 나를 신뢰하는 걸 선택하고 더 많은 것을 요구하며 과감하게 자신의 무의식 세계로 걸어가고 있다. 앤디는 신뢰와 관련해 그는 이제까지 말한 모든 게 신뢰할 수 없다는 것이며 미워하고 사랑할 대상도 없기에 신뢰할 수 없다고 말했다. 그는 사랑하고 싶어 다가가지만, 자신이 원하는 만큼의 내용물이 실존하지 않기에 어떤 것도 신뢰할 수 없다고 말한다. 그는 이러한 질문을 왜 자신에게 하는지 반문하며 그것은 나에 대한 자신의 신뢰를 물어보는 것 같다고 말하고는 긴 한숨을 내쉰다. 앤디는 나의 건강한 부분을 내사하려 하지만 자신의 불안 탓에 그 과정이 어렵기에 아마 자신이 무언가 더 확인해 보고 싶은 것 같다고 말한다.

앤디는 방어하지 않고 무작위로 나에 대한 신뢰라는 주제에 대해 말하고는 오늘따라 물이 참 맛있다며 물을 조금 흘리고는 웃는다. 그는 나를 통해 확인하고 싶었던 것은 어머니하고 말할 때 어머니는 듣고는 있지만 듣지 않는 느낌이 들어서였다고 말한다. 그러나 내가 자신의 이야기를 듣고 있는지 확인한 것은 큰 발전인 것 같다 한다. 앤디는 지난주 자신의 정신증에 대해 말하며 분석을 통해 그것이 다시 나타나자 나를 의심하기 시작했으나 지금은 그 의심이 다소 사라졌다고 한다. 내가 그에게 의심을 뒤로하고 신뢰의 범위를 확장한 것 같다고 말해 주자, 그는 자신이 몇 주 내에 이렇게 확 좋아진 것이 신기하다고 대답했다.

앤디는 나에게 지난주에 자신이 무슨 말을 했었는지를 물어보며 그의 의심과 신뢰할 수 없음에 관하여 표현했다. 이렇게 그가 직접적으로 확인하는 것은 그가 자기 말을 귀 기울여 듣지 않고 무관심했던 어머니를 신뢰할 수 없다는 것과 관련 있다. 그는 자기 말을 경청하지 않는 어머니를 무심하게 대하며 자신의 치솟는 증오를 억압했다. 무시는 강렬하게 증오를 표현하는 또 다른 언어이다. 그러나 이제 앤디는 나도 관심 없이 자신의 이야기를 듣고 있었는지 확인하고 이를 통해 그의 증오를 드러내며 관계 안에서 침묵하지 않는다. 그의 이어머니에 대한 증오는 나에게로 향하나 그 표현된 증오는 존중받았고 그가 품은 의심은 거절되지 않고 받아들여졌다. 이를 통해 그는 의심에서 멀어지며 신뢰라고 하는 그가 원하던 깊은 관계 영역으로 확장되어 간다. 앤디는 이제 자신의 충동과 공격성을 외면하지 않고 자신만의 방식으로 표현하고 소통한다. 나를 통해 반영된 그의 거칠고 원색적인 내면의 표현은 그가 물맛이 좋다고 느낄 만큼 그를 생생하게 살아 있음에 이르게 한다. 그의 존재는 무시되었던 시간을 뒤로하고 의미 있고 존중되는 경험을 통해 기지개를 켜고 외부 세계로 향한다.

바닷가에서 그를 인도하는 아내와 어머니

앤디는 이번 회기에 어린 시절 아버지의 언어적 폭력과 예상할 수 없었던 육체적 폭력을 회상하며 어떻게 대처할지 몰라 힘들었다고 말했다. 그는 한 주를 지내며 한숨을 많이 쉬었는데 어릴 적 부모와 형제들이 왜 한숨을 많이 쉬느냐고 말했었다 한다. 그는 자신이 한숨 쉬는 것이 신세를 한탄해서가 아니라 숨을 쉬는 것이 힘들어 한숨을 쉬었다고 말했다. 그는 어릴 적 공황장애 같은 증상이 있었는데 나중에 심리학을 공부하면서 그것이 공황인지 확인하게 되었다 한다. 앤디는 이번 주에 아내가 해야 할 과제를 하지 않은 딸을 체크하며 큰 소리를 내는 광경을 바라볼 때, 그는 어릴 적 아버지와 엄마가 다투는 사이에 폭력이 발생한 것을 목격했으면서도 아무것도 할 수 없었던 기억이 겹치며 숨이 차고 답답해졌다고 말했다.

앤디는 이전에도 아들의 과제에 대해 추궁하는 아내와 이에 목소리를 반항적으로 높이는 아들 사이에 갈등이 고조될 때 중재자로 안절부절못하며 상황을 완화하려고 무던히 노력했다. 하지만 이번에는 어떻게 해보려 하지 않고 TV를 잠시 보다 잠을 자러 갔다고 말했다. 그는 이번에 아내와 아들이 다투는 사이에 공황 같은 경험을 하지 않았다고 덤덤하게 설명한다. 그는 이전에 자신이 심리적으로 그러한 갈등 상황을 견디기 힘들었기에 발생하지 않도록 애썼다면 이번에는 그렇게 하지 않았다고 말했다. 나는 앤디가 오래전부터 공황 증세를 겪을 만큼 힘들었던 공포감에 공감하며 아내와 딸 사이의 갈등으로 증폭된 혼란과 불안에 휩싸이지 않고 자신만의 평정을 회복한 부분에 대한 그의 성취에 대하여 칭찬해 주었다.

앤디는 이어서 지난주에 꾸었던 꿈 이야기를 했다. 그가 참여하는 모임 사람들과 단체로 여행을 갔는데 그중에 통제하는 방식으로 자신의 불안을 다스리는 H라는 사람이 계속해서 그를 사사건건 간섭했다. 그러나 앤디는 그 모임 중 의존적인 J라는 사람이 상대적으로 소외됐다고 느끼며 그를 돌보려 한다. 앤디는 자신을 통제하려는 H와 자신의 절대적 도움이 필요한 J 사이에서 갈등하며 어떻게 해야 할지 난감해하는 와중에 아내와 어머니가 나타나고 그를 그 단체 모임에서 벗어나게 도와주었다. 앤디는 이 꿈을 어떻게 해석해야 할지 난해하다고 말하지만, H와 J의 상징적 의미를 이해하며 그의 혼돈은 서서히 정돈되어 갔다. 그는 꿈에서 자신의 극단적인 양 측면의 모습을 H와 J의 모습을 통해 만나고 있다. H가 앤디의 내적 불안과 공포가 드러날 것에 대한 방어적 모습으로 모든 상황을 치밀하게 통제하려 하는 측면을 상징한다면, J는 무기력하고 의존적인 측면을 드러낸다. 앤디가 H와 J의 통제와 의존 사이에서 어떻게 해야 할지 알 수 없는 상황에 빠져 있을 때 그의 아내와 어머니가 그를 구해 준다. 그는 두 극단적인 측면 사이에 중재자로 나선 아내와 어머니의 도움을 통해 그가 느꼈던 불안과 혼동으로 인한 자기 부재의 상태로부터 자유로워진다. 꿈에 나타난 어머니는 이전의 무심했던 태도로 그를 찾아오지 않고 관심과 사랑을 보여 주며 그에게 접근하고 혼란스러워하는 그를 인도한다. 이전에 앤디에게 어머니가 증오와 파괴의 대상이었다면 이제 그녀는 신뢰할 수 있는 사랑의 대상이다. 나에 대한 무수한 의심과 파괴적인 무의식적 충동들이 셀 수 없이 표출된 후, 앤디에게 내재된 무심한 어머니의 모습은 신뢰할 수 있고 친밀감을 공유할 수 있는 변형된 어머니의 모습으로 서서히 회복되어 갔다.

꿈속에 나타난 아내는 융의 표현으로 설명하자면 앤디의 여성성의 출현이고 그의 통합의 성취로 볼 수 있다. 이러한 성취는 양극단의 모습으로 인해 발생했던 혼란을 뒤로하고 새로운 시각으로 일상의 문제에 접근할 수 있는 통로로 그를 인도한다. 거절되었던 그의 여성성은 지속해서 심리치료 공간에서 소중하게 존중되었다. 그 때문에 존재의 흔적을 찾기 힘들었던 그의 여성성은 그의 삶의 중심으로 찾아오며 그의 혼란을 잠재운다.

앤디가 향하는 곳

장기 심리치료 사례를 정리해서 글을 쓰는 일은 쉬운 과정이 아니다. 여기에 기록한 내용보다 기록하지 않은 부분이 훨씬 많다. 중요한 회기 내용만 기록물로 사용했다. 앤디가 치명적인 심리적 아픔의 지점에 도달했을 때 압도당하며 종결의 위기를 맞기도 했다. 하지만 그가 원하는 만큼의 자리에 도달하기 위해 회기를 끝까지 지속했다. 그는 자신을 돌볼 심리적 여유가 없었던 어머니와 사랑을 일방적으로 그에게 주기는 했으나 무자비하게 그의 형과 어머니를 폭력적으로 대했던 아버지 밑에서 자랐다. 이러한 그의 초기 환경은 그가 어디에 발을 딛고 자신의 정체성과 연속성을 찾아가야 하는지 혼란을 불러왔다. 이렇게 그가 겪는 혼란은 아동기와 청소년기, 성인기에 이르러서까지 지속되었다. 그는 관심을 받고 사랑받기를 원했지만, 그와는 정반대로 환영받지 못하는 자리에서 그의 삶을 살아온 측면이 있다. 그는 3년여의 분석 과정이 끝나고 종결이 가까이 왔을 때 그가 함께 사는 가족들 특히 그의 아내에 대한 고마운 마음과 깊은 친밀감에 도달하며 그의 일상을 즐기고 과거의 되풀이되었던 고립과 철수의 방어적 모습에서 서서히 자유로워졌다.

그의 잔잔하고 때론 무표정하던 얼굴 뒤의 요동치는 불안과 공포와 살인적 파괴성을 담고 있던 충동을 사람들은 이해하지 못했다. 단지 그를 사람들과 거리를 두고 살아가는 내성적인 남성으로만 알았을 것이다. 심리치료 공간에서 그는 그가 숨겨 왔거나 억압해 왔던 원초적인 감정과 기억, 충동을 거부하지 않고 만나고 경험했다. 이러한 과정은 큰 용기가 필요했음에도 그는 물러서지 않고 자신의 본질적인 모습을 회복하기 위해 긴 시간 동안 자신을 탐구하고 알아가는 심리치료의 장으로 찾아왔다. 한번은 그가 회기 중 아무런 이야기를 하지 않고 50분 내내 인상을 쓰며 티슈를 갈기갈기 찢었던 적이 있다. 티슈를 찢고 있던 그의 손과 살기 넘치는 그의 표정을 통해 그가 분노하고 있으며 감정적으로 대단히 격한 상태에 있다는 것을 이해할 수 있었다. 도달하기 힘들었던 감정의 끝자락에 있는 증오를 만나는 것은 그에게 커다란 도전이며 새로운 시작이 되었다. 역설적으로 그 지점에서 그는 증오의 또 다른 측면인 사랑과 접촉할 수 있었으며 그로 인해 자신의 충동을 회피하지 않고 수용하며, 더 나아가 자신이 원하는 현실 세계로 확장되며 뻗어 나갈 수 있었다.

그는 나중에 국가자격증(Licensed Professional Clinical Counselor)을 취득했으며 아동과 성인에 이르는 다양한 임상을 할 수 있는 전문가로 활동한다. 그는 수없이 상처받고 길을 잃은 내담자들이 새로운 회복의 기회와 잠재성을 발견할 수 있는 심리치료의 장에서 그들을 돌보고 있다. 또한 그는 슈퍼바이저로서 전문상담사가 되고자 하는 사람들에게 임상적 통찰을 통해 심리치료 공간에서 어떻게 내담자들을 돌보아야 하는지 지도하는 자리에도 있게 되었다. 그가 지녔던 잠재성은 그의 주관적 세계에 사장되지 않고 심리치료라는 중간 영역을 넘어 현실 세계로 확장되었으며, 그를 전문가로서 타인들과 소통하고 함께 살아가는 자리로 나아가게 했다. 앤디가 자신을 모두 알아간 것은 아니다. 하지만 이제 그는 자신에게 접근하고 가까워지는 것을 두려워하지 않으며 새롭게 발견되기를 기다리는 자신의 본모습을 향해 달려가고 있다. 참 아름답다. 긴 시간에 걸쳐 억압되었던 어린 시절의 고통스러운 흔적을 뒤로하고 자신이 원하는 모습으로 삶을 살아가는 걸 바라보는 것은.

나 가 며

나는 임상심리학자가 되겠다는 꿈을 품고 미국으로 건너가 뉴욕 플러싱의 어느 한 집에 짐을 풀었다. 낯선 곳에서의 첫날을 보내고 다음 날 고요한 새벽에 일어났다. 5월이었고 아직은 차가운 바람이 불어왔다. 나는 뒤뜰에 앉아 따스한 홍차를 마시며 앞으로 펼쳐질 심리학 분야에서의 긴 여정을 생각했다. 마음이 설레었고 그 기억은 지금까지 신선하게 남아 있다. 본격적으로 심리학의 여정을 시작하고 한계 상황에 봉착해 더 이상 앞으로 나아갈 수 없었던 무수한 순간에도 이 설레던 마음은 결코 삭제되지 않고 오히려 증가해 가고 있다. 이러한 신선함은 25년이 지난 지금에도 빡빡한 일정으로 지쳐 있어 때론 손가락 하나 움직일 수 없는 순간에 다시금 마음의 여유를 가지고 나 자신을 돌아볼 수 있는 평온한 시간을 갖게 해준다. 이 설렘은 유통기한이 없기에 나의 심장 소리가 멎는 그 순간까지 계속될 것이다.

신비롭게도 이 분야에 오래 있을수록 더 깊이 갖게 되는 경외감이 있다. 우리는 누군가의 무의식 가운데 광활하게 펼쳐진 잠재성을 함께 바라보고 경험할 때, 증오가 배려라는 미화된 관심으로 억압되다가 자신들이 감당할 수 있는 파괴성으로 담아지고 받아들여질 때 그리고 거절 받을 것이라고 기대했던 순간에 따뜻한 공감과 환영을 받을 때 이 경외감에 접근하게 된다. 또한 이 경외감은 중간 영역인 놀이 가운데서 본질적인 자신을 만나는 내담자의 삶 가운데 발견된다. 나는 경외감을 경험했던 다양한 장소와 순간이 있었음에도 놀이가 되지 않던 내담자들이 놀이하며 자신의 고유한 삶을 펼치면서 살기 시작하는 순간에 느꼈던 강렬한 순간들을 각별히 기억한다. 내담자가 놀이하며 삶의 확장을 경험하고 자신을 재발견하는 그 순간, 우리는 한 개인이 용솟음치는 끝없는 무의식 세계의 상징들로 연결되는 것을 목격하며 경외감을 경험하게 된다.

위니컷은 놀이 영역에서의 한 개인의 잠재성이 현실 세계로 확장된다고 말한다. 이 혜안은 놀랍게도 심리치료 영역을 찾아오는 내담자들의 내면세계로 향하는 긴 여정을 이해하고 공감하는 데 많은 도움을 준다. 사람들이 찾는 자신에 대한 진실은 그들의 내면 깊숙한 세계에 존재하며 결국 만나고 싶은 그 누군가는 외부의 어느 유명인이 아닌 일상을 진실하게 살아가는 자신이다. 심리치료는 이러한 한 개인의 익숙한 방어적 모습 너머 더 깊은 내면세계 안에 존재하는 본질적이고 생동감 있는 자신들의 모습과 만남을 돕고 회복해 가는 과정을 돕는 것이다. 자신의 존재를 알아가는 과정은 어렵고 긴 여정이지만 대체로 사람들은 자신을 발견하는 순간 깊은 마음의 울림을 경험하고 무의식의 세계로 더 가까이 다가가며, 자신의 존재가 소중하다는 걸 경험한다.

심리학의 여러 분야 중 임상 영역은 개인의 삶에 관한 관심에서 출발하며 우리를 현실 너머의 다양한 내면세계로 이끈다. 심리학에 즐거움과 흥미를 느끼고 다양한 방식으로 참여하기를 원하는 분들이 있을 것이다. 이 분야에 클라이언트로 참여하는 분들은 아무런 부담을 느낄 필요 없이 편안하게 전문가의 도움을 받아 자신을 찾아가면 된다. 혹시 누군가 자기 삶의 방향을 어디로 향해 갈 것인가를 고민 중이라면 가장 자신일 수 있도록 도와주는 심리치료 영역으로 다가와서 자신이 누구인지 발견하고 찾아가며 놀이하는 행복한 삶을 선택하는 데 도움을 받을 수 있을 것이다. 도움을 받는 자리를 떠나 전문가로서 누군가를 돕기 원하시는 분들은 많은 수련과 자기 분석이 필요하다. 심리치료는 텅 빈 두 평짜리 공간과 의자 두 개만 있으면 가능하기에 간단해 보일 수 있다. 하지만 현실 세계와 내면세계 양쪽 영역에 다리를 딛고 그 임상 장면을 책임지는 사람으로 있어야 하는 심리치료 전문가의 자리는 그 무게감이 남다르다.

심리치료 분야는 한국 사회에서 전문 영역으로 받아들여지는 과정에 있다. 하여 이 분야에서 전문가로 활동하는 것은 난관들이 많고 어느 특정 과정을 끝냈다는 것이 아무런 보증을 해줄 수 없다. 그런데도 이 분야를 많은 이에게 소개하는 이유는 심리치료 전문가로 살아갈 때 거기에는 커다란 보상이 따르기 때문이다. 그것은 심리치료사로서 내담자들이 방치되고 잊힌 자신을 재발견하고 회색으로 느껴지는 냉혹한 현실을 넘어서는 생생한 살아 있음과 만나는 현장에 함께 있을 수 있다는 것이다. 심리치료사로 이 자리에 내담자와 함께 있을 수 있는 것은 정말 영광스러운 순간이다. 이러한 과정이 중요하다고 느끼시는 분들은 이 심리치료 분야를 자신의 커리어로 고민해도 좋을 것이다. 이러한 사람들의 삶을 향해 가는 여정에 관심이 있고 더 나아가 전문가로 누군가를 돕고자 하는 분들을 매일매일 펼쳐지는 임상의 신명 나는 놀이의 영역으로 초대한다.

참 고 문 헌

Madeleine, D. & Wallbridge, D. (1981), *Boundary and Space: An Introduction to the Work of D. W. Winnicott*, New York: Routledge.

Winnicott, D. (1990), *Deprivation and Delinquency*, London; New York: Tavistock/Routledge.

Winnicott, D. (1989), *Playing and Reality*, New York: Routledge.

Winnicott, D. (1975), *Through Paediatrics to Psycho-Analysis*, New York: Basic Books.